国家社科基金重大项目成果

综合配套改革中的
公共服务创新

竺乾威 朱春奎 等◎著

中国社会科学出版社

图书在版编目（CIP）数据

综合配套改革中的公共服务创新/竺乾威等著. —北京：中国社会科学
出版社，2016.10
ISBN 978 - 7 - 5161 - 8950 - 4

Ⅰ.①综…　Ⅱ.①竺…　Ⅲ.①公共服务—研究—中国　Ⅳ.①D669.3

中国版本图书馆 CIP 数据核字（2016）第 227464 号

出 版 人	赵剑英	
责任编辑	王　茵	
特约编辑	王　称	
责任校对	季　静	
责任印制	王　超	

出　　版	中国社会科学出版社	
社　　址	北京鼓楼西大街甲 158 号	
邮　　编	100720	
网　　址	http://www.csspw.cn	
发 行 部	010 - 84083685	
门 市 部	010 - 84029450	
经　　销	新华书店及其他书店	

印　　刷	北京君升印刷有限公司	
装　　订	廊坊市广阳区广增装订厂	
版　　次	2016 年 10 月第 1 版	
印　　次	2016 年 10 月第 1 次印刷	

开　　本	710×1000　1/16	
印　　张	22.5	
插　　页	2	
字　　数	375 千字	
定　　价	79.00 元	

凡购买中国社会科学出版社图书，如有质量问题请与本社营销中心联系调换
电话：010 - 84083683

前　言

创新公共服务体制机制，建设服务型政府，建立并完善惠及全民的基本公共服务体系，是我国全面深化改革与国家治理现代化的必由之路。如何通过横向和纵向协调的改进，使政府从整体的角度跨越政府组织层级和公私部门的界限，以更低的成本来提供更好的公共服务和公共产品，最大限度地解决民生问题，是改革进入深化和攻坚阶段面临的一项重大课题。

建立综合配套改革试验区就是改革进入深化和攻坚阶段后出台的一个具有战略意义的重大举措。国家综合配套改革试验区既是新时期加快完善社会主义市场经济体制的主战场，也是率先推进国家发展战略的先行区和示范区。

国家社科基金重大项目"'十二五'时期八大综合配套改革试验区公共服务体制机制创新研究"以开展综合配套改革试点的上海浦东新区、天津滨海新区、深圳、成都、重庆、武汉、长沙、沈阳市八个城市（区）为调研对象，从大部制改革与跨部门协同、整体性预算体系、政府购买服务、全过程优质监管体系、整体性伦理规范与廉政建设、电子治理等方面系统剖析地方政府推进公共服务改革与创新的主要进展，从强制性政策工具、自愿性政策工具和混合性政策工具三个维度系统剖析地方政府推进公共服务改革与创新的政策工具，通过大规模的问卷调查，从政府接触方式偏好、电子治理发展项目偏好、政府网站使用意愿、电子化公共服务使用状况、使用态度、感知行为控制、主观规范、感知服务质量、感知服务价值与公众满意度等方面系统总结并深入分析八个城市（区）电子化公共服务的需求偏好、服务质量与整体满意度情况，从整体性公共服务满意度的视角对公共服务改革与创新的成效进行初步评价，并在此基础上提出相应的对策建议。

该项目的最终成果便是《综合配套改革中的公共服务创新》、《电子化公共服务需求偏好、服务价值与民众满意度：问卷调查数据分析报告》和《社会组织视角下的政府购买公共服务》三本著作的出版。本项研究的理论成果主要有以下三个方面：

一是构建了一个基于中国国情的政府公共服务治理现代化的理论分析框架，从大部制改革与跨部门协同、整体性预算体系、政府购买服务、全过程优质监管体系、整体性伦理规范与廉政建设、电子治理、整体性公共服务满意度等方面着重论述公共服务改革与创新的组织、财政、制度、伦理、法治、技术保障与价值追求等相关议题。

二是以系统论的理论模型为基础，从公众需求的角度出发，发展出了一个由使用者需求、使用情况、需求影响因素与使用者评价四维度构成的电子化公共服务需求行为分析框架。

三是从合作动机、合作策略与互动关系三个方面构建政社合作提供公共服务的理论分析框架，从合作动机来看，政府与社会组织合作提供公共服务源自于各自的组织性质及合理诉求；从合作策略来看，政府向社会组织寻求公共服务上的合作主要包括公办民营、项目委托、直接补助和志愿服务四种；从关系与现状来看，政府与社会组织地位不平等，社会组织与政府的合作属于"被动合作中存在一定竞争关系"。

本项研究在经验研究层面有以下几个特色：

一是从大部制改革与跨部门协同、整体性预算体系、政府购买服务、全过程优质监管体系、整体性伦理规范与廉政建设、电子治理等方面系统剖析上海浦东新区、天津滨海新区、深圳、成都、重庆、武汉、长沙与沈阳八个城市（区）地方政府推进公共服务改革与创新的主要进展，从强制性政策工具、自愿性政策工具和混合性政策工具三个维度来系统剖析这八个地方政府推进公共服务改革与创新的政策工具，同时基于3120名受访者整体性公共服务满意度调查对这八个地方政府公共服务改革与创新的成效进行了初步评价。

二是基于3120名受访者问卷调查的数据分析结果，从受访者基本情况、政府接触方式偏好、电子治理发展项目偏好、政府网站使用意愿、电子化公共服务使用状况、使用态度、感知行为控制、主观规范、感知服务质量、感知服务价值与公众满意度等方面系统总结并深入分析了上海浦东新区、天津滨海新区、深圳、成都、重庆、武汉、长沙与沈阳八个城市（区）电子化公共服务的需求偏好、服务质量与整体满意度情况，形成总体统计分析报告和各城市

（区）统计分析报告。在此基础上，对不同城市的调查结果进行综合对比分析，总结当前中国电子治理发展的现状与问题。

三是基于上海、长沙、武汉、成都397家受访社会组织问卷调查，从社会组织参与公共服务供给情况、政府向社会购买公共服务的认知与态度、面临的问题与对策建议等方面，对我国政府购买服务的现状、问题及对策进行了实证分析。

此外，本项研究在政策研究层面的主要特色表现在以下三个方面：

一是从大部制改革与跨部门协同、整体性预算体系、政府购买服务、全过程优质监管体系、整体性伦理规范与廉政建设、电子治理等方面提出了全面深化改革推进公共服务治理现代化的战略蓝图与对策建议。

二是从网络基础环境建设，为电子治理发展保驾护航；推动透明治理，提升政府整体性治理能力；打造智慧生活，促进基本公共服务均等化；实施电子化公共服务质量提升工程，建设人民满意的电子化服务型政府等四个方面针对调查城市电子治理服务发展过程中存在的共性问题，提出改善中国电子治理绩效、推动中国电子治理持续发展的对策建议。

三是从明确政府角色定位，转变施政观念；简化行政作业流程，实施政府流程再造；建立严格的监管制度，引入科学的评估制度；加大财政政策倾斜力度，扶持社会组织的发展；提高社会组织竞争意识和运营水平，培育社会公众参与意识，提高市民参与积极性，加强公民的社会监督，保证公共服务供给过程的公平、公正等方面提出了完善政府向社会组织购买公共服务的对策建议。

该项目的顺利完成得益于课题组全体成员的努力，受益于国家行政学院薄贵利教授、中国行政管理学会高小平教授等诸多学界同仁的支持，也是与复旦大学林尚立教授、沈兰芳教授、黄丽华教授、刘杰教授、陈志敏教授、刘季平教授、苏长和教授和陈玉刚教授等人的支持分不开的。在此，我们深表谢意！同时也感谢复旦大学文科科研处、复旦大学国际关系与公共事务学院科研与学术服务中心对该项研究的支持和帮助！

竺乾威

复旦大学国际关系与公共事务学院

2016 年 9 月

目　　录

第 一 章

绪　论

第一节　选题背景与意义

创新公共服务体制机制，建设服务型政府，建立并完善惠及全民的基本公共服务体系，是我国全面深化改革与国家治理现代化的必由之路。近年来，我国建设服务型政府与完善公共服务体系在以下六个方面取得了明显成效：一是创新行政管理体制，着力转变职能、理顺关系、优化结构、提高效能。二是优化政府组织结构，推进以公共服务为重要内容的政府绩效评估和行政问责制度，完善公共服务监管体系，全面推行依法行政，依法规范政府职能和行政行为。三是推进政企分开、政资分开、政事分开、政府与市场中介组织分开，形成公共服务供给的社会和市场参与机制。四是完善公共财政体系，调整财政收支结构，扩大公共服务覆盖范围，把更多资金投向公共服务领域。五是创新社会管理体制。六是加强公务员队伍建设，改变作风，提高能力。

但我国服务型政府的建设在其发展过程中也受到了体制和机制等方面的阻碍，主要表现在部门分割导致公共服务提供的碎片化，部门机构之间沟通不畅、缺乏协调导致资源浪费、服务质量下降，部门机构之间缺乏合作导致服务效率低下。如何通过横向和纵向协调的改进，使政府能够观照全体，跨越政府组织层级和公私部门的界限，以最大限度解决民生问题、实现社会公共利益的政府管理模式，以更低的成本来提供更好的公共服务和公共产品，是改革进入深化和攻坚阶段面临的一项重大课题。

建立综合配套改革试验区就是改革进入深化和攻坚阶段后出台的一个具有战略意义的重大举措。2005 年以来，国家先后批准在上海浦东新区、天津滨海新区、重庆市、成都市、武汉城市圈、长株潭城市群、深圳市、沈阳经济区、山西省、浙江省义乌市、厦门市、黑龙江"两大平原"等 12 个地区开展综合配套改革试验。[①] 国家综合配套改革试验区既是新时期加快完善社会主义市场经济体制的主战场，也是率先推进国家发展战略的先行区和示范区。

本项研究旨在以全面深化改革与国家治理现代化理念为统领，以建设人民满意的服务型政府与探索中国特色公共服务模式为主题，力图形成一个基于中国国情的、本土化的整体性服务型政府建设与公共服务体制机制创新的理论分析框架，以开展综合配套改革试点的上海浦东新区、天津滨海新区、深圳、成都、重庆、武汉、长沙、沈阳市八个城市（区）为调研对象，对综合配套改革中的公共服务改革与创新的成效进行初步评价，并在此基础上提出相应的对策建议，以服务于国家治理进程中的公共服务综合配套改革与创新。

第二节　相关研究状况

一　整体性政府与跨域治理

整体性政府是一种全新的政府治理模式，是在对新公共管理实践进行反思的基础上提出来的。整体性政府以公民需求为导向，以信息技术为手段，通过组织结构整合、信息资源整合、流程再造及重构新型责任制度等方式，促使各种治理主体协调一致，实现治理层级、功能和公私部门的整合（曾凡军，2009；曾凡军、韦彬，2010；刘俊月、邓集文，2011）。目前有关整体性政府的文献主要是研究如何通过协同理念和协同机制，从宏观战略、中观决策和微观服务供应三个层面，破解政务及政策中的"碎片化"困境（周志忍、蒋敏娟，2010；邓学琳，2010；何瑞文，2013；孙迎春，2013；陈美，2014）。有研究者侧重于探讨西方国家整体性政府的改革历程、总体战略以及创新实践，分析了在西方政府治理体系下，如何通过跨部门协同和跨境协同解决权力和职责分配问题，以实现地方整体性治理（黄莉培，2012；蔡岚，2014；上官莉娜，2012）。也有研究者在特定的语境中，将整体性政府和大部制改革联系在一起，以整体性政

[①]　参见 http://www.sdpc.gov.cn/gzdt/201509/t20150922_751784.html。

府理论为分析框架，分析了食品安全监管、电力监管、环境治理、行政垄断等特定领域的治理经验及不足（颜海娜，2010；陈刚、张浒，2012；龙生平，2011；黄莉培，2012；曹宇明，2011）。学者们认为整体性政府为大部制改革提供了解决思路，但两者都是从政府结构的角度探索如何促进政府绩效的，我国大部制改革应当摆脱单纯的部门合并，继续推进学习型的工作机制、多元合作的组织结构和整体价值的组织文化（郑石明，2012；傅雨飞，2013）。

跨域治理是解决政府治理和公共服务碎片化、建设整体性服务型政府、实现国家治理现代化的重要途径。在跨域治理的理论探讨方面，张成福等（2012）重点关注了什么是跨域治理，跨域治理何以发生，跨域治理的模式选择、机制设计以及面临的制度困境，分析了跨域治理实现过程中的重点及难点。同时，也谨慎地认为跨域治理同样不是一种"完美制度"，不可避免地存在制度局限，需要我们理性反思、积极面对并努力实现超越。陶希东（2011）总结了跨域治理的三个维度，即跨边界治理、跨部门治理与跨公私合作伙伴治理，基于此构建了跨域治理的三维分析框架。曹堂哲（2013）认为跨域治理系统在子系统数量和层次，系统的开放性、涌现性、演化性等方面都具有复杂系统的属性。他针对在复杂系统范式下何种协同机制能实现系统协同，以及如何评价跨域治理协同，提出了跨域治理协同评价的逻辑框架和基于序参量识别的政府跨域治理协同评价指标体系。

孙友祥、安家骏（2008）以欧盟治理为借鉴，通过对武汉城市圈区域合作滞胀的实证分析，试图建立一个跨行政边界的超政府合作体制来化解武汉城市圈的合作滞胀问题。李广斌、王勇（2009）基于治理内涵和长三角跨地市治理存在的主要问题，认为深化长江三角洲跨域治理应从推动政府改革与创新、完善多元行为体博弈机制和推动多层空间治理组织的发育三个方面入手。王佃利、史越（2013）以山东半岛城市群发展为例，论证了跨域治理在区域管理中的应用，认为区域管理反映了区域治理转型的方向。孙友祥（2011）以跨界治理理论为基础，研究了武汉城市圈的基本公共服务非均等化问题，提出通过创建区域公共服务跨界治理体系、重构治理路径来完善区域公共服务运行机制并促进城市圈基本公共服务均等化的对策。

马学广等（2008）以跨域治理理论为指导，以中山市为例，尝试通过在政府、企业和社会之间构建适当的合作伙伴关系，以实现地方政府的跨域治理。韩春梅、李侠（2012）研究了跨域治理视域下的区域警务合作问题，认为跨界治理视域下的区域警务合作体现了一种警务合作发展的新模式与新方向。蒋辉（2012）和刘筱红、张琳（2013）探讨了集中连片特困区跨域治理模式的内涵和逻辑，认为集中连片特困区要从整体上推进扶贫攻坚战略，摈弃原有的行政区行政观念，转而构建"跨域合作、多元协同"的跨域治理模式。还有一部分学者针对跨域危机治理问题（马奔，2009；陈美，2013）和旅游跨域治理问题（任鸣，2007；孙浩亮等，2011）进行了研究。

二　电子治理与公共服务信息化

信息化浪潮与治理革命的融合催生了被称为电子治理的政府管理改革新范式。电子治理有广义和狭义之分。狭义的电子治理就是指利用信息通信技术对公共事务领域进行治理，其落脚点是政府，本质是对政务流程的再造（刘邦凡，2005；刘邦凡、覃思思，2007）。广义的电子治理则是针对信息社会而提出的一种先进的社会治理形态，它不是信息通信技术在公共事务领域的简单应用，而是构建一个跨时间、跨地点、跨部门的"虚拟共同体"，让政府、经济社会和公民社会在这个平台上频繁互动，共同参与社会的治理（陈祥荣，2005；王浦劬、杨凤春，2005；刘邦凡、罗白玲，2005）。

在电子治理的应用研究方面，已有文献从知识型政府构建（余敏江、孔祥利，2006）、智慧政务（徐晓林、朱国伟，2012）、电子反腐（李志，2013）、地方政府决策（王红梅，2014）等具体问题出发，结合电子治理理论的发展趋势展开了基于不同视角的研究。有学者认为电子治理是电子政务发展过程中的高级阶段，是电子政务发展的延伸、深化和演进（胡琴，2012；徐晓林、朱国伟，2012），也有学者认为电子治理是新范式的转变，电子治理与电子政务有本质的区别（姚静，2006）。虽然两种关系的探讨有所分歧，但是电子治理将超越电子政府，成为电子政务发展的新趋向的观点得到了已有文献的一致认同（叶战备、向良云，2007；刘伟，2008）。

现有文献普遍认为电子治理的发展顺应了民主政治的发展趋向（梁莹，2005），提升了民主的自由程度（余敏江，2008）。刘伟（2008）在其研究中更是认为电子治理从正在迅速发展的协商民主理论中汲取营养，并逐渐成为与协商民主模式相契合的治理范式。宋香丽（2012）、陈美（2013，2014）等人就网络舆情和政府信息资源共享等议题探讨了电子治理和信息社会的互动模式。他们认为通过电子治理，政府可以更好地与居民实现信息资源共享，可以更好地通过网络舆情体察民意，借助于这种信息社会治理的新范式，信息社会呈现出和谐互动的善治格局。正是这种对民主政治的顺应以及与信息社会互动模式的改善，才使电子治理超越电子政务，成为电子政务发展的新趋向。

在针对有关电子治理的外部环境与内部结构的研究方面，已有文献主要关注点集中于如何在特定的外部环境中建立完善的电子治理运行机制与运行模式（孔繁玲，2006；向良云，2007；宋迎法、尹红，2010）。电子治理为多元的治理主体提供了互动协作的平台，由于电子治理无法自发地产生社会效应以及电子治理中多元治理主体间的复杂关系，亟须在清晰地认识电子治理的外部战略环境的基础上，建立治理主体的结构模式和多元主体间的新型关系模式，引导、促进和保障电子治理有效地实施（孔繁玲，2006；向良云，2007）。

互联网技术作为电子治理的重要技术支撑，其技术形态已超越 Web 1.0 时代，正处于 Web 2.0 时代，并逐步走向 Web 3.0，电子治理的演进与信息技术的发展保持同步。Web 1.0 时代以编辑为特征，通过网站提供给用户的内容是网站编辑进行编辑处理后提供的，用户阅读网站提供的内容，整个过程是网站到用户的单向行为，以此为技术支撑的电子治理可以被称为政府 1.0；Web 2.0 时代技术注重用户的交互作用，用户既是网站内容的消费者（浏览者），也是网站内容的制造者，微博、天涯社区、自媒体等加强了网站与用户之间的互动，网站内容基于用户提供，网站的诸多功能也由用户参与建设，实现了网站与用户双向的交流与参与，以此为技术支撑的电子治理可以被称为政府 2.0。

整体上看，政府 1.0 以电子政务为核心，政府 2.0 则更多地呈现出电子治理的丰富内涵。政府 2.0 与开放式政府体现出政府在执政上的一个根本性转变，从分割、封闭的架构迈向一个开放、协同、合作的平台，从而有利于加速服务模式的转型（张锐昕、陈曦，2012）。政府 2.0 是一种以信息技术为依托、以政务公开为基础、以公众需求为中心、以服务公众为使命、以政民互动为前提、以平台整合为目标的政府管理模式。政府 2.0 旨在利用互联网上的多元信息资源，打造形成一个国民互动、共同创新的整合开发平台，同时鼓励社会公众利用信息技术将政府提供的服务、政府的业务流程与数据社会化、商品化，并加强公共部门与公众的沟通和协作，提升公共服务的质量和效率（Eggers，2007；DiMaio，2009；朱春奎、李燕，2014）。政府 2.0 不仅是电子政务发展的新趋势，更是政府治理的一次重要转向，它使政府与民众直接互动和沟通，使公共服务从生产者范式转变为使用者范式，从碎片化、分散化、封闭化的政府管理走向协同、互动、共治的整体性治理（朱春奎、李燕，2014）。与政府 2.0 密切相关的另一个概念是由美国率先发起，之后发展为一项国际性政府改革运动的 Open Government（开放式政府）行动。开放式政府立基于通过新技术来实现政治民主这一乐观构想之上（Harrison et al.，2011），超越了传统以信息技术为中心的电子政务模式，是一种以公民为中心扩大政府信息公开，在保障公民知情权的同时，促进公民参与权，提升公共服务质量和效率。随着信息技术的广泛使用，特别是新兴社交媒体技术或 Web 2.0 技术的日益普及，政府通过互联网提供公共服务的方式日益多元，并为公共服务注入活力。

三　政府购买服务与政社合作

政府购买服务是在公共服务供给领域实现政社合作，体现政府与非营利组织互动的主要形式。20 世纪 80 年代，西方发达国家在全球范围内掀起了一场"结社革命"的浪潮，在此期间一大批非营利民间组织如雨后春笋般大量涌现。非营利组织是指独立于政府部门和营利性组织之外的，以向社会公众提供公共服务为使命的组织，具有组织性、民间性、自治性、志愿性和非营利性的特点（谢蕾，2002；蔡宁、田雪莹，2007）。然而，非营利组织并不能超然于政府而独立存在，事实上，政府与非营利组织间的关系可以被认为是国家与社会关系在公共事务治理层面上的一个缩影（王华，2003）。二者的关系作为政府项目实施的一部分，是一个更为宽泛的领域。

根据所采取的视角以及分类标准的不同，政府与非营利组织的互动关系可以归纳为十二种具有代表性的模型，包括：克雷默的"二元论、整体论"（Kramer，1993）以及"补充性、互补性、主体性"三种志愿服务类型、吉德隆等的"竞争与合作关系模式"（Girdon et al.，1992）、萨拉蒙的第三方治理和志愿失灵（Salamon，1995）、沃尔曼和拉里的不同政府干预程度下的七种模式（Wolman & Larry，1984）、韦尔奇的互动过程视角下的模型（Wolch，1990）、库恩勒和赛莱的"整合与分离、依附与自主"的互动关系模式（Kuhnle & Selle，1992）、科纳汉的"合作、操作、奉献、咨询"模式（Kernaghan, 1993)、科斯顿的八种可能的互动关系模式 (Coston, 1998)、扬的"补充、互补、抗衡"模式 (Young, 2000)、纳贾姆的4C'S模型 (Najam, 2000)、斯内夫利和德赛地方政府视角下的"政治、政策、经济"模型 (Snavely & Desai, 2000) 以及布热和普鲁托等人从国际及超国际层面的互动模式 (Bouget & Teegen, 2000, 2004)。

政府购买服务兴起于20世纪70年代末，在当时，欧美国家为了应对高福利支出而导致的财政危机、管理危机、信任危机及全球化的挑战，掀起了一场新公共管理改革浪潮。新公共管理的重要内容之一是创新了公共产品和服务的供给方式，其中以"契约式购买服务"最负盛名。这里所提到的"服务"，笼统地说是"公共服务"，是与"私有化"和"市场化"密切相关的一个概念（岳经纶、谢菲，2013）。在国际上政府购买服务被称为购买服务合同或合同外包，我国香港则认为其与社会福利服务资助含义类似，而在我国内地，一般将之称为政府购买服务（许小玲，2012）。

政府购买服务是以公开招标、择优录取社会组织并根据规定的服务质量和数量来支付服务费用为手段的新型的政府提供公共服务方式（杨秋霞、张业清，2011）。简单地说，就是政府出钱，服务机构出力，二者签订公共服务委托提供合同（袁维勤，2012）。当前，政府购买这种方式被广泛应用于公共医疗卫生、环境卫生、社会养老、公共体育设施、公共教育和就业等诸多领域。政府购买服务是政府遵循市场的基本原则，是满足社会公共需求的重要途径（赖其军、郇昌店、肖林鹏、李宗浩、杨晓晨，2010）。

国内对于政府购买服务的研究呈现出多学科、多元化的特点。在政府购买的理论依据与国际经验方面，已有文献着重对政府购买服务的理论范式（徐选国，2014）、分析视角（叶托，2014）、法律关系（袁维勤，2012；胡朝阳，2014；李海平，2011）、内在机制（王旭嘉、梁栋，2014）以及解释模型（马玉洁、陶传进，2014；吴玉霞，2014）等方面进行了深入阐述，通过对英国、美国、澳大利亚、新西兰和法国（彭浩，2010；张汝立、陈书洁，2010；郑卫东，2011）等国家在公共服务购买中的具体运作模式和成功经验介绍，对西方各国政府购买服务进行阶段划分（张汝立、陈书洁，2010），介绍了以政府回购公共服务为主要形式的逆民营化现象成为民营化发展的新取向（杨安华，2014），呈现了政府购买服务的理论研究与实践发展现状。

在政府购买的运行机制方面，已有文献对政府购买服务模式的探讨比较多，但在其模式的分类上趋于一致，主要是从公共服务购买双方关系的独立性和购买程序的竞争性两个维度来划分（苏明，2010；杨宝，2011；冯欣欣，2014），另外也有根据服务属性的不同划分为岗位模式与项目模式（黄春蕾、刘君，2013）。

从政府购买公共服务的过程来看，已有文献从购买方式、购买原则（项显生，2014）、政府角色、购买偏好（张海、范斌，2013）、过程管理（陈建国，2014）、购买内容、购买参与者（项显生，2012、2014；包国宪、刘红芹，2012；王浩林、孟萍，2012）等各种各样的视角聚焦于政府购买服务的运行机制，论述了就业服务（陈斌、楚俊峰、陈福华，2012）、社会保障服务（钱振伟、王翔、张艳，2011）、居家养老服务（常敏、朱明芬，2013）等具体政府购买服务项目。

从政府购买服务的参与者来看，已有文献从主体制度（项显生，2012）、公共服务承接主体（项显生，2014）、利益相关者（包国宪、刘红芹，2012）、服务供应商选择（王浩林、孟萍，2012；骆正清、苏成伟，2013）等角度展开了研究，探讨了政府购买公共服务主体制度大致的演进路径，进一步阐述和明晰了政府购买服务的主体范围以及各主体间的权利义务。

从政府购买公共服务的供应商选择问题来看，学界在非营利组织或企业之间存有争议。王浩林、孟萍（2012）通过分析两种制度安排（传统购买模式和合作购买模式）下，三种情境中非营利组织以及企业的总福利产出水平，来比较两种组织形式的绩效以做出选择判断。骆正清、苏成伟（2013）建立了共性技术研发机构评价选择指标体系，以便于政府部门选择共性技术研发机构。

对于在政府购买服务中存在的问题，已有文献从不同视角进行了分析和探索。一是理论上的探讨和质疑，包括从政府购买公共服务的紧张关系分析（吴玉霞，2014）、购买过程中的需求方缺陷和供给方不足（詹国彬，2013）、"纵向一体化"倾向（邓金霞，2012）等角度分析风险的产生和可能导致的后果；二是对具体问题的具体分析，包括在社工服务（唐咏，2010）、农民工就业服务（高洪贵，2014）、NGO扶贫服务（郭佩霞，2012；李山，2014）、公共文化服务（郑卫东，2011）等方面存在的问题及可能导致的风险。针对实践中发现的问题，已有文献主要通过案例研究，从制度和操作两个层面进行分析。总的来看，政府购买公共服务在实践中暴露出的不足主要包括政府部门的放权让利问题、社会团体的成长问题、政府购买公共服务中的灰色地带、民间组织的独立性问题以及政府购买社会服务的监管问题等几个方面。

在应对政府购买服务困境方面，已有文献通过对中西方政府购买公共服务的实践进行比较分析，从政府购买服务的绩效、影响等问题出发，指出了当前中国公共服务购买面临的问题，并根据实践经验提出建设性的意见。例如，已有文献针对社会服务项目的监督机制（项显生，2014；邰鹏峰，2013）、责信机制构建（顾江霞、罗观翠，2010）、风险防范框架建设（周俊，2010）以及政府购买服务的风险分析（周翠萍，2010）等方面展开了论述。在绩效评估方面，已有文献探讨了居家养老服务的绩效评价（吉鹏、李放，2013；包国宪、刘红芹，2012；钱海燕、沈飞，2014；李凤芹、张秀生，2014）、政府购买社会服务评估体系（赵环、严骏夫、徐选国，2014）、财政支出效率评价与财政经费测算（钱海燕、沈飞，2014；李凤芹、张秀生，2014）等问题，建立了各种类型的评价模型与评价指标，并提出效率改进的相关措施以及完善政府购买服务的建议。

第三节　研究思路与篇章结构

一　研究思路

本项研究拟以开展综合配套改革试点的上海浦东新区、天津滨海新区、深圳、成都、重庆、武汉、长沙、沈阳八个城市（区）为调研对象，从大部制改革与跨部门协同、整体性预算体系、政府购买服务、全过程优质监管体系、整体性伦理规范与廉政建设、电子治理等方面系统剖析地方政府推进公共服务改革与创新的主要进展，从强制性政策工具、自愿性政策工具和混合性政策工具三个维度系统剖析地方政府推进公共服务改革与创新的政策工具，通过整体性公共服务满意度调查对公共服务改革与创新的成效进行初步评价，并在此基础上提出相应的对策建议。

本书采用的研究方法主要有文献研究、文本分析与问卷调查。

1. 文献研究

本研究搜集了大量有关上海浦东新区、天津滨海新区、成都、重庆、武汉城市圈、长株潭城市群、深圳、沈阳经济区八个国家综合配套改革试验区公共服务改革与创新方面的相关文献，其中包括"十二五"时期基本公共服务领域的标志性政策文本、期刊论文、书籍杂志、统计报告等。在搜集文献资料的基础上，本书对其进行了统计整理和分析，以期充分了解本研究及其相关问题的研究与进展，进而在归纳与概括的前提下为本书的研究问题与目标提供基础性材料。

2. 文本分析法

本研究主要采用文本分析法中的解读式文本分析法，这是一种通过精读、理解并阐释文本内容来传达作者意图的方法。通过精读"十二五"时期上海浦东新区、天津滨海新区、成都、重庆、武汉、长沙、深圳、沈阳关于基本公共服务政策的文本，并借鉴豪利特和拉米什的政策工具分类法，将政策工具归纳为自愿性政策工具、强制性政策工具和混合型政策工具三大类，通过整理分析"十二五"时期八个城市（区）政府出台的关于公共服务改革与创新的政策文件，梳理地方政府公共服务改革与创新的政策工具。

3. 问卷调查法

运用问卷调查方法获取研究所需的数据信息，调查地区涵盖了上海浦东新区、天津滨海新区、深圳、成都、重庆、武汉、长沙与沈阳八个城市（区），调查对象为长期在当地工作、学习和生活的居民。各地区问卷发放的数量以当地人口数量为基础合理配比，问卷发放采取随机抽样的方式。每到一处调查地区，课题组成员2—3人一组分别至市政服务大厅、公园、图书馆、社区活动中心等人流密集且电子化公共服务潜在用户较为聚集的地方以随机拦截的方式开展调研。

二　篇章结构

本书共分十一章。

第一章　绪论，作为全书的开篇，着重交代了研究背景与意义、相关研究状况，研究思路与写作框架。

第二章　理论探讨，在借鉴国内外相关研究成果的基础上，从大部制改革与跨部门协同、整体性预算体系、政府购买服务、全过程优质监管体系、整体性伦理规范与廉政建设、整体性公共服务满意度、电子治理等方面着重论述公共服务改革与创新的组织、财政、制度、伦理、法治、技术保障与价值追求等相关议题。

第三章 浦东新区综合配套改革中的公共服务创新，从大部制改革与跨部门协同、整体性预算体系、政府购买服务、全过程优质监管体系、整体性伦理规范与廉政建设、电子治理等方面系统剖析浦东新区政府推进公共服务改革与创新的主要进展，从强制性政策工具、自愿性政策工具和混合性政策工具三个维度系统剖析浦东新区政府推进公共服务改革与创新的政策工具，通过整体性公共服务满意度调查对浦东新区公共服务改革与创新的成效进行了初步评价。

第四章 滨海新区综合配套改革中的公共服务创新，从大部制改革与跨部门协同、整体性预算体系、政府购买服务、全过程优质监管体系、整体性伦理规范与廉政建设、电子治理等方面系统剖析滨海新区政府推进公共服务改革与创新的主要进展，从强制性政策工具、自愿性政策工具和混合性政策工具三个维度系统剖析滨海新区政府推进公共服务改革与创新的政策工具，通过整体性公共服务满意度调查对滨海新区公共服务改革与创新的成效进行了初步评价。

第五章 深圳市综合配套改革中的公共服务创新，从大部制改革与跨部门协同、整体性预算体系、政府购买服务、全过程优质监管体系、整体性伦理规范与廉政建设、电子治理等方面系统剖析深圳市推进公共服务改革与创新的主要进展，从强制性政策工具、自愿性政策工具和混合性政策工具三个维度系统剖析深圳市推进公共服务改革与创新的政策工具，通过整体性公共服务满意度调查对深圳市公共服务改革与创新的成效进行了初步评价。

第六章 成都市综合配套改革中的公共服务创新，从大部制改革与跨部门协同、整体性预算体系、政府购买服务、全过程优质监管体系、整体性伦理规范与廉政建设、电子治理等方面系统剖析成都市推进公共服务改革与创新的主要进展，从强制性政策工具、自愿性政策工具和混合性政策工具三个维度系统剖析成都市推进公共服务改革与创新的政策工具，通过整体性公共服务满意度调查对成都市公共服务改革与创新的成效进行了初步评价。

第七章 重庆市综合配套改革中的公共服务创新，从大部制改革与跨部门协同、整体性预算体系、政府购买服务、全过程优质监管体系、整体性伦理规范与廉政建设、电子治理等方面系统剖析重庆市推进公共服务改革与创新的主要进展，从强制性政策工具、自愿性政策工具和混合性政策工具三个维度系统剖析重庆市推进公共服务改革与创新的政策工具，通过整体性公共服务满意度调查对重庆市公共服务改革与创新的成效进行了初步评价。

第八章　武汉市综合配套改革中的公共服务创新，从大部制改革与跨部门协同、整体性预算体系、政府购买服务、全过程优质监管体系、整体性伦理规范与廉政建设、电子治理等方面系统剖析武汉市推进公共服务改革与创新的主要进展，从强制性政策工具、自愿性政策工具和混合性政策工具三个维度系统剖析武汉市推进公共服务改革与创新的政策工具，通过整体性公共服务满意度调查对武汉市公共服务改革与创新的成效进行了初步评价。

第九章　长沙市综合配套改革中的公共服务创新，从大部制改革与跨部门协同、整体性预算体系、政府购买服务、全过程优质监管体系、整体性伦理规范与廉政建设、电子治理等方面系统剖析长沙市推进公共服务改革与创新的主要进展，从强制性政策工具、自愿性政策工具和混合性政策工具三个维度系统剖析长沙市推进公共服务改革与创新的政策工具，通过整体性公共服务满意度调查对长沙市公共服务改革与创新的成效进行了初步评价。

第十章　沈阳市综合配套改革中的公共服务创新，从大部制改革与跨部门协同、整体性预算体系、政府购买服务、全过程优质监管体系、整体性伦理规范与廉政建设、电子治理等方面系统剖析沈阳市推进公共服务改革与创新的主要进展，从强制性政策工具、自愿性政策工具和混合性政策工具三个维度系统剖析沈阳市推进公共服务改革与创新的政策工具，通过整体性公共服务满意度调查对沈阳市公共服务改革与创新的成效进行了初步评价。

第十一章　结论与建议，总结全文的主要研究结论，从大部制改革与跨部门协同、整体性财政与预算体系、政府向社会组织购买服务、全过程优质监管体系、公共服务伦理规范与廉政体系、电子化公共服务体系建设等方面提出了全面推进公共服务改革与创新的对策建议。

第 二 章

理论探讨

当前，全面深化改革的总目标是完善和发展中国特色社会主义制度，推进国家治理体系和治理能力现代化。在此过程中，必须更加注重改革的系统性、整体性、协同性，让发展成果更多更公平地惠及全体人民。这不仅是面对新时期不平衡、不协调、不可持续等方面严峻的经济社会挑战的应对之策，也是对改革以来公共服务治理体系现代化的探索与创新。公共服务综合配套改革与创新需要对传统的治理模式进行全面超越，从而加快健全基本公共服务体系，形成政府主导、覆盖城乡、可持续的基本公共服务体系，在"学有所教、劳有所得、病有所医、老有所养、住有所居"上持续取得新进展。

第一节 大部制改革与跨部门协同：公共服务改革与创新的组织战略

公共服务综合配套改革与创新，要求构建一个整体型的政府组织体系。与传统行政组织不同，整体性治理的政府组织结构不但要依法完成功能性分工的业务需求，更要从解决人民和国家问题的角度出发，将政府业务整合的核心观念转变为内在机制（肖瑶、黄江松，2009），既要实现部门各司其职的专业效率，也要实现不同层级不同组织之间的协调合作功能。与一般治理模式强调网络协同的理念不同，整体性政府尤其致力于政府组织体系整体运作的整合性与协调性。这种新型的组织模式不再放任政府各不同功能与专业部门间的单打独斗，而是试图通过制度化来落实政府各机关之间的沟通协调，将其整合成为一个整体性政府。

建立整体性政府组织体系通常采用两种路径：一是精简与合并机构，建立大部门体制；二是建立跨部门协同工作机制。政府组织的整合型运作涉及三个组织层面，包括治理层级的整合、治理功能的整合和公私部门的整合（曾凡军、欧阳昌永，2010；胡佳，2010）。其中，治理功能的整合在政府内部治理整合方面，必须改善或打破传统行政的功能性分工原则，使政府提供服务从必须依赖各个功能部门转变为政府部门主动协调和密切合作。

整体性政府的组织结构与运作设计，具有六大原则：（1）部门结构仍然以功能性分工为基础；（2）增设跨部门整合机构或办公室，与原有的功能性分工部门结构形成同心圆的整合型组织，以强化沟通效果；（3）政府组织运作的核心系以功能性分工的部会运作为主体，但是同时融入跨机关单位的定期及不定期整合机制；（4）以预算管制和行政目标管理为核心，定期评估政府业务的整合程度；（5）通过信息技术的制度化设计，建立政府业务的整合系统；（6）各机关的业务应和其他部门、其他层级政府、公共服务对象、非营利组织、国际组织与团体等，进行有效的联结、咨询与磋商（肖瑶、黄江松，2009）。除了在政府机关内部实现整合以外，整体型政府还要求将公共事业单位、公营企业、非营利组织等纳入治理结构中。从整体性治理角度而言，这些组织运用程度不同的公权力并且使用政府的财政预算，因此也要进行组织功能的整合。组织功能业务整合的标准，应该与其所行使的公权力和所运用的政府预算成正比加以要求。

公共服务综合配套改革要着重建设整体性服务型政府，完善跨部门协同机制，以提供整体性的公共服务。跨部门合作被界定为两个或两个以上的机构从事的任何共同活动，通过一起工作而非独立行事来增加公共价值（尤金·巴达赫，2011）。跨部门协同定义为两个或两个以上的部门通过相互连接或者信息、资源、活动和能力共享，以共同取得单个部门不能取得的结果（Bryson et al.，2006）。横向协同是针对同级政府内部（无论是中央政府层面还是省政府层面）两个及以上组织部门之间的活动的管理，这些部门之间并没有互相的等级控制，其目的是促进组织之间的协同与互补，以实现由单个组织无法实现的政策目标（Kraak，2011）。

整体性服务型政府跨部门协同的核心任务是加强组织协调、消除公共服务的碎片化、减少管理的重叠和重复，提供具有整体性和连贯性的公共服务。跨部门协同的内容非常广泛，概括来说主要有六个方面：一是组织机构、功能、运行机制之间的协同；二是公共政策制定中的协同（Perri，2004；Management Advisory Committee，2004；周志忍、蒋敏娟，2010）；三是执行以及项目管理中的协同（Management Advisory Committee，2004；Perri，2004）；四是公共服务供给中的协同（鹿斌、周定财，2014；Management Advisory Committee，2004；Perri，2004）；五是跨部门的组织信息整合；六是跨部门的文化整合。组织机构之间的协同是跨部门协同的基础，为政策协同、项目协同和公共服务供给协同建立组织基础。而组织信息整合和组织文化整合则是跨部门协同的最核心的辅助性工具。

第二节　整体性预算体系建设：公共服务改革与创新的财政保障

"预算是整体主义的必由之路"，打造整体性财政预算体系既是构建整体性政府的必要环节，也是推动整体性治理取得实际进展的关键所在（Perri 6，1997）。基于共同目标的财政预算整合有助于增强政府机构参与协同的积极性和协同承诺的有效性，公共服务领域尤其如此（Perri 6 et al.，2002，转引自蒋敏娟，2015）。

在理论层面上，整体性预算与传统预算不同，它强调以最终的公共服务目标为核心，加强信息与资源共享，通过整合中央和地方、政府与私人企业以及众多第三部门的力量与利益来拟订政府预算和计划（Perri 6，1997）。整体性财政预算体系的基本特征包括：以结果或目的为核心，而非简单围绕政府职能或活动来编制预算；开放预算过程，引入更多竞争与协作，实现可测量的真实产出改进。以满足不同群体的利益需求为宗旨，对同一区域内的预算需求和预算内容进行整合；提高政府人员的自由裁量权并增强其公共服务精神。

在实践层面上，整体性预算的典型模式——协作型预算（根据协作程度又可分为联合预算和集合预算）在美国、英国、澳大利亚等整体性政府改革的先锋国家得到了广泛运用（蒋敏娟，2015）。它是以整体性治理理论为指导，以"问题"为导向的共享式预算治理模式，各参与者围绕交叉事项或服务就各自的预算分配及使用情况达成一个一致的协议，或将所有的财政收入与支出纳入预算统一管理。协作型预算在促生、维持和改善这些国家的跨部门协同关系上发挥了重要作用。

现代政府的整体性财政预算体系由至少四重维度综合构建而成：政府或政府部门之间、政府职能之间、公私部门之间以及年度之间的整合。相应的整合内容包括公共政策的制定、执行和监督；涉及个人、企业和政府机构的各类规章制度（regulation）；公共服务的提供；对政策、规则以及服务供给的检查监督与审查评估；等等。

财政是国家治理的基础和重要支柱。经济新常态、支出规模膨胀、老龄化等现实压力促使我国不断加强各维度的整体性财政预算体系建设，并且成绩显著。然而，"去碎片化"的整体性服务型财政预算体系建设还需要针对政府间和城乡间等财政关系的不协调，结合政府职能转变，进一步深化财税体制改革，完善我国各级分类财政分配方案，理顺财政权责关系；针对预算分配权的碎片化，明确核心预算部门角色地位，增强公共资源分配的整体性，提高预算控制能力和分配效率；针对政府财政收支的碎片化，继续加强全口径预算的体系建设和统筹运用，逐步将各级政府的所有政府收支都纳入统一的预算监督、管理之中；针对预算管理流程的碎片化，不断完善全过程预算监督管理模式，引导各利益群体广泛参与"绩效目标管理、绩效运行监控、绩效评价管理、评价结果应用"等各节点，提高预算效能和透明度；针对政府预算与政策计划之间的分离，积极探索滚动预算编制，强化政策目标导向和支出总额控制，优化财政支出结构，应对可能的财政风险。

第三节　政府购买服务：公共服务改革与创新的政社合作战略

政府购买服务是指政府和社会组织作为委托方和受托方，通过合同建立平等的契约关系，社会组织依据政府的委托组织生产，政府以财政转移的形式向社会组织购买公众所需的公共服务（萨瓦斯，2002；王名、乐园，2008；王春婷，2012；易志坚等，2014）。作为社会发展的重要特征，政府购买服务已经成为各国公共服务供给的主要模式。

近年来，我国政府在购买服务方面进行了积极而有益的尝试和探索。1996年，上海市浦东新区社会发展局开始向民办非企业"罗山会馆"购买服务，开创了我国政府购买社会组织服务的先例。2003 年，《中华人民共和国政府采购法》颁布实施，在该法律中明确规定：所谓政府采购，指的是各级国家机关、事业单位和团体组织使用财政性资金采购依法制定的集中采购目录以内的或者采购限额标准以上的货物、工程和服务的行为。《政府采购法》的实施意味着政府购买公共服务的规模扩大且逐渐形成竞争态势。2006 年，国务院颁发了《关于加强和改进社区服务工作的意见》，该意见中明确要求积极探索政府购买服务、项目管理等多种形式，调动社会组织参与社区服务的积极性，促进公共服务社会化。2011 年，北京社会工作委员会发文指出，要鼓励社会资本以多种形式参与公共服务，要加大政府购买社会组织服务的力度。2012 年，国务院颁发的《国家基本公共服务体系"十二五"规划》中明确指出要把适合由社会承担的基本公共服务事项，以购买服务等方式交由社会组织承担。同年，民政部和财政部发文，要求政府利用财政资金，采取市场化、契约化方式，向具有专业资质的社会组织和企事业单位购买社会工作服务。

在现实社会中，"政府购买服务"以"政府购买社会服务"、"政府购买公共服务"、"政府购买社会组织服务"、"政府购买社会工作服务"、"政府购买社会公共服务"等多种形式表现出来。尽管有不同的称谓，其实质是指同一个问题，却透露出不同的思路和角度。政府购买服务包括购买社会服务和商业服务，我们所指的"政府购买服务"就是指"政府购买社会服务"，就目前几种关于"政府购买服务"的称谓，其立场或着力点不同。"政府购买公共服务"强调了政府担负并有责任完成的公共服务的职能；"政府购买社会组织服务"突出了政府购买服务的对象——社会组织，非个人、非商业化组织等；"政府购买社会工作服务"更多地突出了政府购买的服务是具有社会工作专业性特点的服务，当然也包含了社会化服务的意味；"政府购买社会公共服务"强调了对政府购买服务最终达到社会本位的定位，即改变以往以"政府本位"为中心，还原公益性和社会性的属性及过程（宋国恺，2013；政府购买社会公共服务研究课题组，2012）。

作为一种新的社会治理创新机制，政府购买服务的目标是实现社会的整体性治理。合同形式存在的契约关系是政府购买服务的核心，在契约关系中政府不能以自身具有的权威直接命令社会组织，而是要以市场交易的原则与社会组织平等协商，这种关系对等的交流和沟通打破了原先公共服务自上而下的供给体制，实现了政府与社会的有效衔接，促进了社会治理中的公私合作，带来了社会权力的回归。

作为一种新的公共服务供给模式，政府购买服务被认为是解决公共服务体系供给不足、政事不分、服务水平和效率低下的一剂良药（陆春萍，2010）。长久以来，我国政府处于公共服务的垄断地位，导致社会资源得不到充分利用。购买服务的出现不仅为政府带来了竞争压力和对手，也带来了合作伙伴，这种竞争与协作并存的格局会使资源得到更有效的配置，从而提升公共服务的质量和效率。

作为一种新的政府治理手段，政府购买服务促进了政府由官僚型向服务型的转变。在原先的供给模式中，政府提供公共服务依靠的是官僚体制下的权威等级制度，公共服务的供给仅仅需要层层的行政命令下达。而在现在的供给模式中，政府的角色发生了转变，变成了责任的承担者和市场的监督者（高海虹，2014），不仅要根据民众的需求去选择最合适的公共服务内容，还要通过规范的法律制定和有效的信息发布去培育公共服务市场，引导社会组织积极有序地参与到公共服务的供给中。由此，政府的职能发生了转变，不再是简单的行政管制，而是服务，并通过具体需求跟踪调查和市场监管来改善公共服务的供给。

第四节　全过程优质监管体系建设：公共服务改革与创新的重要内容

全过程优质监管体系是公共服务综合配套改革与创新的重要内容之一。全过程监管是指政府对市场主体的监管从市场进入开始，直至服务和产品由公民消费结束。它覆盖市场运行的全部环节，贯穿市场行为的全过程。全过程监管包括事前监管、事中监管、事后监管三个阶段，三个阶段之间存在反馈互动关系。

事前监管是指政府考虑到市场主体进入市场后可能存在不规范行为，从而造成社会危害，在市场进入之前进行严格监管，只有通过政府事前审查的市场主体才能从事合法经营。事中监管是指政府对进入市场的市场行为进行监控，覆盖范围包括市场活动的转换过程、输出过程。其目的是防止有问题的产品进入顾客消费环节，尽量将问题提前解决，而不是等问题出现才进行事后稽查。

事后监管是指市场活动已经进行到顾客使用消费的阶段，在此阶段发现问题，首先，政府介入善后，将公民的损失和伤害降到最低；其次，政府将追查相关人员承担的责任；最后，政府查找问题原因并进行整改，防止再次发生。

事前监管、事中监管、事后监管构成了完整的全过程监管系统。每个阶段都非常重要。事前监管主要包括进入市场前的事前规范和信息告知，加强事前监督不仅能够节省市场主体和政府机构的大量成本，而且能为事中事后的标准化严格监管奠定良好的基础。事中监管主要关注市场运行过程中的不规范行为以及风险点，提前主动消除隐患。事后监管在一定程度上体现出事前、事中监管当中的盲点或薄弱环节，需要在做好追究责任、善后工作的同时，认真总结经验教训，反馈到事前监管、事中监管阶段，让整个监管过程更加完善。

全过程监管模式有两个关键点：系统性管理和信息公开。系统性管理是指必须从整体性的角度出发来开展全过程监管。全过程监管包含事前监管、事中监管、事后监管三个连续的阶段，这三个阶段之间并不是分割的、独立的，而是相互贯通的整体。事前监管为全过程监管提供良好的市场环境、基本监管数据、以清单的方式节省大量社会成本。事中监管在事前监管的基础上，监控市场运转过程中的不规范行为，识别市场活动的风险点，将可能存在的隐患提前消除，与消费者市场隔离，保护公民的生命财产安全。事后监管是在事前、事中监管的基础上查漏补缺，对于暴露问题严格追究责任，严惩不贷，同时将经验教训反馈到事前、事中监管环节，防止出现同类问题。

信息公开有两层含义：一是指全过程监管的事前、事中、事后三大阶段之间进行信息共享，经常保持信息反馈，提升信息的整体性价值。事前监管主要提供基本信息，构建基础数据库；事中监管主要提供运转具体流程以及风险点，构建主体数据库；事后监管主要提供典型监管事故分析，构建反馈数据库。二是指政府在监管的全过程都必须及时向社会信息公开或信息曝光，形成政府社会监管的合力。一方面，政府机构的监管力量是有限的，而企业或个人等市场主体规模庞大，全面无遗漏的监管是不现实的，因此需要全社会共同监管市场行为，共同维护市场质量。另一方面，企业等市场主体依靠商家信誉而生存，负面信息的曝光将对其造成严重打击，从而促使其选择合法规范的生产经营方式。

优质监管有六大标准，即整合事前、事中、事后的全过程监管，充分保障的监管独立性，灵活有效的监管信息能力，法治导向的监管风格，参与式的监管治理格局，坚强有力的监管基础设施体系（蒋虹丽等，2009；盛佃清，2008；刘鹏，2011）。这六个标准是建设整体性政府下全过程优质监管的必备因素，也是建设整体性服务型政府全过程监管的必要条件。

从各国监管改革实践来看，一般都要经历一个由监管体系的初步建立阶段向实现优质监管的阶段的过程。前一阶段的主要目标在于确立监管者与监管对象在体制上的分离、明确监管者监管权力的法定来源、建立监管行为的基本法律基础、规范监管权力的统一行使、为监管部门配备基本的监管资源等（刘凡，2007）；而后一阶段的主要目标则在于强化监管者的行政和产业独立性、界定各级政府在监管中的分工协作关系、建立对监管权监督和制约的权力制衡体系、扩大社会公众的监管参与以及优化监管基础设施建设等（刘鹏，2011）。

第五节　整体性伦理规范建设：公共服务改革与创新的廉政战略

开展公共服务综合配套改革需要建立整体性的伦理规范作为基本保障。公共服务伦理规范是指要求公职人员不能有不当使用职权、角色和资源，图谋私人的直接或间接利益的行为（OECD，1996）。这些不期待被表现的行为有悖于公共服务伦理包括政体价值、民主公民权、社会公平、美德与公共利益等在内的一系列规范性标准（库珀，2004）。进一步说，公共服务伦理规范体现了政治管辖权加之于公职人员个体之上的伦理观，这是因为个体判断力和职业水平往往不足以保证做出合乎公共服务伦理的行为，那么就需要制定公共服务伦理规范将公共服务变成一个不能由个体独立自我决定的过程（Haque，2004）。因此，公共服务伦理规范也可认为是一种为维持公职人员伦理水准的外部法制途径。

公共服务伦理规范的内涵实际上包含了应为和禁止两个层面的意义。在应为的层面上，公共服务伦理规范揭示所有从事公共服务的人员被期待达到的所扮演角色的应有行为，体现为陈述核心价值的各类规范，具有激励公职人员达到法定责任以外更高道德标准的功能；在禁止的层面上，公共服务伦理规范明确公职人员在公共服务中所不应当出现的行为，表现为限制行为的各类规范，并往往附有违反规定之后的惩罚规则（Gilman，2005）。这表明，除包含一般认知的防贪、反贪和肃贪外，公共服务伦理规范还同时包含公职人员应为的伦理价值与原则，不应将公共服务伦理规范的理解仅仅局限在反贪腐或廉政的意义之上。

公共服务伦理规范经常和"价值"、"责任"等字眼交互出现，它们之间无疑有着紧密关联。公职人员经常面临着各类价值的冲突，如个人价值、专业价值、组织价值、法律价值和公共利益价值等，这些价值构成了相关伦理规范制定的重要来源（Van Wart，1998）。价值冲突同时也造成公职人员时常面临的责任困境。整体性治理最重要的就是责任感。责任感可分成以下三方面：诚实，或正规，主要涉及公款使用中的守规矩；效率，或狭义上的"物有所值"，主要涉及公共服务提供或干预过程中的输入和输出之间的关系；有效性，或项目责任，主要涉及使行政官员对公共干预是否达到公开发布的结果或标准负责。整体性的责任感主要关注把有效性或项目责任提升到最高地位，确保诚实和效率责任（竺乾威，2008）。当所产出公共服务的整体性结果需要有人负责时，个体的伦理水准和良知就显得尤为重要。此时就特别需要公共服务伦理规范来提升公职人员的伦理判断能力，或直接为其提供行为标准，以保证他们更有机会自主做出负责任的行为决策（Bowman，2008）。

随着许多国家政府在公共服务领域市场化改革的推进，公共服务伦理规范的重要性更是日益凸显。公私部门间更多的合作如购买服务、委托外包等方式的使用，使公职人员与民间关系更为密切。尤其是在传统公共行政用以保护公共服务伦理的制度措施，如固定薪金、程序规则、长期任用等做法在很大程度上被逐步剔除的情况下（Hood，1991），若政府缺乏一套完整的公共服务伦理规范体系，公职人员贪污或利益输送等损及民众信任之事可能层出不穷，民间承接公共服务的工作者也可能过度忽略公平正义的公共责任性（施能杰，2004）。此时，政府合法性与治理正当性难免遭受损失。因此，经合组织一向高度重视公共服务者正直诚实的服务伦理，数次提出要建立有效推动公共服务伦理的基础工程，其中伦理规范和相配套问责机制都是必不可少的制度环节（OECD，1996）。这与透明国际组织所推动的国家正直诚实体系的反贪污和廉政建设做法（Pope，2000）也基本一致。尽快建立完整且有效的公共服务伦理规范体系，以实现一个廉洁、有效、负责的服务型政府，已成为中国政府改革当前最为重要和紧迫的任务之一。

公共服务伦理规范的构成体系从规范内容上一般包括较为抽象的核心价值规范和更为具体的各类行为规范，后者是前者更具有操作性和约束力的形态。总体而言，公共服务伦理规范的构成体系在管理上实现对行政人员的控制和遵从两方面功能，既包含"通过规则的方式"的硬性表述，又有"通过原则的方式"的柔性要求（Stevulak & Brown，2011）。

公共服务核心价值的规范为公务员公共服务行为树立理想方向。若没有理解政府官员行为的理想目标并激发他们在更深层次上进行思考，那么其他伦理规范的制定只能算是零打碎敲、小修小补（Plant，2001）。核心价值规范需要与更具体的行为规范相配套才能有效控制公务员的实践活动。公共服务行为规范主要针对利益冲突行为，目的是减少或控制公职人员根据自我利益行事而伤害公共利益的风险（Vaughn，1979）。这是因为公务员所代表的公共利益与其自身具有的私人利益之间的冲突是腐败现象的根源。

徒法不能以自行，公共服务伦理规范的负责与执行架构旨在保证核心价值与行为规范内容能够顺利得到落实。对于公共服务伦理法制建设而言，公共服务核心价值和行为的规范加上对应的负责与执行架构，固然已经形成了非常重要的基础。但为使规范内容能够落到实效并进一步提升公共服务者廉正诚实的道德水准，仍需要社会监督机制、人力资源管理保障与政治领导者的承诺等相关配套措施为公共服务伦理法制建设提供支持。其中，社会监督机制以政府信息的透明公开为基础，通过制度设计为各类社会主体创造监督政府官员行为的机会；人力资源管理机制主要包括对公务员录用、薪酬及其考核的管理，为公共服务者展现高水准伦理行为提供基本工作环境和制度条件；政治领导者的承诺主要是通过政治领导者的承诺和支持，为公共服务伦理价值提供持续性的指导动力。

第六节　电子治理：公共服务改革与创新的信息化战略

当前，积极运用先进的信息与通信技术发展电子政务以提高政府公共部门的工作效率及服务水平已经成为世界各国的共识。Web 2.0、移动技术以及云计算等新兴信息通信技术运用给各国电子治理带来了新的机遇，这些技术的使用有助于降低技术应用的成本，提高技术应用的覆盖面和普及面程度，从而使更多公众可以在任何时间以多种方式获得高水平的公共信息和服务。网络信息技术为公共行政的变革提供了新的契机和挑战，为政府转型提供了基础技术条件，成为服务型政府转型的一种行之有效的使能器。

电子治理是指运用信息通信技术来支撑公共服务、政府管理、民主程序，并改善公民、社会、私有部门与国家之间的关系。电子治理不仅仅是电子技术与治理理论的简单结合，而且涉及政府服务理念的更新、组织结构的优化、管理模式的创新等政府运行机制和管理体制各个方面。按照第二十六届国际行政科学会议解释，电子治理不是信息通信技术在公共事务领域的简单应用，而是一种更多地与政治权力和社会权力的组织与利用方式相关联的社会—政治组织及其活动的方式，电子治理涉及公众如何影响政府、立法机关，以及公共管理过程的一系列活动（王浦劬、杨凤春，2005）。电子治理作为一种治理理念：强调以人为中心、公民广泛参与、行政公开透明、政府与公民互动、公共部门与私营部门合作等，它是一种不同于传统管理体制和机制的新的治理模式（孔繁玲，2006）。

电子治理始于电子公务，发展于电子服务，成熟于电子民主。实施电子治理与建设整体性服务型政府是一个相辅相成、双向互动的过程。一方面，服务型政府为电子治理的推进提供了理念指引，服务型政府所倡导的公共服务责任、政府管理效能、公民参与、公正透明等价值理念，有助于电子治理实现公民为本、透明行政、开放协作的核心目标，整体性服务型建设的系统工程也为电子治理的发展提供了强大动力与战略机遇。另一方面，电子治理则为服务型政府的建设提供了必不可少的技术支持。电子治理以网络化、数字化等技术手段为依托，变革政府的组织结构与运行形式，加快政府职能转变，提供新型管理手段、新式管理平台和新的公众需求，提高公共服务的质量和效率，并向全社会分享、公开准确、全面、权威的信息资源，而成为改善政府与公众关系的媒介和桥梁，实现合作共治。具体来看，电子治理能够主要从变革政府理念、转变政府职能、优化政府组织结构、再造政务流程、改善政府决策、促进民主参与等方面为整体性服务型提供有力支撑，助力实现一个"职能科学、结构优化、廉洁高效、人民满意"服务型政府。

电子治理是连接政府部门与社会公众的桥梁。数字时代信息及通信科技的发展，引发了政府运作及管理形态的变革，政府运作更合乎民主参与、功能整合、弹性灵活和知识导向的要求（张世贤，2005），成为一种"新治理"模式。所谓"新治理"就是指政府运用信息与通信技术，更恰当、更合理地处理公共事务。数字化运作推动了政府组织形态、运作方式、政府与民间互动方式的改变。在参与型、弹性化与知识型政府的发展趋势下，政府所呈现的面貌，更趋近于现代化治理的主张，即实现以公民参与、弹性整合及知识管理所建构的紧密整合的整体性治理。

电子治理是实现一站式服务的基础。在现代化治理模式中，"一站式"服务成了政府公共产品交易与公共服务供给的主要方式（吴瑞坚，2012）。通过电子化治理，在部门间和部门内建立整合的信息交流和汇报系统，实现各方信息共享，这不仅有助于政府各部门全面了解公民需求，围绕公民日常生活的需要提供服务，还有助于简化行政作业程序，为公民提供更为简便快捷的办事途径。长期而言，政府的电子化改革要在网络技术的基础上进行三种类型的整合，即不同政府层级的整合、不同机关单位的整合以及不同政府网站的整合。这三种类型的整合最后将达到整合成为一个单一政府入口网站的阶段（曾凡军，2010）。

电子治理是提升政府管理绩效的有效手段。整合型组织在信息科技的支持下，不但能够突破时空的限制，也能够随时通过视频会议、无线联网等工具，及时实现政府与人民之间的各种信息交流以及向民众提供其所需要的服务。政府内部组织之间、人员之间更可以通过实时的、无线联网的方式解决他们面临的问题。电子治理有助于以新的思维方式构建新的社会互动方式，改变传统行政方式，促使公共管理和公共服务向现代化转型，并推进政府更加科学高效地实施公共管理和提供公共服务（史达，2011）。

实现电子治理是一个全面的系统工程。由于要耗费大量的人力、物力和财力，以及受制于国家的信息技术发展程度，因此这一工程的建设需要分阶段稳步推进。实施电子政务的国家大约要经过以组织为中心的电子政务、以公众为中心的电子政务、以组织为中心的电子化治理和以公众为中心的电子化治理等四个阶段。其中，电子化治理强调决策制定的方式，而电子政务强调决策的执行方式。以组织为中心的电子政务建设主要关注政府部门自身的形态、结构和效率，以及对权力和责任结构进行调整；以公众为中心的电子政务建设则主要是为公众提供一站式的服务，强调在政策的执行过程中政府的工作方式转向以公众为中心，并注重网站建设的效果；以组织为中心的电子化治理需要标准化的网络组织、很好的认证与保密措施、增强的组织监控功能和个人隐私保护等；以公众为中心的电子化治理则表现为公民对政府行政决策的回应，这一治理致力于改善弱势群体的"网络鸿沟"问题。

第七节　政策工具：公共服务改革创新目标与行动的联结

政策工具是联结政策目标和政策执行最重要的环节，良好的政策目标必须选择适当的政策工具。政策工具是政策目标和政策行动的联结，恰当的工具的选择对于公共政策的成功有重要作用。很多学者都对政策工具做过分类（Doern & Phidd，1983；Hood，1986；McDonnell & Elmore，1986；Linder & Peters，1989；Schneider & Ingram，1990；Peters，2002；Howlett & Ramesh，2003）。麦克唐奈和埃尔莫尔根据工具所获得的目标将政策工具分为四类，即命令性工具、激励性工具、能力建设工具和制度变迁工具（McDonnell & Elmore，1986）。林德和彼得斯把政策工具划分为命令、财政补助、管制、劝诫、权威、契约等（Linder & Peters，1989）。德林与菲德依合法强制程度将政策工具分为五大类，分别为私人行为、规劝、支出、管制、公共所有，并假定各种工具之间是可互相替代的（Doern & Phidd，1983）。

施奈德与英格拉姆则将政策工具划分为以下五种类型：一是权威型工具，指以正当性权威为基础，在限定的情况下允许、禁止或要求某些行为。二是诱因型工具，以实质的报酬诱导执行或鼓励某些行为。三是能力型工具，提供信息、教育和资源，使个人、团体或机关有能力做决定或完成某些行动。四是象征及劝说型工具。此类政策工具认为人们是根据自己的价值与信仰体系而决定作为或不作为，因而期望借用此类工具使得政策目标群体的价值与政策目标趋向一致。五是学习型工具。当人们对于问题缺乏了解，或者对应该如何解决缺少共识时，通过长时间学习所得的经验，可增进其对问题及解决方案的了解，有助于决策者提高目标的明确度（Schneider & Ingram，1990）。

豪利特与拉米什根据政府介入公共物品与服务提供的程度把政策工具分为自愿性工具、强制性工具和混合性工具三类。对于政策工具的合理选择，豪利特与拉米什综合了经济学和政治学的理论，认为应根据国家能力和政策子系统复杂程度两个因素来讨论政策工具的选择。国家能力是指政府机关影响社会行动者的能力，而政策次级体系复杂程度是指政府在执行政策时所须面对的对象的复杂程度（Howlett & Ramesh，2003）。

萨瓦斯（Savas，2000）在讨论公共服务政策工具的选择时认为，公共服务的生产者和安排者的公私性质将决定政策工具的选择。当公共服务由公共部门生产，且由公共部门作出安排，经常采用政府服务、政府间协议等强制性工具；公共服务由公共部门生产，但通过政府出售等形式交由私人部门安排，采用混合性工具；公共服务由私人部门生产，但由公共部门作出安排，可采用契约、补助等混合性工具，以及特许等强制性工具；公共服务由私人部门生产，也由私人部门安排，则采用自由市场、自愿性服务等自愿性工具。

以豪利特与拉米什（Howlett & Ramesh，2003）对政策工具的三分法为基础，综合国内外政策工具研究者对政策工具的分类，结合中国的实际情况，我们可以将政策工具整合为自愿性政策工具、强制性政策工具和混合性政策工具三类。其中，自愿性工具，包括家庭与社区、自愿性组织和自愿性服务、市场和市场自由化；强制性工具，包括规制（体系建设和调整、机构设置、设定和调整标准、禁止、法规、许可证和执照、建立和调整规则、法令、检查检验、特许、监督、处罚、考核、裁决、制裁），公共企业，直接提供（直接生产、直接服务、直接管理、公共财政支出、政府购买、转移支付），命令性和权威性工具（政府机构改革、政府机构能力建构、政府间协定、政策试验、指示指导、计划、命令执行、强制保险）；混合性工具，包括信息与倡导（建设舆论工具、学习教育、舆论宣传、鼓励号召、象征、信息公布、示范、信息公开、呼吁、劝诫），补贴（直接补助、补贴限制、税收优惠、生产补贴、消费补贴、财政奖励、赠款、实物奖励、票券、利率优惠、政府贷款），产权拍卖（政府出售、服务权拍卖、排污权拍卖、生产权拍卖），税收和用户收费（使用者收费、社会保险金、消费税、生产税、营业税、个人所得税），契约（公私合作、服务外包）；诱因性工具（社会声誉、权力下放、利益留存、信任、程序简化）。

第八节　基本公共服务均等化：贯穿公共 服务改革与创新的主线

享有基本公共服务属于公民的权利，提供基本公共服务是政府的职责。基本公共服务均等化是指全体公民都能公平可及地获得大致均等的基本公共服务，其核心是机会均等，而不是简单的平均化和无差异化。基本公共服务一般包括保障基本民生需求的教育、就业、社会保障、医疗卫生、计划生育、住房保障、文化体育等领域的公共服务，广义上还包括与人民生活环境紧密关联的交通、通信、公用设施、环境保护等领域的公共服务，以及保障安全需要的公共安全、消费安全和国防安全等领域的公共服务。①

公共服务均等化是促进包容性发展的必要手段。亚洲开发银行在《2007年亚洲发展展望》报告中指出，包容性发展倡导机会平等的增长，强调贫困人口应享有平等的经济、社会和政治权利，参与经济增长并做出贡献，而在分享增长成果时不会面临权利缺失、体制障碍和社会排斥。为了促进机会平等，政府首先需要致力于增加对基础教育、基本医疗卫生以及其他基本公共服务的投入，提高民众特别是弱势群体的基本素质与发展潜能（林毅夫、庄巨忠、汤敏，2009）。均等化的公共服务有利于促进劳动力的充足供给和自由流动以及生产率的提高，并能够有效缓解初次分配中机会不平等问题，提高经济增长和社会发展的"包容度"。换言之，实现包容性发展，内在地要求推进基本公共服务的均等化。

实现包容性增长，要求推进基本公共服务的均等化。包容性发展与公共服务均等化强调机会均等。所谓"包容性"，是针对排他性、不均衡性而言。包容性发展的核心要义，在于实现全体社会成员的机会均等，不仅包括经济机会均等，还包括社会发展在内的所有机会均等；当全体社会成员都参与并平等贡献于经济增长时，包容性增长就得以实现。这与包容性发展的核心要义具有内在的一致性。

包容性发展强调发展的社会性，重视社会和经济协调发展，在保持较快经济增长的同时，更多地关注社会领域的发展，着力保障和改善民生，努力做到发展为了人民、发展依靠人民、发展成果由人民共享。这不仅要求政府积极提供更多的公共产品，更要求政府提供公平正义的政策安排，以实现每一个社会成员平等地享有在经济、政治、文化、社会等方面的基本权益。从公民权利的角度看，完善公共服务体系，实现公共服务均等化，正是在于实现全民共享改

---

① 参见国务院办公厅《国务院关于印发国家基本公共服务体系"十二五"规划的通知》，http://www.gov.cn/zwgk/2012-07/20/content_2187242.htm，2012年7月20日。

革发展成果，并确保公民各项基本权利的实现，包括受教育权、就业权、健康权、社会保障权和住房权等。从这个意义上讲，推进公共服务均等化就是践行包容性发展。

2012 年 7 月，国务院制定的《国家基本公共服务体系"十二五"规划》将"建立健全基本公共服务体系，促进基本公共服务均等化"作为"十二五"时期政府履行公共服务职责的长期目标，并确立了基本公共服务均等化的路线图，包括 44 类 80 个基本公共服务项目，如公共教育领域的义务教育免费、寄宿生生活补助、农村义务教育学生营养改善等，同时按照服务对象、保障标准、支出责任、覆盖水平等四个方面，提出了每一项基本公共服务的国家基本标准。① 由此，基本公共服务均等化的行动框架得以形成。

当前，公共服务均等化的政策理念已经逐步贯彻到各级政府并得到落实。各省市纷纷将基本公共服务均等化作为政府的施政重点，陆续出台了相关配套文件，如《广东省基本公共服务均等化规划纲要（2009—2020 年）》、《浙江省基本公共服务体系"十二五"规划》、《江西省基本公共服务体系"十二五"规划》等。这些地方文件旨在推动区域基本公共服务体系建设，增强公共产品和公共服务的供给能力，使基本公共服务更加全面平等地惠及全体人民，使广大人民群众能够更好地共享改革开放的成果。

第九节　公共服务满意度：公共服务改革与创新的不懈追求

建设职能科学、结构优化、廉洁高效、人民满意的服务型政府是全面推进行政体制改革与国家治理现代化的重要内容，人民群众的满意度是建设服务型政府与完善公共服务体系的必要前提和最终归宿。

满意理念最早来源于企业，西方"新公共管理"以及"政府再造"运动的开展，在政府部门得以普遍应用。目前，对"顾客满意"的定义，学术上主要存在两种观点：第一种观点是从"状态角度"来对"顾客满意"进行定

① 参见国务院办公厅《国务院关于印发国家基本公共服务体系"十二五"规划的通知》，ht-tp：//www.gov.cn/zwgk/2012－07/20/content_ 2187242. htm，2012 年 7 月 20 日。

义的，认为顾客满意就是顾客对自己的购买行为所产生的一种事后感受，也就是消费经历所产生的一种结果。比如威斯布鲁克和赖利（Westbrook & Reilly，1983）等学者都持这种观点。第二种观点是从"过程角度"来对"顾客满意"进行定义，认为顾客满意就是顾客购买后对消费行为所作出的一种评价。比如恩格尔·谢斯易和威尔顿（Tse & Wilton，2001）等学者都持有这样的观点。总体而言，从"过程角度"对"顾客满意"所作的定义对产生顾客满意的知觉、判断和心理过程给予了更多的关注，从实际操作层面更具有实用价值，因而认同度也比从"状态角度"对"顾客满意"所作的定义更高。

虽然两种观点存在一些分歧，但也有共同之处。两种观点都认为顾客满意水平是消费者的期望值和实际感知效果之间差异的函数，这也是目前被学术界广泛采用的一种对"顾客满意"的定义。丘吉尔和斯普莱南特（Churchill & Surprenant，1982）提出"顾客满意 = F（期望，绩效）"的函数形式。在此基础上，卡多特等人（Cadotte，1987）进一步提出，顾客在购买之前会根据以前的消费经验建立一种比较标准，在购买之后，顾客会以产品的实际绩效与购买期望进行比较，产生正向或负向差异，进而影响顾客的满意程度，因为顾客满意是一种理性的认知评价过程。

顾客满意度是对顾客满意程度的量化描述，是顾客接受产品或服务的实际感受同其期望值相比较的程度，反映的是顾客的一种心理状态，是一个相对概念。在 2000 版 ISO 9001 标准中明确提出了"以顾客为关注焦点"等八项质量管理原则，并多次提到增强顾客满意，而且阐述了顾客满意是顾客对其要求已被满足的程度的感受（曹礼和、桂美荣，2005）。目前，菲利普·科特勒对顾客满意度所作的定义得到了学者们的高度认同，他认为，顾客满意度是指"一种愉悦或者说是失望的感觉状态，这种感觉状态是顾客通过对产品的实际感知绩效与他的期望绩效进行比较后形成的"（菲利普·科特勒，2006）。

顾客满意度是指一个人通过对一种产品的可感知的效果（或结果）与其期望值比较后，所形成的愉悦或失望的感觉状态。与此相对应，公共服务满意度就是社会公众对政府的公共服务的感知绩效与自身对该服务的期望值相比较后形成的愉悦或失望的感觉状态，是实际得到的公共服务与期望得到的服务之间的匹配程度。公共服务满意度测评的最终目的就是通过了解公众的意见测评公众对公共服务部门所提供服务的期望与其实际感受的差距，进而得出公共部门如何能够更好地服务大众，在哪些方面进行改善和调整是最有效的、是公众最需要的，从而提高居民生活质量。①

在满意度的测量方面，学者们存在较大分歧。有些学者将满意度视为一个整体性的感知现象，认为应该用整体满意度进行测量，而另一些学者则指出应使用多个项目来测量整体满意度，即针对产品各属性绩效的满意程度作衡量，再予以加总。本研究进行的整体性公共服务满意度调查分为两大维度：一是整体感受及满意度，用以了解一般民众在没有特定、亲身的经验前提下，对于政府服务表现、服务形象的主观认知；二是亲身感受及满意度，用以了解具有接受或申请政府服务经验的民众，对优质便民服务、信息服务、创新便民等方面的主观感受（陈秋政、江明修、陈定铭，2013）。

服务表现方面主要衡量政府服务表现及质量的满意程度，用以测量政府整体性服务质量满意度。服务形象方面包含政府服务过程应变能力的满意程度、政府服务创新便民的满意程度两个子维度，用以测量公众对政府危机处理与创新便民的满意度。

优质便民服务满意度包括服务流程及处理效率的满意程度、服务态度及专业的满意程度、服务公平性对弱势群体协助的满意程度、投诉渠道及回应速度的满意程度、服务场所的满意程度。优质便民服务强调各机关一致的整体性公共服务标准。

信息服务方面包括浏览网站的满意程度、信息公开的满意程度、信息正确的满意程度、在线服务的满意程度，用以测量政府网站操作便利性、信息完整性、丰富性、正确性，以及在线申办服务满意度。

创新便民满意度强调有价值的创意服务、服务的延续性与效能性。创新便民方面包括服务项目、内容及方法便民的满意程度，用以测量公众对于推行电子化政府所带来的便民成效。

---

① 参见汤志华、齐艳彩《北京市 2008 年公共服务满意度调查研究》，http：//www. emarketing. net. cn/magazine/article. jsp？ aid = 1368。

第 三 章

浦东新区综合配套改革中的
公共服务创新

开发开放浦东是中国改革开放的重要标志，浦东在中国改革开放的历程中具有重要的示范意义和窗口作用。1990 年，浦东开始了开发开放，向世界宣示了处于历史转折点上的中国选择。2005 年 6 月，国务院正式批复同意浦东综合配套改革试点，浦东新区成为全国首家综合配套改革试验区。经过 25 年的开发开放和 10 年的综合配套改革，浦东在公共服务领域进行了各种探索，也积累了相应的改革经验。本章从大部制改革与跨部门协同、整体性预算体系、政府购买服务、全过程优质监管体系、整体性伦理规范与廉政建设、电子治理等方面系统剖析浦东新区政府推进公共服务改革与创新的主要进展，从强制性政策工具、自愿性政策工具和混合性政策工具三个维度系统剖析浦东新区政府推进公共服务改革与创新的政策工具，通过整体性公共服务满意度调查对浦东新区公共服务改革与创新的成效进行了初步评价。

第一节　浦东新区公共服务改革与创新的主要进展

一　大部制改革与跨部门协同

1. 整合机构设置，完善大部制

浦东新区成立之初就提出构建一个"小政府、大社会、大服务"的政府架构，通过职能模块的机构设置模式，取代传统的"条条"设置模式，从而保证政府机构的精干和高效（陈家喜、刘王裔，2013）。启动综合配套改革试点以来，浦东新区已经制订的四轮三年行动计划都提出了政府管理体制改革的要求。《2005年—2007年浦东综合配套改革试点三年行动计划框架》提出，按照"经济调节、市场监管、社会管理、公共服务"的要求，制定浦东新区政府机构改革和职能转变方案，创新行政组织结构，构建公共服务型政府。《2008年—2010年浦东综合配套改革试点三年行动计划框架》明确提出，按照"大部制"模式，深入推进浦东新区行政管理体制改革。对政府行政管理职能和流程进行重新梳理和界定，强化政府社会管理和公共服务职能，解决经济管理和市场监督等部门之间职能重复和交叉问题，进一步完善多层次公共服务平台。推进建立和完善决策、执行、监督相协调的机制。对执行类行政事务机构，试点推行执行局模式。在总结川沙新镇"镇区合一"管理体制的基础上，深化浦东新区区政体制（功能区域体制）改革试点。《浦东综合配套改革试点三年行动计划（2011—2013年）》提出，率先创新行政管理体制，加快构建公共服务型政府。加强顶层设计，研究形成特大城区管理体制改革总体方案。进一步完善开发区管理体制，探索完善大市镇（新镇）管理体制，不断优化管理层级和幅度，整合行政资源，实现行政管理扁平高效。在川沙新镇等区域探索大市镇（新镇）体制，条件成熟时逐步在全区域范围推行。《浦东综合配套改革试点三年行动计划（2014—2016年）》也提出优化政府管理体制，在权力下放、区域管理和市场监管等方面继续探索。

　　2009年浦东新区与南汇区的合并，为浦东新区的大部制改革提供了契机。浦东新区除了重新整合两区四套班子之外，还调整了职能模块，将新区政府划分为综合统筹、经济服务、社会建设、城建管理、法制监督五个职能模块，综合统筹模块强化了决策统筹、战略研究职能，经济服务模块强化了产业研究、专业服务职能，社会建设模块强化了服务基层、服务公民职能，法制监督模块强化了监督保障职能，城建管理模块根据城市建设、管理与执法监督合理分工的要求，理顺了行业指导、行业管理、行业执法和行业监督职能（李乐，2010）。按照职能模块设置机构，最终确定党委工作部门7个，政府工作部门由原先的13个增加到19个，部门相对精简综合，少于同期上海其他区县的政府机构配置（中心城区26个、郊区28个）；每万人行政编制数4.9人，少于全市的一半（陈奇星，2012）。

2. 启动市民中心，打造一门式服务平台

2006 年 10 月，浦东正式启动了上海市第一家市民服务中心，主要承担公共服务和政社合作两项工作任务，作为办事服务的综合性平台，各委办局 140 多条专线与市民服务中心平台连接，提供区级权限的公共服务项目，致力于打造一站式行政服务平台。截至 2014 年 8 月，市民服务中心共有 21 个委办局、50 余个职能部门的 550 余名工作人员进驻，设 202 个窗口，办理各类审批服务事项 297 项，年均办件量近 80 万件。

2010 年 5 月 1 日，《浦东新区企业设立联动登记操作规定（试行）》正式实施，实现了工商、质监、税务三部门"一口受理、一次登记、一次审查、一网流转、一次发证、一口收费"。之前，申请人需要按顺序先后分别向工商、质监、税务 3 个部门申请工商营业执照、组织机构代码证和税务登记证，只有办出前 1 个证照，才能流转到下一个程序。改革后，申请人一次性向工商申请，只需填写一张表格，上述 3 个部门所需的所有法律文书签章都统一在这份申请表之内，工商受理人员对材料进行一次审查，质监、税务部门则不再审查。相关材料提交后，工商、质监、税务部门通过统一的网络系统进行审批，审批完成后再由工商发证窗口集中统一收费，申请人一次就可以同时领取 3 张证（照）（彭森、杨雄、徐麟，2012）。

3. 市区联动，借机自贸区建设整体推进综合配套改革

中国（上海）自贸区扩区后，自贸试验区管委会与浦东新区人民政府合署办公，承担统一管理自贸区各功能区域，推进浦东全区落实自贸区改革试点任务。在市级层面，设立自贸试验区推进工作领导小组及其办公室。上海自贸区管委会内设 3 个职能局，分别是综合协调局、政策研究局、对外联络局，承担自贸区改革推进、政策协调、制度创新研究、统计评估等职能。在片区层面，设置 5 个区域管理局，为保税区管理局、陆家嘴管理局、金桥管理局、张江管理局、世博管理局。其中，保税区管理局负责管理保税区域，作为市政府的派出机构，委托浦东新区管理（杨联民、李刚，2015）。这样，综合配套改革与自贸区试验就放在了一个完整的地方政府下，按照自贸区建设的要求改造一级政府，明确自贸区建设的主体责任，有利于统筹协调五个片区，有利于将自贸试验区的成功经验推广到浦东新区全境。

自贸区扩区后，上海在政府协同方面建立健全了两个机制。一是强化市级层面统筹协调机制。上海市进一步充实了推进工作领导小组成员单位，市科

委、市质监局等部门的负责人加入领导小组。市领导小组定期召开会议，研究部署自贸区改革开放试点任务；领导小组办公室牵头与国家及市相关部门沟通协调，拟订相关规划、计划，负责全市范围自贸区复制推广工作；管委会（浦东新区人民政府）及时梳理汇总需要研究协调的重大事项和重点难点问题，提请领导小组及其办公室审议决策和协调推进。二是建立区级层面整体推进机制。管委会3个内设职能局成立后，其他有关行政职能由浦东新区政府相关部门对应承接，区政府管理体制机制适时进行相应优化和调整（杨联民、李刚，2015）。

自2014年1月1日起，上海浦东新区率先实现工商、质监、食药监"三合一"，构建起一个覆盖生产、流通、消费全过程的监管体系。新成立的市场监管局对注册登记业务"一口受理"，在浦东市民中心新设立的两个"一口受理"窗口，由熟悉工商、质监、食药监行政审批业务的工作人员，接受所有业务的办理。改革后，浦东原先3个局的内设机构由原来的29个减至17个，机关编制从264名减至198名。目前，全局80%以上的人员在基层、一线从事行政执法工作。此外，36个基层监管所对应浦东36个街镇以及数个开发区，形成了"36+X"的网格化市场监管格局（季明、周蕊，2014）。市场监管局通过归并新区"12345"、工商"12315"、食药监"12331"、质监"12365"热线操作系统，自主研发启用了"公众诉求处置平台"，由消保处归口接收、分派、反馈各条热线转来的公众诉求，从而实现"四线合一、平台归口、并网处置"，提升了消费维权的反应速度和处置效率。

4. 成立领导小组，加强部门协同

2006年，市委、市政府成立了综合配套改革试点工作领导小组，建立市区联动机制，领导小组办公室派驻浦东，在一线加强改革方案的研究、协调、推进和落实工作。在公共服务的具体领域，浦东新区也成立了各类领导小组，以加强各部门的协同。

在基本公共教育领域，浦东新区根据教师继续教育"十二五"规划成立了浦东新区教师继续教育工作领导小组，领导小组由委局主要领导任组长，分管领导任副组长，局各相关职能部门、教发院负责人为主要成员，加强领导和协调；领导小组下设办公室，由教育局分管领导担任主任，局各职能处室、教发院、各教育署领导参加；发挥教育督导的作用，把教师教育列入每年的督导内容。

在公共文化服务领域，浦东于 2014 年 5 月成立了区长领衔的创建国家公共文化示范区工作领导小组，时任上海市政府副秘书长、区委副书记、区长担任领导小组组长，区委、区政府分管领导担任副组长；区府办、区委宣传部（文广局）、区发改委、区经信委等 14 个委办局以及各街镇为成员单位，各成员单位主要领导为领导小组成员；领导小组办公室设在浦东新区文广影视局。

在基本医疗卫生领域，浦东也成立了各种领导小组。比如，根据《浦东新区加强公共卫生体系建设三年行动计划（2011 年—2013 年）》成立了浦东新区公共卫生体系建设三年行动计划领导小组，由区政府分管领导任组长，组员由卫生局和财政局的相关负责人构成，下设领导小组办公室，统筹规划和组织实施各项工作，协调有关部门共同落实各项任务。根据《浦东新区进一步深化公立医疗机构体制机制改革实施意见（2013—2015 年）》，浦东成立了由分管副区长任组长，区卫生计生委主任任副组长，区府办、区发改委（物价局）、区经信委、区财政局、区人保局（医保办）、区编办、区民政局、区食药监局等部门负责人为组员的浦东新区公立医疗机构改革工作领导小组，领导小组下设办公室在区卫生计生委。

二　整体性预算与财政体系建设

浦东新区在公共财政体制建设方面创新了街镇财力保障机制，推行了全口径预算，并在财政支出绩效评价方面进行了深入探索。

1. 创新街镇财力保障机制

浦东新区于 2006 年在浦兴路、东明路街道试点将街道纳入部门预算，并于 2007 年在全区 12 个街道全面实行提高公共财政保障，强化功能区域统筹，实施部门预算管理的模式，支持街道职能转变，强化社区公共服务服务职能，推动公共服务均等化（于政华，2014）。同时，改革街镇财政管理体制，改变原先与税收挂钩的财力保障模式，建立公共财政保障机制，街道用于社会建设与管理方面的经费支出，由区级转移支付按1∶1实施定向补贴，建立公共财政预算管理制度。通过改革，促进了街道工作重心转移，突出了社区公共服务（彭森、杨雄、徐麟，2012）。

2. 推行全口径预算

2014 年，区人大常委会确定三林镇作为推进全口径预决算审查监督的试点单位。2015 年 1 月，三林镇四届人大四次会议表决通过了镇人大《关于实施全口径预决算审查监督的决定》，要求镇政府"将全部收入和支出纳入镇本级预算，建立健全包括一般公共预算和预算外收支在内的全口径预算体系"，"应当将镇本级全口径预算草案提交镇人民代表大会审查和批准"，"镇本级预算的调整方案应当提请镇人民代表大会审查和批准后方可进行调整"，并确定"每年年中召开镇人民代表大会，听取和审查批准镇人民政府关于上一年度决算草案的报告和上一年度镇级实事项目预算执行及财政重点专项资金收支的审计报告"（李耀华，2015 年）。自 2015 年起，浦东新区开始正式编制国有资本经营预算并纳入政府预算，首次实现"三本预算"（一般公共预算收支、政府性基金和国有资本经营预算），并联合报区人代会审议。

3. 加强财政支出绩效评价工作

自 2006 年开始，新区逐步推行绩效预算改革，将"绩效管理"理念和方法引入公共财政管理，通过率先建立具有浦东特色的绩效预算管理模式，促进政府职能的转变和政府效能的提高。浦东已经建立了绩效预算管理的制度框架，积累了项目预算绩效评价经验，增强了政府管理的效果和效益理念（陈奇星，2010）。

为了试行绩效预算改革，浦东还成立了由发改委、财政、审计、监察、人事部门组成的联席会议，统一领导和协调绩效评价工作，审议决定重大工作事项。其中，新区财政局负责牵头管理，统一制定绩效评价的规章制度，指导、监督、检查各主管部门的绩效评价工作；各主管部门按照统一制定的预算绩效评价办法和绩效评价要求，具体负责组织实施本部门系统的绩效评价工作。同时，为加强工作指导和协调，建立了绩效评价联络员工作制度，确保绩效评价工作有序开展（董瑞华、曾耀，2008）。2007 年又在财政局内部成立了浦东新区绩效评价中心，作为负责绩效评价具体操作的一个平台（陈奇星，2010）。

在绩效预算改革过程中，浦东新区还积极引入"第三方"对公共服务的绩效进行评估，逐步实现评价主体的多元化，进一步体现公开、公平、公正的原则（陈奇星，2010）。比如，在教育领域，《浦东新区教师继续教育"十二五"规划》（2011 年）提出"尝试聘请第三方评估机构对区级教师继续教育规划执行情况进行项目达成度评估，提高项目执行有效性"。在劳动就业领域，浦东委托社会中介组织对政府补贴职业培训的质量及资金使用情况进行评估监督。在医疗卫生领域，2006 年制定的《浦东新区第二轮公共卫生体系建设三年行动计划（2006 年—2008 年）》提出，"委托第三方社会组织开展项目评估、评审工作，提高公共卫生资金及资源的使用效率"；2014 年出台的《浦东新区深化医疗质量安全管理实施意见》再次提出，"建立对第三方非政府组织开展医疗质量控制与管理工作的评估机制"；2015 年公布的《2015 年浦东新区卫生计生工作要点》依然坚持了第三方评估的做法，提出要"探索食品安全企业标准评估、公共场所卫生风险分类管理第三方评估等公共卫生项目政府购买服务"。

同时，浦东新区还重视评估结果的运用。财政和主管部门根据绩效评价中发现的问题，及时提出改进和加强项目预算管理的意见，并督促有关部门（单位）落实。财政和主管部门还根据绩效目标和评价结果，调整和优化部门（单位）以后年度预算的方向和结构，合理配置资源，加强财务管理，提高财政资金的使用效率和效益（陈奇星，2010）。

三　政社合作与政府购买服务

近年来，浦东新区制定了培育社会组织发展的相关政策，通过政府购买公共服务、政社合作等方式，推动形成公共服务的多元供给格局。

1. 出台配套政策，培育社会组织

早在 2005 年 9 月，浦东就出台了《关于促进浦东新区社会事业发展的财政扶持意见》，提出通过政府购买服务和财政补贴等方式，扶持公益性社会组织发展。2006 年，上海市浦东新区非营利组织发展中心把企业孵化器的概念引入公益领域，首创"社会公益组织孵化器"概念，专门培育有创新性的社会组织，发现和支持有潜力的社会人才，以创造出更好的社会效益。社会公益组织孵化器运用"政府支持、民间力量兴办、专业团队管理、政府和公众监督、民间公益组织受益"的运作模式孵化社会。其孵化流程为，接受申请—筛选评估—入壳—孵化（场地设备、能力建设、小额资助、注册协助、表现评估）—出壳—跟踪辅导（柳岳龙，2009）。

2007 年 4 月，浦东新区制定了《关于着力转变政府职能建立新型政会合作关系的指导意见》、《关于促进浦东新区民间组织发展的若干意见》和《关于政府购买公共服务的实施意见》。这些都对促进浦东新区社会组织健康发展发挥了重要的推动作用。其中，《关于促进浦东新区民间组织发展的若干意见》明确要求政府部门要对各自承担的社会管理和公共服务职能进行全面梳理，对可由民间组织承接的社会管理和公共服务事项，应当转移或委托给相应的民间组织承接。《关于政府购买公共服务的实施意见》要求建立以项目为导向的政府购买服务机制，形成"政府承担、定向委托、合同管理、评估兑现"的公共服务新机制（樊丽萍，2008）。《关于着力转变政府职能建立新型政社合作关系的指导意见》提出了稳步推进社会管理、公共服务类事业单位体制改革，积极培育民间组织和社会组织，加强民间组织和社会组织的能力建设（柳岳龙，2009）。

2010 年，新区出台了《关于"十二五"期间促进浦东新区社会组织发展的财政扶持意见》，明确了一系列补贴社会组织发展的细则，包括社会组织开办补贴、房租补贴、人员补贴等。从 2014 年 4 月 1 日起，浦东新区为贯彻中央《关于全面深化改革若干重大问题的决定》的精神，落实《国务院机构改革和职能转变方案》的要求，根据上海市的统一部署，重点培育和优先发展行业协会商会类、科技类、公益慈善类、城乡社区服务类等四类社会组织，以更好地激发社会组织活力，促进社会组织健康有序发展。根据《上海市社会组织直接登记管理若干规定》（2014）的规定，新成立行业协会商会类、科技类、公益慈善类、城乡社区服务类等四类社会组织，可直接向社会组织登记管理机关依法申请登记，不再需要业务主管单位审查同意。这种以直接登记为重点的社会组织登记管理制度改革，是社会组织管理体制的一次深刻变革，也是社会治理创新的一种探索。

2. 完善制度框架，推进政府购买公共服务

早在 1995 年，浦东新区就开始探索政府购买公共服务的新模式，当时选择罗山会馆（上海基督教青年会委托管理的市民社区活动中心）作为试点，采取委托非营利组织进行运作的模式，这在我国还属首次，打破了以往仅仅依靠政府自身投入和运作的机制。

2007 年 4 月 19 日，浦东新区制定了《浦东新区关于政府购买公共服务的实施意见（试行）》（浦府办〔2007〕18 号），明确了政府购买公共服务的指导思想、实施原则、工作目标、主要内容等。该意见认为，政府购买公共服务是指将原来由政府直接举办的，为社会发展和人民日常生活提供服务的事项交给有资质的社会组织来完成，并根据社会组织提供服务的数量和质量，按照一定的标准进行评估后支付服务费用，是一种"政府承担、定项委托、合同管

理、评估兑现"的新型政府提供公共服务方式。2014 年 12 月 17 日，浦东新区人民政府印发了《浦东新区政府购买服务暂行管理办法》（浦府〔2014〕213 号），明确了政府购买服务的组织保障、购买主体、承接主体、购买内容、预算管理和、绩效管理和监督管理。

在具体的基本公共服务领域，浦东新区也不断完善了政府购买公共服务的制度。在基本公共教育领域，浦东新区自 2009 年起大胆尝试政府购买公共教育服务新政：为使外来人员子女能依法享受到良好的义务教育、优质的教育资源，上海浦东新区政府通过向民办学校"购买学位"；通过购买委托管理，让已形成稳定品牌影响力的优质学校直接进入当地薄弱校，由外而内提升这些学校的办学水平；为了扩大公共教育服务的范围内容和服务形式，通过购买社会服务组织或中介机构的服务，为民办学校提供服务，如委托万善正教育工作室为农民工子女学校组织教研联合师资培训；通过购买学校科研、教育项目等研究服务，来推动民办教育的发展；购买设施服务，即对向社区免费开放各类设施的公办中小学给予补贴（苏军，2009）。目前，浦东新区已把政府购买教育公共服务归类于公共预算，而且以一个单独的条目列入预算。

在劳动就业服务领域，浦东新区充分发挥市场和社会的力量，提高就业竞争力和提供就业机会。在劳动就业服务方面，浦东新区广泛采用契约的政策工具，运用购买公共服务的方式。比如，通过购买公益性岗位的方式，帮助更多的就业困难人员上岗；通过购买开业指导服务成果机制，开展专业化咨询、指导和跟踪服务；在职业培训政策中，采取向社会培训机构购买培训服务。

在基本社会服务领域，由养老服务机构所在街镇以政府购买服务方式对"助餐、助浴、助急、助行、助医、助洁"等"六助"服务和日间照料服务给予补贴；由新区财政以政府购买服务方式对社区卫生服务中心为养老服务机构提供的服务给予相应的补贴；对养老服务机构从业人员开展多层次、专业化职业技能培训；引进第三方考评机制，建立养老服务实施项目与政府补贴绩效评估机制。

在基本医疗卫生服务领域，《浦东新区卫生发展"十一五"规划》就提出"向社会组织购买公共卫生服务项目"；《浦东新区卫生事业发展"十二五"规划》提出要"探索实行政府购买服务等多种卫生投入方式"；《浦东新区第二轮公共卫生体系建设三年行动计划（2006 年—2008 年）》提出要"探索政府购买服务的模式，将部分公共卫生服务项目委托非营利性社会组织实施"；

《浦东新区进一步深化公立医疗机构体制机制改革实施意见（2013—2015年）》也提出要"探索政府购买服务方式"。

3. 建设合作平台，推动政社互动

为了推动政社合作互动，浦东在全市率先形成"1+23+6"（1 个区级市民中心、23 个街镇社区事务受理服务中心和 6 个功能区事务办理中心实行信息对接）社区政务事务受理服务体系，作为政社合作的有形平台，由政府委托社工协会承担平台运作。政府重大决策、重大事项征询社会组织和社会公众的意见，政府与市民、政府与社会组织、社会组织与市民以及社会组织之间的互动交流都可以在这个平台上进行（陈奇星，2012）。

四　行政审批改革与事中、事后监管

在综合配套改革过程中，浦东新区通过改革行政审批制度，制定权力清单和责任清单，推进了权力公开透明运作，并推广自贸区经验加强了事中、事后监管。

1. 改革行政审批制度

2006 年 6 月，浦东新区启动了第四轮行政审批制度改革，这也是浦东综合配套改革试点后的第一次改革。这次改革以精简审批事项，使政府职能更加明确；优化审批程序，使审批办理更加便捷；深化监管创新，政府行为更加规范；培育社会组织，使社会共治更加有效；改革审批体制，使政府审批更加高效；完善服务机制，使政府与社会的沟通更加顺畅；加强行政监察，使审批行为更加透明为目标（陈奇星，2012）。行政审批改革后，审批效率大大提高。据统计，浦东新区基本建设项目的审批时限最初为 281 个工作日，经过 4 轮行政审批制度改革，通过减少环节、优化程序以及分离行政审批和技术审查等方式，审批时限减少到 100 个工作日以内（彭森、杨雄、徐麟，2012）。

2010 年 9 月 2 日，浦东新区发布了《浦东新区进一步深化行政审批制度改革的方案》，改革目标是：努力实现行政审批最规范、重点审批领域最高效、审批环节最精简、审批信息化支持最充分、审批服务最优质，使浦东新区成为上海市行政审批事项和行政收费最少、审批效率和审批透明度最高的地区，在企业市场准入等重点审批领域始终保持制度创新和流程优化的全国领先地位。经过改革，取消 41 项；通过压缩时限、精简环节、优化流程等方式调整 214 项，承诺办理时限比法定时限平均压缩 41.5%，审批环节比改革前平均减少 17.2%；不变的 49 项。改革后，新区行政审批事项为 263 项（谢群慧，2011）。

2013 年 12 月 16 日，浦东制定实施了《浦东新区行政审批制度改革深化实施方案》，围绕实现"浦东在审批效率、透明度上走在全市前列，走在全国开发开放地区的前列"的目标，着力构建大区域扁平化审批机制，促进管理重心下沉；深化重点领域关键环节改革，持续提升行政审批整体效率；重点推进审批信息化平台建设与整合，促进审批互联互通和公开透明；深化市场监管体制机制改革，促进重审批轻监管的根本性转变；建立完善审批监督机制，促进审批优质改革有效；建立第三方评估和激励机制，促进改革措施更加科学有效；强化课题研究，积累改革储备项目。

2014 年 10 月 8 日，浦东制定实施了《浦东新区扁平化行政审批体制改革实施方案》，开始了新一轮行政审批制度改革。扁平化行政审批体制改革致力于通过下放审批权限，实现行政审批在区级审批服务平台、区域审批服务平台、街镇审批服务平台的分级布局，并结合审批流程再造、运行机制创新和信息化、专业化建设，建立三级布局、高效便捷、服务优质的扁平化行政审批体制，促进政府职能转变，适应二次创业发展要求，推动经济社会快速发展。扁平化改革的核心是三级审批服务平台，具体来讲：第一级是以市民中心为主要办事服务载体的区级审批服务平台，主要承担综合性强、专业化程度高、社会影响面大、占用公共资源多、跨区域、需统筹调控的审批服务职能；第二级是以开发区和大市镇行政服务中心为主要办事服务载体的区域审批服务平台，主要承担为企业服务的经济发展类和建设项目类等审批服务职能；第三级是以社区事务受理中心为主要办事服务载体的街镇审批服务平台，主要承担为市民服务的民生类和社会类等审批服务职能。

2. 公布权力清单和责任清单

2015 年 4 月 28 日，浦东新区人民政府办公室发布了《关于浦东新区政府各部门公布行政权力清单、行政责任清单的通告》。此次首批公布"两张清单"的是 24 家区级部门和 4 家区属开发区管委会（见表 3 - 1），暂未覆盖至街道、镇、上海自贸试验区扩区后的 5 个区域管理局以及法律、法规授权的具有管理公共事务职能的组织。新区政府各部门权力清单中，权力事项的设定（实施）依据原则上为法律、法规、规章以及浦东综合配套改革文件（经上海市人大常委会授权并备案）；责任清单的模块包括主要职责、行政协同责任、事中事后监管制度、重点行业重点领域监管措施、公共服务导航等 5 个模块。根据"上海·浦东"网站公布的信息，目前浦东 24 家区级部门和 4 家区属开发区管委会共有 251 项行政审批权力。

表 3-1　　　　　　　　　浦东新区首批公布"两张清单"的机构

类型	机构名称
24 家区级部门	区府办（法制办、外事办、合作交流办）、信访办、发改委（统计局、物价局）、经信委（安监局、海洋局、航运办）、商务委（旅游局、粮食局）、教育局（体育局）、科委、台办（民宗委、侨办）、公安分局、民政局（社团局）、司法局、财政局、人保局（公务员、医保局）、建交委（住房保障局、民防办、人防办、地震办）、农委、环保市容局（水务局、城管执法局）、规土局、文广局、卫生计生委、审计局、市场监管局（食安办、质量发展局）、知识产权局、金融服务局、档案局
4 家区属开发区管委会	陆家嘴金融贸易区管委会、金桥经济技术开发区管委会、张江高科技园区管委会、世博地区开发管委会

注：根据"上海·浦东"网站公布的名单整理。

3. 加强事中、事后监管

在对事前审批制度进行改革的同时，浦东还探索了事中、事后监管制度。特别是在 2013 年 9 月 29 日正式挂牌后，上海自贸区探索构建了以政府职能转变为核心的事中、事后监管六项基本制度：安全审查机制、反垄断审查机制、企业年度报告公示制度、信用管理体系、综合执法体系和部门监管信息共享机制。比如，在信用体系建设方面，自贸区政府职能部门根据监管需求，对试验区重点领域、重点人群的信用状况进行信用检测，分析相关领域法人、自然人高管的信用状况，通过对相关数据的分析汇总，形成分析报告，进行信用预警或信用提示，将超过警戒线的企业列入信用"警示清单"，进行重点监控，区别企业不同的信用状况，对企业在市场准入、货物通关、贸易管理、金融业务、资质评定和资源分配等方面实施不同的管理措施。

在具体领域，上海自贸区也进行了探索。在商事登记制度方面，推行了注册资本认缴登记制、"先照后证"登记制、年度报告公示制等管理措施。在贸易监管制度方面，创新"一线放开、二线安全高效管住、区内自由"监管模式，海关和检验检疫探索了"先入区、后报关"、"分送集报、自行运输"、"即查即放"、"快检快放"、"货物状态分类监管"的监管方式。在金融监管制度方面，为落实"一行三会"的金融创新举措做好了准备。2014 年，上海自贸区针对 23 项服务业扩大开放措施出台了 14 个操作配套文件，明确了扩大开放行业的具体监管要求。

2014 年，浦东还成立了由自贸试验区内各类企业、驻区相关社会力量，包括行业协会、商会、基金会、民办非企业单位、专业服务机构等自行发起组成的自贸试验区"社会参与委员会"，这是自贸试验区推动社会力量参与市场监督制度建设的一项创举。"社会参与委员会"的首批常务委员单位共 42 家，涉及航运、物流、贸易、加工、金融、服务等多个行业，集聚了国资、民营、外资、合资等不同性质的企业，具有广泛的代表性，将有助于完善企业诚信体系和市场自治自律体系，在自贸试验区形成行政监管、社会监督、行业自律、公众参与的综合管理和监督体系。在自贸区扩区后，浦东新区在 2015 年以制度创新为核心，把自贸区事中、事后的监管等经验辐射到全区。

五　政府信息公开与廉政体系建设

在综合配套改革过程中，浦东新区重视制度建设，推动政府信息公开、行政效能建设和政风行风建设。

1. 完善行政监督制度

浦东新区先后制定了《上海市浦东新区行政过错责任追究暂行办法》（浦府〔2004〕185 号）、《浦东新区行政效能投诉暂行办法》、《浦东新区行政首长问责暂行办法》、《浦东新区行政效能评估暂行办法》、《浦东新区行政审批电子监察暂行办法》（浦府〔2006〕93 号）、《浦东新区行政首长问责暂行办法的补充规定》（浦府〔2007〕172 号）、《浦东新区财政绩效预算管理行政首长问责办法（试行）》（浦府〔2008〕26 号）、《关于加强审计整改工作的办法》、《浦东新区行政效能投诉办法》（浦府〔2013〕170 号）和《关于进一步加强审计整改工作的实施意见》等，通过制度建设提升公共服务伦理。

2. 加强政府信息公开

按照"多个机构、一个政府"的理念和浦东综合配套改革试点的要求，浦东新区深化了政府信息公开机制的改革，构建了包括窗口综合服务工作机制、信息材料内部流转机制、信息更新同步机制、操作流程公开机制和政民互动的公众议政机制的政府信息公开"一体化"服务机制运作框架，并完善了信息公开属性同步确定制度、免予公开政府信息报备制度、政府信息公开报送制度、政府信息公开统计和分析制度、政府信息公开工作业务培训制度以及政府信息公开工作检查评议制度。此外，浦东每年还制定政府信息公开工作要点，推进信息公开工作，不断提高信息公开实效，进一步提升政府公信力，促进服务型政府建设。

3. 提升行政效能

为了提升行政效能，浦东新区采取了多种措施。2006 年 7 月 24 日，浦东行政效能投诉中心在市民服务中心正式启动运行，公众办事遇到推诿、拖延、拒办、不按程序、乱收费、言行粗暴、故意刁难等问题，可立即通过电话、传真、网络、信件等方式进行投诉，投诉中心承诺两天内必予答复。2009 年 3 月 11 日，浦东新区"行政效能建设实践基地"正式揭牌。该基地通过成果展示与交流、岗位实践与示范、工作培训与研讨等多种方式加强行政效能建设。浦东新区以政府购买服务的方式委托有关单位开展行政效能评估，通过科学的评估方法和评估程序，全面评估各街镇和行政机关的行政效能，明确提升行政效能的方向。

4. 加强政风行风建设

浦东新区纠正行业不正之风办公室会下发《关于政风行风网上测评的通知》，对测评对象、测评内容、测评方法、测评主体和时间安排做出安排，并把测评结果反馈到有关单位，督促政风行风建设。比如，2013 年有 45 个部门和行业被列入政风行风网上测评的对象，重点对部门总体满意度测评，并对依法履职、办事效率、信息公开、规范收费罚款、改进服务、清廉自律等情况提出建议。

六　电子政务建设与公共服务信息化

近年来，浦东新区持续推动电子政务建设，并在具体的公共服务领域借助信息技术的手段提高服务效率。

1. 持续加强电子政务建设

2006 年 2 月，浦东启动了数字化城市管理（城市网格化管理），经过一期、二期项目建设，初步形成了"三级平台，四级派单"架构。2007 年，浦东明确提出"建设'多个部门，一个政府'的电子政府"，逐步提升信息化基础设施的支撑力，拓展信息化应用。

2009 年，浦东新区提出了建设"智慧城市"初步构想。2010 年，浦东新区荣获我国信息化最高荣誉"中国城市信息化卓越成就奖"。2011 年，浦东新区在上海市率先推出《智慧浦东建设纲要（iPudong 2015）》，提出了"3935 战役"的重点任务（包括 3 大计划，9 大工程，3 大任务，5 大措施）。同年，浦东新区制订了《推进智慧浦东建设 2011—2013 年行动计划》，提出了建设智慧浦东的 32 项重点任务和 118 个具体事项。在公共服务方面，通过政务资源共享、居民卫生医疗智慧化改造、"数字教育"计划等重点任务的实施，逐步构建起以高效、惠民为特征的公共服务模式。

2011 年 12 月 22 日，浦东"微博广场"在新浪网上线试运行。这是浦东新区整合各类微博而推出的全国首家开放式政务微博广场，以形成宣传合力。浦东"微博广场"上既有浦东新区政府部分单位和机构的微博，也有与市民生活密切相关的衣食住行、教育培训、社会公益等方面的企业和社会组织微博。"浦东发布"政务微博作为浦东"微博广场"的管理员和服务员，通过转发、评论和回复微博、发私信、发邮件、打电话等多种方式，加强与广场上各单位和个人微博的日常沟通交流，听取意见建议、及时回复，增强互动性（王志彦，2011）。

2013 年 5 月 28 日，作为上海市区县第一家官方微信"浦东发布"公众平台上线。"浦东发布"政务微信设"城·事"、"人·梦"、"居·行"、"乐·活"等专栏，充分利用微信公众平台发布功能，以语音、图片、视频等丰富的多媒体形式、亲切的语言打造"官方咨询速递"、第一时间发布权威信息，提供浦东最快速、最实用的信息（金朝晖，2014）。

2014 年，浦东率先在上海市推出的审批管理电子化服务平台，首次将审批事项按照内在逻辑，跨部门横向连接，基本实现了申请人一次查询，政府一次推送全流程办事告知。目前，浦东已把所有 242 项社会类行政审批的设定依据、设定条件、申请材料、逻辑关系纳入"行政审批事项属性要素数据库"，实现了审批事项的条件、材料、期限、办事地点等全部要素的对外公开。在全区设置了"8 + 1"的审批平台（浦东 8 个开发区和周边街镇，再加自贸试验区），建立以生产力布局为中心的区域化、扁平化的行政审批体制（王志彦，2014）。

2014 年，浦东市民中心启动了"一门式政务云"智能化终端项目，实现"网上办事预约、排队叫号、智能评价、能效监察"。根据进驻部门和服务对象意见，深化一门式政务服务和公共资源信息共享平台建设，实现主动公开、自主查询等功能向互联网拓展，提高审批信息的透明度、预见性。

2015 年，浦东新区下发了《浦东新区深化拓展城市网格化管理积极推进城市综合管理实施意见》。结合浦东实际，按照重心下移原则，浦东新区将进一步深化街镇网格化综合管理，设立街镇直属全额拨款事业单位性质的网格化综合管理机构，名称统一为"街道（镇）城市网格化综合管理中心"，推动城市网格化管理从"以条为主、条块联动"向"以块为主、条块联动"转变。街镇网格中心在第一阶段将网格化管理、大联勤大联动以及"12345"市民热线管理、突发公共事件应急管理等职能和机制进行整合，再逐步拓展完善。

2. 加强公共服务信息化建设

在教育、劳动就业、医疗卫生、公共文化和残疾人基本公共服务等公共服务领域，浦东新区都借助信息化技术提升服务效率。

在公共教育服务领域，在"十一五"期间，浦东新区教育信息网络基本覆盖，校园基础设施全面配置；教育门户网站相继建成，管理信息系统逐步完善；软件平台体系初步形成，教育教学应用稳步推进；区域网络研修初显成效，校本研修应用丰富多样；信息技术培训成效明显，教师应用能力普遍提升；区域整体推进学校应用，组团模式促进均衡发展。在"十二五"期间，浦东新区围绕课堂教学的全过程，在教学资源、教学能力提升、日常教学管理等方面深化了信息技术的有效应用，营造了"课程无处不在、教师无处不在、学习无处不在"的教育信息化应用环境；构建了浦东教育门户网站、教发院网站、教育督导网站、青少年心理健康指导网站、青少年法制网站、语言文字网站、学前教育网站和特殊教育网站等区域教育网站群，推进了信息技术的应用；创新提出了"领衔 + 参与"校际联动模式，推进了农村学校信息化应用，以信息化促进教育均衡发展。

在劳动就业服务方面，浦东新区就业促进中心以信息化创新公共就业服务手段，优化公共就业服务质量，强化标准化就业服务治理和管控水平，构建了以一网整合（涵盖基础信息管理、服务跟踪管理、业务协同经办管理）、三级联动（区、街镇、居村委）、四个统一（统一目标、统一标准、统一平台、统一管理）、五化相融（网络化、专业化、均等化、动态化、数字化）为特征，完善治理和信息化应用相协调的就业、保障、服务一体化平台，为实现就业服务工作广覆盖、可持续发展奠定了良好的基础。

在基本医疗卫生方面，浦东新区自2009年开始启动区域卫生信息共享联合工程的项目，开始建设"浦东新区医疗卫生信息共享交换平台"，以实现社区卫生服务中心的标准化配置。2012年，浦东新区卫生计生委就提出新农合按人头支付。经过近3年实践，完成了1个平台即医疗卫生协同网平台，2个联动即医—医、医—患实时联动，3个协作即国际协作、系统协作、平台协作，4个共享即专家共享、临床共享、科研共享和教学共享的建设，带动社区提高技术。2015年5月，国内首个远程移动医疗系统已在浦东南片区域正式上线，形成医医、医患智慧健康工程新模式（刘锟，2015）。

在公共文化服务领域，《浦东新区创建国家公共文化服务体系示范区规划（2013—2015）》提出，"加强数字化传播手段的应用，扩大公共文化服务覆盖面，形成更加便捷的数字化服务环境"。目前，浦东文化艺术指导中心正在准备上线的"浦东公共数字文化服务平台"，包括数字博物馆、图书馆、艺术馆等，将中心的培训和场地服务在网上进行分时段公示，并提供网络报名渠道，更大范围提升浦东文化艺术指导中心的群文阵地作用。

在残疾人基本公共服务领域，作为2014年的区政府实事项目之一，浦东新区残疾人智慧公共服务平台围绕残疾人的需求，开发了办事指南、咨询预约、保险报案、康复训练、文化娱乐等多项功能，是一个便于残疾人一站式获取各类服务信息的综合平台。目前，智慧平台已完成第一期开发，只要登录中国电信高清IPTV"浦东残联"板块，或是下载平板电脑"阳光家园"安卓APP即可进入平台，享受各类服务。

七　统筹城乡与基本公共服务均等化

1. 推进基本公共教育均衡发展

合作办学是推进教育均衡发展的有效手段之一。为了进一步加强合作办学，加快推进城郊之间、学校之间的均衡发展，浦东新区教育局先后制定了

《关于加强合作办学、推进教育均衡发展的指导意见》（2010年）、《关于加强教育局、镇政府教育合作工作的实施意见》（2010年）和《关于加强学校结对帮扶工作的实施意见》（2012年），为与高校合作办学、学校结对、委托管理、办学联合体、教育局和镇政府教育合作、集团办学等多种合作形式提出了政策依据。其中，浦东新区"委托管理"机制第一次把传统的公共教育的全流程切分为管、办、评三大领域，使过去笼统的"政府教育职能"有了主题性分解（管、办、评）和主体性分担（政府、学校、社会）的基础，搭建了体制外的平台，打破了行政界限和条块分割，改变了以往单纯采用行政手段的做法，实现了在不同行政区域之间有效配置教育资源的目标（陈效民，2014）。原南汇、浦东两区合并后，新区区委常委会、区政府常务会议审议下发了《关于调整浦东新区惠南镇等街镇基础教育管理体制的实施意见》（2010年），在党务、干部、资产、工程和成校管理进行衔接。教师队伍的均衡发展是教育均衡发展的重要内容，浦东新区教育局为此先后制定了《浦东新区优化义务教育阶段人力资源配置的实施意见（试行）》（2011年）和《关于进一步加强农村学校教育人才队伍建设的暂行办法》（2014年），通过人才招聘、人才引进和人才培养等优化教育队伍人才结构。

2. 推进医疗卫生均等化

为了加快浦东新区农村卫生事业发展，逐步消除城乡卫生二元结构，提高农民健康水平，浦东新区在2007年核定了《关于推进浦东新区农村卫生事业发展的若干意见》、《浦东新区关于〈本市郊区村卫生室门诊诊查费减免试行办法〉的实施意见》和《浦东新区社区卫生服务管理体制二元并轨实施意见》。2009年至2013年，浦东还出台了一系列关于新型农村合作医疗的政策。2014年，为了加强农村卫生人才队伍建设，浦东新区先后出台了《关于调整本区部分乡村医生社会保障政策的实施意见》和《关于加强浦东新区农村卫生人才队伍建设的实施意见》。

3. 推进公共文化服务均等化

在推进公共文化服务均等化方面，浦东建立了文化设施向新兴城区、大型居住区、商贸聚集区适度倾斜的引导机制。同时，浦东实施了"文化服务全员均享"工程，每年配送文艺巡演500多场、公益电影2万场。文化关爱"农民工"，投放23万册图书在253个公共图书延伸服务点之间流通；将关爱触角延伸到"农二代"，累计为46家外来建设者子弟小学配送图书、音像资料9万多册；文化关爱"小白领"，创设张江科技文化节、陆家嘴金融文化节等文化载体。

第二节　浦东新区公共服务改革与创新的政策工具

总体而言，浦东新区自开始综合配套改革试点以来在基本公共服务各领域改革过程中，其中强制性的政策工具运用得最多，其次是混合性工具，自愿性工具运用得较少。当然，在不同的基本公共服务中，各种政策工具的运用又有所不同。从基本公共服务各个领域的政策工具运用情况来看，浦东新区在基本公共教育、劳动就业服务、基本社会服务、基本医疗卫生和计划生育、公共文化体育领域综合运用了自愿性、强制性和混合性三类工具，在社会保险、基本住房保障、环境保护和残疾人基本公共服务领域使用了强制性工具和混合性工具相结合的做法。

一　公共教育改革与创新的政策工具

在基本公共教育领域，自2005年综合配套改革试点以来，浦东新区主要采用强制性政策工具中的规制、命令性和权威性工具、直接提供，借助政府的力量提供基本公共教育和推动基本公共教育改革。比如，《浦东新区教育发展"十一五"规划》、《浦东新区教师继续教育"十一五"规划》、《浦东新区教育发展"十二五"规划》、《浦东新区教师继续教育"十二五"规划》和《浦东新区中等职业教育"十二五"发展规划》都使用了强制性工具中的规制、直接提供、命令性和权威性工具；《浦东新区学前教育三年行动计划（2008—2010）》和《浦东新区学前教育三年行动计划（2011—2013）》也都使用了强制性工具中的直接提供、命令性和权威性工具。由于浦东是人口导入大区，所以必须采取强制性政策工具加强教育基础设施建设，2014年新开办中小幼学校19所，2015年秋季开学时已有22所中小幼学校开办，从而缓解了新城和大型居住社区教育资源短缺的问题。

在基本公共教育领域，混合性政策工具中的补贴、信息与倡导、契约是浦东新区常用的政策工具类型。比如，《浦东新区教育发展"十一五"规划》、

《浦东新区教育发展"十二五"规划》、《浦东新区学前教育三年行动计划（2008—2010）》和《浦东新区学前教育三年行动计划（2011—2013）》都使用了信息与倡导、契约等混合性工具；《浦东新区对开展义务教育及学前教育的民办学校（幼儿园）进行财政扶持的实施意见》、《浦东新区民办农民工子女学校申办暂行办法》、《关于加强教育局、镇政府教育合作工作的实施意见》、《关于招收进城务工人员随迁子女为主的民办小学资产与财务管理的实施意见》、《浦东新区优化义务教育阶段人力资源配置的实施意见（试行）》、《浦东新区促进农民工同住子女学前教育工作的财政扶持意见》、《关于进一步加强区级示范性幼儿园建设工作的若干意见》、《关于进一步加强农村学校教育人才队伍建设的暂行办法》和《浦东新区学前教育阶段政府向民办幼儿园购买服务的实施意见》等关于民办教育和城乡教育均衡发展的政策都采用补贴的混合性工具。其中，契约工具的应用是浦东提供基本公共教育服务的一大亮点。在委托管理中，受托方可以分为三类：第一类是公办院校，如华师大、上师大、上海市实验学校；第二类是民办中介机构，如上海成功教育管理咨询中心、上海浦模教育发展服务中心、上海福山教育文化传播与管理咨询中心等；第三类是行业协会，如新区学前教育协会、新区成人教育协会、浦东教育学会等（黄燃，2008）。委托管理有助于政府从"划桨者"转变为"掌舵者"，也有助于让有资质的中介机构提供比政府更专业、更有效能的学校管理。2015年，临港新城新开办4所中小学幼儿园，其中，上海市临港实验中学由上海市世界外国语中学委托管理，浦东新区明珠临港小学与浦东新区明珠小学合作办学，浦东新区滴水湖幼儿园分园由滴水湖幼儿园开办分园与浦东新区冰厂田幼儿园合作办园，浦东新区方竹幼儿园由浦东新区沈建芳教育管理中心委托管理。

在基本公共教育领域，浦东新区采用了市场和市场化这一自愿性政策工具。市场和市场化的工具起初是在学前教育领域（《浦东新区对开展义务教育及学前教育的民办学校（幼儿园）进行财政扶持的实施意见》）使用的，后来在外来务工人员子女教育领域（《浦东新区民办农民工子女学校申办暂行办法》）中也得到了采用。随着民办教育事业的发展，浦东的教育资源也将越来越丰富。上海市浦东新区教育局基教处主办的浦东学前教育网显示，截至2015年，浦东新区共有104所民办幼儿园。

二　劳动就业服务改革与创新的政策工具

在劳动就业服务领域，自 2005 年综合配套改革试点以来，浦东新区在劳动就业服务领域主要采用强制性政策工具中的规制、命令性和权威性工具，借助政府的力量提供劳动就业服务。规制、命令性和权威性等政策工具在《关于浦东新区创建充分就业社区的实施意见》、《浦东新区劳动和社会保障事业发展"十一五"规划》、《浦东新区鼓励扶持市民创业行动计划》、《浦东新区进一步做好促进就业工作的实施意见》、《浦东新区关于加强和谐劳动关系建设的意见》、《浦东新区就业和社会保障事业发展"十二五"规划》、《关于浦东新区 2012 年实施扶持失业青年就业启航计划的通知》、《浦东新区加强职业培训促进就业的实施意见》、《浦东新区创建"创业型城区"三年行动计划（2012—2014）年》和《关于贯彻实施"攻坚计划"深入推进浦东新区集体协商制度建设的通知》等多个政策中得到了应用。同时，涉及财政补贴的劳动就业服务政策也普遍采用了规制的政策工具。在强制性工具运用方面，最典型的就是每年都制定计划新增就业岗位的数量，比如 2012 年计划新增就业岗位15 万个，实际完成 15.0515 万个；2013 年计划新增就业岗位 15 万个，实际完成 15.0984 万个。特别是针对零就业家庭，浦东新区强制性地要求在确认后一个月内至少一人实现就业，确保就业困难人员在认定后三个月内实现就业。

在劳动就业服务领域，混合性政策工具中的补贴、信息与倡导、契约是浦东新区常用的政策工具类型。采用何种类型的政策工具与政策内容、政策目标密切相关。例如，由于就业援助的政策涉及财政补贴，所以也需要采取补贴的政策工具；创业带动就业的政策不能强制执行，所以一般都采取补贴、信息与倡导的政策工具。比如，实施创业带动就业政策时，浦东先后开展了"创业项目大家谈"、"创业加油站"、"创业之星"短训班、"微企精英"计划、"创业微故事"征集、"创业微讲坛"、"创业诊所"、创业计划大赛、创业论坛等多项活动，宣传创业政策，营造创业氛围，培养创业能力。同时，浦东新区广泛采用契约的政策工具，如《浦东新区劳动和社会保障事业发展"十一五"规划》、《浦东新区就业和社会保障事业发展"十二五"规划》、《浦东新区进一步做好促进就业工作的实施意见》、《浦东新区关于进一步鼓励创业带动就业工作的实施意见》、《浦东新区创建"创业型城区"三年行动计划（2012—

2014 年)》、《浦东新区关于进一步鼓励市民创业的实施意见》、《浦东新区关于加强职业培训机构建设和管理的意见》、《浦东新区企业职工职业培训财政补贴操作办法（试行）》、《浦东新区加强职业培训促进就业的实施意见》、《浦东新区关于职业培训补贴的实施意见》都采用了契约这一政策工具，比如通过政府补贴的方式向培训机构购买职业培训服务。此外，浦东新区在职业培训补贴政策中还采取了诱因型工具这一混合性政策工具。

在劳动就业服务领域，浦东新区采用了市场和市场化这一自愿性政策工具。在完善劳动就业服务体系的过程中，浦东新区充分发挥市场和社会的力量，提高就业竞争力和提供就业机会。《浦东新区进一步做好促进就业工作的实施意见》提出，健全市场化、社会化的职业培训机制，加强高技能人才培养，引导市场力量参与职业培训。浦东新区就业和社会保障事业发展"十二五"规划也提出，要规范劳动力市场环境，培育和发展一批非营利性和营利性职业介绍机构，作为公共就业服务机构的有效补充，把职业中介机构进行定位为补充力量。

三 社会保险改革与创新的政策工具

在社会保险领域，浦东新区主要采用强制性政策工具中的规制，规范社会保险的适用对象、标准和相关程序。由于社会保险的特殊性，《浦东新区征地养老人员参加小城镇社会保险的意见》、《浦东新区农村社会养老保险试行办法》、《关于落实被征地人员社会保障若干问题处理意见的通知》、《个人已交出土地承包权并落实社会保障若干问题处理意见的通知》、《浦东新区新型农村社会养老保险试点办法》、《关于实施〈浦东新区新型农村社会养老保险试点办法〉若干问题处理意见的通知（一）》、《关于实施〈浦东新区新型农村社会养老保险试点办法〉若干问题处理意见的通知（二）》、《浦东新区征地养老人员纳入镇保后医疗保障管理暂行办法》、《关于浦东新区集中管理纳入镇保的征地养老人员统一参加本市镇保医保门急诊统筹的通知》和《关于失业保险基金拨付"万（千百）人就业项目"队伍岗位补贴资金操作办法》都采用了规制的政策工具。在政策实施过程中，浦东新区采取了多种措施：按照"土地换保障"方式予以办理社会保险；优化新区征地保障流程，提高落实保障工作效率；调整农保养老金和征地养老生活费；推进城乡居民养老保险制度合并实施；加强医保监督检查，遏制骗保贩药行为。

在社会保险领域，浦东新区主要采用混合性政策工具中的补贴，推动社会保险事业的发展。《浦东新区征地养老人员参加小城镇社会保险的意见》、《浦东新区农村社会养老保险试行办法》、《浦东新区新型农村社会养老保险试点办法》、《关于实施〈浦东新区新型农村社会养老保险试点办法〉若干问题处理意见的通知（一）》、《关于实施〈浦东新区新型农村社会养老保险试点办法〉若干问题处理意见的通知（二）》、《浦东新区征地养老人员纳入镇保后医疗保障管理暂行办法》和《关于浦东新区集中管理纳入镇保的征地养老人员统一参加本市镇保医保门急诊统筹的通知》都采用了补贴这一混合性政策工具。此外，《浦东新区新型农村社会养老保险试点办法》、《关于实施〈浦东新区新型农村社会养老保险试点办法〉若干问题处理意见的通知（二）》和《浦东新区征地养老人员纳入镇保后医疗保障管理暂行办法》还采用了信息与倡导这一混合性政策工具。在政策实施过程中，浦东新区采取的具体措施包括：免费发放资料，宣传新农保和城居保缴费政策、享受待遇；区镇两级财政对按规定缴纳养老保险费的农、副业从业人员按照缴费基数的 6% 补贴；针对参加新农保的不同群体，制定不同的政府补贴标准。

四　社会服务改革与创新的政策工具

在基本社会服务领域，浦东新区主要采用强制性政策工具中的规制、命令性和权威性工具，借助政府的力量发展社会服务事业。其中，浦东出台的养老服务方面的政策较多，《关于加快发展浦东新区"十一五"养老服务业的意见》、《浦东新区进一步促进养老服务事业发展的财政扶持意见》、《浦东新区进一步推进居家养老服务工作的指导意见（试行）》、《浦东新区养老服务事业发展扶持意见》和《浦东新区关于居家养老服务及补贴的操作办法》都采用了规制、命令性和权威性工具；《关于进一步做好居家养老服务和养老评估工作的通知》、《关于贯彻本市居家养老服务相关政策的实施细则》、《浦东新区关于鼓励外环以内户籍老年人入住外环以外养老机构给予资金补贴的通知》和《浦东新区关于养老机构有关人员实施岗位补贴的意见》则都采用了规制的政策工具。比如，浦东提出构建覆盖全体老年人的养老服务体系；引入第三方对养老服务进行监督；对申请补贴的对象和流程提出具体要求；等等。另外，《关于调整社会救助专职协理员工资的通知》和《关于进一步完善浦东新区社区市民综合帮扶工作的实施意见》等社会救助政策采用了规制的政策工具；《浦东新区帮困济丧补贴试行办法》、《浦东新区帮困济丧补贴办法》和《关于实施公益性骨灰安葬服务项目的通知》等社会福利政策采用了规制的政策工具；《关于浦东新区推进优待抚恤业务进社区事务受理服务中心窗口受理的通知》、《关于印发〈浦东新区优抚对象医疗保障办法实施细则〉的通知》、《关于对浦东新区农村户籍生活困难老退伍军人给予生活补助的实施意见》、《关于延长〈关于印发《关于对浦东新区农村户籍生活困难老退伍军人给予生活补助的实施意见》的通知〉行政规范性文件有效期的通知》和《关于延长〈关于印发《浦东新区优抚对象医疗保障办法实施细则》的通知〉行政规范性文件有效期的通知》等优抚安置政策也都采用了规制的政策工具。浦东新区在社会救助、社会福利和优抚安置政策方面，涉及政府补贴的都详细规定了补贴对象、补贴标准和申领程序，规范了补贴的具体操作。比如，2013年7月5日印发的《浦东新区帮困济丧补贴办法》规定，具有浦东新区常住户籍的社会孤老、烈士遗属、残疾军人、劳动模范、百岁老人、残疾人、低保家庭成员等，可享受普通车遗体接运、三天内遗体冷藏、普通告别礼厅租用、普通炉火化等四项基本殡仪服务项目费用补贴，限额1000元；新区民政局委托街道、镇民政部门受理、审核补贴申请，并代发补贴费。

在基本社会服务领域，混合性政策工具中的补贴也是浦东新区常用的政策工具类型。例如，养老服务政策和经过多轮修改的帮困济丧补贴政策，大都采用了补贴的政策工具，这也是由政策内容和政策目标决定的。比如，为扶持养老机构床位建设，浦东新区在上海市每张床位补贴1万元的基础上，再给予每张床位1万元补贴。同时，契约、信息与倡导和诱导型工具等政策工具在浦东新区提供基本社会服务过程中也有不同程度的使用。例如，《浦东新区进一步促进养老服务事业发展的财政扶持意见》和《浦东新区养老服务事业发展扶持意见》都采用了契约、信息与倡导、诱因型工具等混合性政策工具；《关于加快发展浦东新区"十一五"养老服务业的意见》、《浦东新区进一步推进居家养老服务工作的指导意见（试行）》都采用了契约、信息与倡导等混合性政策工具；《关于进一步做好居家养老服务和养老评估工作的通知》采取了契约这一混合性政策工具。比如，对经认定的社区卫生服务中心为养老服务机构提供服务的，由新区财政按专项服务协议以政府购买服务方式给予相应的补贴；

通过政府购买服务对新区内居家养老、机构养老、日托照料以及有其他需求的老年人的身体状况和服务需求进行老年照护等级评估，并提供生活照料和康复护理的等级和服务项目建议书。

在基本社会服务领域，浦东新区采用了家庭与社区、市场和市场化以及自愿性组织和自愿性服务等自愿性政策工具。其中，家庭与社区这一工具被采用的相对较多，如《关于加快发展浦东新区"十一五"养老服务业的意见》、《浦东新区进一步促进养老服务事业发展的财政扶持意见》、《关于进一步完善浦东新区社区市民综合帮扶工作的实施意见》、《浦东新区养老服务事业发展扶持意见》、《关于进一步做好居家养老服务和养老评估工作的通知》和《关于贯彻本市居家养老服务相关政策的实施细则》都提出居家养老的模式，这与我国养老的传统与养老面临的现实压力不无关系。此外，早在 2006 年制定的《关于加快发展浦东新区"十一五"养老服务业的意见》就提出积极探索"公办民营"和"民办公助"的养老服务业发展新模式，探索试行能为部分有需求的老年人接受的"以房养老"（倒按揭）政策措施；2008 年出台的《浦东新区进一步促进养老服务事业发展的财政扶持意见》也强调运用市场的力量，提出"鼓励社会力量参与，加快养老服务机构建设"；2009 年出台的《浦东新区进一步推进居家养老服务工作的指导意见（试行）》则同时采用了家庭与社区、自愿性组织和自愿性服务、市场和市场自由化等政策工具。比如，浦东新区支持通过工商登记设立养老机构，按照市场化模式运营和管理；培育志愿者组织，鼓励和支持社区居民和社区单位等为居家老年人提供邻里互助等多种形式的养老服务。

五　医疗卫生改革与创新的政策工具

在基本医疗卫生与人口计生服务领域，自 2005 年综合配套改革试验区成立以来，浦东新区主要采用强制性政策工具中的规制、命令性和权威性工具，借助政府的力量发展医疗卫生和人口计生服务事业。其中，《浦东新区卫生发展"十一五"规划》、《上海市浦东新区卫生信息化"十二五"发展规划》、《浦东新区卫生事业发展"十二五"规划》和《浦东新区中医药事业发展"十二五"规划》都采用了规制、直接提供、命令性和权威性工具等政策工具；乡医疗卫生服务均等化政策、医疗卫生监管政策和医疗卫生服务普遍采用了规制、命令性和权威性工具等政策工具；科教兴医三年行动计划、公共卫生体系建设三年行动计划、建设健康城区三年计划、年度卫生工作要点、年度中医药工作要点以及计划生育政策都采用了规制、直接提供、命令性和权威性工具等政策工具。比如，《浦东新区中医药事业发展"十二五"规划》在中医药投入、中医药区域规划、中医药医疗资源、中医药人才建设、中医药科研课题、中医药产业、中医药文化建设等方面提出了具体指标要求，并采取措施督促检查有关政策措施的落实。

在基本医疗卫生与人口计生服务领域，混合性政策工具中的信息与倡导、补贴和直接提供是浦东新区常用的政策工具类型。其中，《上海市浦东新区卫生信息化"十二五"发展规划》、《浦东新区卫生事业发展"十二五"规划》和《浦东新区中医药事业发展"十二五"规划》都采用了信息与倡导等政策工具，比如，通过宣传、教育等方式引导公众趋向于更健康的生活方式，宣传医疗卫生服务和公共卫生服务在医疗、预防、康复和健康促进中的作用；科教兴医三年行动计划、公共卫生体系建设三年行动计划、建设健康城区三年计划、年度卫生工作要点、年度中医药工作要点以及计划生育政策都采用了信息与倡导、补贴等政策工具，比如，积极开展流动人口计划生育宣传教育，推进公立医院补偿机制改革，针对全科服务团队设立专项补贴和奖励资金，开展中医药知识宣传普及系列活动以及中医药文化基地教育活动，等等。此外，在采用混合性工具时，相同的细分领域的政策在采取具体的政策工具时也有所不同，比如，与前两轮不同，第三轮科教兴医三年行动计划还采用了"诱因型工具"，提出"对于管理水平较高、建设成效突出的单位和个人给予通报表扬"。

在基本医疗卫生与人口计生服务领域，浦东新区采用了市场和市场化、自愿性组织和自愿性服务以及家庭与社区等自愿性政策工具。浦东在综合配套改革过程中的创新之一就是采用了市场和市场自由化的工具。在 2007 年年初制订的《浦东新区科教兴医三年行动计划（2007—2009 年）》没有提鼓励社会投入，2010 年制订的《浦东新区第二轮科教兴医三年行动计划（2010—2012 年）》提出，为了推动计划实施，"需多元筹资与投入，包括政府投入、医疗卫生机构投入、社会投入与个人投入"。2013 年制订的《浦东新区第三轮科教兴医三年行动计划（2013—2015 年）》再次提出"采取多元筹资与投入的办法，包括政府、卫生机构、社会与个人的多方投入"。需要说明的是，有的政策工具在某一细分政策领域中被淘汰并不意味着政策的倒退，反而可能说明政府在政策工具的选择上更加谨慎和科学。比如，《浦东新区加强公共卫生体系建设三年行动计划（2003—2005）》两次提到引入市场机制（"在公共卫生领域引入市场竞争机制"，"要引入市场机制，盘活存量资产，提高资金使用效益"），但到了第二轮三年行动计划（《浦东新区第二轮公共卫生体系建设三年行动计划（2006 年—2008 年）》）中只提出"引入竞争机制"。第三轮新行动计划（《浦东新区加强公共卫生体系建设三年行动计划（2011 年—2013 年）》）根本没有再提及"市场机制"、"竞争机制"和"市场竞争机制"。同样的情况也出现在建设健康城区的三年行动计划中，《浦东新区建设健康城区三年行动计划（2009—2011 年）》提出，"建立多元化投入机制，鼓励和引导社会资金投入健康城区建设项目"；《浦东新区建设健康城区 2012 年—2014 年行动计划》就没使用"市场化和市场自由化"的政策工具。这在一定程度上说明政府对自身在公共卫生领域的角色定位的认识发生了变化，对市场的作用有了新的理解。

此外，浦东在人口计划生育服务、公共卫生和建设健康城区方面还采用了家庭与社区、自愿性组织和自愿性服务的政策工具，比如《2015 年浦东新区计划生育工作要点》提出充分发挥各类社会组织的作用，开展社会关怀活动，提升失独家庭自我服务、自我管理、自我发展的能力。《浦东新区人口和计划生育事业发展"十二五"规划》、《2012 年上海市浦东新区人口和计划生育工作要点》、《2015 年浦东新区计划生育工作要点》和《2015 年浦东新区卫生计生工作要点》也都采用了家庭与社区这一政策工具；《关于加强浦东新区流动人口计划生育管理和服务工作的实施意见》采用自愿性组织和自愿性服务的政策工具，提出"在流动人口集中的社区、企业、集贸市场等要建立健全流动人口计划生育自治管理和服务组织"。

六　住房保障改革与创新的政策工具

在基本住房保障领域，浦东新区主要采用强制性政策工具中的规制，规范基本保障住房的建设、申请和管理。总体而言，在基本住房保障领域，由于受国家和市级政策的约束，再加上基本住房保障政策对公平性的重视，浦东所运用的政策工具较为单一，也相对集中。例如，《浦东新区完善住房保障体系

"十二五"规划》采用了规制、命令性和权威性工具等政策工具，对保障房体系建设提出了硬性要求，并规范了相关操作，提出到2015年基本做到廉租住房累计受益家庭达到1.2万户，筹措实物配租房源约15万平方米；规划建设动迁安置房1500万平方米；规划经济适用房开工125万平方米（不含已开工在建的50万平方米）；筹措各类公共租赁住房（含园区人才公寓）360万平方米。浦东新区转发的上海市廉租住房政策也都采取了规制的政策工具，对廉租住房申请对象住房面积核查、廉租住房申请审核、廉租住房实物配租、廉租住房保障家庭复核和廉租住房政策标准等进行了规范。

在基本住房保障领域，混合性政策工具中的补贴是浦东新区常用的政策工具。比如，《浦东新区人才安居工程实施办法》、《浦东新区引进海外高层次人才意见》、《浦东新区引进海外高层次人才意见》、《关于印发〈上海市廉租住房租金配租管理实施细则（试行）〉的通知》、《关于印发〈上海市廉租住房实物配租实施细则（试行）〉的通知》、《关于印发〈上海市张江高科技园区人才公寓管理办法〉的通知》都采用了补贴这一政策工具。比如，《浦东新区引进海外高层次人才意见》规定，5年内免费提供浦东新区范围内不超过150平方米的人才公寓供海外高层次人才使用，并在此基础上再提供50万元人民币的安家补贴。此外，《浦东新区2013年共有产权保障房（经济适用住房）供应管理实施方案》提出，在申请受理工作前通过媒体、网络、报刊、广告等方式宣传新区共有产权保障房（经济适用住房）申请启动安排及相关政策；《浦东新区2013年共有产权保障房摇号排序工作方案》提出，及时在市住房保障和房屋管理局网站和新区政府网站及街道（镇）社区事务受理服务中心窗口公布摇号排序结果，可见共有产权保障房政策都采用了信息与倡导的政策工具。

在基本住房保障领域，浦东新区采用了市场和市场化这一自愿性政策工具。对市场和市场自由化这一政策工具的运用上，浦东在《浦东新区完善住房保障体系"十二五"规划》提出，"引导和支持企业在公共租赁住房建设中创新融资手段和拓展融资渠道，鼓励社会各界参与公共租赁住房建设"，把融资手段的创新限定在了公共租赁房，而且局限在了建设阶段。在基本住房保障政策方面，浦东新区必须在执行国家和上海市层面的政策的前提下进行创新，自愿性政策工具的选择空间和创新空间有限。

七　公共文化改革与创新的政策工具

在公共文化领域，浦东新区主要采用了强制性政策工具中的规制。例如，浦东宣传文化发展基金的相关政策都通过规制的手段，规范基金的运作与管理。《浦东新区文化事业发展"十二五"规划》和《浦东新区创建国家公共文化服务体系示范区规划（2013—2015）》都采用了规制、直接提供、命令性和权威性工具等政策工具，明确了浦东新区发展公共文化事业的目标、原则、主要任务以及保障措施。在推进公共文化服务标准化方面，浦东新区已经制定并实施了包括浦东基本公共文化保障试点方案，以及公共图书馆、文化馆、大型居住区文化设施等建设标准和服务标准等。为了推动公共文化设施布局的均等化，浦东把新兴区域文化发展重点建设区域，例如在临港新城建设谢稚柳陈佩秋艺术馆。

在公共文化领域，浦东新区主要采用了混合性政策工具中的补贴和契约。其中，关于浦东宣传文化基金的相关政策都采用了补贴和契约的混合性政策工具，其宗旨在于资助公益文化，发挥"撬动、放大、示范、引领"的作用，推动文化创新，扶植文化人才，促进文化交流，致力于浦东文化事业的繁荣发展。浦东宣传文化发展基金资助了龙美术馆、震旦博物馆、喜玛拉雅美术馆等社会力量投资兴建的文化设施，通过"民办公助"激发社会资本的积极性，为"社会力量办文化"营造良好环境。此外，《浦东新区文化事业发展"十二五"规划》和《浦东新区创建国家公共文化服务体系示范区规划（2013—2015）》都采用了信息与倡导、补贴和契约的混合性政策工具，比如提出"加强示范区创建工作的宣传动员，制订创建宣传工作方案，形成全社会积极参与的良好氛围"，"加大对文化非营利组织优秀文化项目的购买力度"。在政策实施中，浦东新区通过政府购买公共文化服务的方式，采取公共文化产品"竞标＋配送＋监督＋评估"的服务模式，吸引了上海歌剧院、芭蕾舞团、交响乐团、沪剧院等市级专业院团以及各类文化团队参与公共文化服务（孙继伟，2015）。政府购买的"百场文艺巡演"、"千场文艺培训"、"万场电影放映"服务项目，已坚持多年。浦东新区在公共文化服务设施管理体制和运营机制上也进行了创新，按照"政事分开、管办分离"的要求实行"所有权与经营权分离"的管理模式，比如东方艺术中心。

在公共文化领域，浦东新区采用了市场和市场化、自愿性组织和自愿性服务等自愿性政策工具。浦东十分重视发挥市场的作用，比如对金海文化艺术中心这个由政府投资兴建的区级公共文化设施采用政府购买社会机构专业化服务的"公办民营"方式，探索建立金海文化艺术中心法人治理结构（蒲文中，2015）。特别是在浦东宣传文化基金的具体管理过程中，该基金发挥基金的杠杆作用，吸引社会资本进入公共文化领域，也有助于文化市场的繁荣和文化企业的发展壮大。此外，《浦东新区文化事业发展"十二五"规划》和《浦东新区创建国家公共文化服务体系示范区规划（2013—2015）》还采用了自愿性组织和自愿性服务这一政策工具，提出"鼓励基层业余文艺团队、文化志愿者团队参与公共文化服务阵地运营管理服务"。

八 环境保护改革与创新的政策工具

在环境保护领域，浦东新区主要采用了强制性政策工具中的规制、命令性和权威性工具、直接提供。其中，浦东新区自2006年实施的六轮环境保护行动计划都采取了规制、直接提供、命令性和权威性工具等政策工具，制定了水环境治理与保护、大气环境治理与保护、噪声治理与保护、固体废弃物利用与处置、工业污染防治、农业与农村环境保护、生态环境保护与建设、循环经济和清洁生产、环境保护能力建设、绿色创建和保障体系的方案；《浦东新区人民政府关于进一步加强浦东新区环境保护工作的决定》和《浦东新区主要污染物总量控制"十二五"工作方案》都采用了规制、命令性和权威性工具等政策工具；《浦东新区环境保护基金管理办法》和《浦东新区环境保护基金实施细则》都采用了规制类政策工具。在政策实施中，浦东开展了环境监测活动，对湿地进行了保护，启动了大型绿地项目建设，加强了河道整治，推进了既有公共建筑的用能系统节能改造，等等。

在环境保护领域，浦东新区主要采用了混合性政策工具中的补贴、信息与倡导，这两种政策工具有助于吸引公众和企业参与环境保护工作。其中，浦东新区自2006年开始实施的六轮环境保护行动计划都采取了信息与倡导、补贴的混合性政策工具；《浦东新区人民政府关于进一步加强浦东新区环境保护工作的决定》采用了信息与倡导、补贴、诱因型工具的混合性政策工具；《浦东新区环境保护基金管理办法》和《浦东新区环境保护基金实施细则》都采用了补贴的政策工具。在政策实施中，浦东开展了"发展低碳经济、促进生态文明"为主题的环境保护宣传活动；启动了立体绿化示范项目扶持资金；每年对参与环境保护社会监督、绿色创建等活动中涌现的先进集体和个人给予奖励，等等。

在环境保护领域，浦东新区采用了市场和市场化、自愿性组织和自愿性服务等自愿性政策工具。浦东新区的环境保护政策所采用的政策工具具有动态性。从多轮的环境保护和生态建设三年行动计划来看，2003 年推出的第二轮三年行动计划使用了自愿性政策工具中的自愿性组织和自愿性服务，但后来的三年行动计划却不再专门提及这一政策工具。在 2015 年制订的《浦东新区 2015—2017 年环境保护和建设三年行动计划》和《浦东新区 2015 年节能减排重点工作安排》都采用了市场和市场化这一政策工具，前者提出"以推进环境污染第三方治理为抓手，强化市场化机制，积极扶持环保产业"；后者提出"营造有利的市场和政策环境，吸引和扩大社会资本投入"。此外，《浦东新区人民政府关于进一步加强浦东新区环境保护工作的决定》还采用了自愿性组织和自愿性服务这一政策工具，提出"强化公众参与"和"引导企业自律"。

第三节　浦东新区整体性公共服务满意度

一　样本统计描述

1. 户籍类型、性别与年龄

浦东新区 376 位受访者中，本市户籍 302 人，占比 80.3%；非本市户籍 74 人，占比 19.7%。男性 195 人，占比 51.9%；女性 181 人，占比 48.1%。20 岁以下的 18 人，占比 4.8%；20—29 岁的 156 人，占比 41.5%；30—39 岁的 120 人，占比 31.9%；40—49 岁的 53 人，占比 14.1%；50—59 岁的 23 人，占比 6.1%；60 岁以上的 6 人，占比 1.6%。

2. 职业类型

浦东新区 376 位受访者中，政府公务员 25 人，占比 6.6%；事业单位工作者 48 人，占比 12.8%；企业/公司工作者 173 人，占比 46%；商业服务人员 25 人，占比 6.6%；个体经营人员 31 人，占比 8.2%；待业下岗人员 3 人，占比 0.8%；离退休人员 12 人，占比 3.2%；在校学生 41 人，占比 10.9%；其他从业人员 18 人，占比 4.8%。

3. 受教育程度

浦东新区 376 位受访者中，小学以下学历 2 人，占比 0.5%；初中学历 23 人，占比 6.1%；高中、中专学历 58 人，占比 15.4%；大专学历 88 人，占比 23.4%；本科学历 164 人，占比 43.6%；研究生及以上学历 41 人，占比 10.9%。

4. 月收入情况

浦东新区 376 位受访者中，月收入超过 20000 元的 19 人，占比 5.1%；15001—20000 元的 13 人，占比 3.5%；10001—15000 元的 27 人，占比 7.2%；8001—10000 元的 46 人，占比 12.2%；5001—8000 元的 81 人，占比 21.5%；3001—5000 元的 99 人，占比 26.3%；1001—3000 元的 41 人，占比 10.9%；1000 元以下的 2 人，占比 0.5%；无固定收入的 48 人，占比 12.8%。

5. 平均每天使用网络时间

浦东新区 376 位受访者当中，平均每天使用互联网 2 小时以下的 64 人，占比 17.0%；2—4 小时的 120 人，占比 31.9%；5—7 小时的 116 人，占比 30.9%；8 小时及以上的 76 人，占比 20.2%。

6. 接触网络时间

浦东新区 376 位受访者当中，接触网络时间在一年以下的 8 人，占比 2.1%；1—5 年的 62 人，占比 16.5%；6—10 年的 140 人，占比 37.2%；接触网络的时间在 10 年及以上的 166 人，占比 44.1%。

7. 政府接触经验

过去一年，浦东新区 376 位受访者中，曾亲自申请或接受过婚育服务的 35 人，占比 9.3%；曾亲自申请或接受过医药卫生服务的 94 人，占比 25.0%；曾亲自申请或接受过社会保障服务的 146 人，占比 38.8%；曾亲自申请或接受过劳动就业服务的 49 人，占比 13%；曾亲自申请或接受过教育文化服务的 56 人，占比 14.9%；曾亲自申请或接受过户籍身份服务的 105 人，占比 27.9%；曾亲自申请或接受过户籍身份住房保障服务的 50 人，占比 13.3%；曾亲自申请或接受过基本社会服务的 21 人，占比 5.6%；曾亲自申请或接受过证照申领服务的 106 人，占比 28.2%；曾亲自申请或接受过公用事业服务的 106 人，占比 28.2%；曾亲自申请或接受过申报纳税服务的 71 人，占比 18.9%；曾亲自申请或接受过法律服务的 18 人，占比 16.3%；曾亲自申请或接受过交通运输与观光旅游服务的 40 人，占比 10.6%；曾亲自申请或接受过民族宗教服务的 2 人，占比 0.5%；曾亲自申请或接受过其他服务的 24 人，占比 6.4%。

二　整体性公共服务满意度

1. 浦东新区受访者对政府的服务表现与服务形象的满意度较低

如表 3-2 所示，在浦东新区的 376 名受访者当中，对政府服务的质量表示满意的 150 人，占比 39.9%。其中，比较满意的 120 人，占比 31.9%；十分满意的 30 人，占比 8%。表示不满意的 73 人，占比 19.4%。其中，不太满意的 58 人，占比 15.4%；十分不满意的 15 人，占比 4%。对政府在服务创新与便民方面所作的努力，表示满意的 178 人，占比 47.3%。其中，比较满意的 140 人，占比 37.2%；十分满意的 38 人，占比 10.1%。表示不满意的 52 人，占比 13.8%。其中，不太满意的 40 人，占比 10.6%；十分不满意的 12 人，占比 3.2%。对政府危机处理的能力，表示满意的 149 人，占比 39.6%。其中，比较满意的 117 人，占比 31.1%；十分满意的 32 人，占比 8.5%。表示不满意的 83 人，占比 22.1%。其中，不太满意的 67 人，占比 17.8%；十分不满意的 16 人，占比 4.3%。

表 3-2　　　　　浦东新区受访者对服务表现与服务形象的满意度

	十分不满意	不太满意	一般	比较满意	十分满意	合计
整体而言，您满不满意政府服务的质量？	15 人 4%	58 人 15.4%	153 人 40.7%	120 人 31.9%	30 人 8%	376 人 100%
整体而言，您满不满意政府在服务创新与便民（如电子政府、网上缴税等）方面所作的努力？	12 人 3.2%	40 人 10.6%	146 人 38.8%	140 人 37.2%	38 人 10.1%	376 人 100%
整体而言，您满不满意政府危机处理的能力？	16 人 4.3%	67 人 17.8%	144 人 38.3%	117 人 31.1%	32 人 8.5%	376 人 100%

资料来源：作者自行整理所得。

　　以五分量表计，浦东新区受访者对政府服务质量的满意度得分为 3.245，对政府服务创新能力的满意度得分为 3.404，对政府危机处理能力的满意度得分为 3.218。浦东新区受访者对政府的服务表现与服务形象的满意度较低，对政府的服务表现与服务形象整体满意度的平均得分为 3.289。

　　2. 浦东新区受访者对政府的优质便民服务满意度较低

　　如表 3－3 所示，在浦东新区的 376 名受访者当中，对政府部门人员服务态度满意的 149 人，占比 39.6%；不满意 92 人，占比 24.5%。对政府部门服务人员专业性满意的 173 人，占比 46%；不满意的 57 人，占比 15.2%。对政府部门服务流程表示满意的 139 人，占比 37%；不满意的 99 人，占比 26.3%。对政府部门对老弱病残孕婴幼等特殊群体提供服务的表示满意的 189 人，占比 50.2%；不满意的 62 人，占比 16.5%。对政府部门服务人员办事效率满意的 115 人，占比 30.6%；不满意的 119 人，占比 31.7%。对政府部门处理群众投诉的方式满意的 106 人，占比 30%；不满意的 109 人，占比 29%。对政府部门环境设施便利性满意的 196 人，占比 52.2%；不满意的 49 人，占比 13.1%。

表3－3　　　　　　浦东新区受访者对优质便民服务满意度感知

	十分不满意	不太满意	一般	比较满意	十分满意	合计
您满不满意政府部门服务人员的服务态度？	27 人 7.2%	65 人 17.3%	135 人 35.9%	108 人 28.7%	41 人 10.9%	376 人 100%
您满不满意政府部门服务人员的专业性？	10 人 2.7%	47 人 12.5%	146 人 38.8%	128 人 34%	45 人 12%	376 人 100%
您满不满意政府部门的服务流程？	27 人 7.2%	72 人 19.1%	138 人 36.7%	101 人 26.9%	38 人 10.1%	376 人 100%
您满不满意政府部门对老、弱、病、残、孕、婴、幼等特殊群体提供的服务？	9 人 2.4%	53 人 14.1%	125 人 33.2%	143 人 38%	46 人 12.2%	376 人 100%
您满不满意政府部门服务人员处理事情的速度？	30 人 8%	89 人 23.7%	142 人 37.8%	86 人 22.9%	29 人 7.7%	376 人 100%
您满不满意政府部门处理群众投诉的方式？	22 人 5.9%	87 人 23.1%	161 人 12.8%	80 人 23.1%	26 人 6.9%	376 人 100%

续表

	十分不满意	不太满意	一般	比较满意	十分满意	合计
您满不满意政府部门的环境设施的便利性？	10 人 2.7%	39 人 10.4%	131 人 34.8%	142 人 37.8%	54 人 14.4%	376 人 100%

资料来源：作者自行整理所得。

以五分量表计，浦东新区受访者对政府部门人员服务态度的满意度得分为3.189，对政府部门服务人员专业性的满意度得分为3.402，对政府部门服务流程的满意度得分为3.136，对针对弱势群体服务的满意度得分为3.436，对政府部门服务人员办事效率的满意度得分为2.987，对政府部门处理群众投诉的满意度得分为3.003，对政府部门环境设施便利性的满意度得分为3.508。浦东新区受访者对政府的优质便民服务满意度较低，对政府优质便民服务整体满意度的平均得分为3.237。

3. 浦东新区受访者对于信息服务的满意度较低

如表3-4所示，在浦东新区的376名受访者当中，对政府网站的便利性满意的174人，占比46.2%；不满意的65人，占比17.3%。对政府网站信息的完整性满意的172人，占比45.7%；不满意的65人，占比17.3%。对政府网站信息的丰富度满意的162人，占比43%；不满意的55人，占比14.7%。对政府网站信息的准确性、信息更新的及时性满意的166人，占比44.1%；不满意的66人，占比17.6%。对政府网站对其需求或意见的回应满意的137人，占比36.4%；不满意的78人，占比20.7%。对政府网站提供的网上办理服务满意的185人，占比49.2%；不满意的55人，占比14.6%。

表3-4　　　　　　　浦东新区受访者对信息服务的满意度

	完全不同意	不太同意	一般	比较同意	完全同意	合计
我十分满意政府网站的便利性	13 人 3.5%	52 人 13.8%	137 人 36.4%	128 人 34%	46 人 12.2%	376 人 100%
我十分满意政府网站信息的完整性	8 人 2.1%	57 人 15.2%	138 人 36.7%	129 人 34.3%	43 人 11.4%	375 人 100%

	十分不同意	不太同意	一般	比较同意	十分同意	合计
我十分满意政府网站信息的丰富度	13 人	42 人	159 人	122 人	40 人	376 人
	3.5%	11.2%	42.3%	32.4%	10.6%	100%
我十分满意政府网站信息的准确性、信息更新的及时性	9 人	57 人	144 人	119 人	47 人	376 人
	2.4%	15.2%	38.3%	31.6%	12.5%	100%
我十分满意政府网站对我的需求或意见的回应	20 人	58 人	161 人	102 人	35 人	376 人
	5.3%	15.4%	42.8%	27.1%	9.3%	100%
我十分满意政府网站提供的网上办理服务	12 人	43 人	136 人	135 人	50 人	376 人
	3.2%	11.4%	36.2%	35.9%	13.3%	100%

资料来源：作者自行整理所得。

以五分量表计，浦东新区受访者对政府网站便利性的满意度得分为3.378，对政府网站信息完整性的满意度得分为3.37，对政府网站信息丰富度的满意度得分为3.356，对政府网站信息准确性、信息更新及时性的满意度得分为3.367，对政府网站回应性的满意度得分为3.197，对政府网站在线申办服务的满意度得分为3.447。浦东新区受访者对于信息服务的满意度较低，对信息服务整体满意度的平均得分为3.353。

4. 浦东新区受访者对政府网站的创新便民服务满意度不高

如表3-5所示，在浦东新区的376名受访者当中，对推行政府网站所带来的便民实效满意的191人，占比50.8%；不满意的49人，占比13%。对使用政府网站的经历感到满意的190人，占比50.5%；不满意的36人，占比9.5%。

表3-5   浦东新区受访者对创新便民服务的满意度

	完全不同意	不太同意	一般	比较同意	完全同意	合计
我十分满意推行政府网站所带来的便民实效。	11 人	38 人	136 人	129 人	62 人	376 人
	2.9%	10.1%	36.2%	34.3%	16.5%	100%
我对使用政府网站的经历感到满意。	5 人	31 人	150 人	141 人	49 人	376 人
	1.3%	8.2%	39.9%	37.5%	13%	100%

资料来源：作者自行整理所得。

以五分量表计，浦东新区受访者对政府网站所带来的便民实效性的满意度得分为 3.513，对政府网站使用经历的满意度得分为 3.527。浦东新区受访者对政府网站的创新便民服务满意度不高，对创新便民服务整体满意度的平均得分为 3.52。

综上所述，浦东新区受访者对政府的服务表现与服务形象的满意度较低，对政府的服务表现与服务形象整体满意度的平均得分为 3.289。仅有 39.9% 的受访者对政府的服务质量感到满意，47.3% 的受访者对政府在服务创新与便民方面所作的努力感到满意，39.6% 的受访者对政府危机处理的能力感到满意。

浦东新区受访者对政府的优质便民服务满意度较低，对政府优质便民服务整体满意度的平均得分为 3.237。仅有 39.6% 的受访者对政府部门人员的服务态度感到满意，46% 的受访者对政府部门人员的专业性感到满意，37% 的受访者对政府部门的服务流程感到满意，50.2% 的受访者对政府部门对针对弱势群体的服务表示满意，30.6% 的受访者对政府部门服务人员办事效率感到满意，30% 的受访者对政府部门处理群众投诉的方式感到满意，52.2% 的受访者对政府部门环境设施的便利性。

浦东新区受访者对于信息服务的满意度较低，对信息服务整体满意度的平均得分为 3.353。有 46.2% 的受访者对政府网站的便利性表示满意，45.7% 的受访者对政府网站信息的完整度表示满意，43% 的受访者对政府网站的信息丰富度表示满意，44.1% 的受访者对政府网站的信息准确性、更新及时性表示满意，36.4% 的受访者对政府网站对公民需求或意见的回应性表示满意，49.2% 的受访者对政府网站提供的网上办理服务表示满意。

浦东新区受访者对政府网站的创新便民服务满意度不高，对创新便民服务整体满意度的平均得分为 3.52。50.8% 的受访者对政府网站所带来的便民实效性感到满意，50.5% 的受访者对政府网站的使用经历感到满意。

第 四 章

滨海新区综合配套改革中的
公共服务创新

自 2006 年获批国家综合配套改革试验区以来，天津滨海新区作为服务和带动我国区域经济快速发展新的增长极，在公共服务改革方面取得了明显进展。本章从大部制改革与跨部门协同、整体性预算体系、政府购买服务、全过程优质监管体系、整体性伦理规范与廉政建设、电子治理等方面系统剖析滨海新区政府推进公共服务改革与创新的主要进展，从强制性政策工具、自愿性政策工具和混合性政策工具三个维度系统剖析滨海新区政府推进公共服务改革与创新的政策工具，通过整体性公共服务满意度调查对滨海新区公共服务改革与创新的成效进行初步评价。

第一节　滨海新区公共服务改革与创新的主要进展

一　化零为整：以行政管理体制改革实现空间整合

2010 年之前，滨海新区的行政区划构成非常复杂，就地理范围而言，它包括塘沽区、汉沽区、大港区和天津市经济技术开发区、天津港保税区、天津港区及东丽区、津南区部分区域。其中，国家级开发区、市级开发区、区级开发区、塘汉大原有开发区四层级共存，由于资源有限，各类区域之间竞争激烈，内耗巨大，严重阻碍了滨海新区的发展。为实现滨海新区发展规划的统一性，滨海新区共进行了三次大的行政管理体制改革。第一次是 2000 年，成立了滨海新区管理委员会，制定《天津滨海新区条例》；第二次是 2010 年，滨海新区行政区正式建立，原塘沽区、汉沽区与大港区行政建制撤销；第三次是 2013 年，以大部门体制改革进一步理顺行政管理体制。

2006 年滨海新区被国务院批准为综合改革配套实验区，综合配套改革意味着社会整体的和谐进步与全面发展，但由于滨海新区各组成区域原有发展基础、资源环境等方面的巨大差异，滨海新区管理委员会权威性不足，滨海新区管理委员会内部管理体制混乱及滨海新区内各区政府、管理机构利益分化等问题日益突出，滨海新区区域整合与行政管理体制改革开始提上议事日程。

2009 年 10 月 21 日，《关于调整天津市部分行政区划的请示》获得国务院批复。塘沽、汉沽和大港行政建制撤销，成立滨海新区行政区。调整后的天津滨海新区，规划面积 2270 平方公里，常住人口约 200 万人，包括塘沽、汉沽、大港三个城区和先进制造业产业区、临空产业区、滨海高新区、临港工业区、南港工业区、海港物流区、滨海旅游区、中新天津生态城、中心商务区九个功能区。之后随着滨海新区开发开放的不断深入，又相继成立了三个功能区，分别为北塘经济区、中心渔港经济区、轻纺经济区。

2010 年 1 月 11 日，滨海新区政府正式挂牌成立。新成立的滨海新区政府对原有的行政机构及其政府职能进行了整合。滨海新区政府成立后，获得了更多的自主发展权、自主改革权和自主创新权。新区需要报送国务院审批事项，不再经天津市有关部门审批。滨海新区内原有的区政府机构及管理机构作为滨海新区政府的派出机构而存在，共分为两类：一类是城市社区管理机构，在塘沽、汉沽与大港成立管理委员会，具体负责三个区域的社会管理工作，在保留经济管理职能的同时，强化社会保障、文化和卫生等公共服务职能；另一类是功能区管理机构，成立 9 个功能区管理机构，行使经济发展职能。这些派出机构在事实上承接了原有的工作机构和工作人员，避免了改革力度过大造成的人心不稳和运作混乱问题。

2013 年，伴随着国务院新一轮大部制改革的完成，天津市滨海新区行政管理体制改革也进入了一个新的阶段，其大部制改革内容主要包括：撤销塘沽、汉沽、大港三区的工委和管委会，成立滨海新区区委街镇工作委员会、区政府街镇工作委员会，两委员会合署办公，统一领导各街镇工作。同时，对各镇街和功能区进行合理的职能整合，增强功能区核心竞争力。整合优化之后，7 个功能区和 19 个街镇政府之间不再存在区划重叠，街镇政府的主要工作职责是经济发展和社会管理，功能区政府比街镇政府拥有更大的自主权，但更多集中于产业结构调整、经济布局等方面，滨海新区政府则直接管理 7 个功能区和 19 个街镇政府，形成了事实上的两级政府设置。

二　灵活高效：以领导小组实现功能整合

公共服务供给的复杂性决定了公共服务创新不是单一政府部门能够完成的工作，需要多部门合作，形成公共服务供给的合作系统。在滨海新区公共服务机制体制创新过程中，"领导小组"（或称指挥部）形式被广泛采用，粗略统计，2010 年至 2013 年滨海新区人民政府及其内设机构在公共服务创新过程中组建了 28 个 "领导小组"。本节内容将从 "领导小组" 的生成机理、领导小组的组织架构、领导小组内的成员间关系分析滨海新区公共服务创新过程中的 "领导小组" 工作机制。

"领导小组" 工作机制的建立，一方面是因为滨海新区原有行政管理体制存在区划交叉、部门重叠、分工未明确等问题，另一方面 "领导小组" 工作机制的有效性也在很大程度上促使滨海新区政府在政策执行过程中采用这种功能整合方式。具体而言，滨海新区政府在以下几种情况下会倾向于建立 "领导小组"。

第一，关系滨海新区整体发展的重大规划落实、重大工程建设项目推进等工作，会通过成立由包含滨海新区各级政府、各功能部门的领导小组，领导小组的小组长根据工作的重要性有三类设置，一是由滨海新区区长任小组长；二是由滨海新区常务副区长任小组长；最低一个层次是由主管该项工作的滨海新区副区长任小组长。

第二，重大安全隐患排查，例如重大传染疾病防控、商品房建筑质量监控等事项，一般会成立由滨海新区人民政府、各功能区政府和各功能部门共同组成的领导小组或指挥部。根据事项的重要程度同样有三种领导方式，一是由滨海新区区长任小组长；二是由滨海新区常务副区长任小组长；最低一个层次是由主管该项工作的滨海新区副区长任小组长。

第三，某功能局内部的某项重要工作，需要全局范围参与或需统筹全局力量才能完成的工作通常会设立由功能局局长任小组长的领导小组，领导小组成员一般为功能局下设的各处室第一负责人，例如重大活动医疗保障工作、纠风工作、政务信息公开、手足口病防治等。

第四，政策试点或某项新的政策初实施阶段一般会成立由滨海新区各级政府、各功能部门共同构成的领导小组，例如流动人口计划生育服务的均等化工作就成立了由滨海新区一位主管副区长任小组长的领导小组。

第五，关系滨海新区整体区域可持续发展的重要事项，如滨海新区实施妇女、儿童健康行动计划领导小组，领导小组小组长为滨海新区主管教育医疗的副区长，副组长为滨海新区卫生局局长，各功能区管委会副主任、成员包括部分功能局副局长。

领导小组的架构一般包含三个层级（如图4-1所示），第一层级为领导小组组长，组长一般设置一名，偶有设置两名的情况；第二层级为领导小组副组长，副组长最少为一名，最多可达六名；第三个层级为小组成员。领导小组通常设有办公室，办公室一般设在与领导小组主管事项最为接近的功能局或处室，办公室主任一般由主管功能局局长或处室主任担任。有时，领导小组还会设置一位常务副组长，在常务副组长下再设置若干位副组长，且在涉及较多区域、较长时间的工作事项上，部分领导小组内还会设置若干分领导小组。

根据领导小组主管事项的性质和重要程度，领导小组的组织架构形式有以下三类。

第一，由滨海新区区长任领导小组组长，常务副区长、主管副区长任领导小组副组长，成员为滨海新区人民政府内设的相关职能部门第一负责人。

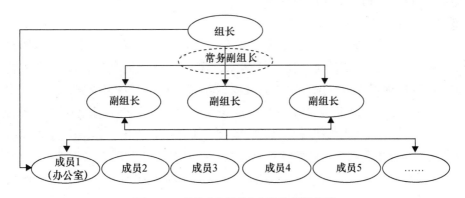

图4-1 滨海新区领导小组的组织架构

资料来源：作者自行整理所得。

第二，由滨海新区常务副区长或一位主管副区长任领导小组组长，副组长通常为主管功能局或处室主管该项工作的副局长（副主任），偶见由另一位副区长任领导小组副组长的情况，如滨海新区清融雪指挥部总指挥为滨海新区副区长蔡云鹏，副总指挥为滨海新区副区长郑伟铭与环境保护和市容局局长。

第三，由主管功能局局长（主任）任小组组长，由主管副局长任小组副组长，相关处室主任作为领导小组成员参与工作。

"领导小组"工作机制主要有三种：第一是例会制度，由领导小组组长定期召集领导小组成员召开会议，汇报工作实施进展情况，探讨工作过程中遇到的问题和解决措施，通报研究工作的进一步发展方向等。第二是信息报送制度，领导小组成员单位定期汇报工作紧张情况，由领导小组办公室汇总信息，并根据需要进一步报送有关部门和领导。第三是督察制度，定期对领导小组成员单位进行工作落实情况检查。

三　规范管理：加强财政预算顶层设计

自滨海新区成立以来，滨海新区政府针对建设工程项目集中、资金投入多以及廉政风险大等特点，着眼于顶层制度设计，在逐步推进全口径预算管理体系改革的同时，积极规范财政管理，不断推进财政资金从预算、拨付、使用到转化四阶段的公开公正、高效运转，逐步形成了预算"三集中一监督"制度，从而大大降低了财政资金的各种风险。

1. 加强财政预算顶层设计

天津市高度重视全口径预算管理改革，2013 年，天津市市委十四届四次全会提出要"健全政府全口径预算体系，建立经费开支全过程动态监控机制"，"改进预算管理制度，建立公共财政预算、政府性基金预算、国有资本经营预算、社会保险基金预算相互衔接的政府预算体系，实行全口径预算管理"。天津市十六届人大二次会议人大常委会工作报告提出，2015 年要将包括国有资本经营预算在内的四本预算草案全部提请市人代会审议。滨海新区政府在 2015 年政府工作报告中强调，滨海新区要"深化财政体制改革，健全政府全口径预算"。

2. 规范全过程财政管理

近年来，滨海新区不断推进财政资金从预算、拨付、使用到转化四阶段的公开公正、高效运转，逐步形成了"人员经费集中划拨、公用经费集中核算、专项经费集中决策、审计部门全程监督"的"三集中一监督"预算管理模式，为实行财政资金统一监管、提高资金使用效益奠定了基础（梁宣健，2013）。为了进一步推进"三集中一监督"预算管理模式，滨海新区政府不断完善配套制度建设，逐步建立了国库集中支付制度、财政投资评审和绩效评价值制度、国有资产管理制度、政府"公务仓"制度。

四　加大支持：推动社会组织承接公共服务

滨海新区开展综合配套改革试点以来，着重加强培育社会组织，构建三级社会组织孵化体系，同时完善政府购买社会公共服务的相关制度建设，重点实施民生领域的政府购买公共服务。

2011 年 12 月，民政部与天津市政府签订了《加快推进天津市滨海新区民政事业创新发展的合作协议》，滨海新区成为全国综合配套改革实验区、全国首批社会管理创新综合试点区和全国社会组织创新观察点。2011 年滨海新区新港街道确定了首批要购买的 9 个社会工作服务项目，期望各类社会组织或非营利性机构与街道达成共识，共同为社区居民提供专业化的公共服务，率先尝试"政府购买服务、社会组织参与、居民群众受益"的社区管理和服务模式。

为推动社会组织健康有序发展，促进社会管理创新，滨海新区发布了《关于开展滨海新区 2014 年社会组织公益创投活动的通知》等政策文件，建立了"1＋8＋1"的社会组织党建管理模式和社会组织信息共享平台，积极开展社会组织服务管理"1234"系统工程，构建三级社会组织孵化体系，设立公益创投财政专项资金，鼓励开展社会组织公益创投活动。

为加快实施政府向社会购买公共服务，滨海新区着重加强相关制度建设完善。2014 年天津市分别制定《政府向社会力量购买服务管理办法》、《2014 年天津市政府向社会力量购买服务指导性目录》，对"六类公共服务"实施向社会力量购买，特别规定应当由政府直接提供、不适合社会力量承担的公共服务，以及不属于政府职责范围的服务项目，不得向社会力量购买。2015 年，天津市又出台《2015 年天津市政府向社会力量购买服务指导性目录》，对比2014 版目录，政府可以向社会购买的服务从 7 大类 56 小类 286 项，增至 7 大类 58 小类 320 项，内容更加多样，类别也更为精细。通过一系列政策规划的出台，天津市初步建立起相对完善的政府购买公共服务制度体系。

2014年，滨海新区通过购买的形式，对社会组织公益创投项目进行审批立项，以此满足广大群众多样化、个性化的生活服务需求，提升公共服务水平。

2015年滨海新区将为居民购买18类基本公共卫生服务。滨海新区户籍居民和居住6个月以上流动人口，在新区社区卫生服务中心（站）等基层医疗卫生机构，可免费享受18类80项基本公共卫生服务项目。

五　先行先试：深化行政审批制度改革

滨海新区行政管理体制改革的重要内容之一是理顺与天津市相关垂直管理部门的权责关系。2011年1月26日，天津市政府办公厅发布通知《关于第一批向滨海新区下放市级行政审批事项及扩大滨海新区行政审批实施权限的通知》，向滨海新区首批下放市级行政审批事项和扩大滨海新区行政审批实施权限事项共110项（陈西艳、杨晓帆，2011）。其中，直接向滨海新区下放市级行政审批事项38项，扩大滨海新区行政审批实施权限的事项72项，市行政许可服务中心进驻部门在滨海新区行政服务中心设窗口延伸服务的行政审批事项18项，下放事项有助于促进高端产业聚集、鼓励科技创新、推动生态文明示范等。

2011年9月，《关于深化滨海新区行政审批制度改革的意见》出台，滨海新区首轮行政审批制度改革启动。改革内容包括建立同级"中心"集中审批服务机制、全面实行"一审一核、现场审批"简化审批程序、推行"保姆式"行政审批代办和预约等服务。

2011年12月，天津市人民政府办公厅发布《关于第二批向滨海新区下放市级行政审批权限事项和职能事权事项的通知》，继续向滨海新区下放市级行政审批权限事项32项，下放职能事权事项33项。

2013年3月，天津市政府下发《关于减少和调整下放行政审批事项的通知》，向滨海新区下放第三批共计43项市级行政审批事项及权限。按照《天津市人民政府关于取消和承接一批行政审批事项进一步向滨海新区下放行政审批事项及权限的通知》，继续向滨海新区下放行政审批事项及权限51项。至此，天津市政府共向滨海新区下放269项审批事项和权限。

2014 年 5 月，天津市滨海新区成立行政审批局，将滨海新区发展改革委等18 个部门的 216 项审批职责全部划转到行政审批局，启用审批专用章，实现"一颗印章管审批"。与此同时，进一步精简行政审批局的审批事项，对审批流程实行 SOP 标准化管理，建立审查、批准"双盲"机制，提供网上办事大厅"直通车"等电子化审批服务。到 2014 年年底，行政审批局的 216 项审批事项以取消、压减和暂不列入等方式减少到了 173 项，审批效率也大大提高。

六 多管齐下：创新反腐倡廉机制

1. 以"筑堤行动"防微杜渐

2010 年，滨海新区政府发布文件《关于在滨海新区实施反腐倡廉"筑堤行动"的意见》，滨海新区通过"筑堤行动"，以土地交易管理制度、财政资金监管制度、公共资源集中配置管理制度、国有企业廉政风险防控制度和廉政宣传教育机制等五项制度创新，不断推进滨海新区的反腐倡廉工作。

2. 以行政审批制度改革创新反腐机制

滨海新区以行政审批制度改革为契机进行反腐机制创新，主要体现在以权力清单廓清政府权力边界和以审批流程标准化减少政府自由裁量权两个方面。

首先，滨海新区政府在行政审批制度改革中探索政府职能改革新路径，通过政府职能改革，确定政府权力边界，有效保障公民权利。在滨海新区行政审批局成立之后，滨海新区政府行政审批事项予以公布，共计 216 项，其中主要包括国家层面下放的 7 项，天津市下放的 78 项，原有滨海新区审批的 131 项。运行后，又通过合并、简化，暂不列入等方式再次压减为 173 项，至此，滨海新区政府的权力清单基本明确，行政许可权力将受到全社会监督。

其次，通过审批流程标准化，实现每个审批事项都有标准的审批流程，每个流程都有考核标准，审批标准由计算机系统根据后台设置自动生成，审批人员没有权利修改流程及标准，这样行政审批实现信息可追溯，网上留痕有据可查，最大限度地减少了行政审批的自由裁量空间。

3. 以反腐倡廉机制保障公共服务创新

滨海新区反腐倡廉机制的有效开展为滨海新区各项公共服务创新提供了重要的组织保障与人力资源保障。例如，在医疗卫生领域，滨海新区卫生局为纠正医疗卫生领域的不正之风，于 2010 年成立了纠风工作领导小组，并于同年发布了《滨海新区卫生局 2010 年民主评议政风行风工作实施方案》推行民主评议政行政风，具体包括对医疗采购工作、医德医风、医疗卫生相关管理部门、药品价格等方面的评价。

为保障基本公共医疗卫生工作的服务的真实性，组织医疗系统工作人员集体观看《焦点访谈》等新闻警示节目；开展各类主题教育活动，如 2013 年组织开展"廉洁行医、诚信服务"主题教育活动，鼓励医护人员自尊自爱、奋发向上、爱岗敬业、无私奉献。

在教育领域，通过民主生活会、表彰先进等形式引导教育领域员工干部廉洁奉公，模范遵守社会公德。如滨海新区教育局于 2013 年发布了《关于评选表彰滨海新区教育系统德育工作先进个人和先进集体的通知》，在全区教育系统评选表彰德育工作先进个人和先进集体，以进一步激励广大德育工作者，促进滨海新区未成年人思想道德建设工作再上新水平。

在司法领域，滨海新区司法部门始终把司法廉洁作为队伍建设的生命线，不断完善预防为主、惩防结合、标本兼治、综合治理的廉政风险防控机制，逐步建立了"教育、制度、监督、惩处"四位一体的工作模式。按照这一工作模式，滨海新区法院连续四年保持工作人员零违纪。

七　科技先行：提升公共服务信息化水平

电子政务是改善公共服务的重要手段。滨海新区在 2007 年被天津市确定为"电子政务示范先行区"，滨海新区以电子政务推动服务型政府建设的战略基本确定。2008 年开始天津市滨海新区电子政务与电子商务工程同时启动建设，至 2010 年滨海新区电子政务建设初见成效。在电子政务网建设方面，"滨海新区网"成为政务公开、对外宣传、招商引资的窗口；在政府内部办公方面，建设了覆盖全市副局级以上单位的配套宽带网络平台，建立了市、区、县和局以上党政机关的信息网络，办公自动化得到普及，塘沽党政机关公文流转系统实现了 150 个部门及企事业单位间的电子化公文流转办理（280 多个电子印章），代替了纸制公文传递。

2012 年，《天津市滨海新区信息化"十二五"规划》出台，其中对于信息化发展有了明确的定位，即到 2015 年基本形成电子政务高效便民、城区管理精细智能，实现信息化与公共服务的深度融合，以现代科技助推公共服务水平提升。

在教育领域，"校校通"工程实现各级各类学校接入教育网，教室、办公室网络接入率达到100%，并达到千兆主干，百兆到桌面。

在环境保护方面，滨海新区开展了环境信息一体化研究，建设了包括污染源、环境质量、行政管理等业务数据、环境数据中心，实现环境数据实时交换与共享存储，为滨海新区信息一体化管理提供技术支持。

医疗卫生领域，2012年，《国家基本公共服务体系"十二五"规划》出台，其中提到医药卫生信息化工程是医疗卫生服务发展的重要保障。为建立统一高效的卫生信息系统，滨海新区卫生局于2012年发布《滨海新区区域卫生信息化建设实施方案》，并成立由区副区长任组长的工作领导小组，并要求各级政府保障信息化建设的资金投入，资金预算为2.9亿元，其中区财政解决2.08亿元，功能区解决0.82亿元。

经过一年多的建设，2013年滨海新区医疗卫生信息化建设取得初步成效，实现了8所试点医疗卫生机构间的互联互通、信息共享和医疗费用结算一卡通（路熙娜，2013）。为继续推进滨海新区医疗卫生信息化进程，《2014年滨海新区卫生计生规划发展工作要点》强调，滨海新区工作的重点仍然是加快基础设施和信息化建设，加强经济管理，扎实推进各项管理工作，促进卫生计生事业健康有序发展。

在教育公共服务领域，滨海新区将教育信息化工程作为提升滨海新区基础教育质量的重要手段，2012年滨海新区教育局分别转发了天津市教委与教育部的两个文件，一个是《关于印发〈天津市基础教育质量提升工程实施方案〉的通知》，另一个是《教育部关于开展教育信息化试点工作的通知》，滨海新区教育信息化工程正式启动。经过三年的发展，滨海新区实现了教学楼、宿舍区的网络全覆盖，加速推进科研、教学、管理、后勤保障、政工、图书等的数字化，充分利用网络优势开展网络备课、网络教研、网络学习，实现无距离学习；深化IPv 6在新一代校园网建设中的应用；逐步完善各级各类远程教育系统，利用网络优势，大力提升网上教育平台的功能，推动网络教育应用，为市民提供个性化、开放的网络化教育和终身教育服务。

在公共服务均等化方面，滨海新区通过人口信息系统的建立，拓宽了人口信息采集渠道，提高了流动人口和出租房屋信息社会化采集比例，掌握了流动人口居住、工作、子女教育等方面的公共服务需求，进而为流动人口公共服务的均等化提供了重要保障。

八　同城待遇：推动流动人口基本公共服务均等化

随着滨海新区经济的跨域式发展，越来越多的外来人口进入滨海新区，对滨海新区公共服务供给的公平性和多元化需求日益强烈。

在基本公共服务领域，滨海新区对外来人口实行与城市户籍人口"同对待、同管理、同服务"的管理原则。组织保障上，滨海新区成立了以人口计生、综治、公安、财政、人社等 19 个部门相关领导为成员的试点工作领导小组，建立起部门联席会议制度。加强流动人口专兼职服务管理队伍建设，在塘沽、汉沽、大港三个管委会人口计生委设立流动人口科，在街道（乡、镇）设立专职人员，在每个村（居）至少配备 1 名协管员（刘丽娜、皇甫屹，2011）。财政保障上，滨海新区印发了《滨海新区创新流动人口服务管理体制推进流动人口基本公共服务均等化实施方案》，将流动人口计生服务管理经费纳入财政预算，设立均等化服务试点工作专项经费。信息化服务方面，2011年 7 月，滨海新区政府出台《关于构建流动人口服务管理"三级平台"网络的实施意见》，打造流动人口服务管理"三级平台"网络，建立流动人口信息综合应用系统，实施流动人口动态监测。

在完善流动人口管理保障机制，建立流动人口信息化服务体系的基础上，滨海新区进一步实施了流动人口利益导向机制项目、"家佳推进计划"、"建设者之家"等项目，保障流动人口子女的基本教育和医疗服务。

首先，流动人口的医疗卫生和人口计生服务方面。2011 年滨海新区政府工作报告明确要求，"搞好全区流动人口计划生育基本公共服务均等化试点工作，创建人口均衡发展实验区"。滨海新区以计划生育工作为试点，以流动人口较为集中的 7 个街镇为项目点，实施流动人口利益导向机制项目，对流动人口中实施长效避孕措施的人员给予一次性奖励，对患有重大疾病需要手术的育龄妇女、独生子女在 14 周岁前患重大疾病需要手术的和家乡遇到火灾、地震、雪灾等突发灾难的独生子女家庭给予一次性救助，对困难计生家庭给予一次性生活补助。2014 年《滨海新区卫生工作要点》也提到要推动流动人口医疗卫生服务的均等化，流动人口从 2014 年开始免费享受 18 类 80 项医疗卫生服务。

其次，流动人口的基本教育服务方面。2014 年，滨海新区教育局转发天津市教育委员会制定的《初中招生工作指导意见》、《小学招生入学工作实施意见》和《做好幼儿园招生工作的通知》，明确提出在初中招生工作中要"落实普惠政策，进城务工人员随迁子女在初中免试就近入学、指标生推荐、免收学杂费等方面享受同等的义务教育政策"；在小学招生工作中要"合理有序地解决好外来务工人员随迁子女入学，确保符合条件的随迁子女都能够有学上"；在幼儿园招生工作中要"要充分考虑外来务工人员子女入园的需求，努力为外来务工人员子女接受学前教育提供条件"。

再次，流动人口的社会保障和救济服务方面。滨海新区在全区实行"家佳推进计划"，建立"政府主导、社会支持、专家指导、志愿者参与"的长效服务管理机制，通过志愿服务的方式推动0—3岁婴幼儿素质提升、青春期教育和心理健康发展、未成年少女救助、家庭教育等服务发展。

最后，流动人口住房保障方面，滨海新区"针对长期工作的外来建设者，创新实施集宿式、公寓式管理"。政府投资近1亿元在大项目、大工地集中的区域集中建设了一批生活、商业设施相对完善的"建设者之家"，保障外来建设者的基本住房需求。

九　城乡统筹：以基本公共服务均等化推进城市化进程

促进城市化、城镇化农民就业，是滨海新区在发展中遇到的新问题。塘沽、汉沽和大港地区在未被并入滨海新区之前，多以农业生产为主，人口中农村人口的比重较大。随着滨海新区城市化进程的发展，农村人口再就业问题开始凸显。2011年"加快城乡一体化改革"被列入滨海新区"十大改革"项目，滨海新区城乡一体化发展有了明确的指导思想、发展目标和实施方案。

2011年，滨海新区出台《关于促进滨海新区城乡统筹发展的意见》，对于滨海新区城乡统筹发展过程中，公共服务发展的总体目标表述为，利用三年到五年的时间加强农村的、公共服务，促进就业、养老、医疗、最低生活保障、社会救助等制度改革；改善农村的生活设施和生态环境，提升农村发展面貌。

在基础设施建设方面，滨海新区农村区域基础设施发展有两种模式：一种是城乡空间统筹，整体城镇化。如作为滨海新区"十大战役"项目之一的西部城区建设，采取是的土地征收，兴建农民还迁住宅，帮助农民就业的手段。另一种是居住地与配套设施统筹，进行新农村建设，改善农村道路、排水等基础设施。如《滨海新区 2010 年重点工作》要求在农村新修改造街镇公路 28 公里，修建村内街道 30 公里、排水设施 30 公里。此外，在环境保护方面，2013 年 10 月滨海新区启动"美丽滨海·一号工程"，要求实施清洁村庄行动，加快完善提升村内道路、给排水、垃圾、污水等基础设施及公共服务设施，带动全区农村环境质量的全面提升。

在医疗卫生方面，推进农村医疗基础设施建设与监理农村医疗卫生服务体系是滨海新区医疗卫生服务城乡均等化的两个方向，具体表述见于《天津滨海新区总体规划（2005—2020)》、《2010 滨海新区卫生工作要点》、《关于印发滨海新区卫生事业发展十二五规划的通知》等文件。具体措施方面主要包括四个方面：

一是加强农村医疗人才培养，提高农村医院医疗水平，打造农村医院优势学科。二是建立城市医师定期下乡支农制度，为涉农区县开展以技术培训、巡回医疗、双向转诊为主要内容的医疗服务支持。针对广大农民群众和基层医疗卫生机构的实际需求，组织开展义诊、送医送药等活动。三是加强农村三级医疗卫生服务网络建设、完善农村重点公共卫生服务项目、推进乡镇村医疗一体化管理进程。四是广泛开展各种帮扶、慰问活动，切实帮助农村基层群众解决生产、生活实际困难，宣传引导农村家庭树立科学文明的生活理念，培养健康良好的生活方式，推动广大农民健康水平的全面提高。

在就业公共服务方面，2012 年滨海新区人力资源和社会保障局、财政局和农业局共同拟定了《滨海新区鼓励企业吸纳农村城市化城镇化劳动力就业试行办法》和《滨海新区农村城市化城镇化劳动力自主创业补贴小法》，在鼓励企业吸纳农村城市化、城镇化劳动力就业方面，制定了五项鼓励措施，即：用工一次性奖励、稳定用工奖励、规模性招用奖励、涉农企业奖励、对劳动力远途就业奖励。对自主创业人员从事个体经营，按照每人每年最高限额 5000 元的标准给予 3 年的税费补贴。基层政策在促进城镇化农民就业方面进行了有效的政策创新，主要包括：第一，教育培训，太平镇开办被征地农民技能培训班，中塘镇举办了创业培训班；第二，财政资金支持，大港区为创业人员提供免息一年的 5 万元小额担保贷款。

在社会保障方面，2008 年根据《国务院关于天津滨海新区综合配套改革试验总体方案的批复》，天津滨海新区政府制定了《天津滨海新区综合配套改革总体试验方案》，提出了滨海新区农村社会保障服务发展的原则与目标：按照"较低费率、广泛覆盖、可以转移、社会共济"的原则，建立适合农民工特点的养老保险制度，将农民工纳入医疗保险和工伤保险。完善被征地农民社会保险制度。建立以大病统筹为主的城镇居民医疗保险。全面实行新型农村合作医疗制度。建立农民社会养老保险制度。在组织保障方面，2011年滨海新区人力资源和社会保障局发出《关于进一步加强村级劳动保障工作站建设的实施意见》，要求在滨海新区构建完善的覆盖城乡的劳动保障服务网络。

在教育方面，城乡统筹发展的具体措施包括三个方面：第一，提升农村中小学的教学装备，为此，滨海新区在2005年至2007年实施了"农村中小学教学装备升级工程"，要求农村中小学教学装备达到国家一类标准。工程实施之后，塘沽、汉沽、大港以及油田区域的农村中小学更新了理科实验、体育艺术、电化教学、卫生等方面的教学仪器装备、教学装备。2008年，天津市义务教育学校现代化标准建设启动，2009年滨海新区义务教育标准化工作展开，农村义务教育学校在操场、图书馆、食堂等方面逐步按照现代化标准进行了建设或改造。农村中小学校园环境得到了极大改善。第二，在教师队伍建设方面，滨海新区通过财政补助的手段，通过教师津贴、敬业奖励等手段稳定了农村教师队伍，提高了农村地区的师资配置水平。第三，在职业教育发展方面，滨海新区2008年启动了"农民素质提高工程"，健全农村职业教育网络，对农民开展职业技能培训。

第二节　滨海新区公共服务改革与创新的政策工具

一　滨海新区政策工具应用的总体特征

总体而言，在各项公共服务创新过程中，滨海新区政府应用的政策工具以强制性政策工具和混合性政策工具为主，自愿性政策工具应用较少。

强制性政策工具中，法律、法令类政策工具并未采用，但滨海新区相关职能部门一般会对上级政府的相关法令、规章等进行转发，督促各功能区卫生行政部门严格执行和遵守相关法律、法规和规章。强制性政策工具中"建立和调整规则"、"设定和调整标准"、"机构设置"、"政府能力建设"等的应用明显多于其他类型政策工具，如滨海新区就社区医疗卫生服务中心进行的标准化建设，包括农村卫生所的标准设定、医疗系统招聘人员的标准设定等。

混合性工具的采用更多是为达成政策目标提供相关激励措施和保障，如为提高医疗技术水平，对医疗从业人员采用的教育学习、象征、鼓励号召和示范等工具，为推动社区医疗发展，鼓励民众就近就医而对去社区医院就诊患者采用的消费补贴工具等。在鼓励民营资本进入医疗市场，丰富医疗资源方面，滨海新区也采用了财政奖励、简化程序等混合性工具，虽然此领域尚未充分发展，应用数量较少，却表明了滨海新区在鼓励民营资本进入医疗服务市场方面的明确支持态度。

在滨海新区公共服务创新过程中，自愿性政策工具应用非常少，其应用主要存在于两个层次：一是，高层次规划文件中，以原则性规定、口号目标等形式，表明滨海新区在开放卫生医疗服务市场方面的倾向性；二是，在基层政策实践和工作汇报中，作为基层政策和管理创新而存在。

二　强制性政策工具应用分析

强制性政策工具是滨海新区公共服务创新过程中应用最为广泛的一种政策工具。虽然公共服务项目不同，但强制性政策工具采用的类别基本类似，在滨海新区公共服务创新过程中，主要涉及三类内容。

第一类，以政府系统自身建设为主题，通过体系调整、规则重设、机构设置等政策工作进行政府自身的能力建设，目的是为公共服务的进一步创新性发展提供组织保障。在基础设施建设、环境保护、医疗卫生、教育和保障性住房等领域都有类似的政策文件出台。滨海新区公共服务创新过程本身就伴随着滨海新区两轮行政管理体制改革，在行政管理体制改革过程中，滨海新区公共服务供给系统也逐步得以建立并理顺关系。

第二类，以公共服务供给为主题的公共政策，例如直接提供服务、直接管理、进行公共财政支出等，尤其是在基础设施建设、环境保护、教育和医疗卫生四个领域，现阶段的公共服务供给仍以政府为最主要的供给主体。

第三类，政策试验，滨海新区作为综合配套改革的先行先试区域，主要通过政策试验的方式进行了公共服务领域的政策创新。政策试验是我国政策创新过程中成效较为显著的一种政策工具，滨海新区在医疗卫生、基础设施建设等方面都进行了相关的政策试验。

　　除上述三类之外，滨海新区政府还应用了监督、禁止、许可等针对具体公共服务供给机构的强制性政策工具，如针对医疗卫生机构的监督检查等等，主要是为了保障公共服务的品质。由于滨海新区人民代表大会没有立法权，滨海新区强制性政策工具不涉及地方性法规。

　　强制性政策工具的政策对象分布较广，主要包括政府机构、公共服务提供机构、居民和其他各类企事业单位。对政府机构采用的政策工具主要是建立和挑战规则、检查、直接管理、机构设置、政府机构改革、政府机构能力建设、计划、命令执行、政府间协定等；对公共服务提供机构采用的政策工作主要有设定调整标准、检查检验、直接管理、公共财政支出、指导指令、政策试验等；对居民采用的政策工具包括强制保险、财政支出、直接服务等；对企事业单位采用的强制性政策工具主要包括检查检验、监督和禁止等。就应用领域而言，在基础设施与环境保护方面，强制性政策工具类型主要包括：禁止、许可、监督检查、建立和调整规则、财政投入、政府机构能力建设、政策试验和政府机构设置8种。其中，禁止、许可、监督检查、建立和调整规则的政策对象多为各类生产企业，滨海新区政府通过禁止、监督检查等手段控制其污染物排放量，监督其遵守新建立或调整的环保规则，同时对条件较好的企业给予了一定的自主处理权。财政投入是基础设施建设与环境保护的重要资金保障手段，滨海新区用于基础设施建设的资金投入是所有公共服务项目中最多的（滨海新区统计年鉴，2013）。近年来，随着科学发展观的普及，用于环境保护方面的财政投入也在逐年增加。政绩机构能力建设、政府机构设置是基础设施建设与环境保护的重要组织保障，政策试验则是滨海新区在本区域内政策创新的重要手段。

　　在医疗卫生领域，滨海新区采用的强制性政策工具类型非常广泛，具体包括规制类政策工具涉及建立和调整规则、检查检验、设定和调整标准、体系建设与调整、监督、禁止、特许、许可证和执照；直接提供类政策工具涉及公共财政支出、直接服务、直接管理、直接生产；命令与权威性政策工具主要有计划、机构设置、政府机构改革、指示指导、政府机构能力建设、命令执行、政府间协定、政策试验以及强制保险等。计划、体系建设与调整、政府机构设置与政府机构改革用于推动滨海新区医疗体制改革。建立和调整规则、检查检验、设定与调整标准、监督、许可证和执照指示指导等政策工具用于推动医疗卫生服务机构改进服务质量，提升服务水平。直接服务、直接生产、强制保险、政策试验等政策工具则用于为民众提供更多更好的医疗卫生服务。

在教育领域，滨海新区教育公共服务创新过程中采用的强制性政策工具涉及建立和调整规则、设定和调整标准、检查检验、机构设置、政府机构改革、政府机构能力建设、计划、政府间协定、政策试验和财政支出等类型。建立与调整规则是教育领域内最为常见的一种政策工具类型，滨海新区政府以通知、意见、方法、规划等文件类型发布了若干教育规则，内容几乎涉及了教育公共服务的各个方面，如校园安全管理方面的相关通知、预案，学前教育、义务教育、高中教育入学工作指导意见等。政府间协定是滨海新区教育公共服务领域的重要创新途径，通过与天津市相关学校及政府的协定，推动滨海新区基础教育的发展，通过与企业的协定，推动职业教育的发展。

在社会保障方面，滨海新区采用的强制性政策工具主要以命令和权威性政策工具为主。具体而言，涉及计划、政府机构设置、指示指导、政策试验、政府机构能力建设、检查检验、设定和调整标准、建立和调整规则等类型。强制性政策工具的政策对象主要为政府机构和用人单位，针对政府机构，以强制性命令手段要求其推动相关政策的落实；针对企事业单位等用人单位，依靠检查监督等手段督促其为雇佣人员缴纳各类社会保险。

在就业方面，滨海新区采用的强制性政策工具包括政府机构设置、监察监督、政府机构自身能力建设、政策试验、财政支出、直接服务。政府机构设置与政府机构自身能力建设为滨海新区就业服务的发展提供了重要的组织保障，表明滨海新区政府就就业工作的重视。财政支出为就业服务发展提供了财政资金方面的保障，直接服务、监督检查等手段保障了就业服务相关政策的落实，政策试验则为就业领域的政策创新进行了先期试验。

在保障性住房建设方面，滨海新区应用的强制性政策工具主要涉及计划规划、机构设置、设定和调整规则、设定和调整标准、直接提供。滨海新区保障性住房建设发展过程中出台了专门性的政策规划用于指导滨海新区保障性住房建设；成立了较高级别的政府机构和工作组专门负责保障性住房建设；根据滨海新区具体情况设定了保障性住房的范围和申领条件，建立了保障性住房建设标准，为特定人群提供与保障性住房相配套的其他类别的公共服务。

三　混合性政策工具应用分析

就应用数量而言，滨海新区混合性政策工具应用数量仅次于强制性政策工具，在许多政策文件中既有强制性工具的运用又有混合性政策工具的体现。如在社区医疗发展过程中，用强制性工具设定了社区医疗服务机构的相关标准，用混合性工具鼓励居民到社区医院就诊，鼓励大医院成立社区医疗服务中心，激发医生到社区医院工作的热情。在政府机构及医疗卫生服务机构能力建设、工作纪律维持、职业道德保障等方面也多采用混合性政策工具。

就政策内容而言，混合性政策工具的采用是为对强制性政策工具形成补充。例如混合性政策工具中很大比例的内容是进行政府系统自身的能力建设，如通过学习、号召、示范等政策工具，鼓励政府系统内部人员进行自身能力提升，以便能够更好地提供公共服务，主要见于教育和医疗卫生领域。补贴型政策工具则主要针对接受公共服务的公众和提供公共服务的社会组织与企业。对公众进行消费补贴，是为了引导公众的公共服务消费习惯，实现公共服务格局调整，对企业和社会组织的补贴政策现在采用的还比较少，主要是近两年来，滨海新区在逐步开放医疗卫生市场过程中对进驻滨海新区私立医院的财政直接奖励。产权拍卖在现阶段的公共服务创新过程中未有体现。征税和用户收费之中，税收的调节作用滨海新区政府尚未启用，但在家庭医生制度中实施了用户收费制度，对于想要享受更高水平医疗服务的居民收取适当费用。契约型政策工具服务外包和公私合作暂时未有涉及。诱因型政策工具中程序简化被采用频率较高，正是因为滨海新区正在进行的行政审批制度改革，在公共服务领域的若干项行政审批也逐步简化了程序。

就政策对象而言，混合性政策工具的政策对象更多地以个人为主，主要包括三类人群：政府公务人员、公共服务提供机构的工作人员、滨海新区居民。政策目标主要是提高政府公务人员的管理水平和工作效率，提高公共服务提供机构工作人员的服务水平，鼓励和引导居民接受新的服务方式和类别。

就基本公共服务领域而言，在基础设施建设和环境保护过程中，混合性政策工具类型主要包括：号召、教育培训、象征和示范、审批制度改革、使用者付费、消费补助、简化审批程序和劝诫等类型。消费补助与劝诫的政策对象主要是滨海新区居民，用于引导滨海新区居民参与环境建设，养成环保生活习惯。审批制度改革、简化审批程序则有助于鼓励建设企业参与滨海新区建设发展。教育培训、号召、使用者付费、象征与示范等政策工具的政策对象主要为建筑企业和部分污染企业。

滨海新区在医疗卫生领域采用的混合性政策工具主要有以下四类：第一类，信息与劝诫，包括教育学习、示范、舆论宣传、建设舆论工具、信息发布与信息公开、鼓励号召、象征；第二类，补贴，包括消费补贴、财政奖励、赠款、直接补助；第三类，征税和用户收费；第四类，诱因型工具，主要指程序简化。就政策对象而言，混合性政策工具的政策对象更多地以个人为主，主要包括三类人群：政府公务人员，医疗服务机构的医护人员和管理人员，滨海新区居民。政策目标主要是提高医护人员的技术水平，保障医护人员、医疗机构管理人员和政府公务人员模范遵守职业道德和法律规范；鼓励医护人员和医疗服务机构将服务向社区、农村倾斜，鼓励居民就近就医。

在教育公共服务方面，混合性政策工具包括：程序简化、信息公开、鼓励号召、建立舆论工具、示范、教育学习和消费补贴。政策对象包括学生、教师、居民个人、教育服务机构。针对学生，主要是为鼓励学生全面发展，通过举办各类素质提升竞赛，鼓励学生在相关领域进行自我开发。对于教师，以先进教师的示范作用，引导普通教师向优秀教师学习，以消费补贴等形式，激发教师的继续学习热情。对于居民个人，则通过直接进行消费补贴，减轻居民个人用于教育的家庭开支。对于教育服务机构，同样运用示范学校的引导作用，使更多学校进行教育创新和质量提升。

在社会保障领域，混合性政策工具的采用主要目标是推动政策的有效执行，基层政府应用较多，主要涉及：信息公开和信息发布，如通过电视台等大众媒体发布社会保险相关政策；鼓励号召，通过宣讲、发传单等形式鼓励号召群众参与社会保险，尤其是在针对城镇化、城市化的农民参与养老保险的工作中，此种政策工具的采用较为有效。教育学习，如前所述，为提高医保覆盖面推动工作，对滨海新区辖区内的医保经办人员进行了培训，提高了医保经办人员的政策知晓率和经办服务能力。

在就业服务发展方面，混合性政策工具涉及教育学习、财政奖励、税费优惠、示范、政府贷款和信息发布。政策对象主要涉及用工企业和待就业人员，教育学习政策工具的政策对象还包括部分政府工作人员。政策目标主要是通过各项政策工具的实施，为用工企业及待业人群提供供需信息，鼓励用工企业吸纳特定人群就业，引导待业人员多渠道就业等。

在保障性住房方面，混合性政策工具主要涉及信息发布，如对申请保障性住房人员进行公示，对保障性住房建设项目基本情况进行公示等；消费补贴，为申请廉租房人员和按家庭发放财政补贴。生产补贴，如对于蓝白领公寓的运营管理企业的合理运营亏损，滨海新区各功能区可以用专项资金以购买公共服务的形式给予合理补偿；费用优惠，在订单式限价房建设过程中建设方可以免缴铁路建设费和优惠缴纳其他一些应该缴纳的费用。

四　自愿性政策工具应用分析

自愿性政策工具主要包括家庭与社区、自愿性组织、自愿性服务、市场、市场自由化几种。如滨海新区中塘镇相关工作人员与困难群众结成"亲戚"对子，给予这些困难"亲戚"必要的帮助，如遇突发重大疾病，联系慈善机构和相关人员进行捐款；塘沽中医院成立医疗志愿者服务队。

自愿性政策工具的政策对象包括城市居民、农村居民、慈善机构、政府组织和公共服务提供机构。针对城市居民、农村居民，号召居民邻里互助，如滨海新区新塘镇，困难群众的热心邻居经常会到困难患病群众家中走访、照顾。慈善机构，如各级红十字协会会与基层政府部门会商对困难患病群众给予捐款、赠款。

就应用数量而言，滨海新区公共服务创新过程中自愿性政策工具应用较少，且目前为止应用家庭社区、志愿组织和志愿服务类政策工具的政府均为基层政府，且往往以基层工作经验的形式存在。

就应用领域而言，在基础设施建设与环境保护领域应用的自愿性政策工具主要是自愿性服务，在滨海新区清雪工作和市容清洁工作中，此种政策工具经常性地被采用，如杭州道街组织社区居民、辖区志愿者对各小区门口、甬路、健身场所等处进行清扫，各社区居委会、辖区相关单位也高度重视清雪工作，共3000余人参与清雪。在新北街道市容环境综合整治工作中新北街道办事处领导、新北街道办事处全体人员以及志愿者一起对街道卫生进行了集中清理。古林街港电社区居委会召集各楼栋长、社区退休党员、社区志愿者以及物业公司员工40余人，针对排污河、垃圾死角以及小区楼道内乱堆乱放现象进行了清整，并在蚊蝇滋生地集中投放除害药品。

在医疗卫生领域，滨海新区应用的自愿性政策工具主要包括家庭社区、志愿组织、志愿服务、市场和市场化。如滨海新区中塘镇相关工作人员与困难群众结成"亲戚"对子，给予这些困难"亲戚"必要的帮助，如遇突发重大疾病，联系慈善机构和相关人员进行捐款；塘沽中医院成立医疗志愿者服务队。政策对象包括城市居民、农村居民、慈善机构、政府组织和医疗服务机构。针对城市居民、农村居民，号召居民邻里互助，如滨海新区新塘镇，困难群众的热心邻居经常会到困难患病群众家中走访、照顾。慈善机构，如各级红十字协会与基层政府部门会商对困难患病群众给予捐款、赠款。

在教育公共服务领域，自愿性政策工具主包括市场、市场化、志愿组织和志愿服务，其中又以市场化为主。在《滨海新区教育事业发展第十二个五年计划》中明确提出要扶植规范的民办幼儿园，落实民办学校法人财产权；完善民办学校法人治理结构；探索营利性与非营利性民办教育机构分类管理制度；支持天狮学院等民办学校加快发展。政策对象包括公民个人和民办教育服务机构。在志愿组织和志愿服务领域政策工具应用较少，主要表现为基层政府对志愿服务个人的表彰与宣传。在教育服务市场化方面，政策工具应用较多，除了市场与市场化之外，还有强制性工具与混合性工具的应用。在家庭和社区方面，政策对象包括居民个人、家庭、社区，其中也包括外来务工人员及其子女，主要表现为家庭讲座、小课堂、儿童健康等形式。

第三节　滨海新区整体性公共服务满意度

一　样本统计描述

1. 户籍类型、性别与年龄

滨海新区 314 位受访者中，本市户籍 249 人，占比 79.3%；非本市户籍 65 人，占比 20.7%。男性 162 人，占比 51.6%；女性 152 人，占比 48.4%。20 岁以下的 2 人，占比 0.6%；20—29 岁的 136 人，占比 43.3%；30—39 岁的 111 人，占比 35.4%；40—49 岁的 44 人，占比 14.0%；50—59 岁的 19 人，占比 6.1%；60 岁以上的 2 人，占比 0.6%。

2. 职业类型

滨海新区 314 位受访者中，政府公务员 28 人，占比 8.9%；事业单位工作者 55 人，占比 17.5%；企业/公司工作者 164 人，占比 52.2%；商业服务人员 7 人，占比 2.2%；个体经营人员 21 人，占比 6.7%；待业下岗人员 1 人，占比 0.3%；离退休人员 3 人，占比 1%；在校学生 10 人，占比 3.2%；其他从业人员 25 人，占比 8%。

3. 受教育程度

滨海新区 314 位受访者中，初中学历 7 人，占比 2.2%；高中、中专学历 27 人，占比 8.6%；大专学历 70 人，占比 22.3%；本科学历 173 人，占比 55.1%；研究生及以上学历 37 人，占比 11.8%。

4. 月收入情况

滨海新区 314 位受访者中，月收入超过 20000 元的 3 人，占比 1%；15001—20000 元的 2 人，占比 0.6%；10001—15000 元的 5 人，占比 1.6%；8001—10000 元的 24 人，占比 7.6%；5001—8000 元的 78 人，占比 24.8%；3001—5000 元的 124 人，占比 39.5%；1001—3000 元的 55 人，占比 17.5%；1000 元以下的 6 人，占比 1.9%；无固定收入的 17 人，占比 5.4%。

5. 平均每天使用网络时间

滨海新区 314 位受访者当中，平均每天使用互联网 2 小时以下的 36 人，占比 11.5%；2—4 小时的 120 人，占比 38.2%；5—7 小时的 114 人，占比 36.3%；8 小时及以上的 44 人，占比 14%。

6. 接触网络时间

滨海新区 314 位受访者当中，接触网络时间 1 年以下的 5 人，占比 1.6%；1—5 年的 50 人，占比 15.9%；6—10 年的 115 人，占比 36.6%；10 年及以上的 144 人，占比 45.9%。

7. 政府接触经验

滨海新区 314 位受访者中，曾亲自申请或接受过婚育服务的 26 人，占比 8.3%；曾亲自申请或接受过医药卫生服务的 79 人，占比 25.2%；曾亲自申请或接受过社会保障服务的 126 人，占比 40.1%；曾亲自申请或接受过劳动就业服务的 46 人，占比 14.6%；曾亲自申请或接受过教育文化服务的 60 人，占比 19.1%；曾亲自申请或接受过户籍身份服务的 77 人，占比 24.5%；曾亲自申请或接受过户籍身份住房保障服务的 43 人，占比 13.7%；曾亲自申请或接受过基本社会服务的 22 人，占比 7%；曾亲自申请或接受过证照申领服务的 104 人，占比 33.1%；曾亲自申请或接受过公用事业服务的 79 人，占比 25.2%；曾亲自申请或接受过申报纳税服务的 90 人，占比 28.7%；曾亲自申请或接受过法律服务的 31 人，占比 9.9%；曾亲自申请或接受过交通运输与观光旅游服务的 40 人，占比 12.7%；曾亲自申请或接受过民族宗教服务的 6 人，占比 1.9%；曾亲自申请或接受过其他公共服务的 38 人，占比 12.1%。

二　整体性公共服务满意度

1. 滨海新区受访者对政府的服务表现与服务形象的满意度较低

如表 4-1 所示，在滨海新区 314 位受访者中，对政府服务的质量表示满意的 147 人，占比 46.8%。其中，比较满意的 116 人，占比 36.9%；十分满意的 31 人，占比 9.9%。表示不满意的 55 人，占比 17.5%。其中，不太满意的 39 人，占比 12.4%；十分不满意的 16 人，占比 5.1%。对政府在服务创新与便民方面所作的努力，表示满意的 168 人，占比 53.5%。其中，比较满意的 115 人，占比 36.6%；十分满意的 53 人，占比 16.9%。表示不满意的 46 人，占比 14.6%。其中，不太满意的 35 人，占比 11.1%；十分不满意的 11 人，占比 3.5%。对政府危机处理的能力，表示满意的 123 人，占比 39.1%。其中，比较满意的 89 人，占比 28.3%；十分满意的 34 人，占比 10.8%。表示不满意的 69 人，占比 22%。其中，不太满意的 54 人，占比 17.2%；十分不满意的 15 人，占比 4.8%。

表 4-1　　　　滨海新区受访者对政府服务表现与服务形象满意度

	十分不满意	不太满意	一般	比较满意	十分满意	合计
整体而言，您满不满意政府服务的质量？	16 人 5.1%	39 人 12.4%	112 人 35.7%	116 人 36.9%	31 人 9.9%	314 人 100%
整体而言，您满不满意政府在服务创新与便民（如电子政府、网上缴税等）方面所作的努力？	11 人 3.5%	35 人 11.1%	100 人 31.8%	115 人 36.6%	53 人 16.9%	314 人 100%
整体而言，您满不满意政府危机处理的能力？	15 人 4.8%	54 人 17.2%	122 人 38.9%	89 人 28.3%	34 人 10.8%	314 人 100%

资料来源：作者自行整理所得。

以五分量表计，滨海新区受访者对政府服务质量的满意度得分为 3.341，对政府服务创新能力的满意度得分为 3.522，对政府危机处理能力的满意度得分为 3.233。滨海新区受访者对政府的服务表现与服务形象的满意度较低，对政府的服务表现与服务形象整体满意度的平均得分为 3.365。

2. 滨海新区受访者对政府的优质便民服务满意度较低

如表 4-2 所示，在滨海新区 314 为受访者中，对政府部门人员服务态度满意的 131 人，占比 41.7%；不满意的 69 人，占比 22%。对政府部门服务人员专业性满意的 149 人，占比 47.5%；不满意的 52 人，占比 16.5%。对政府部门服务流程满意的 126 人，占比 40.1%；不满意的 78 人，占比 24.9%。对政府向老弱病残孕婴幼等特殊群体提供服务满意的 143 人，占比 45.5%；不满意的 55 人，占比 17.5%。对政府部门服务人员办事效率满意的 105 人，占比 33.4%；不满意的 103 人，占比 32.8%。对政府部门处理群众投诉的方式满意的 88 人，占比 28%；不满意的 89 人，占比 28.4%。对政府部门环境设施便利性满意的 165 人，占比 52.6%；不满意的 45 人，占比 14.3%。

表 4-2　　　　　　　　滨海新区受访者对优质便民服务的满意度

	十分不满意	不太满意	一般	比较满意	十分满意	合计
您满不满意政府部门服务人员的服务态度？	17 人 5.4%	52 人 16.6%	114 人 36.3%	102 人 32.5%	29 人 9.2%	314 人 100%
您满不满意政府部门服务人员的专业性？	12 人 3.8%	40 人 12.7%	113 人 36%	111 人 35.4%	38 人 12.1%	314 人 100%
您满不满意政府部门的服务流程？	10 人 3.2%	68 人 21.7%	110 人 35%	91 人 29%	35 人 11.1%	314 人 100%
您满不满意政府部门对老、弱、病、残、孕、婴、幼等特殊群体提供的服务？	11 人 3.5%	44 人 14%	116 人 36.9%	94 人 29.9%	49 人 15.6%	314 人 100%
您满不满意政府部门服务人员处理事情的速度？	21 人 6.7%	82 人 26.1%	106 人 33.8%	83 人 26.4%	22 人 7%	314 人 100%
您满不满意政府部门处理群众投诉的方式？	20 人 6.4%	69 人 22%	137 人 43.6%	73 人 23.2%	15 人 4.8%	314 人 100%

	十分不满意	不太满意	一般	比较满意	十分满意	合计
您满不满意政府部门的环境设施的便利性?	8 人 2.5%	37 人 11.8%	104 人 33.1%	117 人 37.3%	48 人 15.3%	314 人 100%

资料来源:作者自行整理所得。

以五分量表计,滨海新区受访者对政府部门人员服务态度的满意度得分为 3.236,对政府部门服务人员专业性的满意度得分为 3.392,对政府部门服务流程的满意度得分为 3.233,对针对弱势群体服务的满意度得分为 3.401,对政府部门服务人员办事效率的满意度得分为 3.010,对政府部门处理群众投诉的满意度得分为 2.981,对政府部门环境设施便利性的满意度得分为 3.51。滨海新区受访者对政府的优质便民服务满意度较低,对政府优质便民服务整体满意度的平均得分为 3.252。

3. 滨海新区受访者对于信息服务的满意度较低

如表 4 - 3 所示,在滨海新区的 314 位受访者中,对政府网站的便利性满意的 152 人,占比 48.4%;不满意的 60 人,占比 19.1%。对政府网站信息的完整性满意的 140 人,占比 44.6%;不满意的 58 人,占比 18.4%。对政府网站信息丰富度满意的 144 人,占比 45.8%;不满意的 55 人,占比 17.5%。对政府网站信息的准确性满意的 154 人,占比 49%;不满意的 53 人,占比 16.9%。对政府网站的回应性满意的 120 人,占比 38.3%;不满意的 78 人,占比 24.9%。对政府网站的网上办事能力满意的 156 人,占比 39.7%;不满意的 50 人,占比 15.9%。

表 4 - 3   滨海新区受访者对信息服务的满意度

	完全不同意	不太同意	一般	比较同意	完全同意	合计
我十分满意政府网站的便利性	10 人 3.2%	50 人 15.9%	102 人 32.5%	114 人 36.3%	38 人 12.1%	314 人 100%
我十分满意政府网站信息的完整性	13 人 4.1%	45 人 14.3%	116 人 36.9%	92 人 29.3%	48 人 15.3%	314 人 100%
我十分满意政府网站信息的丰富度	10 人 3.2%	45 人 14.3%	115 人 36.6%	99 人 31.5%	45 人 14.3%	314 人 100%

	完全不同意	不太同意	一般	比较同意	完全同意	合计
我十分满意政府网站信息的准确性、信息更新的及时性	9 人 2.9%	44 人 14%	107 人 34.1%	104 人 33.1%	50 人 15.9%	314 人 100%
我十分满意政府网站对我的需求或意见的回应	19 人 6.1%	59 人 18.8%	116 人 36.9%	84 人 26.8%	36 人 11.5%	314 人 100%
我十分满意政府网站提供的网上办理服务	11 人 3.5%	39 人 12.4%	108 人 34.4%	98 人 21.2%	58 人 18.5%	314 人 100%

资料来源：作者自行整理所得。

以五分量表计，滨海新区受访者对政府网站便利性的满意度得分为 3.382，对政府网站信息完整性的满意度得分为 3.373，对政府网站信息丰富度的满意度得分为 3.395，对政府网站信息准确性、信息更新及时性的满意度得分为 3.452，对政府网站回应性的满意度得分为 3.188，对政府网站在线申办服务的满意度得分为 3.487。滨海新区受访者对于信息服务的满意度较低，对信息服务整体满意度的平均得分为 3.38。

4. 滨海新区受访者对政府网站的创新便民服务满意度不高

如表 4-4 所示，在滨海新区的 314 位受访者中，对政府网站带来的便民效果满意的 171 人，占比 54.5%；不满意的 43 人，占比 13.7%。对使用经历感到满意的 171 人，占比 54.5%；不满意的 34 人，占比 10.8%。

表 4-4　　　　　　滨海新区受访者对创新便民服务的满意度

	完全不同意	不太同意	一般	比较同意	完全同意	合计
我十分满意推行政府网站所带来的便民实效	9 人 2.9%	34 人 10.8%	100 人 31.8%	103 人 32.8%	68 人 21.7%	314 人 100%
我对使用政府网站的经历感到满意	8 人 2.5%	26 人 8.3%	109 人 34.7%	114 人 36.3%	57 人 18.2%	314 人 100%

资料来源：作者自行整理所得。

以五分量表计，滨海新区受访者对政府网站所带来的便民实效性的满意度得分为 3.596，对政府网站使用经历的满意度得分为 3.592。滨海新区受访者对政府网站的创新便民服务满意度不高，对创新便民服务整体满意度的平均得分为3.594。

综上所述，滨海新区受访者对政府的服务表现与服务形象的满意度较低，对政府的服务表现与服务形象整体满意度的平均得分为3.365。仅有46.8%的受访者对政府的服务质量感到满意。仅有53.5%的受访者对政府在服务创新与便民方面所做的努力感到满意，39.1%的受访者对政府危机处理的能力感到满意。

滨海新区受访者对政府的优质便民服务满意度较低，对政府优质便民服务整体满意度的平均得分为3.252。仅有41.7%的受访者对政府部门人员的服务态度感到满意，47.5%的受访者对政府部门人员的专业性感到满意，40.1%的受访者对政府部门的服务流程感到满意，45.5%的受访者对政府部门对弱势群体的服务表示满意，33.4%的受访者对政府部门服务人员办事效率感到满意，28%的受访者对政府部门处理群众投诉的方式感到满意，52.6%的受访者对政府部门环境设施的便利性感到满意。

滨海新区受访者对于信息服务的满意度较低，对信息服务整体满意度的平均得分为3.38。有48.4%的受访者对政府网站的便利性表示满意，44.6%的受访者对政府网站信息的完整度表示满意，45.8%的受访者对政府网站的信息丰富度表示满意，49%的受访者对政府网站的信息准确性、更新及时性表示满意，38.3%的受访者对政府网站对公民需求或意见的回应性表示满意，39.7%的受访者对政府网站提供的网上办理服务表示满意。

滨海新区受访者对政府网站的创新便民服务满意度不高，对创新便民服务整体满意度的平均得分为3.594。54.5%的受访者对政府网站所带来的便民实效性感到满意，54.5%的受访者对政府网站的使用经历感到满意。

第 五 章

深圳市综合配套改革中的
公共服务创新

深圳作为我国最早成立的经济特区之一，经过 30 多年的探索与发展，创造了令世界惊叹的经济奇迹，并且在公共服务改革与发展创新领域，进行了不懈的探索。2009 年 5 月，《深圳市综合配套改革总体方案》获得国家批准，深圳正式被确定为国家综合配套改革试验区，标志着深圳市改革发展进入一个新的阶段。本章从大部制改革与跨部门协同、整体性预算体系、政府购买服务、全过程优质监管体系、整体性伦理规范与廉政建设、电子治理等方面系统剖析深圳市政府推进公共服务改革与创新的主要进展，从强制性政策工具、自愿性政策工具和混合性政策工具三个维度系统剖析深圳市政府推进公共服务改革与创新的政策工具，通过整体性公共服务满意度调查对深圳市公共服务改革与创新的成效进行了初步评价。

第一节　深圳市公共服务改革与创新的主要进展

深圳市政府注重以整体性的方式向公众提供公共服务，在公共服务综合配套改革过程中，特别注重公共服务改革与创新的整体性、系统性和协调性。整体性服务型政府跨部门协同的核心任务是加强组织协调、消除公共服务的碎片化、减少管理的重叠和重复，提供具有整体性和连贯性的公共服务。

一 以大部制改革为抓手，加强服务型政府建设

2009 年，《深圳市人民政府机构改革方案》获批，开启了深圳 30 年来力度最大、影响最为深远的机构改革。这次改革的目标是建立服务型政府导向的大部制，即按照决策权、执行权、监督权既相互制约又相互协调的思路，建立"行政权三分"的政府组织架构。经过这次改革，政府职能部门精简了 15 个，最终保留和新设部门 31 个。

按照"权力三分"的大部制改革原则，大部制改革后的政府职能部门设置为委、局、办三个层次。在经过后续的改革调整后，现在深圳市政府机构设置如表 5 - 1 所示。

深圳市大部制改革总体来看，具有如下三个特点：

第一，以公共服务型政府建设为核心。建设公共服务型政府是深圳综合配套改革区方案的要求，也是大部制改革的方向。深圳市大部制改革强化了工作部门的社会管理与服务职能，特别是委员会的设立，对不同职能部门领域进行了分拆、合并，整合了公共服务决策权，提高了协调公共服务供给协调能力。

表 5 - 1   深圳大部制改革后政府工作部门组成结构

层级	职能	工作部门
委（10 个）	决策	发展和改革委员会、经济贸易和信息化委员会、科技创新委员会、财政委员会、规划和国土资源委员会、人居环境委员会、市场和质量监督管理委员会、交通运输委员会、卫生和计划生育委员会、国有资产监督管理委员会
局（14 个）	执行	教育局、公安局、监察局、民政局、司法局、审计局、住房建设局、人力资源和社会保障局、文体旅游局、水务局、地方税务局、统计局、城市管理局、气象局
办（6 个）	协调	口岸办公室、法制办公室、外事办公室、台湾事务办公室、应急管理办公室、金融发展服务办公室

资料来源：根据深圳政府在线有关信息整理所得。

第二，行政权三分。深圳市大部制改革不仅完成了机构的整合，更创造性地对行政权按照决策权、执行权、监督权进行机构设置，形成层次分明、既互

相制约又相互协调政府组织机构。行政权三分实质上是践行了"掌舵"与"划桨"相分离的新公共管理改革原则（吴海燕、陈天祥，2014）。深圳市政府按照行政权三分的原则，建立起大经济、大社会、大文化的管理格局，是地方政府治理创新和服务型政府建设的重大探索。

第三，打破职能部门之间的平行关系。深圳市大部制改革后，原来职能部门的平行关系，变为工作部门的上下关系（魏红英，2011），至少是政策过程中的前后关系。在深圳市机构改革方案中，"委"不但承担了决策、规划的职能，还具有指导和协调"局"相关工作的职能。这种由横向平等关系向纵向权威关系的转变，有利于提高执行效率，提高公共服务的整体性。

二 完善跨部门合作机制，提高公共服务整体性

1. 领导小组

提高公共服务供给整体性、协同性的一个重要途径是建立跨部门的合作组织。其中，领导小组是重要跨部门合作组织形式之一。领导小组一般由职能部门组成，并由上级行政长官领导。这实际上是通过把因工作细化而相互联系的组织集中到一个拥有结构性权威的监督者之下，通过监督者的命令来协调各项工作。深圳市在公共服务领域成立了多个领导小组，统筹公共服务的生产与供给活动。深圳市开展综合配套改革试点以来，涉及公共服务领域的领导小组主要如表5-2所示。

表5-2　　　　　　　　深圳市公共服务领域主要领导小组

成立时间	名称	组长	主要职责
2009 年	市中小学校舍安全工程领导小组	副市长	加强对全市中小学校舍安全工程的领导，统一组织和实施本区校舍安全工程
2009 年	市医药卫生体制改革领导小组	常务副市长	加强组织领导，统筹协调医药卫生体制改革工作中的重大问题
2010 年	预防和处置群体性事件领导小组	市教育局局长	负责群体性事件预防和处置的协调工作
2010 年	深圳市欠薪保障基金委员会	副市长	负责监督、协调、研究欠薪保障工作
2011 年	市人口和计划生育领导小组	市长	加强全市人口和计划生育工作的领导和协调

成立时间	名称	组长	主要职责
2012 年	市住房保障制度改革创新工作领导小组	市政府主要负责人	负责研究深圳市住房保障制度改革重大方针和政策措施，研究部署、指导实施住房保障制度改革工作
2012 年	医药分开改革专项领导小组	副市长	统一部署医药分开改革实施，并对实施情况进行督查、指导
2012 年	深圳市建设廉洁城市工作领导小组	市委书记	领导和统筹推进全市建设廉洁城市工作
2014 年	市加强婴幼儿配方乳粉质量安全工作领导小组	副市长	统筹协调婴幼儿配方乳粉质量安全工作

资料来源：根据深圳市政府公报整理。

按照领导小组的领导层级不同，可以将深圳市的领导小组划分为三类：由市委书记或市长领导、由常务副市长或副市长领导、由市直机关行政首长领导。领导小组办公室通常设在核心业务部门，办公室主任由该部门领导担任。

第一种类型是，由市委书记或市长直接担任组长的领导小组，处理的跨部门协调事务一般最为复杂，涉及的部门一般较多，有时还会有党的相关部门参与。这种类型的领导小组一般由市级高层领导或核心职能部门领导组成，因此更加适用于组织领导与决策。此类型的领导小组主要有深圳市建设廉洁城市工作领导小组、市人口和计划生育领导小组等。

第二种类型是，由分管某一具体领域的常务副市长或副市长担任组长的领导小组，形成"分管领导＋核心业务单位＋协同单位"的管理机制。这种领导小组常用于业务协调、监督执行。此种类型的领导小组数量最多，主要有市中小学校舍安全工程领导小组、市医药卫生体制改革领导小组等。

第三种类型是，由核心业务部门牵头，并由该部门领导担任组长的领导小组，形成"核心业务单位＋协同单位"的管理机制。这种类型的领导小组是一种完全横向关系的协同机制，没有上级行政权威的直接干预，常用于信息沟通、执行协调等工作。此类型的领导小组可能会面临权威不足的问题，数量也最少，主要有预防和处置群体性事件领导小组等。

2. 跨部门合作工作机制

整体性的公共服务供给除了运用新的组织结构以外，还可以采用建立新的工作机制、制度和程序的方式。这种协同合作的方式是依赖制度、技术、程序等手段的协调机制，这类协调机制不以新的协调组织为基础，而是期望通过工作流程再造，消解部门之间的"战略间隙"，实现管理与政策的内在一致性。这在深圳市公共服务改革中的表现形式主要是联席会议制度以及为完成特定任务而建立的各类工作机制。与领导小组侧重协商决策与监督执行不同，跨部门协同的工作机制主要适用于平级部门之间的信息交流与执行沟通。

联席会议制度并不像领导小组一样建立新的组织结构以完成协调任务，而是建立新的致力于协同合作的工作机制，通过横向部门之间的平等协商，实现资源整合、通力合作，以提高公共服务的整体性。深圳市公共服务改革领域的联席会议主要有学前教育联席会议制度、职业病防治工作联席会议制度、职业教育联席会议制度、随迁子女升学考试联席会议。部际联席会议通常也由市领导担任，但侧重于信息交换和执行协调。

新的部门协同合作机制除了建立正式的联席会议之外，对于某些公共服务改革的敦促落实，深圳市政府还特别注重建立与特定任务相匹配的临时性协调机制。这些协调机制一般没有单独的发文，而是跟随在具体的工作任务条款中，以"组织领导"的形式出现在具体的政策文本中。这些协调机制虽然正式性不如领导小组和联席会议，但在实现部门协调，提高公共服务整体性方面，发挥着重要的临时性作用。深圳市公共服务综合改革中，形成形式各样的临时性协调机制。例如2010年，深圳市人民政府办公厅关于印发《深圳市职业病防治规划（2011—2015年）》的通知中要求，至2015年，建立政府统一领导、部门协调配合、行业规范管理、用人单位负责、职工群众监督的较完善的职业病防治工作机制。

三 实施全口径预算，建立整体性财政体系

整体性的公共财政，是建立现代财政体系的必经之路，也是建设公共服务型政府的基本要求。通过整体性的公共财政对分散化、碎片化的公共财政体系进行有机协调和必要整合，建构一种具有连续性、整合性、协调性和系统性，并能为公民提供无缝隙且非分离的整体性公共服务的政府分配行为模式和财政

运行体系（曾凡军、定明捷，2010）。深圳市以全口径预算为突破口，不断提高民生支出比例，提高公共服务均等化水平。

1. 完善全口径预算和决算体制机制

深圳市在 2000 年年初就开始探索综合预算改革（乔家华，2010），到 2013 年明确提出了"全口径预算决算的改革目标"。全口径预算和决算是建立整体性公共财政体系的根本举措。深圳市着力完善政府全口径预算体系，2014 年首次实现全口径预算审查。2014 年深圳市人大常委会通过《关于加强全口径预算决算审查和监督的决定》，规定市政府负责编制市本级全口径预算决算草案，全口径预算决算草案包括公共财政、政府性基金、国有资本经营、社会保障等内容。深圳市财政委员会采取的具体举措包括公共财政预算按政府收支功能全部细化到"项"级科目进行编制，政府性基金、国资和社保基金预算也要进一步细化编制；推进政府预算体系中四本预算之间的综合统筹和分工合作；将政府性基金、专项资金纳入项目库进行管理；探索建立公用经费综合定额动态调整机制；探索建立跨年度预算平衡机制。

2. 规范部门项目支出，加强预算绩效管理

整体性的公共财政体系，要求加强对部门项目支出管理。2012 年深圳市财政委员会颁布《深圳市市级部门项目支出管理暂行办法》，以规范部门项目支出，要求项目预算实现全流程管理，从项目的申报、审核、执行、政府采购、监督、决算和绩效评价各个环节形成管理的闭环效应，确保完成工作任务，提高使用效益。2014 年，深圳市财政委员会出台《深圳市预算绩效管理暂行办法》，要求建立"目标导向原则和全过程原则"的绩效预算管理模式。主要举措是贯彻预算管理全过程，包括编制预算实施绩效目标管理；预算执行以目标为导向，实施绩效监控；预算执行完毕实施绩效评价；绩效评价结果要作为改进政府决策和预算管理的重要依据。

3. 确保民生优先，提供公共服务均等化水平

深圳市突出财政资金与政策导向作用，建设服务型公共财政体系，着力保障民生优先，不断提高公共服务均等化水平。近年来，深圳市财政加速向"民生财政"转型，将民生优先、民生为重的理念贯彻到财政资金的分配、使用和管理全过程（陈思奇、李智，2015）。深圳市政府根据经济发展水平，积极构建财政对民生投入稳定增长的长效机制，在预算编制过程中，针对民生领域的财政投入做重点倾斜。同时，面对流动人口数量众多和原特区内外差距的

现实，深圳市着力推进重点人员人群公共服务均等化，并初步构建一体化的公共财政体系，弥补长期二元结构带来的公共服务差距。

四　开展事业单位分类改革，探索法定机构运作模式

2005 年成立深圳市事业单位体制改革领导小组，开启了深圳市事业单位体制深刻变革的序幕，深圳市事业单位分类改革开始于 2006 年，出台了《深圳市市属事业单位分类改革实施方案》、《深圳市事业单位改革人员分流安置办法》和《深圳市事业单位转企社会保险有关问题实施办法》，既保障了事业单位分类改革的有序进行，又从人员安置和社会保险两个方面，系统性、整体性地推进事业单位改革。具体来看，深圳市事业单位改革主要集中在以下几个方面。

1. 事业单位分类改革

按照 2006 年深圳市政府出台的《深圳市市属事业单位分类改革实施方案》，根据事业单位的不同功能，将既有的事业单位划分为监督管理类、公共服务类（含纯公共和准公共）、经营服务类（含经营开发和中介服务）三大类，分别采取纳入行政管理序列、保留（整合）撤销和转为企业等办法进行分类改革（南岭、金传，2010）。

凡承担行政管理或执法职能的事业单位，要按照政事分开的原则，把相关职能或机构纳入行政管理序列，例如社会保险基金管理中心、深圳市城市绿化管理处等；经营服务类事业单位和部分可按市场化经营的公益类事业单位原则上转为国有企业，撤销事业建制，收回事业编制，例如深圳幼儿园、《开放导报》杂志社等；应转为企业但市场发育尚不成熟或因法律法规、政策等原因暂不宜推向市场的单位可暂时保留事业建制，事业编制收回、冻结或置换为雇员编制，逐步转变运行机制，条件成熟时再转为企业，例如深圳市慈善会、深圳市义务工作者联合会等；凡业务量不饱和、转企后发展前景不佳或缺乏市场竞争力的事业单位，予以撤销，例如深圳市公共交通结算管理中心、深圳市文艺创作中心等；大部分公益类和部分中介服务类事业单位予以保留。

2. 事业单位职员全面实行聘任制

与事业单位分类改革相配的是，深圳市在事业单位全面推行聘任制。早在 2004 年，深圳就探索事业单位人事制度改革，建立以"事"为中心的职位管

理制度，逐步取消行政级别，实行全员聘用聘任制。2006年深圳市出台《深圳市深化事业单位改革指导意见》提出，"打破干部、工人身份界限，全面推行职员制和雇员制"。2009年出台《深圳市事业单位职员招聘实施细则》，对事业单位职员招聘范围、方式、条件和要求做出规定。2012年《深圳市事业单位岗位管理试行办法》，将事业单位岗位分为常设岗位、非常设岗位和特设岗位。经过多年的改革，到2012年年底，已基本完成全市事业单位岗位设置及人员过渡聘用工作。2014年，深圳市事业单位聘任制改革工作全部完成。

3. 探索法定机构运作模式

法定机构是指立法机构通过专门立法设立的与政府决策部门相区别的，相对自主、独立运作，负有法律赋予的执行政府政策、提供公共服务或发展经济职能的公共管理机构（崔健、杨珊，2011）。2006年《深圳市深化事业单位改革指导意见》提出，"创立法定机构组织治理模式"。深圳市作为广东省首批法定机构试点，截至2014年已有10家法定机构。法定机构改革的重点是充分授权，将可授予的政府权力充分授予法定机构。以深圳市前海管理局为例，它承担各部门下放的112项行政审批服务，并享有非金融领域的副省级城市管理权限。但是，前海管理局仅保留局长一人公务员编制，其余200多名职员采用聘任制。通过改革，前海管理局的行政规模仅相当于传统机构的20%—25%，真正实现了"小机构、大服务"（马培贵，2014）。深圳市积极探索法定机构管理模式，符合事业单位改革合政事分开、管办分离的原则（宋功德，2010）。

4. 公立医院改革

在医疗改革方面，深圳走出了一条"管办分开"、"政事分开"、"多元化办医"的新路，其最大的突破在于在公立医院实施现代法人治理结构（江捍平，2010）。2012年深圳市政府办公厅，印发《深圳市公立医院管理体制改革方案》的通知，其主要措施是设立深圳市公立医院管理中心，代表市政府统一履行举办公立医院的职责，监管公立医院人、财、物等运行，探索法定机构管理运行模式；组建深圳市公立医院管理中心理事会，作为决策监督机构，主要负责市医管中心重大事项决策，监督其规范运作。

在公立医院医药改革方面，2012年深圳市政府办公厅印发《深圳市公立医院医药分开改革实施方案》的通知，以取消公立医院药品加成政策为突破口，同步推进医疗服务支付制度改革，完善公立医院补偿机制，建立药品流通企业与医院药房竞争机制，改进药品采购方式，查处医药购销领域商业贿赂行为，健全公立医院监管机制。

2015 年深圳市发布的《深圳市深化公立医院综合改革实施方案》，是全国第一公立医院综合改革方案，提出深圳公立医院将不再适应编制管理，继续深化法定机构管理模式的相关探索。

五　加强政府购买公共服务，推进政社合作

从广义的角度来看，社会组织参与公共服务供给，也是提高公共服务整体性的重要方式。加强政社合作，鼓励社会组织参与到公共服务的生产和供给中，有助于提供公共服务生产和供给的效率和质量，提高公共服务的整体性。深圳市政府在公共服务综合配套改革过程中，着眼于公共服务体制机制创新，以行政管理体制改革和社会组织登记管理体制改革为契机，加大政府服务购买力度，将部分公共服务交给社会组织提供，政府则全力投入公共服务的规划、资金安排和监管中去，从"划桨者"转变为"掌舵人"（王洁，2015）。

1. 完善政府购买公共服务制度建设

深圳作为市场经济发育比较早的地方，各类市场主体比较成熟，这为公共服务由政府直接生产的单一模式走向多元主体竞争合作的模式提供了得天独厚的条件（文政，2008）。早在 1994 年，深圳市就开始了政府向社会购买公共服务的实践探索（王金根，2015）。在 2007 年，深圳市南山区政府在教育、司法、民政、残联四个部门以向民间社会工作专业服务机构购买服务的形式购买了 50 名专业社工的服务（范雅娜，2009）。2008 年，深圳市宝安区西乡街道也开始了公私合作，政府向社会购买公共服务实践探索（郑若愔等，2011；王清、琚泽钦，2010）。

深圳市为推动政府购买公共服务规范化、制度化，建立了较为系统的政策体系。2012 年修订了《深圳经济特区政府采购条例》，主要新增内容包括规定政府采购政策功能、政府采购各主体的职责、权限和责任、大大缩短采购各环节时限、改革评审程序、建立政府采购参加人诚信档案、吸收政府采购改革创新成果、调整集中采购目录范围、首次提出集中采购可由采购人自行在集中采购平台组织实施（贾凯，2012）。2013 年又出台《深圳经济特区政府采购条例实施细则》，确保政策采购条例各项内容得到落实。

2014 年连续出台《关于政府购买服务的实施意见》、《深圳市政府购买服务目录（试行）》、《深圳市政府购买服务负面清单（试行）》三个政策文件，构成了"实施意见＋正负面清单"的政府采购公共服务的基本框架，进一步拓展购买服务范围和放开市场准入，创新公共服务提供机制和方式，提高公共服务质量和效率，加快推动政府职能转变和公共服务型政府建设。

2. 合理扩大基本公共服务的购买范围

根据《深圳市政府购买服务目录（试行）》（2014）的规定，深圳市购买面向社会公众方面的公共服务范围十分广泛，主要包括公共教育、劳动就业、医疗卫生、养老服务、社会救助、社会福利、残疾人服务、住房保障、文化体育、公共交通、城市管理、水务保障、环境保护、食品药品安全、社区事务、科技服务、其他公益服务等。

此外，深圳市政府在基本公共服务改革的各项改革举措中，也十分重视向社会购买相关公共服务。例如在基本劳动就业方面，深圳市制定的《关于促进以创业带动就业工作的意见》（2009）中规定，探索创业服务外包模式，通过政府购买服务方式，鼓励社会中介组织开展项目征集、推介孵化、咨询讲座、网站服务等工作。在残疾人基本公共服务方面，深圳市出台《关于促进残疾人事业发展的意见》（2009），鼓励各类组织和个人以多种方式举办为残疾人服务的社会机构，政府通过民办公助、政府补贴、政府购买服务等多种形式，支持残疾人服务业的发展。

六　开启商事登记制度改革，完善全过程监管服务体系

优质监管体系是改善公共服务质量的重要手段，监管是否得当关系经济发展和人民安全健康。建设全过程优质监管体系，是推动政府重监管、轻审批服务向加强事中、事后监管转型，是政府职能转变的关键，也是深圳市公共服务综合配套改革的重要任务。近年来，深圳市着力构建监管新格局，健全监管标准和制度规范，改革监管机制，创新监管方式，深入推进政府管理转型（孙福金、华金辉，2014）。

1. 精简和优化行政审批事项

行政审批是政府管理市场准入的主要手段，也是政府职能转变的突破口。因此，精简和优化行政审批事项是完善市场监管的重要内容。2012 年深圳市

政府发布《深圳市人民政府 2012 年行政审批制度改革事项目录》，公示全市职能部门行政审批事项，晒出权力清单，包括实施的行政审批事项共 180 项，其中下放实施 164 项，委托实施 16 项。2014 年，深圳市大部制改革继续深化，进一步转变政府职能，优化监管模式。由大部制改革后发展而来的市发改委、经信委和规土委三个主要市场监管部门，进一步简政放权，处理好政府、市场和社会的关系。通过取消、合并、转移等方式，大幅精简行政审批事项，同时完善事中、事后监管体制机制，从重审批轻监管向重监管重服务转变。

2. 推行商事登记制度改革

2012 年，深圳市人大常委会通过《深圳经济特区商事登记若干规定》，并于 2013 年 3 月正式实施，开启了地方商事登记制度的改革。深圳市商事登记制度改革是深圳监管体制改革的重要突破，其实质是行政管理体制改革，核心是转变政府职能，建设服务型政府，增强市场经济活力（黄爱学，2013）。实行商事登记制度改革后，在深圳注册成立一家企业，不再需要向审批部门提交注册资金验资报告，也无须应付烦琐的年检程序，注册程序在三日内便可完成（冯秀成，2013）。推行商事登记制度改革，是优化政府监管职能的同时简政放权，是深圳市政府事前改革的新探索。商事登记制度改革是市场经济发展规律的客观要求，进一步促进商事主体自治、自律和发挥市场在经济要素配置中的基础性作用（马敬仁，2013；袁作新，2013）。

3. 加强事中、事后监管

在精简和优化事前的监管的同时，必须同时加强事中、事后监管。深圳市实行商事登记制度改革实质上是放松事前监管，但并不意味着放弃监管，必须同时加强事中、事后监管。加强事中、事后监管是新形势下政府职能转变的重点，深圳市政府从履行整体职能的角度，创新监管理念，建立"事前、事中、事后"全过程的监管链条，杜绝监管漏洞，形成覆盖多个环节、应用多种手段、更加科学高效的监管新模式（邝兵，2010）。深圳市政府的主要举措包括明确界定监管职责，构建监管新格局；改进完善监管依据，健全监管标准和制度规范；改革完善监管机制，推行治理新模式；创新监管方式，探索打造监管大平台（孙福金、华金辉，2014）。

4. 打造整体性的监管服务格局

在 2009 年深圳市大部制改革中，市工商局、市质量技术监督局、市知识产权局整合组成市场监督管理局，在国内率先建立了大市场监管管理部门，整合市场监管职能和资源，形成整体性的监管格局。市场监督管理局的成立，重新整合了市场监管工作的行政执法资源，实现了纵向市局、分局、监管所三级执法机构联动的统一执法，横向监管、执法、技术检测三方资源紧密配合的无缝衔接（邝兵，2010）。深圳市场监督管理局的成立，将监管外部协调转为内部协调，改分段监管为全程监管，改分品种监管为综合监管，提高了协同效率和监管服务的整体性（王京东，2013），初步实现了"大市场、大监管"体制（孙福金，2011）。

七 加强公共服务伦理建设，创建廉洁城市

深圳市政府在建设公共服务型政府、全面深化改革、推进治理现代化的过程中，把反腐倡廉建设摆在更加突出的位置。2011 年深圳市委、市政府通过了《关于建设廉洁城市的决定》，在全国率先提出了建设"廉洁城市"的战略目标。市委书记担任廉洁城市建设领导小组组长，深圳市纪委、市监察局做了大量组织协调和具体工作，各级党委、政府和有关部门发挥了积极作用（黄树贤，2012）。

1. 加强廉政城市建设，开展廉政文化建设

2011，深圳市政府提出建设"廉洁城市"的战略目标，以此为抓手，推进反腐倡廉建设。为此，深圳市政府出台了一系列改革举措，以整体性推进廉洁廉政建设，提高公共服务质量。这些改革措施主要包括加强惩治和预防腐败体系建设、加强反腐倡廉法治建设、加强社会领域反腐倡廉建设、加强社会诚信体系建设、加强社会道德建设、加强廉洁文化建设。深圳市政府十分重视廉政文化建设，主要举措有开展以市民为主体的廉洁文化活动、创新廉洁教育的理念与形式、完善反腐倡廉的制度体系、锻造廉洁文化宣传精品栏目、推出廉洁文化优质产品、深入廉洁文化理论研究（杨华，2013）。2011 年，深圳市委、市政府整合全市研究力量，成立廉政文化推广研究中心，开展廉政文化研究与推广活动。2012 年，深圳市委市政府出台《关于深入实施文化立市战略建设文化强市的决定》，把培育健康文明的生活方式作为廉洁城市建设的重要内容。

2. 整合优化廉政监督资源，成立前海廉政监督局

2013 年，深圳市政府在《深圳市全面深化改革总体方案（2013—2015

年)》提出，"探索建立新型廉政监督模式"，把廉政工作和廉洁城市建设进一步做实。同年5月，深圳市前海深港现代服务业合作区廉政监督局成立，在全国率先建立起统一廉政监督体制。前海廉政监督局归口深圳市纪委管理，由该局的编制人员和深圳市人民检察院、深圳市公安局和深圳市审计局等三个部门的派驻人员组成，其主要职责是履行党的纪律检查和行政监察职能；协调对涉嫌职务犯罪、经济犯罪的案件进行侦查，协调市审计局制订前海深港合作区年度审计计划并开展审计监督工作等（卢丽涛，2013）。前海廉政监督局打破了我国现有的地方廉政监督管理机构各自为政的局面，整合了纪检监察、检察、公安、审计等部门的监察权力和资源，建立统一的廉政监督体制和运行机制。

3. 加强公共服务人员伦理建设

深圳市重视加强一线公共服务人员的伦理道德建设，提高自我管理、自我约束的能力。例如在基本公共教育领域，深圳市制定《关于推进教育改革发展率先实现教育现代化的决定》，加强师德师风建设，制定师德师风考核评价办法，规范教师职业行为，塑造特区教师良好形象，在全社会营造尊师重教的良好氛围。2012年制定《关于进一步加强教师队伍建设提高教育核心竞争力的意见》，实施为人师表工程，建立师德档案，加强廉洁从教教育，建立教育反腐长效机制。

在医疗卫生领域，深圳市制定《关于印发〈深圳市社区健康服务改革实施方案〉的通知》，加强社区健康服务机构的医德医风建设，促进其改善服务环境、改进服务态度。2012年，在《关于印发〈深圳市公立医院管理体制改革方案〉的通知》中要求，强化公立医院的社会责任，加强医德医风建设，提高医务人员能力和水平，不断改进医疗服务质量，努力构建健康和谐的医患关系。

八 发布公共服务白皮书，创新公共服务管理体制

深圳市作为开发开放型综合配套改革试验区，是全国改革与创新的前沿阵地。在国家治理现代化的背景下，深圳市应该探索公共服务体系和服务能力现代化的实现路径，为公众提供现代化、整体性、高质量的公共服务。在推动公共服务体系和服务能力现代化的过程中，具有深圳特色并取得突出成效的做法是完善公共服务白皮书制度和电子化管理平台建设。前者从制度层面完善公共服务供给的体制机制，后者从技术支撑的角度实现整体性的公共服务管理。

深圳市市直部门和区级政府每年定期发布本部门公共服务白皮书，是深圳市加强公共服务改革与创新的重要举措。作为一项改革与创新，公共服务白皮书既包括该部门对上一年度本部门公共服务的总结，也包括对新一年度本部门公共服务项目的规划。从公共政策角度来看，公共服务白皮书除了包含政策评估、政策规划等活动，还是一种重要的政策宣示，明确本部门的年度政策目标。公共服务白皮书还包含详细的季度规划，并根据每一季度的任务落实情况，及时向社会公布。定期发布部门公共服务白皮书有利于增强各部门的公共服务责任意识，加强部门内部管理，同时也有利于公众对各部门的公共服务目标和任务实施有效的监督。

以深圳市人力资源和社会保障局为例，公共服务白皮书主要包括以下内容。

首先，深圳市人力资源和社会保障局公布了其部门职责。这是其建设公共服务型政府和责任政府的具体体现。部门职责既有本部门的公共服务责任与义务，也是该部门的权力清单。部门公共服务白皮书向社会公布部门职责在提高自身组织使命感与责任感的同时，也有利于形成良好的公共监督氛围。规范部门责任管理，严格要求部门行为与准则，既不缺位，该落实完成的公共服务任务；又不能越位，滥用权力。公共服务质量的改善与提升，需要积极有作为有担当的政府。

其次，深圳市人力资源和社会保障局自我评估《深圳市人力资源和社会保障局2012年度公共服务白皮书》公布的10项工作任务，评估的结果是10项工作任务基本完成。项目与政策评估是检验项目实施与政策落实的关键手段。深圳市人力资源和社会保障局公开2012年工作落实情况，特别是用完整的统计数据评估工作任务完成情况。这既是该部门的自我监督与绩效考核，也有利于公众监督。

再次，深圳市人力资源和社会保障局提出了2013年的年度公共服务目标与任务。2013年深圳市人力资源和社会保障局共有10项公共服务任务，每项任务都有详细的内容解释以及相关责任部门。此外，还具体规定了每项任务的季度目标，这实际上是明确了项目实施安排。项目与政策内容清晰，责任部门明确，实施规划一目了然，这实际上也是一种目标管理与标杆管理的方式。通过运用各种管理工具，确保了人力资源和社会保障局年度公共服务任务的落实。

最后，深圳市人力资源和社会保障局还提供了公众参与监督方式。公民参与及监督是改善公共服务质量的持续有效的机制，也是提高公共服务公众满意度的有效手段。深圳市人力资源和社会保障局为公众提供了政府网站、电子邮件和咨询电话三种参与及监督方式，以满足不同公众群体的参与偏好和需求。

九 利用现代信息技术，加强公共服务电子化建设

加强公共服务型政府建设，提高公共服务效率和质量，需要充分利用现代信息技术，实施电子治理。深圳市电子政务起步较早，2006年深圳市成为全国首个"国家电子政务试点城市"，成为电子政务的"领跑者"。电子政务作为建设公共服务型政府的技术支撑，能够有效保障政府机构改革、公共服务伦理建设、全过程优质监管体系和整体性公共财政建设的顺利进行。

1. 加快电子政务建设，构建阳光服务型政府

2008年深圳市政府出台《关于加快电子政务建设构建阳光政府的意见》，全面推进电子政务建设，加快行政管理体制改革、服务型政府建设步伐。深圳市电子政务以建设服务、责任、法治、高效、廉洁政府为目标，着眼于信息化时代全面提升政府服务功能和进一步增强城市竞争力，高起点规划、高水平整合现有行政和信息资源，创新行政权力运行方式，建设全市统一的电子政务平台（新华网，2008）。

2. 建立电子政务总体框架，提升电子化服务标准化

2011年深圳市市场监督管理局发布标准化指导性技术文件《政府网站建设和管理规范》，规范政务网站建设，提高政务网站质量。深圳市在电子政务建设中通过政策引导、统筹规划、典型示范等措施，推动信息化工程在全市各社会经济领域的应用，迅速提升了深圳的城市信息化水平（陈雪平、胡刚，2007）。深圳市构建了"1+4"的电子政务总体框架，即电子政务公共平台和电子政务公共服务体系、政务信息资源体系、网络与信息安全保障体系、电子政务管理体系。通过标准化建设，深圳市初步形成共享、协同、优化、创新的全市电子政务一体化发展新模式。

3. 整合电子化治理资源，建立整体性电子公共服务体系

信息整合与获取方面，要求整合各区、各部门和公共企事业单位服务资源，建立完善的网站内容保障体系，建立"一站式"信息获取平台。近年来，

深圳市电子政务建设超越信息获取的"初级阶段",出台一系列改革措施,打造整体性的公共服务体系。主要政策措施包括:建成全业务、全流程、集约化的电子政务体系,建成覆盖民生的电子公共服务体系,充分发挥信息化对保障和改善民生的支撑和引领作用;建成全市统一的网上办事大厅,适于网上申办的行政审批事项100%可在网上办理。通过电子政务实现行政工作业务流程和组织机构的优化与再造,推进网上申报、网上审批、网上办公,使政府的监管工作更加严密、规范,服务更加便捷、高效(马敬仁,2010)。

4. 突出重点公共服务领域,加强信息化平台建设

在基本公共教育领域,为加大教育信息化基础设施建设力度,深圳市制定《关于推进教育改革发展率先实现教育现代化的决定》(2010),提出打造教育信息化高地,加快推进校园数字化建设。此外,深圳市还建立学校信息化安全管理平台,将学生基本信息及时告知其监护人。

在基本社会服务领域,建立全市统一的人力资源和社会保障公共服务平台和数据库,实现人力资源和社会保障网上业务"一网通"。在基本医疗卫生领域,建立居民健康档案数据库、区域卫生信息数据库、市级卫生信息共享平台、突发公共卫生事件监测、预警、预报等信息系统。

在基本住房保障领域,建立全市统一的保障性住房信息管理系统,全面掌握保障性住房使用情况,努力打造保障性住房"智慧社区"。在公积金中心建立住房公积金信息化管理运作系统,采用网上服务平台系统等现代信息化技术手段提高住房公积金业务办理效率。

在劳动就业服务领域,深圳市创办网上创业培训学院,探索网上培训和网下考核相结合的培训模式,应用信息化手段开展创业培训。在人口与计划生育服务领域,深圳市建设全口径人口信息集成及应用系统,完善深圳市户籍迁入信息管理系统、居住证信息管理系统、出租屋综合信息管理系统、人口计生信息管理系统、人口统计信息系统等信息平台建设。

十　统筹重要人群和特区内外,推进公共服务均等化

推进公共服务均等化,是建设公共服务型政府的必然选择。公共服务均等化有两个重点:城乡均等化和区域均等化(傅小随、胡冰,2014)。总体来看,深圳市城乡之间和特区内外在基本公共服务方面还存在较大差距。深圳市

公共服务均等化正是沿着这两条路径向前发展。

2010 年深圳市通过"十二五"规划建议，首次将基本公共服务均等化作为基本要求提出来，"建立基本公共服务体系，推进基本公共服务均等化"。2015 年，《盐田区基本公共服务均等化规划（2015—2020 年）》出台，成为深圳市首个区级公共服务均等化规划，创新性地提出"7 + 2"模式的基本公共服务范围，对 9 大基本公共服务领域分别提出了总体发展目标、阶段目标及措施、重点工程和重大项目，并设定了包含 31 项指标的"盐田区基本公共服务均等化指标体系"（罗越，2015）。

1. 重要人群之间的公共服务均等化

实现人群之间的公共服务平等是公共服务均等化的重要内容，深圳市政府在基本公共教育等方面，着力推进公共服务均等化。

在基本公共教育方面的主要举措是，推进教育基本公共服务均等化，促进教育公平发展。深圳市出台的《深圳市省级政府教育统筹综合改革试点实施方案》（2012）提出，实行非深圳户籍和深圳户籍适龄人口按统一程序网上申请免试就近入学，确保符合入学条件者大部分安排入读公办学校，选择就读民办学校的也按统一规定实行义务教育免费；凡符合入学条件的本市初中毕业生，均可在深报考高中阶段学校。探索多形式提供学前教育公共服务的有效途径。2009 年，深圳市全面推行免费义务教育，惠及学生 176 万人次。

在基本社会公共服务方面，深圳市政府主要致力于推动社会保障、就业服务和殡葬基本公共服务均等化。为推动人力资源社会保障事业的全面协调可持续发展，深圳市制定《深圳市人力资源和社会保障事业发展第十二个五年规划（2011—2015 年）》，明确社会保障事业发展的七大基本任务，推动人力资源和社会保障服务均等化；推进就业管理服务体制机制改革，促进公共就业服务的均等化，实现公共就业服务的属地化、基层化与便民化。为充分体现殡葬服务的公益性原则，深圳市制定了《深圳市免除殡葬基本服务费用实施办法》，自 2012 年 6 月起免除本市户籍居民基本殡葬费用，促进殡葬基本公共服务均等化。

在医疗卫生领域方面，深圳市主要制定了《关于推进医药卫生体制改革的意见》（2009）、《深圳市社区健康服务改革实施方案》（2010）、《深圳市公共卫生服务改革实施方案》（2010）等政策，推动医疗卫生服务均等化。这些政策的主要措施包括建立多元投入保障机制，确立政府在提供公共卫生和基本医疗服务中的主导地位，向全市居民提供均等化服务；构建与区域医疗卫生中心分工协作的城市两级医疗卫生服务体系，落实国家基本药物制度，促进基本公共卫生服务均等化；建立与城市发展定位和经济社会发展水平相适应，职责分工合理、能力水平较高、运转规范协调、反应灵敏快捷的新型公共卫生服务体系等。

在劳动就业领域，深圳市制定《深圳市推进人力资源培训和配置工作实施方案》（2009），加强职业技能培训公共服务体系建设，开发培训项目，完善技能培训扶持政策，实行资源共享，积极为各类劳动者提供基本均等化的技能培训公共服务。

2. 特区内公共服务一体化发展

深圳的区域间基本公共服务均等化主要是以原特区内外一体化的形式呈现出来的（傅小随、胡冰，2014）。2009年，《深圳市综合改革总体方案》将深圳市全部区域纳入特区范围中，深圳市公共服务也开始大规模的一体化进程。

破除原特区内外公共服务一体化的制度障碍。为实现原特区内外公共服务一体化发展，深圳市制定《关于深圳经济特区规章在经济特区范围扩大后的宝安龙岗两区实施有关事项的决定》，将原特区《深圳经济特区企业员工社会养老保险条例若干实施规定》、《医疗机构管理条例》等关于基本公共服务相关政策，扩大到原特区外区域。通过政策统一，清楚特区内外公共服务一体化的制度障碍（傅小随、胡冰，2014）。

在群众性体育方面，为实现原特区内外群众性体育服务均等化，深圳市出台《深圳市人民政府关于加快转变体育发展方式的实施意见》（2013）和《关于进一步加强城市公共文明建设的意见》（2014）。这两项政策提出推动体育公共服务从原特区内外的不均衡发展向均等化和协调发展转变根据原特区外人口结构特点，广泛开展符合外来建设者需求的全民健身活动。

为实现公共服务均等化，深圳市还完善特区公共服务一体化的制度设计，制定《深圳经济特区一体化发展总体思路和工作方案》。依照该方案的总体部署，深圳市各职能部门编制了实现经济特区一体化的专项方案，包括《深圳市社会事业一体化发展方案》、《深圳市卫生和计生事业一体化发展方案》、《深圳市教育事业一体化发展方案》、《深圳市民生事业一体化发展方案》、《深圳市劳动和社会保障事业一体化发展方案》等。在这些方案的实施下，2010年深圳市将基础设施建设和教育、文化、卫生等方面支出的70%投放于原特区外，以快速拉平其原特区内的公共服务水平（傅小随、胡冰，2014）。

第二节　深圳市公共服务改革与创新的政策工具

公共服务是我国政府的四大基本职能之一，政府在公共服务生产和供给中扮演了主导性的角色。同时，建设公共服务型政府也成为深圳市政府改革和创新的战略目标。因此，深圳市政府在公共服务体制机制改革过程中的政策工具选择上，倾向于优选强制性政策工具，特别是直接规制的方式，而对于混合性政策工具与自愿性政策工具的使用频率相对较小。

一　公共教育改革与创新的政策工具

在基本公共教育领域，自2009年深圳市开展综合配套改革试点以来，深圳市政府在基本公共教育服务体制机制改革方面主要采用强制性政策工具中的规制，以实现基本公共教育的管理改革和服务提升。强制性政策工具中的规制主要在以下领域中使用：第一，明确学校教育管理规范，例如《深圳市义务教育就近入学管理办法的通知》（2009）、《深圳市民办幼儿园财务管理办法（试行）》（2015）等。第二，涉及基本教育的行政审批改革，例如《深圳市教育局非行政许可审批和登记实施办法》（2009）。此外，针对中小学教师的继续教育工作还采用了直接提供的方式，例如《深圳市教育局关于中小学教师继续教育工作若干意见》（2010），提出通过市区两级政府的组织安排，直接对中小学的思想师德、业务素质等进行培训。

在基本公共教育公共服务改革中，深圳市政府主要使用的混合性政策工具是信息和劝诫、补贴两种形式。其中，信息和劝诫主要是建立基本教育信息管理平台，例如《深圳市义务教育就近入学管理办法》（2009），要求教育部门完善档案等信息管理系统；在《深圳市中小学校舍安全工程实施方案》（2009）中规定建立校舍安全信息档案。对政策执行不力的人员进行批评劝诫，例如在《关于中小学生每天一小时体育活动时间有关问题的通知》（2010）中规定，对弄虚作假的学校和个人，由教育行政部门依照有关规定对相关责任人进行批评教育。深圳市政府还积极推动办学信息公开，使办学主体主动接受公众监督，例如《深圳市幼儿园办学情况信息公告办法》（2010）要求，市教育行政部门会同各区（含新区）教育行政部门每年公告一次全市幼儿园办学情况信息。财政补贴也是政府普遍采用的政策工具，这是因为基础教育具有很强的公益性，关系国民素质的高低。政府必须在基础教育中发挥主导性的作用，政府财政已经成为支撑基础教育发展的基础，因此财政补贴成为深圳市推动基础教育服务改革发展的重要政策工具，这在校舍安全、教师继续教育、帮助家庭困难学生入学等方面体现得最为明显。

在基本公共教育领域，深圳市政府采用的自愿性政策工具主要是市场。对于不涉及基本公共教育核心责任，政府无力承担的职能，可以由市场来实现。例如2009年深圳市出台《深圳市中小学校学生统一着装管理办法》，对学生装实行定点生产供应制度。其主要内容是市教育行政部门确定定点供应企业的，定点供应企业由市教育行政部门委托政府采购中心通过公开招标的方式确定，每3年招标一次。对于市场工具的使用，通常需要采用强制性工具来防止其带来的道德风险，例如深圳市市场监督管理局关于发布中小学学生服质量要求的通知，对定点企业生产的校服质量进行监管。

二　劳动就业服务改革与创新的政策工具

在劳动就业服务领域，由于人力资本具有个人和公共双重属性，因此深圳市政府在政策工具选择上与其他领域存在明显差异。深圳市在劳动就业服务领域特别注重多种类型的政策工具的组合使用，例如2009年出台《深圳市人民政府办公厅关于印发〈深圳市推进人力资源培训和配置工作实施方案〉的通知》，就综合利用了强制性政策工具中的直接供给、自愿性政策工具中的市场以及混合性政策工具中的信息与规劝、补贴等。

深圳市在劳动就业服务领域特别注重多种类型的政策工具的组合使用，但由于政府管理的惯性和路径依赖，在政策工具选择上，仍然以使用强制性工具中的规制工具为主，有多达17项政策使用到规制的方式进行改革。例如《关于深圳市高级技工学校技师学院中等职业学校毕业生大专待遇问题的通知》（2009），就通过规制的方式，使高级职业资格证书的高级技工学校、技师学院、中等职业学校毕业生在公务员、职员和雇员招考等方面，同大专学历人员享受同等待遇。值得注意的是，深圳市政府在人力资源培训和职业技能培训上，还使用了强制性政策工具中的直接供给方式，直接向符合条件的个人进行培训，例如在《深圳市推进人力资源培训和配置工作实施方案的通知》（2009）、《关于加强职业培训促进就业的实施意见》（2012）等政策中均有体现。

在劳动就业领域，深圳市政府主要使用的混合性政策工具是补贴、信息和劝诫。由于人力资本具有个人属性，混合性政策工具中的补贴、信息和劝诫能够发挥很好的引导作用，特别是补贴就业困难人员和特殊就业人群，能够起到重要的辅助作用。自2009年以来，使用了高达13次补贴工具，例如2009年《关于用人单位招用就业困难人员及申请补贴和奖励有关事项的通知》、2011年《深圳市失业人员职业技能培训和鉴定补贴办法》、2015年《关于用人单位招用就业困难人员申请补贴和奖励有关事项的通知》等，都使用了补贴的方式，为公众提供劳动就业服务。

在劳动就业服务领域，自愿性政策工具中使用最多是仍然是市场，在2009年就使用了两次。在劳动就业服务中，市场能在能够人力资源配置中发挥重要的基础性作用。例如在《深圳市推进人力资源培训和配置工作实施方案》中就要求，发挥市场配置人力资源的基础性作用，建设统一规范的人力资源市场，完善人力资源市场公共网络和远程面试系统，鼓励民间资本进入人力资源服务领域，扶持发展一批诚信度高、服务质量好的人力资源中介机构。建立健全人力资源中介机构信用等级评估和公开监督机制，规范人力资源市场秩序，开拓港澳台和国际人力资源市场。

三　社会保险改革与创新的政策工具

社会保险作为福利社会的重要基本内容之一，通常由政府承担社会保险的运作与管理。深圳市政府在社会保险服务中主要使用强制性政策工具中的规制和混合性政策工具中的补贴。

规制作为强制性政策工具在社会保险缴费基数和待遇补偿基数中充当调节者的角色，政府作为社会保险的管理者必须在社会保险中发挥主导性作用，例如2009年《深圳市劳动和社会保障局关于调整社会保险缴费基数和待遇补偿基数的通知》、2010年《深圳市人力资源和社会保障局关于调整社会保险缴费基数和待遇补偿基数的通知》、2011年《深圳市人力资源和社会保障局关于调整社会保险缴费基数和待遇补偿基数的通知》等。另外，规制也在社会保险范围和参保人员认定上起到强制性作用，例如 2010 年《关于将深圳市少年儿童及大学生医疗保险纳入住院医疗保险的通知》和 2015 年《关于社会保险参保人出生日期认定事宜的通知》等。

社会保险发放实际也有部分财政补贴，因此涉及待遇调整时，深圳市政府会使用到混合性政策工具中的补贴，例如 2014 年《关于建立企业职工养老保险缴费年限津贴的通知》等。

受中国传统文化的影响，居家养老是中国家庭的普遍选择，因此深圳市政府制定本事养老细则时，充分考虑到家庭在养老中的作用，实行个人缴费与政府补贴、社会统筹与个人账户相结合，与家庭养老、社会救助、社会福利等其他社会保障措施相配套的制度。这体现在 2012 年《广东省城镇居民社会养老保险试点实施办法》中。

四　社会服务改革与创新的政策工具

在基本社会服务领域改革与创新过程中，深圳市政府使用了相对丰富的政策工具。最常使用的还是强制性政策工具中的规制，共有 9 项政策措施，其次是混合性政策工具中的补贴、信息与劝诫，最后是自愿性政策工具中的市场、家庭与社区。社会保险作为福利社会的重要基本内容之一，通常由政府承担社会保险的运作与管理。深圳市政府在社会保险服务中主要使用强制性政策工具中的规制和混合性政策工具中的补贴。

在基本社会服务领域，规制仍然是深圳市政府最常用的政策工具，在 2009 年到 2014 年的 6 年中都有使用。其中在规制这一子政策工具下使用较多的是法令，例如 2009 年制定的《关于印发深圳市一至六级残疾军人医疗保障办法的通知》规定，残疾军人按《医保办法》有关规定参加深圳市综合医疗保险、地方补充医疗保险和生育医疗保险，并享受相应的社会医疗保险待遇。深圳市还使用建立规则的方式进行公共服务改革，例如 2010 年制定的《关于印发深圳市拥军优属规定的通知》规定，深圳市行政区域内的机关、社会团体、企业事业单位、基层群众性自治组织应当自觉履行拥军优属的职责和义务等。

在基本社会服务改革方面，深圳市政府采用的混合性政策工具主要是补贴。对于低收入者、养老困难人群进行补贴是最直接的解决方式，例如《关于印发深圳市低收入居民社会救助暂行办法的通知》（2010）、《关于加快发展老龄服务事业和产业的意见》（2013），就有包括对低收入人群和养老困难人群的财政补贴。比较特殊的财政补贴是深圳市经济特区成立30周年，深圳市政府为全市人民的福利补贴。2010年《关于在深圳经济特区建立30周年之际适当增加市民福利的通告》，予深圳市2010年8月在综合医疗保险的参保人个人账户一次性补助200元，通过参保人个人账户发放；免除深圳市在用人单位就业的住院医疗保险及农民工医疗保险参保人在2010年9月—2011年8月参保期间的个人缴费费用；提高财政对居民参加基本医疗保险的补助标准。基本社会服务中包括对养老困难人群的扶助工作，因此家庭与社区也是有效的政策工具之一，2013年《关于加快发展老龄服务事业和产业的意见》，鼓励社区将自有房屋提供给社会力量举办养老服务。

在基本社会服务领域，自愿性政策工具使用相对较多的主要是养老领域中倡导家庭与社区的作用，例如2013年《关于加快发展老龄服务事业和产业的意见》要求，大力发展居家养老服务，探索对长期护理老人的家庭成员给予补贴等优惠政策，鼓励家庭成员与老年人共同生活或就近居住；还要求全面加强社区养老服务。各区在每个街道资助、建设1家以上老年人日间照料中心，主要提供生活照料、康复理疗、精神慰藉和紧急救助等服务。市场作为常用的自愿性政策工具，在基本社会服务领域也有两次使用，例如《深圳市民办社会福利机构资助试行办法》（2011）、《关于加快发展老龄服务事业和产业的意见》（2013）等政策都鼓励社会资本参与老龄服务；优化养老服务机构和养老企业申办程序，推动老龄服务产业向社会资本开放；鼓励社会资本以独资、合资、合作、联营、参股等方式，兴建养老设施和养老社区。

五　医疗卫生改革与创新的政策工具

在基本医疗卫生服务改革中，深圳市运用的政策工具类型十分丰富。强制性政策工具主要是规制和直接供给，自愿性政策工具的家庭与社区、市场、自愿性组织，混合性政策工具的信息与劝诫、补贴。尤其值得注意的是，自愿性政策工具的中所有政策子类型都得到了使用，并且使用频率相对较高。这与深圳市政府坚持多元基本医疗卫生格局密不可分，例如公共卫生服务改革坚持公立医院公益性质，促进公立医院健康发展，同时营造鼓励社会资本举办医疗机构的良好环境，形成多元办医格局和良性竞争机制。

基本医疗卫生的质量关系到民众的健康和幸福，政府必须担当起食品药品安全监管的责任，主要使用的强制性政策工具包括建立标准、体制建设、直接供给和规制等。深圳市重视建立相关药物制度和基本标准，例如《深圳市中医坐堂医诊所基本标准（试行）》（2009）规定，应通过"望、闻、问、切"及辨证施治开展诊疗活动，不得使用西药，不得开展手术和注射治疗。其次，深圳市加强体制机制建设，例如《关于推进医药卫生体制改革的意见》（2009）规定，建立严格有效的医疗卫生监督管理体制。深圳市还坚持政府在基本医疗服务中的基础性作用，直接供给主体性的医疗卫生服务，特别是加强医院建设，提升医务人员素质和整体医疗水平。例如在《关于印发深圳市中医药事业发展规划（2013年—2020年）的通知》（2014）要求，在"十二五"期间，完成针灸推拿医院、中医特色门诊建设、二门诊楼改造和院本部综合楼建设，筹建市中医院龙华院区。在人口和计划生育服务方面，2009年到2014年每年都使用规制的方式推进改革，例如2009年出台的《关于进一步规范计划生育证明管理的通知》，要求加强人口和计划生育依法行政工作，规范计划生育服务证以及计划生育证明管理。

在医疗卫生领域，深圳市主要通过财政补贴、信息与规劝的方式推动相关改革的推进。混合性政策工具主要用于推动医药卫生体制改革、公共卫生服务改革、医药分开改革等方面。例如2009年深圳市出台《关于推进医药卫生体制改革的意见》要求，发挥医疗保险补偿和监控作用，进一步改善医疗保险结算办法，建立科学合理的医疗保险付费定额标准，探索按人头、按病种、按病例分型以及总额预付等付费方式改革，使医疗机构为参保人提供的医疗服务费用得到科学合理的补偿。2010年深圳市出台《关于印发深圳市公共卫生服务改革实施方案的通知》规定，从2010年起，在深圳广电集团健康教育频道、主要报刊开设公益性健康教育节目或专栏，全面推进全民健康教育，向市民普及医学常识和中医药文化，推广包括中医药在内的预防保健适宜技术。2012年深圳市出台《关于加强和创新药品安全社会管理工作的意见》，提供优质的药品安全信息服务，提高运用新媒体与公众沟通的能力，准确掌握网上舆情，强化网上舆论正面宣传引导，营造健康文明的网络环境。在计划生育方面，深圳市政府主要使用混合性政策工具中的补贴，例如对独生子女、育龄妇女进行婚育补贴。例如 2010 年出台的《关于印发深圳市独生子女父母计划生育奖励办法的通知》、2011 年出台的《关于落实深圳市居民独生子女父母计划生育奖励及妥善解决计划生育奖励历史遗留问题的实施细则》的通知，都要求对符合条件的独生子女父母进行补贴和奖励。

在基本医疗卫生领域，自愿性政策工具使用最多的是市场。深圳市政府积极引入社会力量和社会资本参与到医疗卫生服务供给中，建立多元化的供给格局。例如为适度放开医疗服务市场，深圳市出台《关于推进医药卫生体制改革的意见》（2009）要求，积极引导社会力量合资、独资办医或参与部分公立医院改制重组。2010 年出台《深圳市公共卫生服务改革实施方案》，鼓励社会力量参与公共卫生服务，政府对其提供的公共卫生服务以购买服务的方式给予补偿，形成多元化的公共卫生服务提供模式。2013 年深圳市政府颁布《关于鼓励社会资本举办三级医院若干规定的通知》，提出"十二五"期间，重点鼓励社会资本投资建设华为片区综合医院、沙井片区综合医院、平湖片区综合医院、龙城片区儿童医院 4 家三级医院。深圳市政府还积极使用自愿性政策工具中自愿性组织，例如 2012 年深圳市政府出台《关于加强和创新药品安全社会管理工作的意见》提出，在药品全行业广泛倡导药品安全志愿行动，积极开展志愿服务培训，建立药品安全义工队伍，组织举办各类用药安全知识宣教公益活动，出台志愿者激励机制，保障志愿者权益，促进药品安全志愿服务事业发展常态化、制度化。

六　住房保障改革与创新的政策工具

在基本住房保障服务领域，深圳市的政策工具使用情况较为单一。主要使用的政策工具包括强制性政策工具中的规制、自愿性政策工具中的市场以及混合性政策工具中的补贴。

在基本住房保障领域，除了 2009 年以外，2010 年到 2015 年深圳市政府连续 6 年使用了规制的方式对住房保障进行改革。这规制主要涉及的领域是保障性住房的法律法规、住房公积金管理、深圳市安居型商品房建设、住房保障发展规划、危房拆除、廉租房管理与轮候等。例如，深圳市制定《深圳市保障性住房条例》（2010），通过法令的形式要求，政府投资建设或者通过其他途径筹集，以限定的标准和价格，向符合条件的住房困难家庭和单身居民出租或者出售的住房，包括廉租住房、公共租赁住房、经济适用住房等多种形式。深圳市还通过法令的形式，规范安居型商品房建设和管理，例如，出台《深圳市安居型商品房建设和管理暂行办法》（2011）规定，政府提供政策优惠，限定套型面积、销售价格和转让年限，面向符合条件的家庭、单身居民配售保障住房。通过规制的方式，限定安居型商品房的价格，例如2014年出台《深圳市安居型商品房定价实施细则》规定，安居型商品房（毛坯）最高销售价格是在评估确定的毛坯房最高基准销售价格基础上，考虑楼层、朝向等因素调整得出的最高价格。

在基本住房保障方面，深圳市主要使用的混合性政策工具是补贴。对于住房困难人群，深圳市政府主要使用补贴的方式，帮助他们获得住房或者租房。例如2012年出台《关于印发〈深圳市住房保障制度改革创新纲要〉的通知》，建立和完善以公共租赁住房和安居型商品房为主，以货币补贴为重要补充的住房保障方式，合理确定"租售补"比例关系。

在基本住房保障服务领域，深圳市仅有3项政策采用了除规制以外的政策工具，其中市场工具使用了两次，主要是用来进行保障性住房的建设，例如采用BOT、BT等模式引入市场主体参与到保障性住房建设中。2012年出台了《关于印发〈深圳市住房保障制度改革创新纲要〉的通知》提出，由住房保障部门组织建设，或通过企业参与的BOT、BT等模式筹建，通过贴息、以租养息等方式运营，按规定分配给符合条件的保障人群，同时探索运用住房公积金、保险资金、信托资金、房地产投资信托基金等方式拓展保障性住房融资渠道。2012年出台《关于印发〈深圳市住房保障制度改革创新纲要〉的通知》，要求引入市场机制，提升保障性住房管理效率。

七 公共文化改革与创新的政策工具

在公共文化体育领域，深圳市使用的政策工具主要是强制性政策工具中的规制。其他使用的政策工具还有直接提供、家庭与社区、市场、信息与劝诫、补贴等形式。与深圳市在公共文化体育领域出台的政策数量相比较，其使用政策工具的多样性相对较好。

在公共文化教育服务领域，深圳市政府在文物保护、文化事业发展专项资金使用管理、基层公共文化服务、城市公共文明建设等方面都广泛使用规制的方式来推进工作发展和改革。通过行政法令的方式，加强深圳市非物质文化遗产保护工作，规范非物质文化遗产项目的申报、评审和管理工作，例如出台《深圳市非物质文化遗产名录项目申报评审管理暂行办法》（2009）等。通过检验检查的方式，加大文化市场巡查整治力度，严厉查处非法出版物以及侵权盗版行为，例如出台《关于进一步加强城市公共文明建设的意见》（2014）。此外，深圳市还对公共文化设施采用直接提供的方式进行建设，例如2013年出台《深圳市基层公共文化服务规定》的通知，要求各级文化部门应当做好本区域基层公共文化设施建设规划，实现每个区都有区级文化馆（群艺馆）、图书馆，鼓励有条件的区建立美术馆、博物馆。

在公共文化体育方面，深圳市主要使用的混合性政策工具也是补贴。深圳市对于群众性的文化体育项目进行财政补贴，以推动其发展。例如2013年印发《深圳市基层公共文化服务规定》，提出区级文化部门可以采取项目补贴、资助和政府招标采购等方式。2014年深圳市出台《关于加快转变体育发展方式的实施意见》，要求市、区政府将全民健身事业纳入国民经济和社会发展规划，相关经费纳入同级政府财政预算，并随经济社会发展逐步增加。此外，深圳市政府还采用信息和规劝的方式，积极引导公众参与到文化建设和精神文明建设中来，例如2013年《关于加快转变体育发展方式的实施意见》和2014年《关于进一步加强城市公共文明建设的意见》。

在公共文化体育建设方面，深圳市注重使用自愿性政策工具。在基层公共文化建设中，注重引入市场、社区等主体参与。例如2013年印发《深圳市基层公共文化服务规定》，要求区级文化部门应当积极引进社会资本投资兴建基层公共文化设施、开展文化活动，实现基层公共文化服务的多元化供给。同时要求建设社区文化活动室设施和文化广场。社区文化活动室建设可结合社区行政组织办公场所建设，每个社区建有累计面积不低于200平方米的文化活动室（中心），每个文化活动室都建成全国文化信息资源共享工程基层服务点，应当具备图书报刊阅读、文化信息服务、文体活动等功能。

八　环境保护改革与创新的政策工具

在环境保护公共服务领域，深圳市政府政策工具选择主要偏向于强制性政策工具。自2009年深圳市开展综合配套改革试点以来，每年都会使用规制性的方式加强环境保护与节能减排工作。自愿性政策工具主要是用市场的方式，例如建立碳交易排放市场，合理控制污染物排放。混合性政策工具主要使用信息与劝诫、补贴，信息与劝诫使用力度最大。

在环境保护公共服务领域，深圳市政府最偏好使用禁止、命令执行、法规和检查等强制性政策工具。强制性政策工具在环境保护中属于第一代政策工具，最传统的治理方式认为，消除环境污染外部性必须依靠政府的强制力。深圳市通过检查的方式，加大环境执法力度，着力解决危害群众健康和影响可持续发展的突出环境问题，例如2009年制定的《关于转发市环保局2009年深圳市整治违法排污企业保障群众健康环保专项行动工作方案的通知》要求，加强环保监督检查和后督察工作，严厉打击环保违法违纪行为，保障环境安全。深圳市还采用禁止的方式，加强节能减排工作，例如2011年制定的《关于划定禁止燃用高污染燃料区域的通告》规定，自2011年7月1日起，在禁燃区内禁止燃用高污染燃料。2015年制定的《深圳市人居环境委员会关于执行第五阶段国家机动车大气污染物排放标准的通告》，也使用了禁止的方式，规定自2015年12月31日起，对在深圳市销售、注册和转入的轻型点燃式发动机汽车，应当符合国家排放标准《轻型汽车污染物排放限值及测量方法（中国第五阶段）》（GB18352.5—2013）中的排放控制要求。

在环境保护公共服务中，深圳市使用的混合性政策工具主要是信息和劝诫、补贴。环境保护需要调动公众的参与积极性，以及对淘汰落后的企业等主体进行补贴，以减少改革推进行的阻力。例如2010年《深圳经济特区环境保护条例》，就要求报纸、广播、电视、网络等媒体应当加强环境保护科学知识宣传、报道，承担环境保护公益宣传责任。再如2014年《关于推进生态文明、建设美丽深圳的决定》，要求充分发挥传统媒体和政务微博等新媒体的宣传教育引领作用，开设生态文明专栏，加大公益广告投放力度，普及生态文明知识。财政补贴主要运用在淘汰落后产能、污染超标汽车和推广新能源汽车上。例如2013年《关于印发〈深圳市大气环境质量提升计划〉的通知》提出，对按规定开展各项治理工作的企业和个人予以适当补贴，以补促治。

在环境保护公共服务改革中，深圳市政府采用自愿性政策工具主要是市场，即建立碳排放交易市场。市场化工具属于一种经济激励型的环境保护政策工具，实行碳排放总量控制，例如2012年制定《深圳经济特区碳排放管理若干规定》中，设定碳排放单位的二氧化碳排放总量及其减排义务，碳排放单位通过市场机制履行义务的碳排放控制机制，包括碳排放量化、报告、核查，碳排放配额的分配和交易以及履约。2014 年制定《深圳市碳排放权交易管理暂行办法》规定，促进节能减排和绿色低碳发展，建立和规范碳排放权交易市场，探索建立统一、开放、公开、透明的区域碳排放权交易市场。

第三节　深圳市整体性公共服务满意度

一　样本统计描述

1. 户籍类型、性别与年龄

深圳市 445 位受访者中，本市户籍 223 人，占比 50.1%；非本市户籍 222 人，占比 49.9%。男性 225 人，占比 50.6%；女性 220 人，占比 49.4%。20 岁以下的 7 人，占比 1.6%；20—29 岁的 224 人，占比 50.3%；30—39 岁的 149 人，占比 33.5%；40— 49 岁的 42 人，占比 9.4%；50—59 岁的 19 人，占比 4.3%；60 岁以上的 4 人，占比 0.9%。

2. 职业类型

深圳市 445 位受访者中，政府公务员 63 人，占比 14.2%；事业单位工作者 59 人，占比 13.3%；企业/公司工作者 193 人，占比 43.4%；商业服务人员 18 人，占比 4%；个体经营人员 47 人，占比 10.6%；待业下岗人员 5 人，占比 1.1%；离退休人员 8 人，占比 1.8%；在校学生 26 人，占比 5.8%；其他从业人员 26 人，占比 5.8%。

3. 受教育程度

深圳市 445 位受访者中，小学以下学历 4 人，占比 0.9%；初中学历 20 人，占比 4.5%；高中、中专学历 54 人，占比 12.1%；大专学历 75 人，占比 16.9%；本科学历 192 人，占比 43.1%；研究生及以上学历 100 人，占比 22.5%。

4. 月收入情况

深圳市 445 位受访者中，月收入超过 20000 元的 15 人，占比 3.4%；15001—20000 元的 37 人，占比 8.3%；10001—15000 元的 87 人，占比 19.6%；8001—10000 元的 67 人，占比 15.1%；5001—8000 元的 73 人，占比

16.4%；3001—5000 元的 80 人，占比 18%；1001—3000 元的 45 人，占比 10.1%；1000 元以下的 5 人，占比 1.1%；无固定收入的 36 人，占比 8.1%。

5. 平均每天使用网络时间

深圳市 445 位受访者当中，平均每天使用互联网 2 小时以下的 39 人，占比 8.8%；2—4 小时的 121 人，占比 27.2%；5—7 小时的 117 人，占比 26.3%；8 小时及以上的 168 人，占比 37.8%。

6. 接触网络时间

深圳市 445 位受访者当中，接触网络时间 1 年以下的 6 人，占比 1.3%；1—5 年的 51 人，占比 11.5%；6—10 年的 172 人，占比 38.7%；10 年及以上的 216 人，占比 48.5%。

7. 政府接触经验

深圳市 445 位受访者中，曾亲自申请或接受过婚育服务的 58 人，占比 13%；曾亲自申请或接受过医药卫生服务的 157 人，占比 35.3%；曾亲自申请或接受过社会保障服务的 161 人，占比 36.2%；曾亲自申请或接受过劳动就业服务的 33 人，占比 7.4%；曾亲自申请或接受过教育文化服务的 76 人，占比 17.1%；曾亲自申请或接受过户籍身份服务的 130 人，占比 29.2%；曾亲自申请或接受过住房保障服务的 73 人，占比 16.4%；曾亲自申请或接受过基本社会服务的 21 人，占比 4.7%；曾亲自申请或接受过证照申领服务的 138 人，占比 31%；曾亲自申请或接受过公用事业服务的 79 人，占比 17.8%；曾亲自申请或接受过申报纳税服务的 62 人，占比 13.9%；曾亲自申请或接受过法律服务的 24 人，占比 5.4%；曾亲自申请或接受过交通运输与观光旅游服务的 63 人，占比 14.2%；曾亲自申请或接受过民族宗教服务的 5 人，占比 1.1%；曾亲自申请或接受过其他服务的 71 人，占比 15.6%。

二 整体性公共服务满意度

1. 深圳市受访者对政府服务表现与服务形象的满意度较低

如表 5 - 3 所示，在深圳市 445 位受访者中，对政府服务的质量满意的有 147 人，占比 33%，其中，表示比较满意的 121 人，占比 27.2%；表示十分满意的 26 人，占比 5.8%。对政府服务质量表示不满的有 83 人，占比 18.7%，其中，不太满意的 56 人，占比 12.6%；十分不满的 27 人，占比 6.1%。对政府在服务创新与便民方面所作的努力表示满意有 201 人，占比 45.2%。其中，比较满意的 165 人，占比 37.1%；十分满意的 36 人，占比 8.1%。表示不满意的有 77 人，占比 17.3%。其中，不太满意的 65 人，占比 14.6%；十分不满意的 12 人，占比 2.7%。对政府危机处理的能力表示满意的有 133 人，占比 29.9%。其中，比较满意的 114 人，占比 25.6%；十分满意的 19 人，占比 4.3%。对政府危机处理的能力表示不满意的有 132 人，占比 29.7%。其中，不太满意的 93 人，占比 20.9%；十分不满意的 39 人，占比 8.8%。

表 5 -3　　　　深圳市受访者对政府服务表现与服务形象满意度

	十分不满意	不太满意	一般	比较满意	十分满意	合计
整体而言，您满不满意政府服务的质量？	27 人	56 人	215 人	121 人	26 人	445 人
	6.1%	12.6%	48.3%	27.2%	5.8%	100%
整体而言，您满不满意政府在服务创新与便民（如电子政府、网上缴税等）方面所作的努力？	12 人	65 人	167 人	165 人	36 人	445 人
	2.7%	14.6%	37.5%	37.1%	8.1%	100%
整体而言，您满不满意政府危机处理的能力？	39 人	93 人	180 人	114 人	19 人	445 人
	8.8%	20.9%	40.4%	25.6%	4.3%	100%

资料来源：作者自行整理所得。

以五分量表计，深圳市受访者对政府服务质量的满意度得分为 3.142，对政府服务创新与便民的满意度得分 3.333，对政府危机处理能力的满意度得分为 2.957。深圳市受访者对政府服务表现与服务形象的满意度较低，对政府服务表现与服务形象整体评价的平均得分为 3.144。

2. 深圳市受访者对政府优质便民服务满意度偏低

如表 5 -4 所示，在深圳市 445 位受访者中，对政府部门人员服务态度满意的有 136 人，占比 30.5%；不满意的 158 人，占比 35.5%。对政府部门服务人员专业性满意的 149 人，占比 33.4%；不满意的 108 人，占比 24.2%。对政府部门服务流程满意的 106 人，占比 23.9%；不满意的 152 人，占比 34.2%。对政府部门对老、弱、病、残、孕、婴、幼等特殊群体提供服务满意的 182 人,占比 40.9%;不满意的 112 人,占比 25.1%。对政府部门服务人员办事效率满意的 100 人,占比 22.5%;不满意的 199 人,占比 44.7%。对政府部门处理群众投诉的方式满意的 83 人,占比 18.7%;不满意的 188 人,占比 42.3%。对政府部门环境设施便利性满意的 170 人,占比 38.2%;不满意的 101 人,占比 22.7%。

表 5-4　　　　　　　　深圳市受访者对优质便民服务的满意度

	十分不满意	不太满意	一般	比较满意	十分满意	合计
您满不满意政府部门服务人员的服务态度?	43 人	115 人	151 人	111 人	25 人	445 人
	9.7%	25.8%	33.9%	24.9%	5.6%	100%
您满不满意政府部门服务人员的专业性?	30 人	78 人	188 人	123 人	26 人	445 人
	6.7%	17.5%	42.2%	27.6%	5.8%	100%
您满不满意政府部门的服务流程?	48 人	104 人	187 人	87 人	19 人	445 人
	10.8%	23.4%	42%	19.6%	4.3%	100%
您满不满意政府部门对老、弱、病、残、孕、婴、幼等特殊群体提供的服务?	34 人	78 人	151 人	136 人	46 人	445 人
	7.6%	17.5%	33.9%	30.6%	10.3%	100%
您满不满意政府部门服务人员处理事情的速度?	65 人	134 人	146 人	83 人	17 人	445 人
	14.6%	30.1%	32.8%	18.7%	3.8%	100%
您满不满意政府部门处理群众投诉的方式?	67 人	121 人	174 人	67 人	16 人	445 人
	15.1%	27.2%	39.1%	15.1%	3.6%	100%
您满不满意政府部门的环境设施的便利性?	26 人	75 人	174 人	131 人	39 人	445 人
	5.8%	16.9%	39.1%	29.4%	8.8%	100%

资料来源:作者自行整理所得。

以五分量表计,深圳市受访者对政府部门人员服务态度的满意度得分为 2.910,对政府部门服务人员专业性的满意度得分为 3.083,对政府部门服务流程的满意度得分为 2.832,对弱势群体服务的满意度得分为 3.184,对政府部门服务人员办事效率的满意度得分为 2.670,对政府部门处理群众投诉的满意度得分为 2.649,对政府部门环境设施便利性的满意度得分为 3.184。深圳市受访者对政府优质便民服务满意度偏低,对政府优质便民服务整体满意度的平均得分为 2.930。

3. 深圳市受访者对政府信息服务满意度较低

如表5-5所示，在深圳市的445位受访者中，对政府网站的便利性表示满意的154人，占比34.6%；不满意的95人，占比21.3%。对政府网站信息的完整性表示满意的139人，占比31.2%；不满意的106人，占比23.9%。对政府网站信息的丰富度表示满意的132人，占比29.7%；不满意的112人，占比25.2%。对政府网站信息的准确性、信息更新的及时性表示满意的126人，占比28.3%；不满意的111人，占比25%。对政府网站对其需求或意见的回应表示满意的111人，占比25%；不满意的136人，占比30.6%。对政府网站提供的网上办理服务表示满意的173人，占比38.8%；不满意的84人，占比18.9%。

表5-5　　　　　　　　深圳市受访者对信息服务的满意度

	完全不同意	不太同意	一般	比较同意	完全同意	合计
我十分满意政府网站的便利性	21人	74人	196人	114人	40人	445人
	4.7%	16.6%	44%	25.6%	9%	100%
我十分满意政府网站信息的完整性	23人	83人	200人	111人	28人	445人
	5.2%	18.7%	44.9%	24.9%	6.3%	100%
我十分满意政府网站信息的丰富度	24人	88人	201人	108人	24人	445人
	5.4%	19.8%	45.2%	24.3%	5.4%	100%
我十分满意政府网站信息的准确性、信息更新的及时性	24人	87人	208人	92人	34人	445人
	5.4%	19.6%	46.7%	20.7%	7.6%	100%
我十分满意政府网站对我的需求或意见的回应	40人	96人	198人	83人	28人	445人
	9%	21.6%	44.5%	18.7%	6.3%	100%
我十分满意政府网站提供的网上办理服务	17人	67人	188人	115人	58人	4453人
	3.8%	15.1%	42.2%	25.8%	13%	100%

资料来源：作者自行整理所得。

以五分量表计，深圳市受访者对政府网站便利性的满意度得分为3.175，对政府网站信息完整性的满意度得分为3.085，对政府网站信息丰富度的满意度得分为3.045，对政府网站信息准确性、信息更新及时性的满意度得分为3.056，对政府网站回应性的满意度得分为2.917，对政府网站在线申办服务的满意度得分为 3.292。深圳市受访者对政府信息服务满意度较低，对政府信息服务满意度整体评价的平均得分为 3.095。

4. 深圳市受访者对政府创新便民服务的满意度较低

如表 5 – 6 所示，在深圳市的 445 位受访者中，对推行政府网站所带来的便民实效表示满意的 199 人，占比 44.8%；不满意的 75 人，占比 16.8%。对使用政府网站的经历感到满意的 192 人，占比 43.1%；不满意的 59 人，占比 13.2%。

表 5 – 6　　　　　　　　深圳市受访者对创新便民服务的满意度

	完全不同意	不太同意	一般	比较同意	完全同意	合计
我十分满意推行政府网站所带来的便民实效	18 人	57 人	171 人	144 人	55 人	445 人
	4%	12.8%	38.4%	32.4%	12.4%	100%
我对使用政府网站的经历感到满意	14 人	45 人	194 人	147 人	45 人	445 人
	3.1%	10.1%	43.6%	33%	10.1%	100%

资料来源：作者自行整理所得。

以五分量表计，深圳市受访者对政府网站所带来的便民实效性满意度的得分为 3.362，对政府网站使用经历的满意度得分为 3.369。深圳市受访者对政府创新便民服务的满意度较低，对政府创新便民服务满意度整体评价的平均得分为 3.365。

综上所述，深圳市受访者对政府服务表现与服务形象的满意度较低，对政府服务表现与服务形象整体评价的平均得分为 3.144。在服务表现方面，仅有 33% 的受访者对政府的服务质量感到满意。在服务形象方面，仅有 45.2% 的受访者对政府在服务创新与便民方面所作的努力感到满意，29.9% 的受访者对政府危机处理的能力感到满意。

深圳市受访者对政府优质便民服务满意度偏低，对政府优质便民服务整体满意度的平均得分为 2.930。仅有 30.5% 的受访者对政府部门人员的服务态度感到满意，33.4% 的受访者对政府部门人员的专业性感到满意，23.9% 的受访者对政府部门的服务流程感到满意，40.9% 的受访者对政府部门对弱势群体的服务表示满意，22.5% 的受访者对政府部门服务人员办事效率感到满意，

18.7%的受访者对政府部门处理群众投诉的方式感到满意，38.2%的受访者对政府部门环境设施的便利性感到满意。

深圳市受访者对政府信息服务满意度较低，对政府信息服务满意度整体评价的平均得分为3.095。有34.6%的受访者对政府网站的便利性表示满意，31.2%的受访者对政府网站信息的完整度表示满意，29.7%的受访者对政府网站的信息丰富度表示满意，28.3%的受访者对政府网站的信息准确性、更新及时性表示满意，25%的受访者对政府网站对公民需求或意见的回应性表示满意，38.8%的受访者对政府网站提供的网上办理服务表示满意。

深圳市受访者对政府创新便民服务的满意度较低，对政府创新便民服务满意度整体评价的平均得分为3.365。44.8%的受访者对政府网站所带来的便民实效性感到满意，43.1%的受访者对政府网站的使用经历感到满意。

第 六 章

成都市综合配套改革中的
公共服务创新

自 2007 年获批全国统筹城乡综合配套改革试验区以来，成都市以健全城乡发展一体化为核心，以制度建设统筹、产业布局统筹、分配关系统筹为重点，着力在重点领域深化改革，赋予农民更多的权益，大力推进城乡之间要素的自由流动，统筹城乡改革发展实现新突破。本章从大部制改革与跨部门协同、整体性预算体系、政府购买服务、全过程优质监管体系、整体性伦理规范与廉政建设、电子治理等方面系统剖析成都市政府推进公共服务改革与创新的主要进展，从强制性政策工具、自愿性政策工具和混合性政策工具三个维度系统剖析成都市政府推进公共服务改革与创新的政策工具，通过整体性公共服务满意度调查对成都市公共服务改革与创新的成效进行了初步评价。

第一节　成都市公共服务改革与创新的主要进展

一　打造整体性政府组织体系

成都市分别于 2010 年和 2014 年两次推行规模较大的机构改革。2010 年，成都市出台了《成都市人民政府机构改革方案》与《关于贯彻实施〈成都市人民政府机构改革方案〉的意见》，决定开展大部制政府机构改革。改革后，成都市新组建政府部门 4 个，调整政府部门 4 个，合并政府机构 3 个，更名政府机构 3 个，撤销政府机构 6 个，市政府部门由 51 个减少到 41 个，减少了

20%。2014 年，《关于全市政府职能转变和机构改革的实施意见》出台，开启了新一轮的政府职能转变和机构改革工作，转变政府职能、精简机构和控制编制是此次改革的主要内容。改革后，成都市市政府工作部门由 41 个调整为 40个，4 个正局级挂牌机构不再相对独立运行；7 个政府部门直属副局级行政机构不再保留，部门挂牌数由 14 个减少到 13 个。

成都市在推进公共服务领域改革的过程中，主要以综合改革领导小组方式实现改革过程中的跨部门协同。

在公共教育领域，成都市在 2011 年出台《成都市教育体制改革试点方案》成立了教育体制改革暨统筹城乡教育综合改革工作领导小组，研究部署、指导实施教育体制改革工作。在 2012 年出台的《关于实施农村义务教育学生营养改善计划地方试点工作的通知》中，成都市要求各试点区（市）县政府应成立农村义务教育学生营养改善计划试点工作领导小组，设立营养计划办公室，建立完善管理体制和责任体系。在 2014 年出台的《关于深化教育领域综合改革的实施意见（2014—2020 年)》中，成都市要求市教育局和各区（市）县教育局成立教育领域综合改革领导小组及其办公室，加强教育综合改革的组织领导、统筹协调和考核评估，建立完善重大教育改革项目横向联动、上下协同推进机制，及时研究教育改革重大问题，统筹推进教育领域综合改革和统筹城乡教育综合改革试验区建设、教育体制改革试点项目、中小学教育质量综合改革实验区建设等重大工作，确保改革取得实效。在 2014 年出台的《成都市进一步加强中小学校教育信息化工作的意见》中，成都市要求各区（市）县教育行政部门组建教育信息化推进工作领导小组和教育信息化专家咨询小组，建立健全相应的运行机制，统筹推进本地的教育信息化工作。

在医疗卫生服务领域，成都市在 2009 年出台《成都市人民政府关于加强医疗应急救治能力建设的实施意见》，成立了市医疗应急救治能力建设领导小组。组长由市政府分管副市长担任，领导小组下设办公室，办公室设在市卫生局，负责全市医疗应急救治能力建设工作的组织和协调，制定和实施应急救治能力建设各项目方案。

在环境保护领域，成都市在 2014 年出台《关于成立成都市大气污染防治工作领导小组的通知》，要求成立成都市大气污染防治工作领导小组，负责贯彻落实国家、省和成都关于大气污染防治的决策部署，指挥和协调推进全市大气污染防治工作，研究解决大气污染防治工作重大事项。同时，成都市政府办公厅发出《关于成立成都市重污染天气应急指挥部的通知》，指出成立成都市重污染天气应急指挥部，健全重污染天气应急响应机制，切实加强组织领导，及时有效应对重污染天气。

在养老服务领域，成都市在2015年出台的《关于成立成都市养老服务业发展领导小组的通知》中要求成立成都市养老服务业发展领导小组，负责贯彻落实国家、省、市关于养老服务业发展的决策部署，研究分析全市养老服务业发展形势，深化养老服务体制机制改革，拟定完善重要制度和政策，指导和协调推进全市养老服务体系建设，推动养老服务业创新发展。

在保障性住房服务领域，成都市在2010年出台的《成都市人民政府关于进一步加强城镇住房保障工作的意见》中要求成立成都市住房保障和棚户区改造工作领导小组，由分管副市长任组长，领导小组办公室设在市房管局，具体负责全市住房保障和棚户区改造日常工作。

在体育文化领域，成都市在2012年出台的《成都市创建国家公共文化服务体系示范区规划（2011—2015）》要求成立成都市创建国家公共文化服务体系示范区工作领导小组，建立公共文化服务体系建设市级部门联席工作机制，强化横向联系和协调，有效整合分散在不同部门的公共文化服务职能、资源和项目，促进共建共享，提升资源服务效益。

二 构建现代财政预算制度

1. 深化财税体制改革

近年来，成都着力深化财政管理体制改革，调整完善市与区（市）县财政收入分享体制，完善企业总分机构企业所得税分享办法，建立财力与事权相匹配、事权与支出责任相适应的制度；优化财政支出结构，盘活财政存量，用好财政增量，大力支持经济社会重点领域改革；整优化转移支付结构，提高一般性转移支付规模；建立一般性转移支付稳定增长机制，促进基本公共服务均等化；清理整合规范专项转移支付，实行定向财力转移支付试点，促进财力下沉；深入推进非税收入收缴改革，完善非税收入制度体系建设，规范非税收入征收管理行为，努力挖掘非税收入增收潜力，不断提高非税收入质量；继续深入推进"营改增"试点工作，充分发挥联席会议召集单位作用，及时协调解决试点改革中出现的问题，确保改革任务圆满完成；研究制定政府性债务管理暂行办法，合理控制债务规模，建立风险预警机制，探索编制政府综合财务报告。

2. 全面推进财政预算绩效管理

《2014 年成都市财政预算草案报告》中指出，要深入推进预算绩效管理，除"运转类"项目外，全面开展绩效目标管理试点，扩大绩效评价范围，实现部门自评全覆盖，逐步引入第三方评价机构参与，选择 78 个重点项目和 5 个预算部门开展重点评价，建立绩效评价结果运用机制。根据草案的规划，2014 年成都市又进一步出台了《成都市人民政府关于全面推进预算绩效管理的意见》，提出构建全过程预算绩效管理机制，将绩效管理融入预算管理全过程，逐步建立"预算编制有目标、预算执行有监控、预算完成有评价、评价结果有反馈、反馈结果有应用"的预算绩效管理机制。

3. 构建全口径预算管理体系

全口径预算体系的确立进一步以法律的形式明确了我国预算改革的方向，标志着我国将逐步增强立法主导性，加强立法监督，推进各类预算的规范编制，约束过于宽泛的行政权力。成都市依据中央指示和改革要求，将一般公共预算、政府性基金预算、国有资本经营预算、社会保险基金预算四项内容纳入政府整体财政预算，强化"四本预算"编制，规范支出重点和范围，建立预算统筹平稳机制，并且探索建立跨年度预算平衡机制，全面推进预算稳定调节基金管理制度。成都市还通过多方共同推进，建立了上下联动的全口径预算审查和监督机制。

三　稳妥推进事业单位改革

事业单位是社会公益服务的重要载体，其改革涉及民生福祉，社会关注度很高。成都市从 2008 年 3 月启动事业单位岗位设置管理实施工作，2008 年 7 月，成都市出台了《成都市事业单位岗位设置管理实施意见》，之后又相继印发了《关于成都市事业单位岗位设置管理工作若干问题的处理意见》、《关于区（市）县事业单位主要负责人岗位设置的指导意见》等文件，进一步完善了岗位设置管理在操作层面的细节规定，提高岗位设置管理的操作性，处理好新旧政策体系的衔接，基本解决了事业单位在制度转轨过程中可能遇到的问题（成仁，2009）。

2009 年，成都市被确定为全国清理长期不运行事业单位试点，开始了对市属事业单位的清理规范工作。2011 年，中央关于分类推进事业单位改革的意见及其配套文件出台后，成都市以规范事业单位机构编制九要素为抓手，致力于强化事业单位的职能管理，健全机构设置和编制配置流程，为事业单位分类改革奠定了基础。

1. 坚持职能归位、分类改革

一是推进行政类事业单位改革。完成市政府移民办公室、市国有企业监事会、市文物管理办公室 3 家事业单位划归行政机构的改革工作。二是推进生产经营类事业单位改革。三是推进公益类事业单位改革。以强化公益属性为核心，建立健全符合事业单位功能特点的机构编制配置标准。严格参照《市属公益类事业单位机构编制要素规范标准》，全面规范现有公益类事业单位机构名称、隶属关系、主要职责、人员编制（含领导职数）、机构规格、内设机构、机构类别、经费形式等要素。对核心职能发生根本变化的事业单位，依据《成都市市属事业单位分类指导目录》及时调整类别。

2. 坚持总量控制、优化配置

一是通过控编减编优化存量资源。继续落实《市委办公厅市政府办公厅关于开展事业单位清理规范工作的通知》的要求，撤并整合职责相近、设置重复、规模过小的事业单位。二是通过内部优化挖潜保障增量需求。建立事业单位机构编制动态调整机制，将实施控编减编中调剂出来的机构编制用于市委市政府重大部署和涉及民生的重要领域。

3. 坚持区分功能、创新管理

一是从严审批公益一类事业单位机构编制。继续实行审批制管理，明确职责任务、机构类型、领导职数、编制数额等。对申请新设机构的，严格标准和条件，坚持"撤一建一、撤多建少"原则，所需编制主要在系统内部调剂。对面向社会提供公益服务的公共图书馆、博物馆、文化馆、科技馆等，从严核定编制，主要通过政府购买服务等方式予以支持。二是区别管理公益二类事业单位机构编制。强化机构编制存量调减，更多以政府购买服务方式支持事业发展。对主要为机关行使职能提供支持保障的公益二类事业单位，继续实行审批制管理。对面向社会提供公益服务的科研院所、高等院校、公立医院等，探索实行备案制管理（何彬，2015）。

四　完善政府购买服务机制

近年来，成都市从改革发展的战略全局出发，积极探索，扭转思路，主动求变，通过建立健全政府向社会组织购买服务的机制，将越来越多的社会事务交由社会组织承担，让社会组织成为社会管理和公共服务的新载体（刘振国、廖明、王一鸣，2012）。

1. 培育社会组织

政府购买社会组织公共服务，顺应了公民社会发展的内在要求，需要对社会组织培育的制度进行创新，需要激发社会组织的活力。成都市社会组织活力的激发，主要建立在对区域内社会组织的存量盘活和社会组织培育机制创新方面（崔光胜、陈培浩，2014）。

2010 年年初，成都市政府颁布了《促进社会组织发展的意见》。锦江区先行一步，试验孵化器模式——实行登记备案双轨制。对暂不符合审批登记条件的社会组织，只需在所在街道社区备案，即可享有开展合法活动的身份，通过活动孵化成长到符合条件后即可登记注册。

2011 年，成都市出台《成都市深化社会体制改革加快推进城乡社会建设五大实施纲要（2011—2015 年）》。该纲要在总目标中明确指出：深化社会组织管理体制改革，不断培育壮大社会组织，促进社会组织健康、规范、有序发展，充分发挥社会组织在公共服务和社会管理中的积极作用；完善全市志愿服务协调管理机构和管理机制，大力开展志愿服务活动。。

2011 年 10 月，成都市又印发了《关于加快培育发展社会组织的实施方案》，明确了成立社会组织发展基金会，建立社会组织孵化园，编制发布《社会组织设立导向目录》，建立社会组织信息网以及加强社会组织党的建设等具体的政策措施，从而使成都市社会组织培育更具有持续性和规范性。

2012 年，成都市政府出台了《成都市社会组织评估管理办法》，力图通过对社会组织的评级来强化社会组织的建设，真正树立社会组织的品牌，增加社会组织在政府购买中的竞争力以及所提供的服务产品的高质量。

2. 政府购买服务机制融入政府职能转变

2009 年，成都市人民政府出台了《关于建立政府购买社会组织服务制度的意见》，正式提出建立政府购买社会组织服务制度。在购买流程方面，给定了

"确定购买项目—选择服务提供机构—签订合同—组织实施—绩效考评"的政府购买流程。在职责分工层面，市及区（市）县财政部门负责牵头做好购买社会组织服务工作，并会同相关行政职能部门制定购买社会组织服务成本核算办法；会同政府目标督查部门制定绩效考评指标体系和考评办法；负责审核购买社会组织服务的项目并将其经费纳入部门综合预算统筹安排；及时拨付购买社会组织服务所需资金，确保资金按时到位。市及区（市）县相关行政职能部门是政府购买社会组织服务工作的主体，负责制定购买社会组织服务相关实施方案，承担具体实施和管理工作。市及区（市）县法制、监察、审计、目标督查部门要按照各自职责，对购买社会组织服务合同进行审核，对资金的安排、管理、支付、使用等进行监督检查和审计，对购买社会组织服务工作实行目标督查和绩效考评。

2010 年，为了进一步规范政府购买服务行为，成都市发布 2010 年政府集中采购目录清单，将公共卫生服务、公共就业服务、社会保障服务、法律服务、公共文化服务、养老服务等服务外包项目正式纳入成都市集中采购范畴。规定对单项或批量采购金额一次性达到 50 万元以上的服务类项目，都采取公开招标的方式进行。

3. 政府购买服务内容紧紧围绕统筹城乡改革

成都市将政府购买社会组织公共服务的具体机制和实践与城乡统筹的实践结合起来，融农村医疗救助、就业、社会保障、社会组织承接公共服务于一体。以养老服务为例，2015 年四川省成都市财政局、民政局联合印发了《成都市政府购买养老服务实施办法》，将居家养老服务、社区日间照料服务、机构养老服务、养老服务人员培训、养老评估、养老服务业发展相关规划等六类养老服务纳入成都政府购买范围，旨在从宏观层面尽可能地满足多层次、多样化的养老服务需求。同时，购买内容更加全面，包括为符合条件的老年人提供生活照料、机构供养、紧急救援、精神慰藉、医疗保健、康复护理、文化休闲、法律维权以及购买全科医生签约服务和居家养老服务信息平台营运服务等，基本实现了老年人切实需要的养老服务项目全覆盖。

五　加快行政审批与监管体制改革

1. 行政审批制度改革

近年来，成都市从实际出发，积极推进重点领域和关键环节的体制改革，为形成统筹城乡发展的体制机制做了大量努力，对所有行政审批事项流程进行再造，推动以部门为中心的政务服务流程向以企业和公众为中心的流程转变（刘文藻，2014），在行政审批制度改革领域取得了实质性的突破（成都市编办，2014）。成都在 2007 年试行的并联审批被称为行政审批的第二次革命。这次改革立足于服务型政府建设，将审批转化为服务，提出了服务前移思想，把事前、事中和事后的监督有机地结合在一起，有效解决了只重审批但不重服务、不监管的问题。

2014 年，成都市根据中央和四川省委政府职能转变和机构改革的有关精神出台了《关于全市政府职能转变和机构改革的实施意见》，主要从行政审批制度改革，简政放权，加强事中事后监管以及规范行政权力运行等四个方面转变政府职能。2014 年，成都市还出台了《关于深化行政审批制度改革的意见》，提出深化行政审批制度改革四大重点、21 条措施，首次提出"全生命周期服务"理念。按照该意见，成都将全面推进非行政许可审批的两个"全面取消"（蒋君芳，2014）：政府规章以下规范性文件设定的非行政许可审批事项，一律取消；无法律法规规章依据的行政审批事项前置条件，原则上一律取消。在放权上，国家和省未明确下放层级的审批事项，原则上同步下放到区（市、县）；凡下放到区（市、县）的审批事项，按需要和条件下放到省百镇建设试点镇和市级重点镇。2014 年 5 月，成都市政府办公厅印发了《关于进一步加强审批事项集中人员入驻和审批授权工作的通知》，就减事放权、事项集中、人员到位、审批授权、网上办事等五项工作任务提出明确要求（张彧希，2014）。这标志着成都将以"流程再造"为突破口，深化行政管理体制改革，大力推进简政放权，规范精简行政审批事项。

2. 清单建设

2014 年 7 月，天府新区成都片区直管区、成都高新区、龙泉驿区（经开区）3 个试点区公开发布了各自的第一份"负面清单"。该份"负面清单"涉及外商投资、企业投资、区域发展、环境保护四大领域。此次"负面清单"的发布，标志着成都市全面启动"负面清单"管理模式改革，随着"负面清单""准许清单""监管清单"等相关配套政策和措施的完善，成都市进入了行政审批制度全链条深入改革的"快车道"（王伶雅，2014）。

3. 市场监管体系建设

成都市在市场监管体系建设中先试先行，大胆改革，构建了市场大监管格局。

首先，建立市场监督管理局。2013 年 11 月，成都市就宣布对食药监、工商、质监进行一轮机构改革，将原市食药监局全部职能及质监、工商、商务的食品监管职能整合，重新组建市食品药品监督管理局。同样，各个区（市）县成立的食药监局，也整合了工商、质监的食品安全职能。2015 年，成都市积极整合食品药品、工商、质量监督部门职能，实行三局合一，成立市场监督管理局，实现了"一个部门管市场"。

其次，加强事中事后监管。成都市加强了日常督查，建立科学、规范的抽查制度、责任追溯制度，完善常态化监管机制，采取随机抽查、专项督查、专项审计、专项整治、事后稽查和绩效评价等方式，提高监管水平。成都市拓宽公众参与社会监督的渠道与方式，鼓励社会公众通过互联网、举报电话、投诉信箱等渠道反映企业在产品和服务质量、违法经营等方面的问题，引导社会力量广泛参与对市场主体的监督管理，形成监管合力。此外，在信息化监管方面，成都市还充分利用信息网络技术，通过电子监管平台实现在线即时监管，大大提高了行政监管效率。

最后，加强信用体系建设。信用体系是市场秩序的源头，成都市以 2015 年发布的《成都市社会信用体系建设规划》为依据，建立健全安全生产和质量承诺制度，强化安全生产隐患排查治理体系和安全预防控制体系建设；推进重点产品、行业和地区诚信建设，强化对重点产品、重点行业、重点地区的监控和抽查；建立产品质量信用信息异地共享制度，联合打击违法经营、制假售假等失信行为，营造诚信生产环境；建立失信惩戒机制，依法及时向社会公布生产经营者的质量信用记录，建立质量失信"黑名单"披露和市场禁入制度。

六　强化公共服务伦理建设

1. 问责机制

2014 年 7 月，成都出台《关于落实党风廉政建设党委主体责任和纪委监督责任的实施意见》，清晰界定"两个责任"的内涵外延，明确党委领导班子、主要负责人、班子其他成员 16 个方面 50 项具体主体责任，以及纪委 6 个方面 16 项具体监督责任。市委组织开展宣讲督导、专题约谈、签字背书等六大活动，推动"两个责任"层层落实（王眉灵、裴睿，2014）。

2. 监察机制

2015 年 3 月，《中共成都市委关于深入推进党风廉政建设和反腐败斗争建立健全不敢腐不能腐不想腐制度机制的意见》正式出台（陈碧红，2015）。成都还将党风廉政建设巡察与中央、四川省委巡视有机结合，全面覆盖各区（市）县、市级部门、市属企事业单位和高等院校。在紧盯重点人、重点领域、重点问题，开展"点穴式"专项巡察的同时，对被巡察地区所辖乡镇（街道）和部门下属单位，也将同步开展延伸巡察。

3. 绩效考核

从 2010 年开始实施的《成都市公务员考核实施细则（试行）》明确要求，从德、能、勤、绩、廉五个方面对公务员进行考核，并坚持把领导评价、群众评价、相关职能部门评价与社会评价结合起来，多渠道、多角度地评价公务员。在考核办法中，探索分层分类实施考核，逐步实现考核工作信息化，将公务员年度考核的结果作为调整公务员职务、级别、工资以及公务员奖励、培训、辞退的依据，并且把公务员个人考核与部门（单位）目标绩效考核、单位评先创优相结合。

七　推进电子治理体系建设

将电子治理同公共服务相结合，发展电子化公共服务，对于提升公共服务能力，提高公共服务质量和效率，推动政府职能转变，以及促进民众参政议政，树立廉洁、公正、高效的政府形象，都具有重要意义。

1. 深化电子政务

2010 年，成都市"网上政务大厅"正式运行，在全国率先建立了首个实体政务服务中心与虚拟网上办事系统相结合的"电子政务"系统。通过"网上政务大厅"，整合了市、区（市）县、乡镇（街道）、村（社区）四级政务服务网络资源，大力推进行政审批和服务事项网上办理，提供网上申请、预约、咨询、审核、查询等在线服务。

2014 年 11 月，第三届世界城市和区域电子政府协议组织全体大会在成都举行，成都市政府政务中心"成都服务"项目荣获"开放城市类"奖项"最具潜力电子政务奖"，成都也因此成为中国内地唯一获此殊荣的城市（刘文藻，2014）。

2. 推动信息公开

2008 年,《成都市政府信息公开规定》中指出,"本市各级政府及其部门的网站,应当开设政府信息公开专栏,并适时维护,保证链接畅通。乡、镇政府也可以结合当地政府信息公开工作的实际,在上级政府网站开设政府信息公开专栏"。成都市以"中国成都"政府门户网站为中心,以各部门、各区县门户网站为支撑,并与社会服务系统联合,加大了政务信息发布力度,进一步推动了成都市向公开、透明、阳光的服务型政府转变。

3. 融合公共服务电子信息平台建设

2015 年 4 月 23 日,"在成都"市民融合服务平台正式首发亮相,"互联网 + 公共服务"真实地走进了蓉城市民生活中。此次上线的"在成都"包括了 PC 客户端、手机 APP 及数字电视三个终端,初步接入了包括九大类 121 项便民服务,并根据成都当地的特点,推出了以"生育服务"、"老有所养"、"我要买房"和"自主创业"为主题的四项融合服务,涵盖了在线办理、查询等全流程。"在成都"通过搜索的方式去定位服务,同时,通过面向对象的服务,将原来分散的政务服务进行整合与优化,打造了一站式的服务平台。

八 统筹城乡基本公共服务均等化

成都市自 2003 年起开始探索破除城乡二元体制、实现城乡一体化的发展路径,是我国最早开始探索城乡一体化发展的城市之一。自 2007 年被批准全国统筹城乡发展综合配套改革试点以来,成都市以加强各领域的顶层设计、促进公共服务优质均衡发展、深化公共服务领域改革和完善公共服务管理体系为主要方向,在教育、就业与社会保障等基本的公共服务领域出台了系列举措并取得明显成效。

1. 统筹城乡公共教育一体化

在实现义务教育的优质均衡发展方面,成都市政府先后出台了一系列政策,包括《关于做好进城务工就业农民子女接受义务教育具体工作意见》、《关于成都市预防义务教育阶段适龄儿童少年辍学办法》、《关于实施农村义务教育学生营养改善计划地方试点工作》、《关于进一步深化区(市)县域内公共教育资源均衡配置的意见》、《关于进一步做好义务教育免试就近入学的工作方案》、《成都市教育局关于推进九年一贯制学校发展的意见》。

在均衡公共教育资源配置方面，2012 年《关于进一步深化区（市）县域内公共教育资源均衡配置的意见》要求，努力实现区（市）县域内城乡之间、校际之间公共教育资源配置高位均衡，均衡配置体制机制不断完善和深化。在解决农民工子女接受义务教育的问题中，成都市政府于 2007 年、2009 年、2010 年接连出台了做好农民工子女接受义务教育的工作意见，按照"相对就近、划片指定、统筹协调"的原则，分配了负责各自区域内进城务工农村劳动者子女接受义务教育的组织、实施、管理和督导工作。

为了保障学龄儿童接受义务教育，成都市政府出台了《关于成都市预防义务教育阶段适龄儿童少年辍学办法》。在保障残疾儿童义务教育的权利，提升特殊教育质量方面，成都市政府于 2014 年出台了《成都市特殊教育提升计划（2014—2016 年）实施方案》，提出完善特殊教育体系，鼓励多方参与的特殊教育发展，提高残疾儿童的义务教育普及水平，提升特殊教育的教学质量的发展目标。

为了保障义务教育服务公平性，解决"择校热"问题，2014 年成都市政府出台了《关于进一步做好义务教育免试就近入学的工作方案》要求"优化学校划片范围，清理各类学校不规范招生方式及行为"。成都市政府还出台了《成都市教育局关于推进九年一贯制学校发展的意见》鼓励发展九年一贯制学校，鼓励优质小学和初中向两端延伸，整合资源创办九年一贯制学校。

2. 建立健全覆盖城乡的劳动就业公共服务体系

2007 年 5 月 18 日，成都市人民政府出台《成都市人民政府办公厅转发市劳动保障局关于成都市就业实名制动态管理工作标准的通知》，对成都市就业实名制动态管理工作的组织机构、人员配备、指标体系进行了细化，并提出动态管理的具体内容，即"对成都市从业人员的从业状态变化进行采集并录入成都市劳动力综合业务管理系统，实现信息的及时更新和管理"。

2008 年 4 月 29 日，成都市劳动和社会保障局印发了《关于促进进城务工农村劳动者稳定就业的实施办法》、《关于促进进城务工农村劳动者向城镇居民转变的社会保险政策实施办法》的通知，对进城务工农村劳动者申领《失业证》、《再就业优惠证》，失业保险的发放，职业技能培训补贴申请等内容做了详细规定。2010 年 4 月，成都市人民政府办公厅出台了《关于进一步加强农民工就业工作的若干意见》，以进一步完善农民工就业体系为出发点，从区域就业信息共享、提升农民工职业培训成效、健全农民工权益保障机制、开展农民工综合保险工作等方面进行了全面的部署。

　　为了激发城乡劳动者参训积极性，增强培训自主性，提高培训针对性和有效性，成都市劳动和社会保障局与成都市财政共同印发《成都市 2010 年就业培训券发放使用管理办法》，对持《就业失业登记证》的失业人员、未升学的初高中应届毕业生，进城务工农村劳动者持《就业培训券》人员可根据自己的就业愿望自主选择定点培训机构和培训项目参加培训。未升学的初高中应届毕业生凭券免费参加初级职业技能培训，其他城乡劳动者参加转岗提升培训凭券抵扣相应的培训费用。

　　3. 推进城乡养老保险制度一体化

　　近年来，成都市先后发布了《成都市农民养老保险办法》、《成都市城乡居民养老保险试行办法》、《成都市人民政府办公厅关于建立城乡居民养老保险待遇调整机制的通知》等系列配套政策，有效推进了城乡养老保险一体化，完善了城乡养老保险制度。

　　2008 年，成都市政府出台了《成都市农民养老保险办法》、《关于贯彻〈成都市农民养老保险办法〉有关问题的通知》对农民养老保险实施办法进行了系统的规范。2009 年到 2011 年，为了健全覆盖城乡居民的社会养老保险制度，成都市先后出台了《成都市城乡居民养老保险试行办法》、《成都市人民政府办公厅关于开展城乡老年最低生活保障对象参加城乡居民养老保险工作的通知》等政策，进一步对 60 岁以上老人、老年低保对象、农村居民的养老保险缴纳办法、政府补贴办法、养老待遇、养老保险金的管理办法做了系统的规定。

　　2008 年成都市政府还出台了《成都市城乡居民基本医疗保险暂行办法》、《成都市城乡居民基本医疗保险暂行办法实施细则》，对城乡居民医疗保险实施办法进行了详细的规定。

　　2009 年，成都市结合根据省劳动保障厅、省财政厅《关于开展城镇居民基本医疗保险普通门诊医疗费用统筹的指导意见》，省卫生厅《关于进一步推进新农合门诊统筹工作的通知》的有关规定出台了《成都市城乡基本医疗保险门诊统筹暂行办法》，形成基本医疗保险统筹基金和个人共同负担门诊费用的机制，建立城乡基本医疗保险门诊的统筹制度。

　　近年来，成都市相继出台了《关于新生婴儿参加城乡居民基本医疗保险有关问题的通知》、《关于开展 2014 学年度大学生和 2015 年中小学生、婴幼儿基本医疗保险筹资工作的通知》、《关于转发领取失业保险金人员参加城镇职工基本医疗保险有关问题的通知》、《关于将学生儿童住院发生的部分精神科医疗服务项目纳入城乡居民基本医疗保险统筹基金支付范围的通知》，进一步将新生婴儿、学生儿童、大学生、失业群体覆盖到基本医疗保险体系中来，全面扩大了基本医疗保险的覆盖面。

此外，从2011年到2015年，成都市先后5次出台调整失业保险金发放的通知，失业保险的保障水平全面得到提升。

4. 构建城乡均衡的医疗卫生体系

近年来，成都市先后发布了《成都市人民政府关于乡镇公立卫生院规范化建设的实施意见》、《成都市乡镇公立卫生院管理暂行办法》的通知、《成都市卫生局关于开展县级疾控机构标准化建设情况首轮督查的通知》，逐步完善了县乡级的卫生服务机构的标准化建设。

在构建基层医疗卫生体系方面，成都市出台了《成都市人民政府关于构建基层公益性医疗卫生服务体系的意见（试行）》、《成都市建立基层公益性医疗卫生服务体系综合补偿机制试行办法》、《成都市城乡基层医疗卫生机构基本公共卫生服务项目（2015版）》。

2011年成都市卫生局发布了《关于规范建立城乡居民健康档案管理的实施意见》，提出到2015年，初步建立起覆盖城乡居民的，符合基层实际的统一、科学、规范的健康档案建立、使用和管理制度。

成都市还先后出台了《关于加强医疗应急救治能力建设的实施意见》、《成都市卫生局关于进一步加强医疗废物管理的紧急通知》、《营养改善工作管理办法》、《成都市基本公共卫生服务项目绩效考核办法》、《成都市人民政府关于改革完善市、区（市）县食品药品监督管理体制的实施意见》等，进一步完善了成都市卫生监管体系。

在建立城乡统一的计划生育管理体系方面，2011年成都市人民政府办公厅印发《全域成都城乡统一户籍后有关计划生育政策规定实施》，实现计划生育家庭奖励扶助政策、独生子女父母奖励政策、免费技术服务的城乡统一；生育政策以及社会抚养费征收标准实行过渡期政策，逐步实现城乡统一。

5. 构建城乡统筹的住房保障体系

2008年汶川地震之后，成都市政府先后出台《关于开展市政基础设施和房屋建筑地震灾害调查评估工作意见的紧急通知》、《关于坚持统筹城乡发展加快灾后农村住房重建的意见》、《关于开展市政基础设施和房屋建筑地震灾害调查评估工作意见的紧急通知》、《关于加快灾后城镇住房重建工作的意见》，提出以统筹城乡为主要思路，加快农村产权制度改革，开展农村集体建设用地的综合整理，对规划确定的农村新型社区和集中居住点实行统一规划、集中建设，引入社会资金开发重建，在 2009 年年底前完成灾后农村住房的重建任务，2010 年年底完成开发性重建和统规统建的任务。

为了加强农村居民住房保障体系的建设，切实解决农村住房困难问题，针对不同住房困难群体出台了《成都市人民政府办公厅关于妥善解决农村中小学教师住房困难的通知》、《成都市人民政府办公厅关于建立农村住房保障体系的实施意见（试行）》，进一步细化农村住房困难家庭住房保障制度，解决农村中小学教师群体住房困难问题。

在宏观层面，成都市先后出台了多项保障性住房的管理办法，完善了保障性住房的管理体系。在具体的保障性住房领域，成都市分别对公租房、廉租房、经济适用房、限价商品房出台相关政策，对资格审查、物业管理等方面进行细化管理。先后出台了《成都市人民政府关于发展公共租赁住房的实施意见》、《成都市中心城区经济适用住房管理细则》、《公共租赁住房集体合租管理暂行办法》、《成都市中心城区廉租住房申请租金减免及审核规定》的通知，进一步完善了成都市保障性住房的管理体系。

6. 构建城乡一体化的公共文化服务体系

为了实现成都市"幸福成都·美好家园"的文化行动，2015 年，以"人人有一项文化爱好"为目标，成都市人民政府办公厅关于印发《成都市创建国家公共文化服务体系示范区规划（2011—2015）》的通知，具体从城乡公共文化设施建设、文化服务队伍建设、城市文化品牌打造、城乡文化成果共享等方面完善成都市公共文化服务体系。

此外，成都市还针对全面健身、加强残疾人体育工作等体育事业发展出台了相关政策，如《成都市人民政府办公厅转发市体育局关于开展"文明成都、运动成都、活力成都"全民健身活动意见的通知》、《成都市人民政府办公厅关于进一步加强残疾人体育工作的通知》等。

第二节　成都市公共服务改革与创新的政策工具

整体看来，成都市总体政策工具使用情况比较稳定。在自愿性工具中，市场、市场自由化运用较多，家庭与社区运用较少；在强制性政策工具中建立和调整规制、体系建设和调整、设定和调整标准、法规、公共财政支出、指导指示等工具运用较多，公共企业、直接生产等工具运用较少；在混合性政策工具中，舆论宣传、鼓励号召、补贴、税收优惠、政府贷款等工具运用较多，产权拍卖、征税和用户收费、诱因型政策工具类型运用较少。在成都市近年来的基本公共服务改革中，混合性工具中的补贴工具使用的尤其广泛。比如在住房保障、劳动就业等基本公共服务领域中，为扩大住房保障覆盖面，或促进就业创业进一步发展，直接补助、财政奖励、税收优惠、利率优惠、政府贷款等各类补贴方式都得到了一定程度的运用。除此之外，混合性工具往往是和相应的强制性工具配套运用的，如对某一提升公共服务的行动方案强制性的命令执行，往往和舆论宣传等混合性工具配套运用，以确保这一行动方案能得到更顺利的执行。近年来，社会、市场、家庭和社区等自愿性工具在成都市教育、医疗、养老等公共服务领域已经进行了一定程度的运用，民办学校、民办医疗卫生机构、社区养老服务机构、社区卫生医疗服务机构、家庭养老服务等取得了长足的发展。

一 公共教育改革与创新的政策工具

就基本公共教育领域来看，体系建设和调整、建立和调整规则、设定和调整标准、法规、公共财政支出、指示指导是成都市基本教育服务改革中使用的主要强制性政策工具，如成都市政府先后出台了系列政策，包括《关于做好进城务工就业农民子女接受义务教育具体工作意见》、《关于成都市预防义务教育阶段适龄儿童少年辍学办法》、《关于实施农村义务教育学生营养改善计划地方试点工作》、《关于进一步深化区（市）县域内公共教育资源均衡配置的意见》、《关于进一步做好义务教育免试就近入学的工作方案》、《成都市教育局关于推进九年一贯制学校发展的意见》，要求有关政府部门推动这些工作顺利进行。

享受平等、优质的基础教育是每个适龄儿童的基本权利，在保障农村地区儿童受教育权利、农民工子女教育、贫困家庭子女教育的基本受教育权利方面，成都主要运用公共财政支出、转移支付、体系建设和调整、法规、建立和调整规则等手段，确保所有城乡适龄儿童能够接受义务教育服务，如2012年出台的《关于进一步深化区（市）县域内公共教育资源均衡配置的意见》，就要求努力实现区（市）县域内城乡之间、校际之间公共教育资源配置高位均衡，均衡配置体制机制不断完善和深化。

在保障残疾儿童义务教育的权利，提升特殊教育质量方面，成都市政府于2014年出台了《成都市特殊教育提升计划（2014—2016年）实施方案》，提出完善特殊教育体系，鼓励多方参与的特殊教育发展，提高残疾儿童的义务教育普及水平，提升特殊教育的教学质量的发展目标。

为了保障义务教育服务公平性，解决"择校热"问题，2014年成都市政府出台了《关于进一步做好义务教育免试就近入学的工作方案》要求"优化学校划片范围，清理各类学校不规范招生方式及行为"。成都市政府2014年还出台了《成都市教育局关于推进九年一贯制学校发展的意见》鼓励发展九年一贯制学校，鼓励优质小学和初中向两端延伸，整合资源创办九年一贯制学校。

除此之外，规制性工具如体系建设和调整、监督、考核、法令和禁止等工具也得到了一定程度的运用，如《关于成都市预防义务教育阶段适龄儿童少年辍学办法》，通过法令的方式使相关工作能够有章可循。

就基本公共教育领域来看，成都市政府采用的混合性政策工具主要是信息与劝诫一类的做法。成都鼓励号召社会人士、组织支持教育事业发展，于2009年出台了《关于大力发展民办教育意见》，明确提出要鼓励支持国家机构以外的社会组织或者公民个人，依法以多种投入方式，面向社会举办多层次、多类别、多形式的民办学校，以补贴的方式鼓励社会力量参与到教育事业的发展中来。在2015年出台的《关于开展全市中小学心理健康教育特色学校推荐评选工作的通知》中，成都市政府还运用了示范和建设舆论工具两类政策工具，要求中小学校通过树立一批心理健康教育工作先进典型，培育一批有较高心理健康教育办学特色和水平、在全国有影响力的中小学校，推动广大中小学全面普及心理健康教育。

在自愿性工具的运用中，市场是成都市基本教育服务改革的主要政策工具，主要运用于中职教育、学前教育以及教育国际化方面，具体举措包括鼓励社会资金以多样的方式投资办学，探索建立社会力量参与办学、股份制办学体制，实行公办学校企业运作体制等，建立多层次、多类别、多形式的教育体系。

二　劳动就业服务改革与创新的政策工具

就劳动就业服务领域来看，成都市政府在就业服务管理政策制定中，政策主体主要是政府机构和待就业人员，以强制性政策工具的应用为主，应用了指示指导、设定和调整标准、法规、补贴等政策工具对成都市就业实名制动态管理、就业援助、劳动关系协调和劳动权益维护等领域进行改革。为了促进中职、高校学生、农村转移劳动力的充分就业，成都市政府主要应用了包括指示指导、鼓励号召、补贴、税收优惠、法规、设定和调整标准、政府贷款等强制性政策工具和混合性政策工具。例如在《关于进一步加强中等职业学校毕业生就业工作实施意见》中提出了建立中等职业学校毕业生就业工作奖励机制；实施职业资格证书制度；每年从市职业教育专项经费中安排 100 万元专项资金，对 300 名教师按"双师型"教师标准要求进行培训等举措。在《成都市人民政府关于进一步做好普通高等学校毕业生就业工作的通知》中，提出了建立健全高校毕业生就业信息服务平台，提供政策发布、岗位信息、网络招聘、远程面试、指导咨询等就业服务。

就劳动就业服务领域来看，成都多次使用了包括鼓励号召、直接服务、指导指示、信息公开、指导咨询等混合性政策工具。例如，成都市劳动和社会保障局与成都市财政共同印发《成都市 2010 年就业培训券发放使用管理办法》的通知，配套使用了票券、转移支付、补贴、法规等强制性和混合性工具，持《就业培训券》人员可根据自己的就业愿望自主选择定点培训机构和培训项目参加培训；通过中央转移支付、失业保险基金扩大支出范围及本级财政安排，落实《就业培训券》使用所需资金的举措。

就劳动就业服务领域来看，成都市自愿性工具运用相对较少，有市场和自愿性组织两种。具体举措为《成都市农业产业结构调整培训就业行动计划》中，提出广泛动员社会、企业参与农民实用技术培训；《促进养老服务人才就业工作的具体措施》中，鼓励非政府组织、慈善组织参与养老服务人才的培养。

三 社会保险改革与创新的政策工具

就社会保险服务领域来看，成都市在养老保险领域出台了系列法规，构成成都市统筹城乡养老保险、完善城乡养老保险管理的重要法规体系。其中包括《成都市农民养老保险办法》、《成都市企业职工基本养老保险社会统筹与个人账户相结合实施细则》、《成都市城乡居民养老保险试行办法》等。

在成都市养老保险政策领域，强制性工具是主要的选择，包括公共财政支出、法规、指示指导、建立和调整规则等，强制性工具的运用，系统地规范了农民养老保险、企业职工养老保险、城乡居民养老保险的实施办法，同时对参保人员信息管理办法、资金筹措办法进行了详细的规定。同时，为完善城乡居民基本医疗保障体系，实现城镇居民基本医疗保险与新型农村合作医疗一体化，成都市逐步建立起了一套城乡一体化的基本医疗保险法规体系。在系列医疗保险制度政策中，以强制性政策工具的使用为主，针对城乡居民和医疗机构出台了《成都市城乡居民基本医疗保险暂行办法》、《成都市城乡基本医疗保险门诊统筹暂行办法》、《成都市基本医疗保险异地就医管理办法》等系列法规。

四 社会服务改革与创新的政策工具

为了提升残疾人就业、医疗、康复、教育等服务提供的质量，成都市先后出台了《关于实施县级残疾人综合服务中心标准化建设的意见》、《关于进一步加强残疾人体育工作的通知》、《关于贯彻落实国务院残疾人就业条例的意见》等政策，涉及残疾人综合服务中心标准化建设、残疾人体育工作、残疾人就业工作等方面；除此之外，成都市还多次出台行政规章对现有社会救济服务相关制度进行规范，如《成都市无障碍设施建设与管理办法》、《成都市按比例安置残疾人就业办法》、《成都市城乡居民基本医疗保险暂行办法》等。此外，体系建设和调整、政府机构改革、指示指导、公共财政支出、政府购买、政策试点、政府机构能力建设等强制性工具也得到了一定程度的运用。

在疾病救助和养老服务等领域，成都市多次使用了税收优惠、利率优惠、消费补贴或者是直接补助等政策工具。在2013年出台的《成都市疾病应急救助实施方案》中，成都市政府使用了鼓励号召的政策工具，鼓励社会各界向市级疾病应急救助基金捐赠资金，号召社会力量积极参与社会救助。

成都市残疾人服务政策中，自愿性政策工具主要运用于 2007 年印发的《成都市残疾人事业发展第十一个五年规划》所提出的鼓励社会力量兴办福利企业，吸引境外慈善组织捐助善款等措施，包括市场和自愿性组织两种工具。

五　医疗卫生改革与创新的政策工具

就医疗卫生服务领域来看，为了全面提升政府部门在食品药品安全、流行疾病控制、医疗卫生体系管理的能力，在加强政府医疗卫生监管、服务能力的改革中，成都通过监督、指示指导、建立和调整规则等强制性工具的选择，细化政府在管理中的职责，提升政府在各领域的监督和管理的能力。例如《关于加强医疗应急救治能力建设的实施意见》提出了成立市医疗应急救治能力建设领导小组，对医疗应急救援队伍建设、医疗应急救治基地建设、应急事件医疗救治等方面给予财政支持的措施；在乡镇公立卫生院的设立中，成都市政府先后出台了《成都市人民政府关于乡镇公立卫生院规范化建设的实施意见》、《成都市乡镇公立卫生院管理暂行办法》，提出对乡镇公立卫生院从管理体制、功能定位、财务、药品、基础设施、人才队伍建设和内部运行等方面进行规范管理，并出台了乡镇公立卫生院的具体管理办法。

就医疗卫生服务领域来看，混合性政策工具是该领域政策的重要政策工具选择，包括鼓励号召、舆论宣传、税收优惠、信息公开等。例如在成都市深化医疗体制改革领域中，先后出台了《成都市人民政府办公厅关于支持和引导民营医疗机构发展的意见》、《成都市人民政府关于进一步鼓励和引导社会资本发展医疗卫生事业的意见》，提出鼓励社会资本兴办民营医疗机构，放宽社会资本举办医疗机构的准入范围，支持社会办医主体兴办高水平的综合或专科医疗机构；提出利用媒体宣传国家有关鼓励、支持、引导民营医疗机构发展的方针政策，宣传民营医疗机构在构建新型医疗卫生服务体系中的重要地位和作用，宣传和表彰民营医疗机构中涌现出的先进典型，扩大民营医疗机构的社会影响。

六　住房保障改革与创新的政策工具

就住房保障服务领域来看，强制性政策工具主要运用于成都市保障性住房的管理、监督以及灾后住房重建、农村保障性住房体系构建等方面。2008年汶川地震后，成都出台了系列灾后住房重建和住房保障的政策，包括《关于开展市政基础设施和房屋建筑地震灾害调查评估工作意见的紧急通知》、《关于坚持统筹城乡发展加快灾后农村住房重建的意见》、《关于开展市政基础设施和房屋建筑地震灾害调查评估工作意见的紧急通知》、《关于加快灾后城镇住房重建工作的意见》等政策，主要运用了指示指导、机构设置、建立和调整规则等强制性手段，加快解决灾后城乡居民的住房问题，推进农村土地和房屋体制改革。2011年，成都市先后出台了《成都市城乡房屋登记规则（试行）》、《保障性住房使用管理办法（试行）》、《成都市住房保障档案管理暂行规定》、《公共租赁住房集体合租管理暂行办法》、《成都市中心城区保障性住房互换暂行办法》、《成都市配建公共租赁住房移交划转管理暂行办法》等行政法令，以法规的形式规范了廉租房、经济适用房、保障性住房申请、审核、物业管理等方面的具体实施办法。此外，成都市还出台了建立住房审查机制、统一廉租房、公租房建设标准等政策，进一步完善了住房保障体系。针对住房困难群体，如低收入家庭、农村教师等出台了具体的住房保障办法。总的来说，在成都市保障性住房体系构建和管理体制完善中，法规、计划、建立和调整规则、设定和调整标准等强制性政策工具运用较多。

就住房保障服务领域来看，主要运用了直接补助的混合性工具。成都市在2010年出台《关于发展公共租赁住房的实施意见》，提出公共租赁住房实行以实物配租为主、货币补贴相结合的方式进行保障。在2011年出台的《成都市中心城区廉租住房物业管理费补贴规定》以及2013年出台的《成都市中心城区廉租住房物业服务费补贴规定》中，明确提出由市财政拨付物业管理费补贴专项资金，用于符合物业管理费补贴条件的家庭租住廉租住房支付物业管理费用。

七　公共文化改革与创新的政策工具

就公共文化体育领域来看，在成都市先后出台的《成都市创建国家公共文化服务体系示范区规划（2011—2015）》、《关于进一步加强残疾人体育工作的通知》、《成都市体育产业发展规划（2010—2020）》等政策中，主要运用了指示指导、计划、机构设置、监督、公共财政支出等强制性政策工具，提出加大文博基础设施建设力度，加大公共财政投入力度，提高公共体育产品和服务的供给能力，成立成都市创建国家公共文化服务体系示范区工作领导小组等举措。

就公共文化体育领域来看，混合性政策工具主要使用的补贴，在《成都市体育产业发展规划（2010—2020）的通知》中，成都市引导社会力量参与体育事业发展，对符合本市体育产业发展方向的体育产品、服务、项目和企业，采取贷款贴息、项目补贴等方式给予扶持。

就公共文化体育领域来看，成都市主要运用了自愿性政策工具，探索公共文化设施建设、服务供给的市场化运作方式。例如《成都市体育产业发展规划（2010—2020）》中提出鼓励社会各界捐赠、参与青少年体育活动场所（包括新建场所）建设，鼓励和支持有条件的体育企业进入资本市场融资；《成都市创建国家公共文化服务体系示范区规划（2011—2015）》中提出面向市场、引入竞争、探索市场参与的公共文化供给。

八　环境保护改革与创新的政策工具

近年来，为了更好地指导成都市环境治理工作的进行，成都市先后出台了《关于进一步深化城乡环境综合治理的意见》、《关于进一步加强环境保护重点工作的实施意见》等举措，主要运用了指示指导、计划、监督、体系建设和调整、许可证和执照等强制性政策工具，系统地规划了成都市在完善城乡环卫工作、深化大气和水环境治理的重点工作，提出了监督污染物排放量、加强污染物防治、建立环境综合治理规划体系等系列措施。总体来看，在环保政策的强制性工具运用中，以规制类（如监督、设定和调整标准、检查检验等）以及命令性和权威性类（指示指导、机构设置、计划等）政策工具运用为主。

成都市在 2008 年出台的《成都市城市生活垃圾处理收费管理办法》中，尝试运用向使用者收费的混合性工具，向产生城市生活垃圾的居民和单位征收生活垃圾服务费。此外，还舆论宣传的工具，通过各类媒体手段宣传创卫行动，开展环保教育，提升居民的环保意识。

成都市环境政策中运用市场政策工具，丰富环保服务的提供方式，运用市场化的方式深化环境污染治理体系的改革。2011 年《关于进一步深化城乡环境综合治理的意见》发挥市场机制作用，鼓励和吸引社会资金参与城乡环境综合治理；2014 年《关于进一步加强基层生态环境保护工作的通知》提出运用市场化方式开展环境污染治理。

第三节　成都市整体性公共服务满意度

一　样本统计描述

1. 户籍类型、性别与年龄

成都市 399 位受访者中，本市户籍的 238 人，占比 59.6%；非本市户籍 161 人，占比 40.4%。男性 204 人，占比 51.1%；女性 195 人，占比 48.9%。20 岁以下的 8 人，占比 2.0%；20—29 岁的 178 人，占比 44.6%；30—39 岁的 117 人，占比 29.3%；40—49 岁的 55 人，占比 13.8%；50—59 岁的 33 人，占比 8.3%；60 岁以上的 8 人，占比 2%。

2. 职业类型

成都市 399 位受访者中，政府公务员 56 人，占 14%；事业单位工作者 58 人，占比 14.5%；企业/公司工作者 121 人，占比 30.3%；商业服务人员 23 人，占比 5.8%；个体经营人员 24 人，占比 6%；待业下岗人员 3 人，占比 0.8%；离退休人员 11 人，占比 2.8%；在校学生 54 人，占比 13.5%；其他从业者 49 人，占 12.3%。

3. 受教育程度

成都市 399 位受访者中，教育程度为小学以下学历的受访者 3 人，占比 0.8%；初中学历的 27 人，占比 6.8%；高中/中专学历的 59 人，占比 14.8%；大专学历的 89 人，占比 22.3%；本科学历的 153 人，占比 38.3%；

研究生及以上学历的 68 人，占比 17%。其中，学历为本科与研究生及以上的受访者占比 55.3%。

4. 月收入情况

成都市 399 位受访者中，无固定收入者占全部受访者的 59 人，占比 14.8%；1000 元以下的 18 人，占比 4.5%；1001—3000 元的 90 人，占比 22.6%；3001—5000 元的 133 人，占比 33.3%；5001—8000 元的 62 人，占比 15.5%；8001—10000 元的 19 人，占比 4.8%；10001—15000 元的 14 人，占比 3.5%；15001—20000 元的 3 人，占比 0.8%；20001 元以上的 1 人，占比 0.3%。

5. 平均每天使用网络时间

成都市 399 位受访者中，平均每天使用互联网的时间在 2 小时以下的 61 人，占比 15.3%；2—4 小时的 152 人，占比 38.1%；5—7 小时的 103 人，占比 25.8%；8 小时及以上的 83 人，占比 20.8%。

6. 接触网络时间

成都市 399 位受访者中，接触网络时间为 1 年以下的 18 人，占比 4.5%；1—5 年的 70 人，占比 17.5%；6—10 年的 156 人，占比 39.1%；10 年及以上的 155 人，占比 38.8%。

7. 政府接触经验

成都市 399 位受访者中，亲自申请或接受过婚育服务的 41 人，占比 10.3%；亲自申请或接受过医药卫生服务的 113 人，占比 28.3%；亲自申请或接受过社会保障服务的 158 人，占比 39.6%；亲自申请或接受过劳动就业服务的 50 人，占比 12.5%；亲自申请或接受过教育文化服务的 82 人，占比 20.6%；亲自申请或接受过户籍身份服务的 101 人，占比 25.3%；亲自申请或接受过住房保障服务的 67 人，占比 16.8%；亲自申请或接受过基本社会服务（如社会救助、基本养老、优抚安置、死亡殡葬）的 39 人，占比 9.8%；亲自申请或接受过证照申领服务的 100 人，占比 25.1%；亲自申请或接受过公用事业服务的 123 人，占比 30.8%；亲自申请或接受过申报纳税服务的 60 人，占比 15%；亲自申请或接受过法律服务的 28 人，占比 7%；亲自申请或接受过交通运输与观光旅游服务的 60 人，占比 15%；亲自申请或接受过民族宗教服务的 6 人，占比 1.5%；其他服务的 83 人，占比 20.8%。

二 整体性公共服务满意度

1. 成都市受访者对政府服务表现与服务形象的满意度较低

如表6-1所示,在成都市399位受访者中,对政府服务质量表示满意的148人,占比37.1%,其中,对政府服务质量表示比较满意的118人,占比29.6%;十分满意的30人,占比7.5%。不满意的83人,占比20.8%,其中,不太满意的65人,占比16.3%;十分不满意的18人,占比4.5%。对政府在服务创新与便民方面所做的努力表示满意的有194人,占比48.6%,其中,比较满意的155位,占比38.8%;十分满意的为39人,占比9.8%。表示不满意有66人,占比16.5%,其中,不太满意的54人,占比13.5%;十分不满意的12人,占比3%。在对政府危机处理能力表示满意的有152人,占比38.1%,其中,比较满意的117人,占比29.3%;十分满意的35人,占比8.8%。表示不满意的89人,占比22.3%,其中,不太满意的64人,占比16%;十分不满意的25人,占比6.3%。

表6-1   成都受访者对服务表现与服务形象的满意度

	十分不满意	不太满意	一般	比较满意	十分满意	合计
整体而言,您满不满意政府服务的质量?	18人 4.5%	65人 16.3%	168人 42.1%	118人 29.6%	30人 7.5%	399人 100%
整体而言,您满不满意政府在服务创新与便民(如电子政府、网上缴税等)方面所做的努力?	12人 3%	54人 13.5%	139人 34.8%	155人 38.8%	39人 9.8%	399人 100%
整体而言,您满不满意政府危机处理的能力?	25人 6.3%	64人 16%	158人 39.6%	117人 29.3%	35人 8.8%	399人 100%

资料来源:作者自行整理所得。

以五分量表计,成都市受访者对政府服务质量的满意度得分为3.193,对政府服务创新与便民的满意度得分3.389,对政府危机处理能力的满意度得分为3.183。成都市受访者对政府服务表现与服务形象的满意度较低,对政府服务表现与服务形象整体评价的平均得分为3.255。

2. 成都市受访者对政府优质便民服务满意度较低

如表 6-2 所示，在成都市 399 位受访者中，对政府部门人员服务态度满意的有 144 人，占比 36.1%；不满意的 106 人，占比 26.5%。对政府部门服务人员专业性的满意的 142 人，占比 35.6%；不满意的 86 人，占比 21.5%。对政府部门服务流程满意的 133 人，占比 33.3%；不满意的 116 人，占比 29.1%。对政府部门对老、弱、病、残、孕、婴、幼等特殊群体提供服务满意的 195 人，占比 48.8%；不满意的 75 人，占比 18.8%。对政府部门服务人员办事效率满意的 111 人，占比 27.8%；不满意的 147 人，占比 36.8%。对政府部门处理群众投诉的方式满意的 113 人，占比 28.4%；不满意的 132 人，占比 33.1%。对政府部门环境设施便利性满意的 182 人，占比 45.6%；不满意的 73 人，占比 18.3%。

表 6-2　　　　　　　成都受访者对优质便民服务的满意度

	十分不满意	不太满意	一般	比较满意	十分满意	合计
您满不满意政府部门服务人员的服务态度？	30 人 7.5%	76 人 19%	149 人 37.3%	107 人 26.8%	37 人 9.3%	399 人 100%
您满不满意政府部门服务人员的专业性？	24 人 6%	62 人 15.5%	171 人 42.9%	103 人 25.8%	39 人 9.8%	399 人 100%
您满不满意政府部门的服务流程？	32 人 8%	84 人 21.1%	150 人 37.6%	97 人 24.3%	36 人 9%	399 人 100%
您满不满意政府部门对老、弱、病、残、孕、婴、幼等特殊群体提供的服务？	20 人 5%	55 人 13.8%	129 人 32.3%	143 人 35.8%	52 人 13%	399 人 100%
您满不满意政府部门服务人员处理事情的速度？	56 人 14%	91 人 22.8%	141 人 35.3%	85 人 21.3%	26 人 6.5%	399 人 100%
您满不满意政府部门处理群众投诉的方式？	43 人 10.8%	89 人 22.3%	154 人 38.6%	90 人 22.6%	23 人 5.8%	399 人 100%
您满不满意政府部门的环境设施的便利性？	18 人 4.5%	55 人 13.8%	144 人 36.1%	143 人 35.8%	39 人 9.8%	399 人 100%

资料来源：作者自行整理所得。

以五分量表计，成都市受访者对政府部门人员服务态度的满意度得分为
3.113，对政府部门服务人员专业性的满意度得分为 3.178，对政府部门服务
流程的满意度得分为 3.053，对弱势群体服务满意度的得分为 3.381，对政府
部门服务人员办事效率的得分为 2.835，对政府部门处理群众投诉满意度的满
意度得分为 2.902，对政府部门环境设施便利性的满意度得分为 3.326。成都
市受访者对政府优质便民服务满意度较低，对政府优质便民服务整体满意度的
平均得分为 3.112。

3. 成都市受访者对政府信息服务满意度较低

如表 6 - 3 所示，在成都市的 399 位受访者中，对政府网站的便利性表示
满意的 163 人，占比 40.9%；不满意的 75 人，占比 18.8%。对政府网站信息
完整性表示满意的 150 人，占比 37.6%；不满意的 89 人，占比 22.3%。对政
府网站信息丰富度表示满意的 148 人，占比 37.1%；不满意的 90 人，占比
22.5%。对政府网站信息准确性、信息更新及时性表示满意的 158 人，占比
39.6%；不满意的 101 人，占比 25.4%。对政府网站对公民需求或意见的回
应性表示满意的 125 人，占比 31.3%；不满意的 106 人，占比 26.6%。对政
府网站提供的网上办理服务表示满意的 165 人，占比 41.3%；不满意的 78 人，
占比 19.5%。

表 6 - 3			成都受访者对信息服务的满意度			
	完全不同意	不太同意	一般	比较同意	完全同意	合计
我十分满意政府网站的便利性	15 人	60 人	161 人	104 人	59 人	399 人
	3.8%	15%	40.4%	26.1%	14.8%	100%
我十分满意政府网站信息的完整性	18 人	71 人	160 人	91 人	59 人	399 人
	4.5%	17.8%	40.1%	22.8%	14.8%	100%
我十分满意政府网站信息的丰富度	20 人	70 人	161 人	96 人	52 人	399 人
	5%	17.5%	40.4%	24.1%	13%	100%
我十分满意政府网站信息的准确性、信息更新的及时性	15 人	86 人	140 人	100 人	58 人	399 人
	3.8%	21.6%	35.1%	25.1%	14.5%	100%
我十分满意政府网站对我的需求或意见的回应	24 人	82 人	168 人	74 人	51 人	399 人
	6%	20.6%	42.1%	18.5%	12.8%	100%
我十分满意政府网站提供的网上办理服务	14 人	64 人	156 人	107 人	58 人	399 人
	3.5%	16%	39.1%	26.8%	14.5%	14.5%

资料来源：作者自行整理所得。

　　以五分量表计，成都市受访者对政府网站便利性的满意度得分为 3.331，对政府网站信息完整性的满意度得分为 3.256，对政府网站信息丰富度的满意度得分为 3.226，对政府网站信息准确性、信息更新及时性的满意度得分为 3.251，对政府网站回应性的满意度得分为 3.115，对政府网站在线申办服务的满意度得分为 3.328。成都市受访者对政府信息服务满意度较低，对政府信息服务满意度整体评价的平均得分为 3.251。

　　4. 成都市受访者对政府创新便民服务的满意度较低

　　如表 6-4 所示，在成都市的 399 位受访者中，对推行政府网站所带来的便民实效表示满意的 201 人，占比 50.4%；不满意的 67 人，占比 16.8%。对使用政府网站的经历感到满意的 173 人，占比 43.4%；不满意的 65 人，占比 16.3%。

表6-4　　　　　　　　　成都受访者对创新便民服务的满意度

	完全不同意	不太同意	一般	比较同意	完全同意	合计
我十分满意推行政府网站所带来的便民实效	17 人 4.3%	50 人 12.5%	131 人 32.8%	122 人 30.6%	79 人 19.8%	399 人 19.8%
我对使用政府网站的经历感到满意	12 人 3%	53 人 13.3%	161 人 40.4%	112 人 28.1%	61 人 15.3%	399 人 100%

　　资料来源：作者自行整理所得。

　　以五分量表计，成都市受访者对政府网站所带来的便民实效性满意度的得分为 3.491，对政府网站使用经历的满意度得分为 3.394。成都市受访者对政府创新便民服务的满意度较低，对政府创新便民服务满意度整体评价的平均得分为 3.442。

　　综上所述，成都市受访者对政府服务表现与服务形象的满意度较低，对政府服务表现与服务形象整体评价的平均得分为 3.255，仅有 37.1% 的受访者对政府的服务质量感到满意，仅有 48.6% 的受访者对政府在服务创新与便民方面所做的努力感到满意，38.1% 的受访者对政府危机处理的能力感到满意。

　　成都市受访者对政府优质便民服务满意度较低，对政府优质便民服务整体满意度的平均得分为 3.112。仅有 36.1% 的受访者对政府部门人员的服务态度感到满意，35.6%的受访者对政府部门人员的专业性感到满意，33.3%的受访者对政府部门的服务流程感到满意，48.8%的受访者对政府部门对弱势群体的服务表示满意，27.8%的受访者对政府部门服务人员办事效率感到满意，27.8%的受访者对政府部门处理群众投诉的方式感到满意，45.6%的受访者对政府部门环境设施的便利性表示满意。

成都市受访者对政府信息服务满意度较低，对政府信息服务满意度整体评价的平均得分为3.251。有40.9%的受访者对政府网站的便利性表示满意，37.6%的受访者对政府网站信息的完整度表示满意，37.1%的受访者对政府网站的信息丰富度表示满意，39.6%的受访者对政府网站的信息准确性、更新及时性表示满意，31.3%的受访者对政府网站对公民需求或意见的回应性表示满意，41.3%的受访者对政府网站提供的网上办理服务表示满意。

成都市受访者对政府创新便民服务的满意度较低，对政府创新便民服务满意度整体评价的平均得分为3.442。50.4%的受访者对政府网站所带来的便民实效性感到满意，43.4%的受访者对政府网站的使用经历感到满意。

第 七 章

重庆市综合配套改革中的
公共服务创新

自2007年被确定为全国统筹城乡综合配套改革试验区以来，重庆市以政府为主导，以民生服务为目标，在促进城乡生产要素双向流动、规划城乡产业结构发展、构建城乡公共服务协调发展机制等方面取得了明显的效果。本章从大部制改革与跨部门协同、整体性预算体系、政府购买服务、全过程优质监管体系、整体性伦理规范与廉政建设、电子治理等方面系统剖析重庆市政府推进公共服务改革与创新的主要进展，从强制性政策工具、自愿性政策工具和混合性政策工具三个维度系统剖析重庆市政府推进公共服务改革与创新的政策工具，通过整体性公共服务满意度调查对重庆市公共服务改革与创新的成效进行了初步评价。

第一节　重庆市公共服务改革与创新的主要进展

一　推进大部制改革与跨部门协同

1. 推进以大部制为核心的政府机构改革

2008年8月，重庆将原有的市农办、市农业局、市农机局、市农综办4个部门资源整合，成立新的市农委，减少了16个处室，50多名人员，形成"大农业"。在市农委大部制改革试点的基础上，重庆市于2008年9月出台了《重庆市人民政府行政机构设置与编制管理办法》。2009年3月，《重庆市人民政府机构改革方案》公布，参照国务院机构框架对本地市级政府进行了相应调整，如组建人力资源和社会保障厅、城乡建设委员会、升格环境保护部门等。

2009年11月17日，重庆市江北区率先开始新一轮地方政府机构改革。撤销物价局、劳动和社保局等行政机构7个；撤销经委、建委等党工委8个；撤销老龄委办等履行行政职能的事业单位8个。同时，经济委员会更名为经济和信息化委员会，建设委员会更名为城乡建设委员会，市政绿化管理委员会更名为市政园林管理局，人防办公室更名为民防办公室。2009年12月1日，重庆市九龙坡区启动大部制改革。共整合、撤销包括街工办、统筹办、政研室、招商局、农业办在内13个部门和机构，规范清理调整隶属关系和更名法制办、机关事务局，改革后，九龙坡区政府共设置工作部门29个。2009年12月11日，继江北区、九龙坡区之后，黔江区启动大部制改革。此次涉及机构整合、职能调整、机构更名的部门共17个，改革后、全区共设置政府工作部门32个。整体上，重庆市各区县的大部制改革的改革方式和职能部门划分基本与市级部门保持一致。三区都将人事局、劳动和社会保障局实施了整合，组建人力资源和社会保障局；同时，将建委更名为城乡建设委员会，将经济委员会更名为经济和信息化委员会等。

2. 以领导小组推动跨部门协同

跨部门协同是政府机构改革的重要内容，也是大部制改革的重要补充。重庆市在跨部门协同领域先试先行，大胆创新，以灵活的领导小组形式推动了政府部门间的协同管理。

2007年，为做好城镇居民基本医疗保险试点工作，市政府决定成立重庆市城镇居民基本医疗保险工作领导小组。组长由分管副市长担任，领导小组下设办公室，办公室设在市劳动保障局，具体负责处理日常工作。为推进基层医疗卫生机构管理信息系统建设项目工作，重庆市还在区县一级设立基层医疗卫生机构管理信息系统建设项目领导小组，例如黔江区。领导小组组织实施和统一管理项目工作，为项目实施提供人员和经费保障，研究解决项目工作中存在的困难和问题。

为贯彻落实《国家中长期教育改革和发展规划纲要（2010—2020年）》，加快推进教育信息化进程，重庆在2012年成立市教委教育信息化领导小组。领导小组主要负责组织落实教育规划纲要对信息化提出的各项任务和市教委推进信息化工作的重大决策与总体部署等工作。2014 年，为贯彻落实党的十八届三中全会精神和市委全面深化改革的工作部署，深入推进教育领域综合改革，重庆市建立市委教育工委、重庆市教委深化教育领域综合改革领导小组，负责对教育领域综合改革的诸多事宜进行统筹安排。

2014 年，为深入贯彻落实党中央、国务院关于"积极应对人口老龄化"的战略部署，认真做好重庆市卫生计生老龄工作，重庆市卫生计生老龄工作领导小组成立。领导小组负责协调相关部门，统筹组织开展卫生计生老龄工作。

综合配套改革试点以来，重庆市逐渐在各区县铺开住房保障工作领导小组。2010 年，重庆九龙坡区成立住房保障工作领导小组，负责全区低收入家庭住房保障管理工作，负责统筹管理全区保障性住房和廉租住房实物和资金，做好资金专户管理和计划分配，探索多渠道筹集资金，解决房源和补贴资金等问题等。2011 年，江津区成立保障性住房建设领导小组，由区长担任组长，负责全区保障性住房建设的组织、协调、日常监督管理等工作。

根据《重庆市统筹城乡综合配套改革试验总体方案》的要求，重庆市于2009 年成立由市政府主要领导任组长、有关部门负责人参加的统筹城乡综合配套改革领导小组。综合配套改革办公室负责领导小组日常工作，牵头拟订并组织实施年度改革工作要点和重大专项改革方案，如统筹城乡的就业和社会保障、社会事业改革发展、土地利用改革等。

2014 年，为了进一步深化改革，重庆市成立市委全面深化改革领导小组，由党委书记任组长，市长和分管副市长任副组长，全面负责重庆市改革的总体设计、统筹协调、整体推进、督促落实。为了加强统筹协调，全面推进依法治市各项工作，重庆市在2014 年还成立了市委全面推进依法治市领导小组，市委书记任小组组长。领导小组通过贯彻落实中央有关全面推进依法治国的重大方针政策和决策部署；研究确定全面推进依法治市的重大原则、方针政策、总体方案；安排部署重点工作；统筹协调处理重大问题；指导、推动、督促重大政策措施的组织落实等加强对全面推进依法治市工作的整体谋划、统筹协调和指导督促。

二　现代财政管理制度和全口径预算机制

党的十八届三中全会以后，重庆财政按照财政部和市委、市政府工作部署，积极谋划财税改革。2014 年，重庆财政推出了深化财税改革的"3＋2"方案，25 项重点改革向社会公开，重庆财税改革从"工程设计"向"正式施工"转变。"3"是改进预算管理制度、建立事权和支出责任相适应的制度、完善税收制度；"2"是转变支持经济发展方式、严控政府性债务（邓勇，2014）。

2015 年，重庆市进一步推进转移支付改革、预算管理改革，并完善税收制度，严控政府债务，积极构建现代财政管理制度和全口径预算机制（廖雪梅，2015）。通过改革、清理、整合部分专项转移支付并实行名录管理；建立全口径预算管理体系并扩大预决算公开范围，将 96 个市级部门和所有区县预算向社会公开；选取 100 个项目开展全程跟踪评价，推广全过程绩效预算管理；清理规范财税扶持政策，市和区县共取消 276 项，调整 233 项；出台《重庆市政府性债务管理办法》，完善债务风险预警机制。

三　事业单位分类改革和法人治理结构建设

事业单位一直是我国公共服务供给的主体，事业单位分类改革与基本公共服务体系建构之间存在内在紧密联系。2008 年，国务院明确重庆为全国事业单位分类改革试点省市，重庆市把"积极稳妥推进事业单位改革"的要求，纳入了《重庆市国民经济和社会发展第十二个五年规划》中予以明确。2011年，重庆成立了"重庆市分类推进事业单位改革工作领导小组"，由市委、市政府领导任组长、副组长，领导小组办公室设在市编办，承担重庆全市事业单位分类改革日常工作。重庆还把事业单位改革工作任务和指标，纳入了对区县、市级部门工作的考核之中，从 2011 年起作为政府重点改革任务予以分解落实到相关责任部门和单位。

重庆市高度重视事业单位分类改革政策的制度设计。对照中央陆续出台的"1＋11"事改配套文件，制定出台了重庆事改"1＋8"文件体系，即《关于分类推进事业单位改革的实施意见》和分类方案、财政政策、人事制度改革、行政类改革、收入分配改革、机构编制管理、完善法人治理结构、加强党的建设 8 个配套文件，初步构建了重庆事改政策框架体系。2012 年，重庆市人民政府办公厅下发了《关于加强和完善事业单位机构编制管理的意见》，要求加强和完善事业单位机构编制管理，落实事业单位法人自主权，实行事业单位分级分类管理。2012年2月，重庆市发布了《重庆市人民政府办公厅关于行政类事业单位改革的意见》，要求按照政事分开的原则，结合深化行政管理体制改革和政府机构改革，多渠道分流行政类事业单位，推进事业单位承担的行政职能逐步划归行政机构。

重庆市重点在教育、卫生、科技、文化等领域探索符合市情的法人治理结构建设模式。选择市红十字会医院作为国家事业单位登记管理局联系的试点单位进行试点，按照"政事分开"的原则，探索建立了以理事会为核心，以院长为法人，决策、监督和执行相分离的公立医院管理模式，理事会由社会公众代表、医保机构代表、财政部门代表、医院专家、医院职工代表、医院院长和医院党组织负责人等组成。在坚持党管干部的原则下，理事会作为决策和监督机构，负责任免院长，审议单位的业务发展规划、财务预决算等重大事项；管理层作为理事会的执行机构，实行院长负责制，对理事会负责。在此基础上，选择了重庆市图书馆等4家市级单位以及万州、梁平等20个区县的21家事业单位开展试点。同时，开展了事业单位登记管理制度改革，取消年检，改为年度报告公示；取消验资，改为确认登记，减轻了事业单位的负担，并加强了社会监督。

四　政府购买服务与政社合作

重庆市将政府购买服务作为重庆市加速政府职能转变、推进事业单位改革的重点配套改革来督办落实。改革举措主要有以下四个方面。

一是研究制定了《重庆市政府购买服务暂行办法》，对该市政府购买服务的基本原则、基本要素、程序与方式、预算管理、保障监督等五个方面进行了规范和明确。

二是采取"先清理、后界定"的方式，对市级各部门涉及的公共服务事项进行全面清理。按照已全部纳入社会化购买、部分纳入社会化购买、拟纳入社会化购买和不纳入社会化购买四类进行分类。在对公共服务事项进行清理、分析、界定的基础上，结合加快政府职能转移的总体要求，制定发布了《重庆市市级政府购买服务指导性目录》，明确了重庆市政府购买服务的基本范围。

三是将推广政府购买服务的要求贯彻到2016年部门预算编制工作中，督促和协调部门将符合条件的服务事项转化为政府购买服务的方式实施，牵头形成全年购买服务计划并严格执行，配合媒体加大政策宣传，确保社会广泛知晓和参与。

四是注重社会组织主体的培育。重庆市在推进现代社会组织管理体制的建设过程中，稳妥推进社会组织直接登记，逐步下放符合条件的社会组织登记管理权限；注重引导和规范通过网络发起、开展的社会服务活动，充分发挥其积极作用；加大各级政府向社会组织购买服务力度，并积极争取财政部门专项资金的支持；建立和完善政府与社会组织、社会服务机构之间的衔接机制，实现社会服务信息的对接、共享和匹配；指导社会组织以组织章程为核心，建立健全内部治理结构，完善决策、执行、监督制度和决策机构议事规则，加强内部控制和内部审计，确保人员、财产、慈善活动按照法律法规和组织章程的要求有序运作；推动社会组织树立信息公开的意识、强化信息公开的责任，并按时对慈善组织信息公开工作进行严格考核。

五 行政审批制度改革和大市场监管体系建设

重庆市市场监管体制改革从三方面展开，一是深化行政审批制度改革，继续简政放权；二是开展权力清单建设，把政府权力放进笼子里；三是构建大市场监管体制，为市场提供优质监管服务。

1. 深化行政审批制度改革

重庆市先后实施了 8 轮行政审批项目清理和 5 轮区县扩权改革，共取消和调整 1277 项审批项目，累计向区县放权 1000 余项，向乡镇政府下放 24 项行政执法职责、14 项执法事项（邓勇，2012）。重庆市还将大部分行政审批服务事项都纳入各区县的行政服务中心（或市级政府部门的审批服务大厅）"一站式"集中办理，并在乡镇、村社设立便民服务中心或代办点，建立了行政审批电子监察系统，对受理、承办、审核、批准和办结五大环节实施全过程动态监控，并且就行政许可受理、听证、统计、评价、监督、考评、追责等内容出台了十余项相关政策，以进一步优化审批流程、规范审批行为、提高审批效率、加大审批监督力度。

2. 推行权力清单制度

权力清单制度是阳光行政的关键之举。2014 年 5 月，重庆市大渡口区卫生局对 20 个行政审批事项进行了全面清理，并首次向社会公布了行政审批权力清单。2014 年 6 月，重庆市国税局对重庆市国税系统税务行政审批权力、行政处罚权力进行了全面清理，起草了《重庆市国税系统税务行政审批权力清单及其运行流程图（征求意见稿）》、《重庆市国税系统税务行政处罚权力清单及其运行流程图（征求意见稿）》。两个月之后，重庆两江新区率先启动行政权力清理，列出权力清单，依法公开各级行政机关职能、管理依据和权力运行流程，为两江新区深化开发提供了良好的政务环境。同年 12 月，重庆渝北区 10 个职能部门，作为第一批单位，联合公布了权力清单。

3. 建立"大市场监管"管理体系

重庆市以大部制改革和电子信息技术为依托，初步构建起了"大市场"的监督管理体系。2014 年 6 月，重庆市两江新区将质监、食药、工商三局合并，成立了两江新区市场和质量监督管理局，实现多局合一。2015 年 7 月，重庆市工商局发布《关于进一步加强后续监管严格规范登记的通知》（渝工商发〔2015〕14 号），提出了加强后续监管的四类措施：狠抓年报公示工作、落实抽查监管任务、强化信用约束手段等常规工作；开展网格分类监管、探索大数据监管运用等创新工作；加大主体监管力度、加强违法行为查处等日常监管工作；严格登记审查把关、从严审查代理机构等注册登记工作。2015 年，继《重庆市公共信用信息目录（2015 年版）》印发后，重庆市工商局再次组织制定了《企业信用信息归集规范》，对政府部门信息归集的依据、原则、平台、类别及范围、周期、方式等方面进行了具体规定。借助"重庆市企业信息联合征信系统"，重庆市对所有企业信用信息进行了归集，归集内容包括"企业资质、行政许可、分类监管、检验检测、荣誉、司法判决、行政处罚、欠薪欠费、欠税欠贷黑名单、其他类"共 10 类信息，从源头上加强企业信用体系建设。

六　公共服务伦理规范和廉政建设

1. 全面强化干部监督工作

重庆坚持全程、全面、全员、全息"四个监督"一起抓，教育、监督、查处、制度"四个手段"一起上，从做细"三项工作"与强化"三项监督"两个方面入手，从严加强领导干部日常管理监督。其中，做细"三项工作"

包括做细谈心谈话、做细综合研判以及做细干部监督信息库。强化"三项监督"包括强化巡视监督、强化审计监督以及强化督查监督（胡天辉，2014）。

2. 严明政治纪律和生活作风

2013年9月11日，重庆市委常委会会议审议通过了《重庆市党员干部政治纪律"八严禁"》、《重庆市党员干部生活作风"十二不准"》等文件，文件强调必须确保"八严禁"、"十二不准"不折不扣落实到位，要求结合重庆全市党的群众路线教育实践活动，结合正风肃纪等五个专项行动，加大宣传教育力度，使党员干部人人知晓、入脑入心。各级党员领导干部做好表率，各级纪检监察机关、组织人事部门和党委、政府督查机构要加大查处力度，对违反"八严禁"和"十二不准"的，坚决发现一起、查处一起。对顶风违纪者严肃处理，确保制度执行到位。

七 电子政务和公共服务信息化

近年来，重庆市大力推进电子政务发展，充分发挥信息化在公共服务改革发展的重要支撑作用，提升政务部门履行职责能力和水平，建设人民满意的服务型政府。

1. 规范电子政务网络建设，提升电子化服务水平

为进一步完善与政府履职相适应的电子政务发展体系，提升信息化条件下政府治理能力，2015年6月，重庆市政府第96次常务会议审议通过了《重庆市人民政府办公厅关于促进电子政务协调发展的实施意见》，提出用5年左右时间，全面建成统一规范的重庆全市电子政务网络，实现"重庆全市网络信息安全保障能力显著增强，信息共享、业务协同和数据开放水平大幅提升、服务政府决策和管理的信息化能力明显提高，网上行政审批业务协同和效能监管明显加强、政府公共服务网上运行全面普及，电子政务统筹协调发展的体制机制更加科学、发展环境更加优化"的电子政务发展目标。

2. 建立政务网站评测体系，推动政府网站建设全面发展

重庆成立了"重庆市政务网站评测中心"，负责建立和完善政务网站评测体系，开展政府网站发展评估工作。2012年9月，在工业和信息化部《政府网站发展评估指标（试行）》的基础上，重庆市信息化领导小组办公室和重庆市经济和信息化委员会联合印发了《重庆市政府网站发展评估办法（试行）》，

旨在通过政府网站发展评估来推动重庆市政府网站集约化建设，提升政府网站服务能力，促进政府网站信息公开、网上办事和政民互动水平进一步提高。重庆市政府门户网站的"工程建设领域项目信息和信用信息公开共享专栏"，实现了与11个市级部门、38个区县、北部新区管委会的"工程建设领域项目信息和信用信息公开共享专栏"的链接，实行重庆全市"一站式"信息公开服务。

3. 加强公共服务信息平台建设，推进服务信息共享和业务协同

重庆开发了重庆市地理信息公共服务平台，包括综合门户系统、公共服务子系统、共享交换子系统、政务地理信息管理子系统和运维管理子系统组成。通过图层设计、管理模式和地址匹配等技术的研究，实现了政务专题信息数据的共享、交换、服务和政务信息管理空间化，充分地满足了各级政府部门电子政务对地理信息空间框架数据及专题数据的应用需求。截至目前，市水利局、环保局、卫生局、农委、公安局、计生委等24个部门已经接入重庆市地理信息共享交换平台使用地理信息服务。重庆市地理信息共享交换平台大大提升了重庆政府部门的空间信息化水平。

4. 推行网上政务公开，构建阳光服务型政府

以政府门户网站为依托，以现代智能技术为手段，重庆市加大政务公开力度，构建阳光服务型政府。2013年11月，"阳光发改委"政务平台开始试运行。该平台包括"阳光审批"、"阳光政务"和"阳光机关"3个子系统，"阳光审批"主要是通过与机关内网相连，统一接收申报文件并登记、分发相关处室办理；"阳光政务"主要是加大政府信息公开力度，主动接受社会公众监督；"阳光机关"则依托现代信息技术，将机关的基础数据库"升级"，优化再造业务流程，提升机关整体的运行效能，并与"阳光审批"内外无缝衔接（李幸，2013）。

5. 借助新兴信息技术，推动公共服务改革创新

重庆市十分注重将现代新兴技术手段与公共服务改革创新相结合。例如，在监管服务方面，重庆将物联网、云计算技术等新技术应用到安全生产电子政务建设中，利用射频识别（RFID）、二维码、全球卫星定位（GPS）、非接触式IC卡等物联网技术对危险化学品的生产、运输、仓储、销售、使用、销毁等6个环节全过程实施监管，将传统粗放式监管转变为危险化学品全过程"看得见、控得住、可追溯、能应急"的精细化监管。

在公共服务应急管理方面，以重庆地理信息公共服务平台和重庆全市"应急一张图"建设为基础，建立各类应急系统和指挥中心。例如，集合了市级卫生应急指挥平台、区县卫生应急指挥中心、市120指挥调度中心、卫生应急移动通信指挥系统等四个部分、17个子系统在内的重庆市卫生应急指挥与决策系统。

在加强城乡统筹服务方面，重庆市打造了12316三农服务热线。热线受理群众咨询超过14万余次，专家直接为农民群众解决疑难问题1.4万多起，其中农业政策类问题占18.6%、农业生产技术类占52.9%、投诉举报类占2.6%、生活服务及其他社会求助占25.9%。

在计划生育和人口管理服务方面，重庆在全国率先实现社保卡制发中利用公安人口信息对参保人员个人信息进行核准、直接调用身份证照片，建立完善了3350余万名人口的全员人口个案数据库。重庆市建立人口信息交换和共享制度，搭建了部门间互联互通、互利互惠的信息交换平台，实现人口计生、公安、民政、卫生、社保、医保、教育等部门之间人口信息适时交换、资源共享，为经济社会决策提供服务。

在行政审批服务方面，重庆从2008年起分两期开展重庆市行政审批电子监察系统建设。一期工程，对建设领域并联审批的主、协办部门开展试点。二期工程基本完成了区县监察平台和视频平台建设和接入，基本完成公共资源交易电子监察平台建设，土地交易、工程建设领域招投标和政府采购系统的接入，完成了市电子监察监控中心的建设，初步实现了实时监控、预警纠错、绩效评估、信息服务、辅助决策等功能。行政审批电子监察目前覆盖44个具有行政审批职能的市级部门和38个区县。

八 基本公共服务城乡统筹

重庆市2007年6月获批全国统筹城乡综合配套改革试验区后，便开始探索改革城乡二元户籍制度的途径，并在区县层面上展开试点。2010年10月，重庆市分别制定了《重庆市户籍制度改革农村土地退出与利用办法（试行）》、《重庆市统筹城乡户籍制度改革社会保障体制实施办法（试行）》等政策，以解决转户农民的土地退出补偿、参加社会保障等问题（李严昌，2011）。在省级范围内针对大规模农村剩余劳动力集中转户，以长期在重庆市城镇务工的农民工为重点转移对象，解决农民进城的农地处置和城市公共服务供给难题，是重庆市户籍制度改革中的三项重大突破（黄志亮、刘昌用，2011）。

在基础教育改革领域，重庆市教委明确将城乡教育均衡发展细化为四项"基本均衡"（李涛、余世琳，2007），即办学条件基本均衡、师资配置基本均衡、管理水平基本均衡、教育质量基本均衡。即，处理好城乡高中教育和城乡义务教育之间的均衡合理关系，处理好普通高中教育与职业高中和成人高中的均衡协调关系，处理好扩大优质高中资源与薄弱农村高中之间的均衡互补关系，处理好城镇义务教育与农村义务教育均衡和谐关系。其统筹城乡教育工作既体现了与重庆城乡社会经济快速、健康发展相一致的特点，也反映出特大移民城市区域文化多元的特点以及直辖市"一圈两翼"城市经济布局的区域特点。

在基本医疗保障领域，重庆市整合城镇居民基本医疗保险和新型农村合作医疗为"重庆市城乡居民合作医疗保险"，探索建立了统一的管理体制，由人力社保部门具体负责管理。凡是具有本市城乡户籍的农村居民和不属于城镇职工医疗保险覆盖范围的城镇居民，包括学生（除大学生外）和儿童，以及其他非从业城镇居民均可在户籍所在地自愿参加城乡居民合作医疗保险（向春玲，2009）。2007年10月，重庆市在江北区、九龙坡区、南岸区、永川区和南川区开展城乡居民合作医疗保险试点，2008年扩大试点达到21个。2009年9月，重庆召开了全市医改工作会，印发了《重庆市人民政府关于深化医药卫生体制改革实施意见（2009—2011年)》、《深化医药卫生体制改革2009年重点工作任务》，全面启动了重庆市深化医药卫生体制改革（王健生，2010）。在加快推进基本医疗保障制度建设工作中，重庆市高度关切困难职工，积极推进农民工、城镇非公有制经济组织从业人员和灵活就业人员参加城镇职工医保。

在社会保障领域，从2007年起，重庆全市全面建立农村居民最低生活保障制度，对农民人均纯收入低于保障标准（每人每年700元）的，给予差额救助，并对享受对象中80岁以上老年人、长期卧床不起的重病人员和一、二级重残人员每年增加120元的救助金。2009年，重庆全市农村低保制度已经建立，纳入农村低保的人数已达70万（李友根，2009）。

在基本住房保障方面，重庆市以公租房为主体和"抓手"，着力构建新的城市住房保障体系，重点解决不属于廉租房、经适房保障对象，又暂时买不起商品房的"夹心层"住房困难问题（宋军，2011）。2010 年 7 月 1 日，《重庆市公共租赁住房管理暂行办法》实施；2011 年，《重庆市公共租赁住房管理实施细则》和《重庆市市级公共租赁住房租金收入管理办法》相继颁布实施。其中，《实施细则》对申请方式、申请条件、申请要求、审核配租、租赁管理、退出管理、出售管理、监督管理、廉租住房的申请等方面做出了详尽解释，是重庆市公租房管理的指南。同时，公租房实行"租售并举"，按收入层次实行差别保障，实现了与现有廉租房、经适房的有机接轨。

第二节　重庆市公共服务改革与创新的政策工具

重庆市在近年来的基本公共服务各领域改革过程中，强制性政策工具使用的比例较大，混合性工具和自愿性工具运用相对较少。在强制性工具中，又以规制以及命令和权威性工具为主。在混合性工具中，补贴以及信息和劝诫工具的运用较为常见。而自愿性工具虽然在总体上较少运用，但社会力量和市场力量在公共教育、医疗卫生、基本社会服务等公共服务领域的应用已经有了初步的尝试。从基本公共服务各个领域的政策工具运用情况来看，重庆市近年来在公共教育、社会救济、医疗卫生服务领域综合运用了自愿性、强制性和混合性三类工具，在住房保障、劳动就业、文化体育以及环境保护服务领域使用了强制性工具和混合性工具相结合的做法。就政策工具运用的历史趋势来看，自综合配套改革试验区获批以来，重庆市在基本公共服务上所使用的政策工具种类越来越丰富。

在各类基本公共服务领域，重庆市广泛地使用了行政法令的强制性工具形式，通过出台行政法令，进一步提升其法制化水平，将一些在实践中获得成功的工作机制和管理经验固定为行政法规的形式。在重庆市近年来的基本公共服务改革中，混合性工具中的补贴工具使用得尤其广泛。由于基本公共服务领域的特殊性，完全没有政府干预或引导的自愿性政策工具并不多。更多的情况是在政府主导公共服务供给的基础上，补充引入社会力量和市场力量来进一步完善公共服务体系。近年来，社会、市场、家庭和社区等自愿性工具在重庆市教育、医疗、养老等公共服务领域已经进行了一定程度的运用，民办学校、民办医疗卫生机构、社区养老服务机构、社区卫生医疗服务机构、家庭养老服务等取得了长足的发展。

一　公共教育改革与创新的政策工具

重庆市基本公共教育改革与创新使用的强制性政策工具主要有规制、直接提供、命令性和权威性三种工具。在规制工具中，使用了体系建设和调整、建立和调整规则、设定和调整标准、检查检验、监督、考核、法规、禁止、处罚、制裁等具体工具。规制工具主要对重庆市学生申诉、民办教育发展、义务教育学校绩效工资等问题做出了制度性规定。例如在制度体系上，重庆形成了"决策、执行、监督"的现代教育行政管理体制。在规则上，改革贫困幼儿园资助政策、考试招生制度，印发督学聘任管理办法。在标准上，确立幼儿园奖补机制、中小学标准化建设、生均经费标准。在检查检验中，加强对国家教育改革试点、民办职业培训机构的检查评估。在监督和考核中，加强对民办教育、学前教育、教育督导、教育规划、教育经费等纳入监督和考核。在许可证和执照中，将职业资格证书作为重要评价依据。通过了《民办非学历教育培训机构暂行办法》、《学籍管理办法》等法规法令。对影响校舍建设和安全的行为进行处罚。在直接提供中，使用了直接管理和公共财政支出工具。直接管理主要是市政府、市人社、市财政、市教育部门对学生申诉、义务教育学校绩效工资、招生考试工作进行管理。公共财政支出集中在政府财政对民办教育的支持上。重庆市基本公共教育领域更加注重教育发展的专业化，注重教育政策执行的多样性和灵活性。通过政府购买的方式，促进社会办教育、市场办教育发展。通过政策试验，探索教育改革的新路径，降低教育改革风险。同时，政府减少了对教育领域的直接强制干预，增加了制度建设、宏观规划以及监督考核。

混合性政策工具主要针对民办教育、中小学办学行为、学校奖励性绩效工资分配办法。重庆市基本公共教育主要采用信息与劝诫、补贴等混合性政策工具。在信息与劝诫中，使用信息发布、信息公开、教育学习、舆论宣传、鼓励号召、示范等政策工具。在教育学习中，对学生开展防灾和安全教育。在舆论宣传中，宣传模范教师的先进事迹，营造全社会支持教育体制的舆论氛围。在鼓励号召中，支持幼儿园发展，鼓励社会人士参与学校监管，鼓励社会力量开展职业培训。在示范中，建成 30 所国家中等职业教育改革发展示范学校，定期组织推选教书育人楷模。至于补贴这一工具，重庆使用了赠款、直接补助、财政奖励、税收优惠、消费补贴的政策工具。在赠款上，完善捐赠教育激励机制。在直接补助中，对孤儿、贫困学生等给予生活补助。在财政奖励中，鼓励社会力量投资教育。在税收优惠中，民办幼儿园免征营业税。在消费补贴中，提高农村义务教育家庭经济困难寄宿生生活费补助标准。重庆市基本公共教育使用了 11 个混合性政策工具，多采用社会声誉、利益留存、消费补贴、财政奖励、赠款、教育学习等政策工具。在内容方面，混合性政策工具涉及的内容更为丰富，使用次数增多。不仅仅限于民办教育，还较多关注学前教育、贫困生教育。较多运用舆论宣传、鼓励号召的政策工具，营造全社会支持教育改革的良好氛围。

自愿性政策工具中，使用次数最多的是市场与市场自由化工具。内容涉及鼓励社会力量投资教育，以民办为主发展城镇幼儿园，健全企业参与中等职业教育办学的体制，支持社会力量举办职业教育。重庆市基本公共教育注重引入市场力量和社会力量共同推动教育事业发展。在自愿性组织与自愿性服务方面，建立行业自律的幼儿园质量监控体制，健全行业引导的中等职业教育办学体制，鼓励社会团体投资教育，探索学校、行业、企业、社区等共同参与的学校理事会或董事会。在市场与市场自由化方面，鼓励全社会积极参与办学，确立公办与民办并举的学前教育办园体制，以民办为主发展城镇社区幼儿园。健全企业参与的中等职业教育办学体制，发挥企业在职业培训中的主体作用。

二 劳动就业服务改革与创新的政策工具

重庆市劳动就业服务改革与创新综合运用了规制、直接提供等强制性政策工具。政策工具的内容主要涉及农民工就业创业和高校毕业生就业创业。在规制工具中，使用了体系建设和调整、建立和调整规则、许可证和执照、检查检验、监督、考核、法令、法规、禁止、裁决等具体工具。使用最多的规制工具是法规。例如在体系建设和规则调整方面，建立了大学生及农民工的创业与就业制度。检查检验和监督主要针对劳动培训验收及用工主体工资支付情况，将就业与创业情况纳入考核体系。在法规法令方面，通过了《重庆市劳动争议调解仲裁办法》，印发了《重庆市建设领域农民工工资支付监管暂行办法》、《重庆市劳动保障监察书面审查实施办法（试行）》、《重庆市劳动保障监察主办检察院管理办法（试行）》等法规。在直接提供中，使用了直接服务和直接管理的政策工具。直接服务是指对进入创业园区兴办企业的农民工提供集中上门办照服务；直接管理则主要是指创建市级创业带动就业孵化基地的工作。

重庆市劳动就业服务改革与创新过程中混合性政策工具的运用较为丰富，在类型上，涉及了信息与劝诫、补贴、诱因型工具三种类型；在数量上，每个具体政策工具都有较多使用。政策工具的内容主要涉及创业信息发布，鼓励扶持农民工返乡创业和高校毕业生就业创业。重庆市劳动就业服务主要采用信息与劝诫、补贴、诱因型的混合性政策工具。在信息与劝诫中，使用信息发布、信息公开、教育学习、舆论宣传、鼓励号召、示范等政策工具。在信息发布中，公布人力资源市场供求信息、用人单位招聘岗位需求表，建立健全毕业生就业信息服务平台。在信息公开中，定期向全社会公开培训补贴资金使用情况，做到毕业生就业服务办事程序、依据、时限、结果"四公开"。在教育学习中，加强就业指导课程建设和咨询指导。在舆论宣传中，营造全社会关心支持职业培训促进就业的良好氛围。在鼓励号召中，鼓励有条件的企业承担社会培训任务，鼓励新办企业安置退役士兵，鼓励退役士兵自主创业，鼓励和引导毕业生到基层乡镇和农村工作，鼓励大学生应征入伍。在示范中，打造一批职业培训示范基地，宣传技能成才和成功创业的典型事迹。

在补贴中，使用直接补助、税收优惠、生产补贴、消费补贴、政府贷款等政策工具。在直接补助中，完善职业培训补贴政策，加大职业培训资金投入，鼓励就业困难群体参加技能培训。在税收优惠中，退役士兵所办微型企业、高校贫困毕业生自主创业的，都可给予税收优惠。在生产补贴方面，对高校贫困毕业生自主创业的，给予场租和水电费补贴。在消费补贴方面，参加技能培训的退役士兵，培训期间每人每月发 350 元生活补助费。在政府贷款方面，退役士兵所办微型企业可申请小额担保贷款或微型企业扶持贷款。

重庆在信息发布与信息公开方面，更为系统化、体系化，建立健全了毕业生就业信息服务平台，提供政策发布、岗位信息等就业服务；较多运用示范的政策工具，展现职业培训的示范事例，宣传技能成才和成功创业的典型事迹。

重庆市劳动就业服务改革与创新运用的自愿性政策工具主要针对返乡农民工的就业创业问题。成立返乡创业指导（服务）中心，为创业者提供项目信息等；为农民返乡创办的中小企业提供免费的公益性服务；在返乡农民工等群体集中的社区、乡镇，设立创业和就业咨询窗口。重庆市劳动就业服务领域使用了四种自愿性政策工具，本时期自愿性政策工具主要针对大学生创业、退役士兵创业等领域。在家庭与社区方面，引导大学生到城市社区等基层一线实习，引导高校毕业生到城乡社区公共文化服务等领域就业。在自愿性组织与自愿性服务方面，加强与行业协会的联系与合作，共建以促进就业为目的的实践教育和实习实训基地。在市场与市场自由化方面，鼓励退役士兵自主创业，健全毕业生就业市场。在自我管理与服务方面，加强就业指导课程建设和咨询指导。

三　社会保险改革与创新的政策工具

重庆市社会保险服务改革与创新大量采用了强制性政策工具。从批准为统筹城乡综合配套改革试验区之后，重庆市就十分重视社会保险领域的城乡整合与协调。在体系建设和调整中，调整了城乡居民合作医疗保险管理体制。"十二五"期间着力构建全市统一参保项目、缴费办法、待遇标准、信息管理、就医管理、基金管理、经办模式、监管机制。在建立和调整规则中，印发了《重庆市已参加储蓄式养老保险的原征地农转非人员参加基本养老保险办法》、《机关事业单位非在编人员和民间非营利组织工作人员参加工伤保险》、《加强城乡居民合作医疗保险基金管理》等多个管理办法。在设定和调整标准中，确定了社会组织专职工作人员参加基本养老保险的缴费基数核定、缴费比例。印发了《重庆市举办骗取社会保险基金行为奖励暂行办法》、《重庆市医疗保险服务就医监督管理暂行办法》。在设定和调整标准中，印发了《关于实施医疗保险药品支付标准（试行）的通知》。在直接提供的政策工具中，卫生、价格、公安等部门加强对保险工作的直接监督和管理；财政部门保障社会保险方面的经费支出；在政府购买方面，支持有条件的区县以政府购买、财政补贴等方式拓宽小额扶贫保险覆盖面。

重庆市社会保险改革与创新所采用的混合性政策工具主要有信息发布、信息公开、舆论宣传、鼓励号召、生产补贴、程序简化等。信息发布主要针对医疗保险领域，张贴医疗救助就医指南，定期公布医疗救助情况，接受社会监督；健全完善全国县级以上社会保险经办机构联系方式等信息库，并向社会公布。信息公开与社会监督联系在一起，例如将获得大额、多次及异地就医费用报销的人员在乡镇、村社公示栏上公布，提高透明度，加强社会监督；人力社保部门建立信息公开、社会多方参与的监管制度，将与商业保险机构签订协议的情况，按程序向社会公开。在舆论宣传中，加强多渠道、多形式政策宣传，如加强对大学生参保的政策宣传；对三峡库区淹没农转非移民参加基本养老保险问题，做到入户宣传率 100%；宣传重庆市农村居民转为城镇居民参加基本养老保险的政策；加大居民医疗保险参保筹资工作宣传力度。大量运用鼓励号召的政策工具，鼓励有条件的社会组织为与其具有劳动关系的专职工作人员建立企业年金计划；鼓励各类媒体开展保险类专题宣传，普及保险知识；鼓励部分参保单位和个人为职工或本人购买商业补充医疗保险。在补贴中，微型企业招用城乡劳动力，可按规定享受社会保险补贴。在程序简化中，关于流动就业人员基本医疗保障关系的转移接续，各经办机构要高度重视，简化手续，共享数据。

重庆市社会保险改革与创新所采用的自愿性政策工具主要是家庭与社区、自我管理与服务、市场/市场自由化。通过社区的宣传解释，协助居民办理参保。为了满足人民群众多样化保险需求，要充分发挥市场机制作用和商业健康保险专业优势，加快发展商业健康保险。在自我管理与服务方面，公民可以自愿选择不同的保险种类，如已参加储蓄式养老保险的农转非人员自愿选择参加基本养老保险。

四　基本社会服务改革与创新的政策工具

重庆市基本社会服务改革与创新运用了大量的强制性政策工具。例如在体系建设和调整方面，重庆市进一步健全完善医疗减免、医疗保险、医疗救助、医疗补助"四位一体"的重点优抚对象医疗保障机制。在设定和调整标准方面，在《重庆市以个人身份参加城镇职工医疗保险市级统筹暂行办法》中，将医疗保险缴费标准分为两档。在养老保障中，使用了法令和计划的政策工具。从法令来看，印发了《重庆市城乡养老机构服务管理办法》。从计划来看，重庆市和区县人民政府制定养老机构发展规划，并纳入当地经济社会发展规划。在扶贫工作中，使用了建立和调整规则、监督、禁止、处罚、公共财政支出的政策工具。从建立和调整规则来看，制定了《重庆市以工代赈管理实施细则》，印发了《重庆市扶贫开发村级义务监督员管理办法（试行）》。从监督来看，各区县人民政府和市审计、财政等有关部门要加强对资助城乡低保家庭普通高中学生学费工作的监管。从禁止来看，任何单位和个人不得截留、挪用、滞留资助城乡低保家庭普通高中学生学费的资助资金。从处罚来看，对在资助城乡低保家庭普通高中学生学费的工作中弄虚作假，存在违纪、违规、违法行为的，要严肃查处并追究当事人和有关责任人的责任。从公共财政支出来看，城乡低保家庭普通高中学生学费的资助资金由市、区县财政和学校共同分担。

重庆市基本社会服务改革与创新运用了较多的混合性政策工具，通过信息与劝诫、补贴、诱因型工具来综合推进基本社会服务工作。重庆市基本社会服务综合运用多种混合性政策工具，完善全社会共同关注基本社会服务的体制机制。混合性政策工具主要在社会救助和基本养老服务两个领域运用。在基本养老服务领域，主要运用信息发布、教育学习、直接补助、税收优惠、票券等政策工具。在信息发布方面，建立养老服务行业网站，畅通养老服务信息发布与收集渠道。在教育学习方面，强化安全教育和安全事故防范，提高养老机构和老年人对服务事故、人身意外等风险的防范意识。在直接补助方面，探索采取直接补助或贴息的方式，支持民间资本投资建设专业化的养老服务设施。在税收优惠方面，非营利性养老机构自用房产和土地免征房产税、城镇土地使用税，符合条件的非营利性养老机构的收入，免征企业所得税。在票券方面，市和区县本级福利彩票公益金要增加资金投入，优先保障社会养老服务体系建设。

重庆市基本社会服务改革与创新的自愿性政策工具主要有三种，分别是自愿性组织/自愿性服务、市场/市场自由化、自我管理与服务。自愿性政策工具主要针对基本社会养老领域。在自愿性组织/自愿性服务中，重庆市规定，养老机构可以建立行业协会，行业协会应当加强自律管理；重点服务发展非营利性社会办养老服务机构，采取民办公助等形式，支持其发展；积极培育社会养老服务行业组织，促进行业自我管理、服务和发展。

五　医疗卫生服务改革与创新的政策工具

重庆市基本医疗卫生服务改革与创新运用了较多的强制性政策工具。人口和计划生育领域运用的强制性工具有建立和调整规则、检查检验、监督、考核、法规、处罚、直接服务、直接管理、机构设置、指示指导。在建立和调整规则方面，重庆印发了《关于全面推进计划生育药具管理服务正规化、规范化建设的意见》。在检查检验方面,督促检查《重庆市人口与计划生育条例》规定的相关管理制度的建立和执行情况。在监督方面,发挥社会监督作用,建立有奖举报制度,举报溺弃、拐卖女婴的违法行为。在考核方面,重庆市委、市政府将出生人口性别比纳入对区县党政的综合目标考核。在法规方面,印发了《重庆市人口和计划生育行政执法过错责任追究办法》、《重庆市人口和计划生育举报奖励办法》。在处罚方面,人口和计划生育行政执法人员有执法过错受到通报批评的,年内不得评为先进个人;对在人口和计划生育举报奖励中虚报奖励案件、冒充举报人领取奖励金的,依法进行严厉查处。在直接服务方面,探索建立孕情监测、重点对象访视和孕期保健全程服务"三位一体"的管理服务模式。在直接管理方面,各区县人口计生委要加强药具管理服务干部队伍职业化、药具管理服务阵地及装备标准化、药具管理服务工作规范化建设。在机构设置方面,市人口计生委成立关爱女孩行动、综合治理出生人口性别比偏高问题领导小组,建立部门分工负责制。在指示指导方面,印发《关于深入开展关爱女孩行动综合治理出生人口性别比偏高问题的通知》。

就医疗卫生服务领域来看,重庆市主要是在医疗服务、药品管理、人口和计划生育领域运用混合性政策工具。在医疗服务领域,主要运用信息发布、信息公开、鼓励号召等政策工具。在信息发布方面,建立信息公示制度,及时向社会公布医疗机构的设置规划。在信息公开方面,各级各类医疗机构应在药交所平台公开公正、阳光透明地合理选购药品,积极与生产企业议价交易。在鼓励号召方面,鼓励和引导社会资本兴办医疗机构,加快形成多元化办医格局。鼓励社会资本举办有较高水平的非公立专科医院。鼓励境外资本以合资或合作形式在我市设立非公立医疗机构。在药品管理领域,运用教育学习的政策工具。面向大众传播中医药文化科普与养生保健知识,满足人民群众对中医药文化的需求。在人口和计划生育领域,运用舆论宣传的政策工具。宣传计划生育基本国策和有关政策,宣传调整完善单独两孩政策的必要性和具体内容。

重庆市基本医疗卫生服务改革与创新运用的自愿性工具主要有家庭与社区、自愿性组织/自愿性服务、市场/市场自由化、自我管理与服务。其中,运用最多的工具是家庭与社区,主要是在人口和计划生育领域运用自愿性政策工具。在家庭与社区方面,依托社区,在流动人口活动场所和公共场所设立免费药具发放服务窗口和服务阵地,强化社区对流动人口的计划生育药具服务。社区居委会要依法制定计划生育居民公约,大力发展计划生育协会,协助社区居委会搞好计划生育社区自治。在自愿性组织/自愿性服务方面，充分发挥工会、共青团、妇联及计划生育协会、志愿者队伍的作用，形成"职责明确、行为规范、协调有序、运转高效、综合治理"的城市人口计划生育工作机制。在自我管理与服务方面，规范居民的婚育行为，实行计划生育自我管理、自我教育、自我服务。

六　住房保障改革与创新的政策工具

重庆市住房保障服务改革与创新运用的强制性政策工具主要是规制、直接提供、命令性和权威性工具三类。在公租房和廉租房管理方面，运用了体系建设和调整、设定和调整标准、检查检验、考核、法规、直接管理、公共财政支出、政府购买、计划等政策工具。在体系建设和调整方面，加强公租房管理，建立健全新形势下科学有效的公租房管理机制。在设定和调整标准方面，印发了《重庆市公共租赁住房管理实施细则》、《重庆市最低生活保障条件认定办法的通知》。在检查检验方面，重庆市公共租赁房管理局组建或委托的房屋管理机构负责公共租赁住房的租金收取、房屋使用、维护和住房安全情况检查。在考核方面，廉租房保障信息公开工作的完成情况已纳入市政府对市级部门、区县政府的年度目标考核内容。在法规方面，印发了《重庆市市级公共租赁住房财务管理暂行办法（试行）》、《重庆市最低生活保障条件认定办法》。在直接管理方面，公租房所在区县党委政府要对公租房社区建设负总责。建立区县和街镇领导干部联系公租房社区制度。在公共财政支出方面，加强公租房管理，确保公共财政投入，多渠道筹集资金。公租房项目建设单位在公租房建成后，收到财政安排用于偿还公租房建设贷款本息、公租房运营维护等资金，按资金指定用途做政府补助或政府资本性投入。在政府购买方面，加强公租房管理，探索对社区管理社会化项目实施政府购买服务。在计划方面，公租房配套商业设施要纳入城市建设总体规划和控制性详细规划。

在普遍住房管理方面，运用了建立和调整规则、监督、政府间协定、知识指导的政策工具。在建立和调整规则方面，印发了《重庆市新建居民住宅小区供配电设备建设管理办法（试行）》。在监督方面，做好住房保障统计及信息公开工作，加强对市县统计工作的监督指导。健全住房保障信息公开制度，保障群众的知情权、参与权和监督权。在政府间协定方面，区县国土房管部门要主动加强与同级民政部门的沟通，建立定期的联系协调机制和信息审查机制。在指示指导方面，印发《关于做好房屋被征收家庭住房保障工作的通知》。

在保障性住房管理方面，运用了禁止和处罚的政策工具。严禁以任何形式向住房不困难的家庭提供保障性住房，严肃查处擅自改变保障性安居工程用途、套型面积等违法违规行为。

就住房保障服务领域来看，重庆市基本住房保障运用的混合性政策工具较少。重庆市基本住房保障改革与创新所采用的混合性政策工具主要有信息公开、鼓励号召和税收优惠。在信息公开方面，加强公租房门户网站建设，及时向公众公开公租房年度开竣工计划及分配情况等。落实公租房社区居务公开制度。重点将计划生育、社会保障等涉及公租房社区居民切身利益的相关政策和执行情况纳入公开内容。在鼓励号召方面，鼓励并支持公租房社区工作人员参加社会工作执业资格认证考试，不断提高职业化和专业化水平。在税收优惠方面，吸纳下岗职工的公租房配套商业网点，可按规定在 3 年内按实际招工人数予以定额依次扣减营业税、城市维护建设税、教育附加和企业所得税。

就住房保障服务领域来看，重庆市基本住房保障运用的自愿性政策工具主要有家庭与社区、自愿性组织/自愿性服务、市场/市场自由化、自我管理与服务。在 2012 年 11 月印发的《关于进一步加强公租房管理的意见》中，运用了较多的自愿性政策工具。在家庭与社区以及自愿性组织/自愿性服务方面，加强公租房社区治安管理，充分发挥志愿者、楼栋长等群众自治群体的作用，建立群防群治机制，促进社区长治久安。在市场/市场自由化方面，立足公租房实际，制定商业资产运营规划和招租方案，积极打造公租房商业品牌。坚持物业服务市场化。在自我管理与服务方面，引导公租房住户增强主人翁意识，履行相应义务，按照房屋及设施使用说明合理使用。

七　公共文化改革与创新的政策工具

重庆市公共文化服务改革与创新综合运用了规制、直接提供、命令性和权威性工具三种强制性政策工具。在内容上，主要涉及宏观文化体育管理、体育市场管理、学校体育管理、广播影视管理，运用了体系建设和调整、建立和调整规则、监督、考核、法规、公共财政支出、政府购买、机构设置、政府机构改革、政府机构能力建构、计划等政策工具。

在宏观文化体育管理方面，主要运用了体系建设和调整、建立和调整规则、处罚、公共财政支出、政府购买、政府机构改革、政府间协定、指示指导、计划等政策工具。在体系建设和调整方面，深化体育体制机制改革，创新体育发展方式。在建立和调整规则方面，增强体育法制观念，加强体育法制建设。在处罚方面，对学生体质健康水平持续三年下降的区县和学校，实行"一票否决"。在公共财政支出方面，把体育事业经费、社会基本建设资金用于公共体育设施建设纳入本级国民经济和社会发展规划。在政府购买方面，政府以购买服务的形式，聘用社会体育指导员承担群众体育指导服务工作。在政府机构改革方面，遵循体育发展规律，积极推进体育行政管理体制机制改革。在政府间协定方面，体育部门与教育部门要建立长效合作机制，深入推进"体教结合"模式。在指示指导方面，以"健康重庆"建设为目标，统筹城乡体育均衡发展，不断提高公共体育服务水平。在计划方面，印发重庆市体育事业发展"十二五"规划。

在学校体育管理方面，主要运用了体系建设和调整、建立和调整规则、设定和调整标准、监督、禁止、公共财政支出等政策工具。在体系建设和调整方面，形成学校体育持续健康发展的保障机制。在建立和调整规则方面，加强学校体育的监测评价机制。在设定和调整标准方面，建立学校体育场馆向社会开放的条件和标准、收费标准等。在监督方面，建立学校体育工作专项督导制度。在禁止方面，严禁挤占体育课和学生校园体育活动时间。在公共财政支出方面，统筹教育经费投入，保障学校体育经费。

在体育市场管理方面，主要运用了检查检验、监督、法规的政策工具。在检查检验方面，加强体育市场的日常监督检查及产品质量检测。在监督方面，完善体育市场的监督检查管理机制。在法规方面，建立健全体育市场的相关法规。

在广播影视方面，主要运用了体系建设和调整、检查检验、监督、禁止、处罚、指示指导等政策工具。在体系建设和调整中，建立健全直播卫星广播电视公共服务运营体系。在检查检验中，对广电卫星户户通工程推进情况实施督导检查。在监督方面，督促各地落实广电卫星户户通工程目标任务。在禁止方面，广电卫星户户通工程严禁违规搭车收费。在处罚方面，在广电卫星户户通工程中，对违法违纪等行为要依法依纪严肃处理。在指示指导方面，指导督促广电部门做好广电卫星户户通工程各项工作。

重庆市公共文化服务改革与创新的混合性政策工具主要有信息与劝诫、补贴、契约三种类型。在宏观文化体育管理领域，运用了舆论宣传、鼓励号召、税收优惠、票券的政策工具。在舆论宣传方面，加强提升体育社会形象的宣传与推广。在鼓励号召方面，鼓励和支持企事业单位、社会团体和个人投资兴建体育健身场所；鼓励民间资本投资体育，鼓励社会力量参与体育场馆的经营管理活动；鼓励社会力量对体育事业进行赞助、捐赠。在税收优惠方面，完善支持体育事业发展的财政、金融、税收等方面的政策。在票券方面，强化体育彩票销售。在学校及学生文化体育管理领域，运用了信息发布、信息公开、舆论宣传、示范的政策工具。在信息发布方面，向社会公布学生阳光体育运动工作方案；利用公告栏、家长会和校园网等定期通报学生体育活动情况；发布《全市学校体育工作年度报告》，公布学生体质健康测试结果。在信息公开方面，建立健全学校体育报告公示制度，重点报告和公示学校体育开课率、教学条件改善、学生体质健康状况等。在舆论宣传方面，加强对群众性学生体育活动的宣传报道。在示范方面，宣传学校体育工作的典型经验和有效做法。在广播影视领域，运用了信息公开、舆论宣传、直接补助、财政奖励、公私合作等政策工具。在信息公开方面，以公开透明的运作方式，让农户充分了解"广电卫星户户通"相关政策。在舆论宣传方面，做好广电卫星户户通工程的入户宣传工作。在直接补助方面，区县为广电卫星户户通工程配套补助资金。在财政奖励方面，在广电卫星户户通工程中，中央财政采取以奖代补的方式，每套设备补助 100 元。在公私合作方面，"广电卫星户户通"设备招标，有关区县文化广电部门具体与中标厂家签订合同。

重庆市公共文化服务改革与创新运用的自愿性政策工具主要有自愿性组织/自愿性服务、市场/市场自由化、自我管理与服务三种。主要理念是在自愿性组织/自愿性服务方面，发展体育社团等非营利组织，让公民能够在自治组织中增强体育健身的理念；在市场/市场自由化方面，引入社会资金，共同建设公共文化体育基础设施，加强公共文化体育的硬件建设；在自我管理与服务方面，引导公民自觉进行各项文化体育活动，提高公民文体素质。主要印发了《重庆市人民政府关于"健康重庆"体育行动计划（2008—2012）的通知》，规定了运用三种自愿性政策工具。在自愿性组织/自愿性服务方面，发挥体育社团在群众体育工作中的纽带和桥梁作用。在市场/市场自由化方面，引导社会资本参与"健康重庆"建设。在自我管理与服务方面，引导广大市民自觉参加全民健身，倡导一人掌握1—2项体育运动技能。

八 环境保护改革与创新的政策工具

重庆市在环境保护改革与创新运用的工具类型较为丰富。重庆市出台了较多行政法令，运用强制手段规范有关环境保护管理工作，如出台《重庆市长江三峡水库库区及流域水污染防治条例》、《重庆市环境保护条例》、《重庆市主城区尘污染防治办法》、《重庆市主城区尘污染防治办法》等行政法规。除此之外，公共财政支出、机构设置、计划、体系建设和调整、建立和调整规则；建立和调整标准、考核、禁止、指示指导、监督等其他强制性工具都得到了一定程度的运用，运用类型可谓之非常丰富。

重庆市在2015年出台的《关于调整我市环境监测服务费收费标准的通知》中尝试运用使用者收费的混合性工具，向产生城市生活垃圾的居民和单位征收生活垃圾服务费。此外，还通过舆论宣传的工具，通过各类媒体手段宣传创卫行动，也起到了较好的效果。

第三节 重庆市整体性公共服务满意度

一 样本统计描述

1. 户籍类型、性别与年龄

重庆市411位受访者中，本市户籍340人，占比82.7%；非本市户籍71人，占比17.3%。男性206人，占比50.1%；女性205人，占比49.9%。20岁以下的8人，占比1.9%；20—29岁的166人，占比40.4%；30—39岁的106人，占比25.8%；40—49岁的69人，占比16.8%；50—59岁的40人，占比9.7%；60岁以上的22人，占比5.4%。

2. 职业类型

重庆市411位受访者中，政府公务员12人，占比2.9%；事业单位工作者50人，占比12.2%；企业/公司工作者123人，占比29.9%；商业服务人员 37 人，占比 9%；个体经营人员 36 人，占比 8.8%；待业下岗人员 17 人，占比 4.1%；离退休人员 29 人，占比 7.1%；在校学生 21 人，占比 5.1%；其他从业人员 86 人，占比 20.9%。

3. 受教育程度

重庆市 411 位受访者中，小学以下学历 13 人，占比 3.2%；初中学历 45 人，占比 10.9%；高中、中专 92 人，占比 22.4%；大专 130 人，占比 31.6%；本科 116 人，占比 28.2%；研究生及以上学历 15 人，占比 3.6%。

4. 月收入情况

重庆市 411 位受访者中，月收入为 15001—20000 元的 1 人，占比 0.2%；10001—15000 元的 5 人，占比 1.2%；8001—10000 元的 5 人，占比 1.2%；5001—8000 元的 33 人，占比 8%；3001—5000 元的 125 人，占比 30.4%；1001—3000 元的 173 人，占比 42.1%；1000 元以下的 18 人，占比 4.4%；无固定收入的 51 人，占比 12.4%。

5. 平均每天使用网络时间

重庆市 411 位受访者当中，平均每天使用互联网 2 小时以下的 97 人，占比 23.6%；2—4 小时的 148 人，占比 36%；5—7 小时的 111 人，占比 27%；8 小时及以上的 55 人，占比 13.4%。

6. 接触网络时间

重庆市 411 位受访者当中，接触网络时间在 1 年以下的 41 人，占比 10%；1—5 年的 114 人，占比 27.7%；6—10 年的 143 人，占比 34.8%；10 年及以上的 113 人，占比 27.5%。

7. 政府接触经验

重庆市 411 位受访者中，曾亲自申请或接受过婚育服务的 48 人，占比 11.7%；曾亲自申请或接受过医药卫生服务的 142 人，占比 34.5%；曾亲自申请或接受过社会保障服务的 143 人，占比 34.8%；曾亲自申请或接受过劳动就业服务的 67 人，占比 16.3%；曾亲自申请或接受过教育文化服务的 77 人，占比 18.7%；曾亲自申请或接受过户籍身份服务的 109 人，占比 26.5%；曾亲自申请或接受过住房保障服务的 67 人，占比 16.3%；曾亲自申请或接受过基本社会服务的 63 人，占比 15.3%；曾亲自申请或接受过证照申领服务的 76 人，占比 18.5%；曾亲自申请或接受过公用事业服务的 120 人，占比 29.2%；曾亲自申请或接受过申报纳税服务的 63 人，占比 15.3%；曾亲自申请或接受过法律服务的 46 人，占比 11.2%；曾亲自申请或接受过交通运输与观光旅游服务的 37 人，占比 9%；曾亲自申请或接受过民族宗教服务的 5 人，占比 1.2%。

二　整体性公共服务满意度

1. 重庆市受访者对政府服务表现与服务形象的满意度较低

如表 7-1 所示，在重庆市的 411 位受访者中，对政府服务的质量满意的有 162 人，占比 39.4%，其中，表示比较满意的 125 人，占比 30.4%；表示十分满意的 37 人，占比 9%。对政府服务质量表示不满意的有 88 人，占比 21.4%，其中，不太满意的 56 人，占比 13.6%；十分不满意的 32 人，占比 7.8%。对政府在服务创新与便民表示满意的 204 人，占比 49.6%，其中，比较满意的 151 人，占比 36.7%；十分满意的为 53 人，占比 12.9%。表示不满意有 65 人，占比 15.8%，其中，不太满意的 47 人，占比 11.4%；十分不满意的 18 人，占比 4.4%。对政府危机处理的能力表示满意有 169 人，占比 41.2%，其中，比较满意的 140 人，占比 34.1%；十分满意的 29 人，占比 7.1%。表示不满意的 66 人，占比 16%，其中，不太满意的 49 人，占比 11.9%，十分不满意的 17 人，占比 4.1%。

表 7-1　　　　　　　　　　重庆市受访者政府服务满意度

	十分不满意	不太满意	一般	比较满意	十分满意	合计
整体而言，您满不满意政府服务的质量？	32 人	56 人	161 人	125 人	37 人	411 人
	7.8%	13.6%	39.2%	30.4%	9%	100%
整体而言，您满不满意政府在服务创新与便民（如电子政府、网上缴税等）方面所做的努力？	18 人	47 人	142 人	151 人	53 人	411 人
	4.4%	11.4%	34.5%	36.7%	12.9%	100%
整体而言，您满不满意政府危机处理的能力？	17 人	49 人	176 人	140 人	29 人	411 人
	4.1%	11.9%	42.8%	34.1%	7.1%	100%

资料来源：作者自行整理所得。

以五分量表计，重庆市受访者对政府服务质量的满意度得分为 3.192，对政府服务创新与便民的满意度得分 3.423，对政府危机处理能力的满意度得分为 3.280。重庆市受访者对政府服务表现与服务形象的满意度较低，对政府服务表现与服务形象整体评价的平均得分为 3.298。

2. 重庆市受访者对政府优质便民服务满意度较低

如表 7-2 所示，对政府部门人员服务态度表示满意的有 149 人，占比 36.3%；不满意的 94 人，占比 22.9%。对政府部门服务人员专业性表示满意的 178 人，占比 43.3%；不满意的 52 人，占比 12.6%。对政府部门服务流程表示满意的 170 人，占比 41.3%；不满意的 87 人，占比 21.1%。对政府部门对老、弱、病、残、孕、婴、幼等特殊群体提供服务的表示满意的 225 人，占比 54.8%；不满意的 49 人，占比 11.9%。在对政府部门服务人员办事效率表示满意的 141 人，占比 34.3%；不满意的 109 人，占比 26.5%。在对政府部门处理群众投诉的方式表示满意的 146 人，占比 35.5%；不满意的 92 人，占比 22.3%。在对政府部门环境设施便利性表示满意的 201 人，占比 48.9%；不满意的 44 人，占比 10.7%。

表 7-2　　　　　　　重庆市受访者对优质便民服务的满意度

	十分不满意	不太满意	一般	比较满意	十分满意	合计
您满不满意政府部门服务人员的服务态度？	18 人	76 人	168 人	99 人	50 人	411 人
	4.4%	18.5%	40.9%	24.1%	12.2%	100%
您满不满意政府部门服务人员的专业性？	12 人	40 人	181 人	125 人	53 人	411 人
	2.9%	9.7%	44%	30.4%	12.9%	100%
您满不满意政府部门的服务流程？	15 人	72 人	154 人	130 人	40 人	411 人
	3.6%	17.5%	37.5%	31.6%	9.7%	100%
您满不满意政府部门对老、弱、病、残、孕、婴、幼等特殊群体提供的服务？	17 人	32 人	137 人	149 人	76 人	411 人
	4.1%	7.8%	33.3%	36.3%	18.5%	100%
您满不满意政府部门服务人员处理事情的速度？	17 人	92 人	161 人	103 人	38 人	411 人
	4.1%	22.4%	39.2%	25.1%	9.2%	100%
您满不满意政府部门处理群众投诉的方式？	17 人	75 人	173 人	102 人	44 人	411 人
	4.1%	18.2%	42.1%	24.8%	10.7%	100%

	十分不满意	不太满意	一般	比较满意	十分满意	合计
您满不满意政府部门的环境设施的便利性？	12 人	32 人	166 人	129 人	72 人	411 人
	2.9%	7.8%	40.4%	31.4%	17.5%	100%

资料来源：作者自行整理所得。

以五分量表计，重庆市受访者对政府部门人员服务态度的满意度得分为3.212，对政府部门服务人员专业性的满意度得分为3.406，对政府部门服务流程的满意度得分为3.263，对弱势群体服务的满意度得分为3.572，对政府部门服务人员办事效率的满意度得分为3.129，对政府部门处理群众投诉的满意度得分为3.197，对政府部门环境设施便利性的满意度得分为3.528。重庆市受访者对政府优质便民服务满意度较低，对政府优质便民服务整体满意度的平均得分为3.33。

3. 重庆市受访者对政府信息服务满意度不高

如表7-3所示，在重庆市的411位受访者中，对政府网站的便利性表示满意的有202人，占比49.2%；不满意的53人，占比12.9%。对政府网站信息的完整性满意的有208人，占比50.7%；不满意的49人，占比11.9%。对政府网站信息的丰富度满意的有202人，占比49.1%；不满意的48人，占比11.6%。对政府网站信息的准确性、信息更新的及时性表示满意的有195人，占比47.4%；不满意的45人，占比10.9%。对政府网站对其需求或意见的回应满意的有192人，占比46.8%；不满意的57人，占比13.8%。对政府网站提供的网上办理服务满意的有213人，占比51.8%；不满意的51人，占比12.4%。

表7-3　　　　　　重庆市受访者政府网站使用满意度

	完全不同意	不太同意	一般	比较同意	完全同意	合计
我十分满意政府网站的便利性	13 人	40 人	156 人	131 人	71 人	411 人
	3.2%	9.7%	38%	31.9%	17.3%	100%

续表

	完全不同意	不太同意	一般	比较同意	完全同意	合计
我十分满意政府网站信息的完整性	8人	41人	154人	149人	59人	411人
	1.9%	10%	37.5%	36.3%	14.4%	100%
我十分满意政府网站信息的丰富度	8人	40人	161人	137人	65人	411人
	1.9%	9.7%	39.2%	33.3%	15.8%	100%
我十分满意政府网站信息的准确性、信息更新的及时性	12人	33人	171人	132人	63人	411人
	2.9%	8%	41.6%	32.1%	15.3%	100%
我十分满意政府网站对我的需求或意见的回应	8人	49人	162人	133人	59人	411人
	1.9%	11.9%	39.4%	32.4%	14.4%	100%
我十分满意政府网站提供的网上办理服务。	8人	43人	147人	145人	68人	411人
	1.9%	10.5%	35.8%	35.3%	16.5%	100%

资料来源：作者自行整理所得。

以五分量表计，重庆市受访者对政府网站便利性的满意度得分为3.504，对政府网站信息完整性的满意度得分为3.511，对政府网站信息丰富度的满意度得分为3.513，对政府网站信息准确性、信息更新及时性的满意度得分为3.489，对政府网站回应性的满意度得分为3.453，对政府网站在线申办服务的满意度得分为3.54。重庆市受访者对政府信息服务满意度不高，对政府信息服务满意度整体评价的平均得分为3.502。

4. 重庆市受访者对政府创新便民服务的满意度不高

如表7-4所示，在重庆市的411位受访者中，对推行政府网站所带来的便民实效满意的有225人，占比54.8%；不满意的42人，占比10.2%。对使用政府网站的经历感到满意的有206人，占比50.1%；不满意的33人，占比8%。

表 7 - 4　　　　　　　　　　　重庆市受访者对创新便民服务满意度

	完全不同意	不太同意	一般	比较同意	完全同意	合计
我十分满意推行政府网站所带来的便民实效	11 人	31 人	144 人	149 人	76 人	411 人
	2.7%	7.5%	35%	36.3%	18.5%	100%
我对使用政府网站的经历感到满意	10 人	23 人	172 人	136 人	70 人	411 人
	2.4%	5.6%	41.8%	33.1%	17%	100%

资料来源：作者自行整理所得。

以五分量表计，重庆市受访者对政府网站所带来的便民实效性满意度的得分为 3.603，对政府网站使用经历的满意度得分为 3.567。重庆市受访者对政府创新便民服务的满意度不高，对政府创新便民服务满意度整体评价的平均得分为 3.585。

综上所述，重庆市受访者对政府服务表现与服务形象的满意度较低，对政府服务表现与服务形象整体评价的平均得分为 3.298。仅有 39.4% 的受访者对政府的服务质量感到满意，仅有 49.6% 的受访者对政府在服务创新与便民方面所作的努力感到满意，41.2% 的受访者对政府危机处理的能力感到满意。

重庆市受访者对政府优质便民服务满意度较低，对政府优质便民服务整体满意度的平均得分为 3.33。仅有 36.3% 的受访者对政府部门人员的服务态度感到满意，43.3% 的受访者对政府部门人员的专业性感到满意，41.3% 的受访者对政府部门的服务流程感到满意，54.8% 的受访者对政府部门对弱势群体的服务表示满意，34.3% 的受访者对政府部门服务人员办事效率感到满意，35.5% 的受访者对政府部门处理群众投诉的方式感到满意，48.9% 的受访者对政府部门环境设施的便利性感到满意。

重庆市受访者对政府信息服务满意度不高，对政府信息服务满意度整体评价的平均得分为 3.502。有 49.2% 的受访者对政府网站的便利性表示满意，50.7% 的受访者对政府网站信息的完整度表示满意，49.1% 的受访者对政府网站的信息丰富度表示满意，47.4% 的受访者对政府网站的信息准确性、更新及时性表示满意，46.8% 的受访者对政府网站对公民需求或意见的回应性表示满意，51.8% 的受访者对政府网站提供的网上办理服务表示满意。

重庆市受访者对政府创新便民服务的满意度不高，对政府创新便民服务满意度整体评价的平均得分为3.585。54.8%的受访者对政府网站所带来的便民实效性感到满意，50.1%的受访者对政府网站的使用经历感到满意。

第 八 章

武汉市综合配套改革中的
公共服务创新

武汉是我国中部地区的中心城市。2008 年 9 月，国务院批准《武汉城市圈资源节约型和环境友好型社会建设综合配套改革试验总体方案》，要求通过进一步强化武汉市的集聚、辐射、服务功能，基于各项公共服务体制机制的创新探索出一条科学发展和和谐发展之路。本章从大部制改革与跨部门协同、整体性预算体系、政府购买服务、全过程优质监管体系、整体性伦理规范与廉政建设、电子治理等方面系统剖析武汉市政府推进公共服务改革与创新的主要进展，从强制性政策工具、自愿性政策工具和混合性政策工具三个维度系统剖析武汉市政府推进公共服务改革与创新的政策工具，通过整体性公共服务满意度调查对武汉市公共服务改革与创新的成效进行了初步评价。

第一节　武汉市公共服务改革与创新的主要进展

一　推行以大部制为核心的政府机构改革

近年来，根据中央部署和自身情况，武汉市以大部制为核心，在 2009 年和 2015 年连续展开了两轮政府机构改革。

2009 年的《武汉市人民政府机构改革实施意见》，要求直属行政部门精简10 个，3 年内将消化 4000 名超编人员，将武汉建设成为全国"行政效率最高、行政透明度最高、行政收费最少"的城市之一。2009 年的机构改革方案主要从四个方面入手：一是上下机构衔接，改革后，市政府有 36 个工作部门与省政府对口，占机构总数的 87.8%；二是以整合公共服务职能为重点，积极推行大部门制；三是注重武汉市情实际，针对重点行业问题和社会热点问题，因地制宜制定特色改革措施；四是精简机构，严格控编。在区级政府层面，武汉市东西湖区推进"区区合一"的大部制改革是武汉市最具亮点的做法。2012年出台的《武汉吴家山经济技术开发区与东西湖区实行"区区合一"管理体制机制改革方案》按照"大部制、减层级、提效能"的思路，整合开发区工委与区委工作部门，整合开发区管委会与区政府工作机构，对政府公共服务职能进行了全方位的调整（顾杰，2014）。

2015 年，武汉市出台《武汉市政府职能转变和机构改革实施意见》，公布了新一轮的以职能转变为主要目标的机构改革方案，稳步推进大部门制改革方案要求，市级部门行政编制要在 3—5 年精简 4%，市、区部门业务处（科）室的个数须占内设机构总数的 70% 以上。改革后，各区政府工作部门不超过25 个，区直属事业单位个数不超过 7 个（王荣海，2015）。与 2009 年的机构改革相比，新一轮的机构改革更加注重政府公共服务职能转变的方面，围绕政府职能转变提出了四大任务：一是深化行政审批制度改革，推进简政放权；二是创新政府管理，加强事中、事后监管；三是创新、改进公共服务；四是依法行政，规范行政权力。

二　完善以领导小组为主体的跨部门协同

跨部门组织协同机制尤其是以议事协调机构和临时机构存在的各种领导小组或专项小组，在武汉市服务型政府建设以及公共服务综合配套改革中得到了一定程度的应用。

在公共教育领域，武汉市在 2014 年出台的《关于深入推进全市义务教育小班化教学工作的通知》成立小班化教学中心。由市教育局分管局长兼任中心主任，市教科院院长兼任中心副主任。中心下设办公室，基础教育处处长兼任办公室主任，负责行政统筹协调；市教科院负责人任副主任，负责专业指导与协调。

在社会救助领域，武汉市在 2013 年出台的《关于引发武汉市突发地质灾害应急预案的通知》中成立地质灾害应急指挥部，市人民政府分管副市长任指挥长。此外,武汉市在 2015 年出台的《关于贯彻落实社会救助暂行办法的通知》中成立社会救助领导小组市、区两级政府成立由政府分管领导任组长。领导小组下设办公室,由市、区民政部门负责社会救助日常工作。

在养老服务领域,2011 年武汉市出台了《关于深入推进居家养老服务工作的通知》,成立居家养老服务工作领导小组,领导小组下设办公室,在市民政局办公,具体负责做好居家养老服务设施的建设规划和空间布局规划工作,科学统筹居家养老服务设施的规划布点,制定居家养老服务规划标准、政策措施、监督考评体系,构建工作协调、应急处置机制,指导市、区开展居家养老服务工作等。

在医疗卫生领域,武汉市 2014 年出台《关于印发武汉市食品药品安全突发事件应急预案的通知》,成立食品药品安全突发事件应急指挥部。指挥长由市人民政府分管副市长担任,副指挥长由市人民政府分管副秘书长、市食品药品监管局局长和市人民政府应急办主任担任指挥部统一组织领导和协调全市食品药品安全突发事件应急处置工作;负责食品药品安全突发事件应急处置重大事项的决策;发布食品药品安全突发事件信息;审议批准应急处置工作报告等。

在环境保护领域,武汉市 2011 年出台了《关于切实做好我市当前水利改革发展工作的通知》,成立水利改革发展工作领导小组。在 2014 年出台的《武汉市山体保护办法》中国年成山体保护工作领导小组,由市人民政府分管副市长任组长,市人民政府分管副秘书长、市林业局局长任副组长,以各相关区人民政府和市各有关部门负责人为成员。领导小组下设办公室,在市林业局办公。同年在《武汉市大气重污染天气应急预案》中成立大气中污染应急处置专项委员会,由市人民政府分管环保工作的副市长任主任,市人民政府分管环保工作的副秘书长、市环保局局长、市人民政府应急办主任任副主任。

总体而言,武汉市领导小组的设立与调整主要有以下三种形式。

一是以市政府名义专门发文"通知"设立或调整某些领导小组,如《关于市居民家庭经济状况核对工作领导小组更名及成员调整的通知》、《关于成立市深化国有企业负责人薪酬制度改革工作领导小组的通知》、《关于成立市万里茶道申报世界遗产工作领导小组的通知》、《关于调整市养老服务业综合改革试点工作领导小组组成人员的通知》等。

二是在市府、市府办发布的各类"方案"、"预案"中具体规定领导小组的成员组成、工作方式，以及各职能部门的职责分工与协同配合机制，如《关于引发武汉市突发地质灾害应急预案的通知》、《关于印发武汉市食品药品安全突发事件应急预案的通知》、《武汉市大气重污染天气应急预案》等。

三是多部门联合发布通知通告，对领导小组与部门协同方式进行部署，如《关于深入推进居家养老服务工作的通知》、《关于切实做好我市当前水利改革发展工作的通知》、《武汉市山体保护办法》、《关于贯彻落实社会救助暂行办法的通知》等。

三　规范绿色绩效导向的财政预算管理

近年来，武汉市在预算绩效管理、财政资金管理、绿色财政支出、绿色绩效管理等方面进行相关改革，通过推进全口径预算管理创新提升政府公共服务能力。

在预算管理方面，武汉市人民政府和财政局先后制定一系列加强预算绩效管理工作的政策，如 2013 年武汉市人民政府制定《关于推进预算绩效管理的意见》、2015 年武汉市财政局出台《关于进一步加强预算绩效管理的通知》。以上政策要求武汉市实施绩效目标管理、绩效运行监控、绩效评价和评价结果应用等四项工程，逐步建立"预算编制有目标、预算执行有监控、预算完成有评价、评价结果有反馈、反馈结果有应用"的预算绩效管理机制，实现全过程绩效控制和管理。同时也通过行政法令的方式，出台《武汉市预算绩效管理工作考核办法（试行）》，强化预算支出责任，预算绩效管理考核工作实行年度考核制，由市财政局统一组织实施。

在财政资金管理方面，财政资金要求进行单独核算，专款专用，不能挪作他用。加强财政资金管理信息公开有助于监督资金使用情况，提高资金使用效益。为此，武汉市在 2014 年制定《关于做好市级财政专项资金信息公开工作的通知》，规定除国家保密规定不宜公开的专项资金外，涉及支持产业发展、科技进步、环境保护以及与人民群众利益密切相关的教育、医疗卫生、社会保障和就业、住房保障、"三农"等专项资金有关信息，都要及时向社会公开。此外，市级各项财政专项资金应当公开的信息，要在相关分配工作完成后的15 个工作日内，通过本部门和单位门户网站进行公开，并保持长期公开状态。为方便社会公众查询监督，各部门和单位应当将本部门和单位门户网站公开的专项资金信息与市人民政府门户网站、市财政局门户网站进行链接。

在绿色财政支出方面，绿色财政是指政府为矫正生态资源市场配置失灵的相关财政制度安排，体现了政府的可持续发展目标（严立冬等，2009）。在财政收入上，武汉市强化排污费的收支管理，环保局出台《排污费征收标准管理办法》，通过收取排污费来督促企业在经营过程中考虑环境污染成本，主动提高环保意识，在生产经营中想方设法少排放污染物，提高原材料和能源的利用率。此外，武汉市还通过限制性的消费税政策调整对成品油、汽车轮胎、机动车辆、一次性木制筷子和实木地板的税率，抑制环境污染趋势。在财政支出上，武汉市一方面通过直接财政支出对环境保护的支持力度，如2010年武汉市投资12.5亿元用来添绿，建设绿地面积将达320万平方米，向空中拓展绿化空间；另一方面，武汉市也通过财政补贴、税收优惠、贷款优惠等方式加大对绿色环保节能产业的公共财政扶持力度。

在绿色绩效评估上，武汉市政府积极树立正确政绩观，不只注重量的扩大，不牺牲结构和环境换速度，以创新的、绿色的、环保的高质量GDP为绩效考核目标，显著地提高了环境公共服务供给水平。根据《关于改进地方党政领导班子和领导干部政绩考核工作的通知》的要求，武汉市2014年主要绩效管理目标是大力实施"绿色促进计划"，加快转方式调结构，同步提升发展质量和效益：全市GDP力争增长10%，突破1万亿元；全社会固定资产投资增长17%，达到7000亿元；规模以上工业增加值增长14%；战略性新兴产业增加值增长25%以上（李晓萌，2014）。同时，实施生态环保"一票否决"考评新机制。尤其针对生态农业型乡镇，绩效考核分值重点倾向生态环境保护与建设、农业产业化，不设置工业经济和工业招商等考核指标。

四　积极推进事业单位分类改革

1. 集中清理事业单位机构编制

通过集中清理，武汉市全面掌握了市属711家事业单位基本情况，形成了《市属事业单位机构编制清理规范情况汇总表》，并建立了市属事业单位机构编制电子档案库。2012年以来，市直共撤销事业单位117个，核销事业编制5680名；整合事业单位10个，核减事业编制22名；保留事业单位589个，作为下一步分类改革的对象和范围。与此同时，13个区按照市里的统一部署和要求，对区属事业单位进行了集中清理规范，共撤销整合事业单位139个，收回事业编制3066名。在此基础上，以武汉市财政与编制政务公开网为平台，全面推行事业单位机构编制实名制管理，为事业单位分类工作提供了翔实、准确的基础数据。

2. 规范事业单位工作制度

为确保改革平稳推进，武汉市于2011年6月专门印发了《关于严格控制事业单位机构编制，切实保证事业单位分类改革顺利进行的通知》，严明改革纪律，提出：不再批准设立承担行政职能的事业单位和从事生产经营活动的事业单位；不得以政府规章文件、部门文件等形式将行政职能转由事业单位承担；承担行政职能的和从事生产经营活动的事业单位，事业编制只减不增，现有人员原则上只出不进；改革期间冻结申报参公事业单位；确需设立公益类事业单位的，严格按照"机构编制不增、经费形式不变、机构规格不升"的"三不"原则，在现有事业编制总额内调剂解决。武汉市把上述要求作为清理规范工作的一条纪律，要求各区、市直各部门在实际工作中严格遵照执行，为改革顺利推进营造了良好环境。

3. 制订事业单位改革计划

从公益事业发展的实际和特点出发，武汉市研究拟订了《武汉市分类推进事业单位改革实施意见》，初步明确了武汉市分类推进事业单位改革的总体目标、主要任务和实施步骤。改革的总体安排是，2011年至2012年主要抓改革的准备和各项配套政策的研究制定，2013年全面组织实施。提出了《武汉市分类推进事业单位改革三年行动计划》，对到2013年改革的阶段性目标进行了具体细化。下发了《市属事业单位预分类要点》和事业单位分类标准，扎实开展事业单位预分类工作，为进一步规范和下一步分类打下了比较好的基础。

4. 推进事业单位体制创新

武汉市按照"边清理边改革、边分类边改革、成熟的先改革"的思路，重点推进经营性文化事业单位、文艺院团、非时政报刊类、勘察设计类事业单位改革先行先试，为整体改革探索路径，积累经验。2011年8月，武汉市政府办公厅转发了《市文化局直属经营性文化事业单位转制为企业总体方案》，以创新体制机制为核心，以建立现代企业制度为重点，加快推进经营性文化单位改革，实行企业化管理。2011年11月，武汉市推出了《武汉市市属勘察设计类事业单位转企脱钩实施方案》，按整体转企脱钩或撤销、剥离市场设计职能后整合保留、依据公益职能调整更名 3 种方式，对市属 10 个勘察设计类事业单位进行改革。2012 年，武汉市结合文化体制改革，重点推进文艺院团改革工作。2012 年 5 月，市编委印发了《关于武汉市国有文艺院团体制改革工作中机构编制事宜的批复》，武汉京剧院、武汉楚剧院、武汉歌舞剧院、武汉人民艺术剧院、武汉杂技艺术发展中心（武汉杂技团）、武汉说唱团等 6 家市属国有文艺院团不再作为事业单位，收回事业编制。

5. 积极推进公立医院改革

坚持公立医院公益性质，按照"四个分开"（政事分开、管办分开、医药分开、营利性和非营利性分开）的要求，以破除"以药补医"机制为关键环节，以区级医院为重点，统筹推进管理体制、补偿机制、人事分配、药品供应、价格机制等方面的综合改革。在《关于印发武汉市深化医药卫生体制改革 2014 年重点工作任务的通知》中具体规定了公立医院院长选拔任用制度，明确院长的任职资格和条件，推进院长职业化、专业化，强化院长任期目标管理，建立健全问责机制，到 2014 年年底，武汉市卫生计生行政部门负责人一律不得兼任公立医院领导职务。

五 完善和发展政府购买服务体系

武汉市通过在政府购买服务的内容、方式和绩效评估等方面加以改革创新，强化了政府和社会之间的合作关系，有效地提高了公共服务供给的质量。

在政府购买服务的内容上，2013 年 6 月，武汉市制定了《武汉市政府购买社会工作服务实施办法（试行）》，要求重点围绕城市流动人口、农村留守人员、困难群体、特殊人群和受灾群众的个性化、多样化社会服务需求，组织开展政府购买社会工作服务。2014 年武汉市下发了《武汉市人民政府办公厅关于加快推进政府向社会力量购买服务的意见（试行）》，规定政府向社会力量购买服务的内容为适合采取市场化方式提供、社会力量能够承担的公共服务。

在政府购买服务的方式上，武汉市主要采用公开招标、邀请招标、竞争性谈判、单一来源、询价等方式。《武汉市政府购买社会工作服务实施办法（试行）》规定，政府购买原则上应通过公开招标方式进行。对只能从有限范围服务机构购买，或因技术复杂、性质特殊而不能确定具体服务要求、不能事先计算出价格总额的社会工作服务项目，经同级财政部门批准，可以采用邀请招标、竞争性谈判方式购买。对只能从唯一服务提供机构购买的，向社会公示并经同级财政部门批准后，可以采取单一来源采购方式组织采购。

《武汉市政府购买社会工作服务实施办法（试行）》，规定按照政府购买社会工作服务合同要求，对专业服务过程、任务完成和资金使用情况等进行督促检查。建立由购买方、服务对象及第三方组成的综合性评审机制，及时组织对已完成社会工作服务项目的结项验收。积极推进第三方评估，发挥专业评估机构、行业管理组织、专家等方面作用，对服务机构及其承担的项目管理、服务成效、经费使用等内容进行综合考评。

六 优化覆盖全过程的监管机制

近年来，武汉市在行政审批制改革、简政放权的权力清单制度以及监管体制建设方面，取得了明显进展。

首先，在行政审批制改革上，自综合配套改革试验区获批以来，武汉市加快转变政府职能，出台了一系列政策积极推进简政放权与行政审批制改革。如2008年制定《关于第七批取消行政审批项目的决定》和《进一步调整行政审批项目的通知》，2010年制定《关于取消和调整部分行政审批项目的通知》，2012年到2014年每年都出台《关于公布保留和调整的行政审批事项的决定》，2015年制定《武汉市企业设立登记三证联办行政审批工作实施方案》。以上政策的目标都是要逐步加大简政放权力度，进一步减项目、减程序、减时限、减费用，下放审批权。要严格实行行政审批"准入制"，严格设定标准，严格设定程序，严格控制新设行政审批事项。从政策的实践成效来看，武汉市市级行政审批事项由2011年的748项削减至2015年的240项。2015年成立的武汉开发区行政审批局对涉企、涉项目、涉建设三类行政审批事项实行"一窗式受理、一表式申报、一章式审批、一网式办件"的行政审批流程，大幅压缩审批时间。武汉开发区发改局、社发局、民政局等22个区属部门的268项审批职权逐步划转到行政审批局，由行政审批局直接实施审批事项，启用行政审批专用章。

其次，在权力清单制度构建上，权力清单制度能够明确政府权力的自身属性，运行轨迹和边界特征，能够有效规范和监督权力并避免不当权力的发生（谢建平，2014）。2014年3月武汉市在市政府门户网站公布权力清单，55个市直部门共4530项职权事项在"武汉市市级行政权力和政务服务事项清单公布专栏"中供市民查阅。除了55个政府职能部门外，包括武汉市红十字会、武汉市路桥收费中心、残联、老龄委等事业单位，也首次纳入了"权力清单"范围。随后武汉市各区也都在其门户网站上公布权力清单，包括行政许可、行政处罚、行政征收、行政奖励、行政服务等15个类别。在以上做法的基础上，同年8月武汉市出台《关于进一步做好行政权力和政务服务事项"程序清单"和"责任清单"工作的通知》和《关于印发市级行政权力和政务服务事项"责任清单"（权力行使通用责任规范）的通知》，加快健全并实施与"权力清单"相配套的"程序清单"［即权力事项外部流程图（办事指南表）和内部流程］和"责任清单"（即权力行使责任规范）。制定权力事项外部流程图和权力行使责任规范，进一步促进公共权力清晰化透明化，从而接受社会主动监督。

最后，在政府监管体制建构上，作为"两型社会"试验区，武汉市在环境监管体制进行了具有亮点的改革措施。2008年武汉市出台《关于加强环境监管做好主要污染物减排工作的通知》，加大对重点污染源的现场监察力度，推行排污许可证制度，加强环保后督察工作，继续实施并深化挂牌督办制度。在严格执行《武汉市环境保护管理职责规定》的基础上，2015年进一步出台《关于加强环境监管执法的通知》，推动建立权责一致的环境监管体系。实施网格化管理，推进环境监管全覆盖，深化环境监管执法督察和执法稽查，督促问题整改落实到位。从2015年起连续3年，市、区财政每年从本级排污费中安排60%以上资金支持环境监管装备能力建设。此外，为实行全过程的环境监管，武汉市还充分发挥市环境保护委员会的职能，由市环委会负责统筹协调全市环境保护工作，建立并落实督查工作制度。

七　加强公共服务伦理规范与廉政建设

武汉市近年来在公务员考评、工作作风、监督问责等方面推进了一系列改革措施。公务员考评制度是武汉市廉政建设的重要内容。2007年武汉市人事局出台《武汉市公务员考核实施意见》强化平时考核，规范年度考核，对公务员的考评兼顾德、能、勤、绩、廉多个方面，考核结果将作为调整公务员职务、级别、工资以及公务员奖励、培训、辞退的依据。武汉市各部门也出台相关考评制度规范化对本部门人员针对性的考评工作，如武汉市公安局在2007年制定《武汉市公安机关人民警察绩效考评办法》，武汉市环保局2012年制定《武汉市环保局公务员考核实施办法》等。通过以上政策法规的安排，武汉市实现考核对象全员化、考核内容标准化、考核程序规范化、考核结果公开化。

为改进公务员工作作风，武汉市2013年出台《关于改进工作作风密切联系群众的意见》，重塑公务员形象，提升公共服务效率。

在精简会议和活动上，减少市人民政府会议和活动，控制会议活动规模和时间，规范全市性会议和重要活动审批程序，减少调研活动陪同人员，加强市人民政府重要会议管理，严格会议和活动请假纪律；在精简文件简报方面，严格发文审批程序，规范公文报送程序，严格控制制发不编文号公文，严格控制设立非常设机构及制发表彰奖励性文件，严格控制公文字数，规范发表市人民政府领导同志讲话，控制和规范各类简报，实现电子公文网上传输。

在公务员服务伦理的问责机制上，武汉市自2011年以来开始执行治庸问责行动计划，成立市治庸问责、优化发展环境领导小组办公室，并与市人大、市政协三方联动，对于公务员"庸懒散"和不作为、乱作为、慢作为等伦理失范行为进行有力的督查和问责。2013年武汉市出台《武汉市治庸问责工作考核办法》，提高问责机制法制化程度，并在同年进一步出台《关于设立治庸问责群众监督奖的暂行办法》等政策将内部问责和外部问责措施有力结合。截至2015年，武汉市共组织各类督查950余次，发现问题900余个，提出工作建议800余条（周舜尧，2015），有效保障了公务员的公共服务伦理水平。

八　提高基于政务平台的电子化治理水平

近年来，武汉市一方面通过积极构建和完善政府网站的信息平台，另一方面在基本公共服务各个领域推行相关线上治理措施，有效地提高了武汉市的电子化治理水平。武汉市的电子政务内网已经基本建成了由市、区两级横向区域性网络平台和连接省、市两级网络平台的纵向网络构成的整体框架（蔡广，2011），外网则面向全体公众开放。武汉市2015年出台《关于切实做好全市政府网站信息内容建设工作的通知》，按照展示现代政府形象、为民便民服务、阅览查询简便等要求，优化栏目设置，完善政府网站设计、内容搜索、数据库建设、无障碍服务、页面链接等技术规范。并对政府网站的栏目设置情况进行全面清理，凡每两周不能进行信息更新的栏目，一律进行归并或者取消，失效信息及时清理。根据电子政务发展指数（EGDI）调查，武汉市2014年排名全国第九，发展较为迅速（王益民，2014）。

在养老服务领域，武汉市提供居家养老线上服务。在2011年制定的《关于深入推进居家养老服务工作的通知》中，武汉市要求成立居家养老线上服务，整合街道和社区文化站、卫生服务站、劳动服务站、阳光家园、文化室、活动室、老年大学（分校）、社区学校等公共服务资源，联合多方力量拓展服务范围，搭建完善的社区居家养老服务平台。各区人民政府和市直相关部门要依托"96596"等社区服务专业信息平台，积极建设智能化居家养老服务系统，为居家养老人群建立健康档案，构建老年人紧急救援、求助系统，逐步健全能够与老年人便捷沟通，为老年人提供及时、周到、便捷的居家养老信息服务网络。

在医疗卫生领域，武汉市推进全民健康保障信息化工程。2013年后武汉市启动全民健康保障信息化工程建设。在同年出台的《关于印发武汉市深化医药卫生体制改革2013年主要工作安排的通知》中，市政府明确要求有关部门依托武汉市现有电子政务网络和设备资源，采用云计算等先进技术，逐步构建全市统一标准、统一规范、互联互通的覆盖各类卫生业务的市、区两级卫生信息综合平台。全面完成市级平台和各区数据中心机房建设、硬件购置和专网接入任务。完成8个区基层医疗机构管理信息系统应用软件的部署实施任务。加快推进居民健康卡的发行与应用，建立居民健康卡市级管理平台，完成全市三级以上医院居民健康卡受理环境改造工作。在对基本药物配送企业实施电子监管要求的基础上，推动电子监管向零售和使用环节延伸，开展基层医疗卫生机构药品电子监管试点工作。

在社会救助领域，武汉市建设居民家庭经济状况核对系统。社会救助服务的有效供给需要以对居民家庭经济状况的准确把握为前提。为此，武汉市2015年制定《关于贯彻落实社会救助暂行办法的通知》，要求成立居民家庭经济状况核对系统。武汉市民政局负责整合民政、卫生计生、教育、住房、人力资源、社会保障、工会、妇联、残联、共青团、慈善组织等部门和单位的社会救助信息，建立跨部门、多层次的全市困难群众社会救助信息数据库，为各类社会救助政策的制定及实施提供基础数据，形成政策统一、标准一致、职责明确、运作规范、公平公正的社会救助运行系统，防止漏救和重复救助。

此外，武汉市还实现了行政审批电子化监管。在行政审批制改革上，武汉市通过电子化方式实现流程再造。武汉开发区行政审批局建立网上审批、视频监控、电子监察和服务评价有机结合全方位立体监察体系，对审批窗口实时监控，全程录音录像，通过电子监察平台对整个审批过程进行督查催办，对审批人员进行"一事一评"，通过规范审批流程，有效地提升了审批效率和服务水平。

九　完善和发展绿色公共服务体系

根据综合配套改革试验区"两型社会"建设的要求，武汉市近年来在绿色公共服务机构建设、绿色学校建设、政府绿色采购、绿色共公共交通设施建设等方面通过出台相关政策文件，大大加快了绿色公共服务体系的改革进程。

在绿色公共服务机构建设方面，2010年武汉市出台了《"两型"机关建设实施方案》，在机关大力倡导节约资源、保护环境的理念和意识，积极开展节能降耗、文明办公、美化环境活动，促进机关工作人员转变观念，提高文明素质，增强节约环保的自觉性，营造文明和谐机关氛围。2011年武汉市制定《践行"两型"机关建设机关工作人员行为公约》，制定多项规定，引导干部职工从点滴小事做起，培养厉行节约的生活、工作习惯。自"两型"机关创建以来，武汉市直机关控制公用费用在预算的95%以内、年度节水7%以上、年度节点7%以上、年度节油5%等几项重点工作得到有效推进。

在绿色学校建设方面，2008年武汉市发布《关于"两型"学校建设的实施意见》，要求各区各学校要高度重视绿色学校建设工作，成立创建领导小组，逐步建立完善相关工作机制、责任机制、奖惩机制和考评机制，扩大绿色学校建设活动的影响力，营造绿色学校建设的良好氛围，为社会公众提供绿色公共教育服务。

在政府绿色采购方面，武汉市在《武汉城市圈生态环境规划》中明确指出建立并完善绿色采购制度，运用消费政策引导社会的绿色采购倾向，在城市圈强制推进政府绿色采购，制定地方政府绿色采购法，出台政府绿色产品采购目录，规范采购限额标准及政府采购预算的编制，全面落实绿色采购产品政策，促进绿色产品采购向标准化、规范化、法制化发展。此外，武汉市还优先让经环保认证消费品、实施清洁生产企业及遵守环保法律法规的企业进入卖场，禁止不符合环保要求消费品污染减排设施项目不落实企业、高污染、高排放及污染物排放不达标的企业进入卖场。坚决将危害消费者身体健康的产品下架。

在绿色公共交通建设方面，武汉积极发展轨道交通。轨道交通污染小、能耗低，被称为"绿色交通"。武汉到 2020 年轨道交通将由 3 条市域快线和 9 条市区线路构成，共设站 309 座，其中主城区线网规模将达到 333 千米，共有 7 条长江通道。届时轨道交通将承担 50% 以上的市内客运任务。如果延长城市轨道线路，与其他城市交通工具实现站点对接及直接换乘，并与之形成立体交通网络体系。此外，武汉还推行免费租用自行车的绿色出行。2008 年武汉市在《"两型"社会建设综合配套改革试验实施方案》及《三年行动规划》中明确将"实施公共自行车租赁服务"列入日程。同年武汉市青山区率先推行免费租用自行车服务，在青山区辖区内实行"通借通还"。2009 年武汉市投入 3000 多万元正式启动"武汉公共自行车"系统，在全国率先启动了"十城千辆"电动汽车示范工程。

十 积极推进基本公共服务均等化

近年来，武汉市根据中央部署和自身情况，在基本公共服务包括公共教育、社会保障、住房保障、医疗卫生、环境保护在内的领域出台一系列相关政策，有效地推动了以上基本公共服务的均等化发展进程。

在基本公共服务整体规划方面，2011 年的《中华人民共和国国民经济和社会发展第十二个五年规划纲要》、2012 年的《国务院关于印发国家基本公共服务体系"十二五"规划的通知》、2013 年的《湖北省人民政府办公厅关于落实〈国家基本公共服务体系"十二五"规划〉的实施意见》，以及武汉市 2009 年的《长沙市资源节约型和环境友好型社会建设综合配套改革试验实施方案》与 2011 年发布的《武汉市国民经济和社会发展第十二个五年（2011—2015 年）规划纲要》等文件为武汉市加强公共服务综合配套改革、推动基本公共服务均等化提供了整体设计和行动指南。

在公共教育领域，武汉市通过均衡资源配置和教育机会促进公共教育的和谐公平发展。如在 2009 年出台《关于认真做好 2010 年部分普通高中学校招录分配生工作的通知》，扩大初高中招录分配生的比例，分配生指标指向乡镇边远薄弱的学校。此外，武汉还通过发布义务教育阶段新生入学通知的方式，确保困难群体、特殊群体的教育权利。2012 年以来陆续出台《关于进一步规范 2013 义务教育阶段新生入学管理工作的通知》、《关于进一步规范 2014 义务教育阶段新生入学管理工作的通知》、《关于进一步规范 2015 义务教育阶段新生入学管理工作的通知》等政策文件，将教育公共服务均等化要求明确写入以上政策文件之中。仅 2013 年，武汉市建成 149 所农村学校食堂，义务教育区域基本均衡省级督导评估顺利通过，全年资助家庭经济困难学生 14.1 万人次。

在社会保障领域，武汉市目前以基本生活保障为主要内容的基础上，继续优化完善农村社会保障项目，进一步缩小城乡间在社会保障标准和水平方面的差距，提升社会救助均等化水平。2009 年武汉市出台《关于提高我市城乡最低生活保障标准的通知》，规范农村临时救助包括救助对象、范围、标准、申请程序和资金管理的管理事项。2010 年武汉市进一步制定《关于提高我市城乡最低生活保障标准的通知》，将武汉东湖新技术开发区、东湖生态旅游风景区农村低保标准由一年 1500 元提高到一年 1730 元。2011 年以来，武汉市采用社会救助与物价上涨挂钩的联动机制，当居民消费价格指数月度同比涨幅达到当年政府预期调控目标时，将对包括农村低保户在内的贫困家庭发放临时补贴。在以上政策支持下，2014 年武汉市城乡低保标准提高了 8%，累计发放困难群众救助补贴达 20 多亿元。

在住房保障领域，武汉市在 2014 年建立流动人口健康档案和农村劳动力实名登记系统，适度放宽住房保障准入条件，逐步将在武汉稳定就业的外来务工人员纳入城镇住房保障范围。在同年出台的《关于调整武汉市公共租赁住房租赁资格审核流程的通知》以及《关于进一步明确住房保障资格的通知》中规定，公共租赁住房保障对象主要包括城镇中低收入住房困难家庭、无房新就业职工和在武汉稳定就业的外来务工人员。此外，针对弱势群体中的住房困难家庭武汉市实行配方租赁、租金补贴两种保障形式，提高配房租赁比例。2014 年武汉市制定《关于计划生育特扶特殊家庭优先纳入廉租住房配房租赁有关事项的通知》，将经过本市人口和计划生育部门评定确认，纳入武汉市计划生育特别扶助范围的家庭在廉租房申请上给予优先考虑，由此实现住房保障对"下夹心层"的覆盖。2014 年全年，武汉市保障性住房新开工 8.5 万套，基本建成 4.9 万套，分配入住 3.6 万套，基本实现保障范围内"应保尽保"。

在医疗卫生领域，武汉市着重提高基层乡镇医疗卫生机构服务能力，推动服务重心下沉，服务内容向基本医疗和基本公共卫生服务转变，提高城乡医疗卫生服务均等化水平。2014 年武汉市共完成 30 家基层医疗卫生机构提档升级，建成 50 个中心村卫生室。全科（家庭）医生、乡村医生签约服务 200 万人，进一步缩小了城乡医疗卫生服务水平的差距。同时武汉市还通过发展非公立医疗机构促进医疗服务均等化进程，放宽社会资本举办医疗机构的准入，鼓励社会力量以及境外投资者举办医疗机构，扩大和丰富全社会医疗资源以覆盖更多人群。

在环境保护领域，武汉市以乡镇环境基本公共服务水平的提升促进城乡协调发展，完善农村安全饮水、污水和垃圾处理等环境基础设施建设。根据需求加强农村地区环境监测和监管能力，防治农业源污染，防止污染向农村地区转移（侯贵光、吴舜泽、孙宁，2013）。武汉市 2008 年以来先后制定并实施了《武汉市农村环境综合整治规划》和《武汉市农村环境保护专项资金使用管理暂行办法》，全面落实农村环境综合整治目标责任制，加强农村生活污水和生活垃圾处理，强化规模化畜禽养殖污染治理，健全农村污染治理设施运行管理长效机制。如 2013 年武汉市政府出台《武汉市农村饮用水管理办法》，保障农村饮用水安全，推进农村饮用水水源保护区，强化饮用水水源环境综合整治是其核心目标。

十一　探索基本公共服务资源跨域联动

武汉市在公共教育、医疗卫生、人力资源和社会保障、文化方面探索和实施公共服务资源联动共享，引领武汉城市圈社会事业全面进步、实现经济社会协调发展。

在公共教育领域，武汉市积极推进与周边 8 市基础教育对口支持和职业教育园区建设，促进教育资源共建。首先是建立圈域一体、城乡交流合作机制。武汉市 7 个中心城区和城市圈内的 8 个县结对签订"合作协议"，推动结对帮扶活动。武汉市同仙桃市、黄冈等地教育部门签订《中小学生科教游互动交流协议》，城市圈近 3 万名学生与武汉市中小学生进行"手拉手科教游"活动。其次是实施农村中小学教师周转房建设工程。包括武汉在内的湖北 35 个试点县市新建和改造农村中小学教师周转房，同时还为农村中小学教师新建了一批教师住宅小区，房屋仅限于教师购买，并只能在教师之间转让，不得对外出售。2013 年武汉市新建 500 套农村教师周转房，显著改善了农村教师住房条件。

在医疗卫生领域，武汉市在《"两型"社会卫生事业发展规划》中明确了优化卫生资源配置、实现资源共享的主要目标。首先是统筹规划武汉城市圈的卫生工作。先后编制《武汉城市圈卫生资源联动共享体系建设方案》和《关于推进武汉城市圈卫生一体化建设的指导意见》，要求从推进圈内医疗服务、紧急救援、疾病控制、卫生监督、妇幼保健和公共卫生均等化六个领域着力推进资源联动共享工作。其次是建设统一指挥的医疗急救体系。2009 年武汉市卫生局与城市圈内各市卫生局签订了《武汉城市圈医疗急救建设一体化合作协议》，并开展医疗救助应急演练。再次是搭建联动共享的城市圈医疗服务体系。2010 年 7 月武汉市同济医院召开武汉城市圈"两型医院"联盟研讨会。并宣布将带领武汉城市圈内 59 家医院共同建立城市圈"两型医院"联盟，将建设医疗技术、人才培养、信息互通、资源利用等八大共享平台。

在人力资源和社会保障领域，武汉市健全城乡统一的公共就业服务体系，促进人力资源在圈内合理流动和优化配置。首先是持续推进人才一体化，以武汉市东湖高新区为依托，建立了"人才特区"，促进高等院校、科研院所人才资源服务武汉城市圈"两型"社会建设。通过公开招标，在武汉城市圈八市确定特别职业培训定点机构 48 家，为返乡农民工开展技能培训服务。其次是加快城市圈内一体化城乡统筹。在包括武汉在内的城市圈各市建立统一的就业和失业登记制度，使圈内劳动者平等享受就业服务和扶持优惠政策。建立了圈内统一、服务规范、功能强大、资源共享的劳动就业服务体系，为城乡劳动者提供优质高效、便捷的服务。

在文化服务领域，武汉市以区域统筹为重点，依托武汉城市圈现有文化资源推进武汉城市圈各项文化事业繁荣发展。首先是加强文化基础设施建设。总投资 7.8 亿元，总建筑规模 10 万平方米的湖北省图书馆新馆工程已于 2013 年整体投入使用，作为湖北省的标志性公益文化设施，已成为中西部一流的现代化图书馆；2013 年，武汉琴台音乐厅、黄石市博物馆已建成并投入使用；辛亥革命纪念碑暨辛亥革命博物馆、黄冈市博物馆、黄石市图书馆、鄂州市博物馆、咸宁市博物馆等一批圈域内重点公共文化基础设施建设进展顺利。其次是建设并稳定运营图书馆联盟。建立了武汉城市圈图书馆联盟工作领导小组及相关机构，并制定了图书馆联盟章程和建设方案，安装图书馆区域集群管理系统，建立了区域联合目录。区域内市级公共图书馆签订了联盟承诺书，实现了市级馆间的通阅服务。2002 年后图书馆联盟签约成员达到 50 家，服务的广度和深度不断提高，联盟网站稳定运营，内容进一步充实。

第二节　武汉市公共服务改革与创新的政策工具

总体而言，武汉市在近年来的基本公共服务各领域改革过程中，所运用的政策工具大多数为强制性工具，混合性工具和自愿性工具运用相对较少。在强制性工具中，又以规制以及命令和权威性工具为主。在混合性工具中，补贴以及信息和劝诫工具的运用较为常见。而自愿性工具虽然在总体上较少运用，但社会力量和市场力量在公共教育、医疗卫生、基本社会服务等公共服务领域的应用已经有了初步的尝试。

从基本公共服务各个领域的政策工具运用情况来看，武汉市近年来在公共教育、社会救济、医疗卫生服务领域综合运用了自愿性、强制性和混合性三类工具，在住房保障、劳动就业、文化体育以及环境保护服务领域使用了强制性工具和混合性工具相结合的做法。而在社会保险服务领域，则全部使用了强制性的政策工具。

一　公共教育改革与创新的政策工具

就公共教育服务而言，命令执行和政府机构能力建构是武汉市政府较常使用的命令性和权威性工具，如出台《关于印发武汉市中小学深化校园文化建设实施方案的通知》、《关于组织开展全市中小学"创新素质实践行"活动的通知》和《关于调整学生饮用奶服务方式的通知》等政策文件，要求有关政府部门推动这些活动方案顺利进行。同时，武汉市自 2013 年以来每年都出台相关政策规范义务教育阶段新生入学管理工作，如《关于进一步规范 2013 年义务教育阶段新生入学管理工作的通知》、《关于进一步规范 2014 年义务教育

阶段新生入学管理工作的通知》、《关于进一步规范 2015 年义务教育阶段新生
入学管理工作的通知》等，提升了政府义务教育新生入学管理能力。此外，
法令作为强制性工具也得到了一定程度的运用。如自 2008 年以来先后制定
《武汉市中等职业学校教学计划管理办法》、《武汉市中小学"功勋"班主任工
作室管理办法（试行）》、《武汉市学前教育管理办法》，通过法令的方式使相
关工作能够有章可循。

就公共教育服务而言，武汉市政府主要采用的是信息与劝诫一类的做法。
鼓励号召也是一类被使用的政策工具，在 2015 年出台的《关于调整学生饮用
奶服务方式的通知》中，武汉市教育局鼓励号召中小学校员工和家长注意中
小学生饮奶和健康问题。在 2011 年出台的《关于进一步推进全市中小学"课
内比教学、课外访万家"活动的意见》中，武汉市政府还运用了示范和建设
舆论工具两类政策工具，要求中小学校通过树立典型推进相关工作；搭建网络
互动平台和交流展示平台。在 2010 年出台的《2010 年秋季武汉市各级各类学
校收费政策公告》和《关于全市普通中小学学籍管理工作检查情况通报》中，
武汉市公开物价局和市教育局就各类学校的收费项目和标准，以及各区教育局
和中小学学习管理的检查情况，是对信息公开政策工具的典型运用。

就公共教育服务而言，武汉市运用市场工具进一步扩充了公共教育资源。
2011 年武汉市教育局出台《武汉市民办建议幼儿园办园基本标准》，认真清理
整顿无证幼儿园，加强对民办简易幼儿园的管理，协助民办简易幼儿园不断改
善条件。2013 年武汉市出台《武汉市民办中小学审批标准》，加强对民办中小
学的管理，确保市场力量所提供的义务教育能够具有较高的质量。

二　劳动就业服务改革与创新的政策工具

就劳动就业服务而言，建立和调整规则和标准是武汉市在劳动就业服务上
经常使用的强制性工具类型。如在《关于调整全市最低工资标准的通知》、
《关于印发武汉市职业培训补贴实施办法的通知》、《关于发布我市部分职位
（工种）工资指导价位和行业人工成本信息的通知》、《关于开展 2014 年职业
技能培训定点机构认定工作的通知》、《关于印发武汉市职业介绍补贴实施办
法的通知》、《关于申请 2015 届高校毕业生一次性求职补贴的通告》、《关于发
布我市部分职位（工种）工资指导价位和行业人工成本信息的通知》等政策

文件中，高校毕业生就业和创业、职业培训、工资指导价位等方面的各项规定和标准都得到了不同程度的建立和调整。政府机构能力建设是武汉市在这一领域经常使用的其他强制性工具类型，相关政策包括《关于发放〈就业失业登记证〉和建立就业信息监测制度有关问题的通知》、《关于武汉生源大中专毕业生离校后就业服务及人事档案管理有关问题的通知》、《关于开展供销行业相关就业培训工作的通知》、《关于做好返乡农民工技能培训工作的通知》等，在就业失业登记证、大中专毕业生离校后就业服务和人事档案管理、供销行业就业培训返乡农民工就业培训等方面的管理工作上，都通过出台相应政策文件进行规范。此外，一些促进就业创业的活动方案，如《关于印发武汉市 2014年"春风行动"工作方案的通知》、《关于印发"百名就业专员服务千企"活动方案的通知》、《关于印发 2015 年开展公共就业服务专项活动方案的通知》，是政府通过命令执行的强制性工具直接要求有关部门顺利推进活动开展。

就劳动就业服务而言，武汉市在《关于进一步鼓励高校毕业生在武汉创新创业的意见》、《关于印发武汉市职业培训补贴实施办法的通知》、《关于印发武汉市职业介绍补贴实施办法的通知》、《关于贯彻继续实施支持和促进重点群体创业就业有关税收政策的通知》、《关于申请 2015 届高校毕业生一次性求职补贴的通告》、《关于扶持福利企业发展促进残疾人就业的通知》、《关于做好高校毕业生一次性创业补贴和灵活就业社会保险补贴发放工作的通知》等文件中，补贴的混合性工具得到了较多的运用，补贴方式包括利率优惠、直接补助、财政奖励、政府贷款等，相比之下直接补助的运用比较多。此外，在信息与劝诫的混合性工具的运用上，武汉市政府在《关于进一步鼓励高校毕业生在汉创新创业的意见》，也通过鼓励号召和舆论宣传等方式鼓励公共就业活动和高校毕业生就业创业活动的服务水平提升。

三　社会保险改革与创新的政策工具

就社会保险服务而言，武汉市政府多次对基本养老保险、基本医疗保险和工伤、失业和生育缴费金额和支付额度进行调整，如出台《关于调整城镇基本医疗保险门诊重症（慢性）疾病有关政策的通知》、《关于调整工伤人员待遇和供养亲属抚恤金标准的通知》、《关于调整我市城乡居民社会养老保险基础养老金标准的通知》、《关于调整失业保险待遇标准的通知》、《关于调整我市职工生育保险医疗费用支付标准的通知》、《关于调整工伤人员伤残津贴、护理费及供养亲属抚恤金标准的通知》、《关于做好 2015 年度全市中小学生参加居民医保有关工作的通知》等相关政策。对于被征地农民和城乡居民养老金增加的补贴，则由市和区财政直接支出的方式获得资金来源。也有较多政策通过行政命令和指导指示的方式对有关政府部门的各项社会保险管理工作做出直接的安排，特别是通过行政法规做出明文规范，如制定《关于贯彻〈工伤认定办法〉的通知》。总体而言，武汉市政府在社会保险服务领域所采用的强制性政策工具均可以归为规制一类。

就社会保险服务而言，2012 年武汉市出台《关于将事业单位等组织纳入工伤保险统筹的通知》（武人社发〔2012〕34 号），运用社会保险金工具，要求事业单位为本单位全体职工缴纳工伤保险费，从而在工伤保险上覆盖了更多人群。在 2014 年，武汉市制定《关于做好 2015 年度全市中小学生参加居民医保有关工作的通知》，使用了信息和劝诫的混合性工具，要求有关政府机构和中小学校向中小学生及其监护人宣传有关居民医保政策，推动各类中小学生实施参保缴费工作。

四　社会服务改革与创新的政策工具

武汉市基本社会服务改革与创新所使用的强制性工具类型较为丰富。武汉市多次通过规制手段对现有社会救助服务的规则和标准进行调整，2011 年后出台《关于进一步规范重点优抚对象抚恤补助金发放工作的意见》、《关于对全市丧失劳动能力的成年二级重度残疾人单独全额提供最低生活保障的通知》、《关于印发武汉市"三无"精神障碍者和生活困难的重性精神障碍者医疗救助暂行办法的通知》、《关于低保家庭精神残疾人服药补贴办法的通知》、《关于提高我市城乡居民最低生活保障标准的通知》等一系列政策文件，涉及重点优抚对象补助金、丧失劳动能力的成年二级重度残疾人、"三无"精神障碍者和生活困难的重性精神障碍者医疗救助、低保家庭精神残疾人服药补贴、城乡居民最低生活保障标准等方面。此外，武汉市还多次出台行政规章对现有社会救济服务相关制度进行规范，如《武汉市扶助残疾人若干规定》、《武汉市社会办养老福利机构管理办法》、《武汉市最低生活保障实施办法》等。

在疾病救助和养老服务等领域，武汉市多次使用了税收优惠、利率优惠、消费补贴或者直接补助等政策工具。在 2015 年出台的《关于建立武汉市疾病应急救助制度的意见》和《关于贯彻落实社会救助暂行办法的通知》中，武汉市政府也使用了鼓励号召的政策工具，鼓励社会各界为疾病应急救助基金捐款，号召社会力量积极参与社会救助。

武汉市政府主要在养老服务方面对自愿性工具进行运用，以促进武汉市养老服务的市场化和社会化发展。如在《武汉市社会办养老福利机构管理办法》中，同时运用市场和自愿性组织工具，鼓励民间成立营利和非营利养老福利机构。此外，在《关于深入推进居家养老服务工作的通知》、《关于加快推进社区养老院建设的指导意见》和《关于印发社区养老院建设运营补贴实施方案的通知》等政策文件中，政府运用家庭和社区的自愿性工具，推进社区养老院建设和居家养老服务工作，实现养老服务水平的提升。

五　医疗卫生改革与创新的政策工具

就医疗卫生服务而言，武汉市在医疗卫生服务领域运用了法令的强制性工具，如出台《武汉市农村饮用水办法》。但在更多情况下，武汉市以指示指导或命令执行的方式，对有关政府部门和企业的各项医疗卫生服务工作直接提出明确要求，对医疗卫生服务的供给方式进行改革，相关政策的规制方面主要涉及对血吸虫病的防治、药品零售企业的采购和配送、药品批发企业的购销渠道和票证管理、对艾滋病的防控、艾滋病血液传播的管理、对艾滋病人的救治、药品监督管理体系的职责分工、药品应急事件的处置办法、药品安全监管与保障、零售药店的处方药销售、处方药销售监管以及对中药材和中药饮片的销售登记及其信息公示管理等，政策的目标对象以政府机构为主，但也包括相关医疗机构和该领域相关企业进行相应的规制。尤其是在药品供应和安全保障服务上，在《关于印发武汉市药品零售连锁企业专项整治工作方案的通知》、《武汉市 2012 年度药品批发企业规范经营专项整治工作方案》、《关于改革完善食品药品监督管理体制的实施意见》、《关于进一步加强食品药品安全工作的意见》、《关于进一步加强处方销售处方药监管的通知》等政策中，特别强调检查检验、监督以及考核工具的使用。此外，直接提供也是被采用的强制性政策工具之一。在《关于转发 2011 年武汉市血吸虫病防治工作实施方案的通知》中，政府通过出台政策规定为晚期血吸虫病人提供免费住院治疗，为病人直接提供所需要的医疗服务。

就医疗卫生服务而言，市政府所使用工具以信息与劝诫为主。在一些疾病如血吸虫病和艾滋病的公共卫生服务政策上，针对城乡居民进行宣传教育是一个较好的做法。武汉市政府通过出台《关于转发2011年武汉市血吸虫病防治工作实施方案的通知》和《关于进一步加强艾滋病防治工作的意见》，对武汉市全体城乡居民进行相关疾病防治的宣传教育。在处方药销售上，也采用类似的宣传教育措施培育武汉市居民处方药安全意识。此外，武汉市政府也采取补贴的混合性政策工具，如通过财政补贴和税收优惠的做法，鼓励社会资本举办非营利性医疗机构。

就医疗卫生服务而言，武汉市政府在2012年出台的《关于进一步鼓励和引导社会资本举办医疗机构的意见》突出了对自愿性组织工具的使用，主要做法是通过种种优惠减免措施鼓励和引导社会资本举办非营利的医疗机构，逐步形成以公立医疗机构为主导、以社会资本举办的医疗机构为补充的医疗服务体系，促进多种形式的医疗机构共同发展。

六 住房保障改革与创新的政策工具

近年来，武汉市住房保障服务改革与创新主要运用了政府机构能力建设工具。如2008年以来先后出台《关于印发武汉市公共租赁住房登记摇号选房管理暂行办法的通知》、《关于计划生育特扶特殊家庭优先纳入廉租住房配房租赁有关事项的通知》、《关于进一步加强公共租赁住房管理的通知》、《关于加强和规范限价安置房建设管理工作的通知》等，规范武汉市在公共租赁住房、廉租房和限价安置房上的各项管理工作，有效提升了政府住房保障服务能力。武汉市也多次运用建立和调整规则的政策工具，在《关于公布2013年公共租赁住房收入和住房资格条件的通知》、《关于调整武汉市公共租赁住房租赁资格审核流程的通知》等政策中，武汉市在公共租赁住房保障对象的收入条件、住房条件、审核流程等方面，对相关规则进行了进一步翔实的规定。此外，武汉市政府也出台一系列相关行政法令，如2014年制定的《武汉市公共租赁住房和补贴管理暂行规定》，规范公共租赁住房和补贴管理的管理事项。而在2010年出台的《关于大力推进保障性住房建设促进房地产市场健康发展的意见》提出了许多对推进保障性住房发展的指导性意见，可视为对指示指导的强制性工具的运用。

武汉市在住房保障服务上主要运用了直接补助的混合性工具。武汉市在2014年出台《关于进一步加强公共租赁住房管理的通知》，为符合条件的住房申请者直接提供人均标准10元/平方米的补贴，提高了公共租赁用房的保障水平。

七　公共文化改革与创新的政策工具

近年来，武汉市主要采用命令执行工具推进公共文化体育服务各项活动的推进。如出台的《关于引发第22届中国金鸡百花电影节总体活动筹备工作方案的通知》、《关于举办武汉市第四届全民健身运动会的通知》、《关于转发武汉市农村智能广播网建设实施方案的通知》等文件，要求政府有关部门顺利推进金鸡百花电影节、全民健身运动会农村智能广播网建设的进行。此外，机构设置的强制性工具也得到了一定程度的运用，如在2015年出台《关于成立市万里茶道申报世界遗产工作领导小组的通知》，成立万里茶道申遗工作领导小组。

补贴是武汉市在文化体育服务中主要运用的混合性工具，在《关于印发武汉市促进民办和行业博物馆发展实施办法的通知》以及《关于落实〈武汉市实体书店扶持资金管理办法〉的通知》等政策文件中，武汉市政府为民办和行业博物馆、实体书店提供直接补助和财政奖励，促进博物馆和实体书店等文化利民场所的发展。

八　环境保护改革与创新的政策工具

近年来，武汉市在环境保护服务领域运用的工具类型较为丰富。武汉市出台了较多行政法令，运用强制手段规范有关环境保护管理工作，如出台《武汉市建筑垃圾管理暂行办法》、《武汉市节能监察办法》、《武汉市基本生态控制线管理规定》、《武汉市城市容貌规定》、《武汉市农村饮用水管理办法》、《武汉市"门前三包"责任制管理办法》、《武汉市餐厨废弃物管理办法》、《武汉市湿地自然保护区生态补偿暂行办法》、《武汉市山体保护办法》等大量行政法规。与此同时，命令执行工具也被武汉市政府较多的运用，武汉市自

2008 年以来每年都出台相关绿化方案，并要求有关部门执行所规定的绿化工作。此外，在政府机构能力建设上，武汉市 2011 年以来出台《关于改革生活垃圾服务费收费方式的通知》、《关于切实做好我市当前水利改革发展工作的通知》、《关于印发武汉市雾霾天气应急处置预案的通知》、《关于进一步贯彻实施〈武汉市湿地自然保护区条例〉的意见》、《关于进一步加强山体资源保护工作的意见》、《关于加强生活垃圾服务费征收管理工作的通告》等相关政策，提升了在以上各具体环境保护领域里的政府管理工作质量。

武汉市在 2011 年出台的《关于改革生活垃圾服务费收费方式的通知》和2014 年出台的《关于加强生活垃圾服务费征收管理工作的通告》中，尝试运用使用者收费的混合性工具，向产生城市生活垃圾的居民和单位征收生活垃圾服务费。此外，通过舆论宣传的工具，通过各类媒体手段宣传创卫行动，也产生了较好的效果。

第三节 武汉市整体性公共服务满意度

一 样本统计描述

1. 户籍类型、性别与年龄

武汉市 415 位受访者中，本市户籍 306 人，占比 73.8%；非本市户籍 109人，占比 26.2%。男性 222 人，占比 50.1%；女性 193 人，占比 49.9%。20岁以下的 8 人，占比 1.9%；20—29 岁的 215 人，占比 51.8%；30—39 岁的123 人，占比 29.6%；40— 49 岁的 39 人，占比 9.4%；50—59 岁的 23 人，占比 5.5%；60 岁以上的 7 人，占比 1.7%。

2. 职业类型

武汉市 415 位受访者中，政府公务员 38 人，占比 9.2%；事业单位工作者 62 人，占比 14.9%；企业/公司工作者 120 人，占比 28.9%；商业服务人员 25 人，占比 6%；个体经营人员 40 人，占比 9.6%；待业下岗人员 2 人，占比 0.5%；离退休人员 23 人，占比 5.5%；在校学生 52 人，占比 12.5%；其他从业人员 53 人，占比 12.8%。

3. 受教育程度

武汉市 415 位受访者中，小学以下学历 2 人，占比 0.5%；初中学历 16 人，占比 3.9%；高中、中专学历 56 人，占比 13.5%；大专学历 82 人，占比 19.8%；本科学历 187 人，占比 45.1%；研究生及以上学历 72 人，占比 17.3%。

4. 月收入情况

武汉市 415 位受访者中，月收入超过 20000 元的 68 人，占比 16.4%；15001—20000 元的 9 人，占比 2.2%；10001—15000 元的 89 人，占比 21.4%；8001—10000 元的 156 人，占比 37.6%；5001—8000 元的 48 人，占比 11.6%；3001—5000 元的 24 人，占比 5.8%；1001—3000 元的 13 人，占比 3.1%；1000 元以下的 3 人，占比 0.7%；无固定收入的 5 人，占比 1.2%。

5. 平均每天使用网络时间

武汉市 415 位受访者当中，平均每天使用互联网 2 小时以下的 62 人，占比 14.9%；2—4 小时的 183 人，占比 44.1%；5—7 小时的 109 人，占比 26.3%；8 小时及以上的 61 人，占比 14.7%。

6. 接触网络时间

武汉市 415 位受访者当中，接触网络时间 1 年以下的 13 人，占比 3.1%；1—5 年的 86 人，占比 20.7%；6—10 年的 166 人，占比 40%；10 年及以上的 150 人，占比 36.1%。

7. 政府接触经验

武汉市 415 位受访者中，亲自申请或接受过婚育服务的 66 人，占比 15.9%；亲自申请或接受过医药卫生服务的 104 人，占比 25.1%；曾亲自申请或接受过社会保障服务的 134 人，占比 32.3%；曾亲自申请或接受过劳动就业服务的 44 人，占比 10.6%；曾亲自申请或接受过教育文化服务的 89 人，占比 21.4%；曾亲自申请或接受过户籍身份服务的 105 人，占比 25.3%；曾亲自申请或接受过住房保障服务的 82 人，占比 19.8%；曾亲自申请或接受过基本社会服务的 37 人，占比 8.9%；曾亲自申请或接受过证照申领服务的 115 人，占比 27.7%；曾亲自申请或接受过公用事业服务的 114 人，占比 27.5%；曾亲自申请或接受过申报纳税服务的 83 人，占比 20%；曾亲自申请或接受过法律服务的 31 人，占比 7.5%；曾亲自申请或接受过交通运输与观光旅游服务的 55 人，占比 13.3%；曾亲自申请或接受过民族宗教服务的 3 人，占比 0.7%。

二　整体性公共服务满意度

1. 武汉市受访者对政府服务表现与服务形象的满意度较低

如表 8 - 1 所示，在武汉市的 415 位受访者中，对政府服务质量表示满意的 146 人，占比 35.2%。其中，比较满意的 125 人，占比 30.1%；十分满意的 21 人，占比 5.1%。表示不满意的 75 人，占比 18.1%。其中，不太满意的 56 人，占比 13.5%；十分不满意的 19 人，占比 4.6%。对政府在服务创新与便民方面所做的努力表示满意的 191 人，占比 46%。其中，比较满意的 166 人，占比 40%；十分满意的 25 人，占比 6%。不满意的有 60 人，占比 14.4%。其中，不太满意的 50 人，占比 12%；十分不满意的 10 人，占比 2.4%。对政府危机处理能力表示满意的 121 人，占比 29.1%。其中，比较满意的 91 人，占比 21.9%；十分满意的 30 人，占比 7.2%。对政府危机处理能力表示不满意的 100 人，占比 24.1%。其中，不太满意的 79 人，占比 19%；十分不满意的 21 人，占比 5.1%。

表 8 - 1　　　　　　　　　武汉市受访者政府服务满意度

	十分不满意	不太满意	一般	比较满意	十分满意	合计
整体而言，您满不满意政府服务的质量？	19 人 4.6%	56 人 13.5%	194 人 46.7%	125 人 30.1%	21 人 5.1%	415 人 100%
整体而言，您满不满意政府在服务创新与便民（如电子政府、网上缴税等）方面所做的努力？	10 人 2.4%	50 人 12%	164 人 39.5%	166 人 40%	25 人 6%	415 人 100%
整体而言，您满不满意政府危机处理的能力？	21 人 5.1%	79 人 19%	194 人 46.7%	91 人 21.9%	30 人 7.2%	415 人 100%

资料来源：作者自行整理所得。

以五分量表计，武汉市受访者对政府服务质量的满意度得分为 3.176，对政府服务创新与便民的满意度得分 3.352，对政府危机处理能力的满意度得分为 3.072。武汉市受访者对政府服务表现与服务形象的满意度较低，对政府服务表现与服务形象整体评价的平均得分为 3.2。

2. 武汉市受访者对政府优质便民服务满意度较低

如表8-2所示，在武汉市的415位受访者中，对政府部门人员服务态度，表示满意的111人，占比26.8%；表示不满意的128人，占比30.8%，对政府部门服务人员专业性，表示满意的158人，占比38%；表示不满意的79人，占比19%。对政府部门服务流程，表示满意的104人，占比25%；表示不满意的135人，占比32.5%。对政府部门对老、弱、病、残、孕、婴、幼等特殊群体提供的服务表示满意的175人，占比42.2%；表示不满意的90人，占比21.7%。对政府部门服务人员办事效率表示满意的96人，占比23.1%；表示不满意的184人，占比44.4%。对政府部门处理群众投诉的方式表示满意的105人，占比25.3%；表示不满意的143人，占比34.5%。对政府部门环境设施便利性表示满意的155人，占比37.3%；表示不满意的80人，占比19.3%。

表8-2 武汉市受访者对优质便民服务的满意度

	十分不满意	不太满意	一般	比较满意	十分满意	合计
您满不满意政府部门服务人员的服务态度？	30人 7.2%	98人 23.6%	176人 42.4%	90人 21.7%	21人 5.1%	415人 100%
您满不满意政府部门服务人员的专业性？	15人 3.6%	64人 15.4%	178人 42.9%	135人 32.5%	23人 5.5%	415人 100%
您满不满意政府部门的服务流程？	25人 6%	110人 26.5%	176人 42.4%	81人 19.5%	23人 5.5%	415人 100%
您满不满意政府部门对老、弱、病、残、孕、婴、幼等特殊群体提供的服务？	17人 4.1%	73人 17.6%	150人 36.1%	137人 33%	38人 9.2%	415人 100%
您满不满意政府部门服务人员处理事情的速度？	48人 11.6%	136人 32.8%	135人 32.5%	81人 19.5%	15人 3.6%	415人 100%
您满不满意政府部门处理群众投诉的方式？	31人 7.5%	112人 27%	167人 40.2%	83人 20%	22人 5.3%	415人 100%
您满不满意政府部门的环境设施的便利性？	14人 3.4%	66人 15.9%	180人 43.4%	123人 29.6%	32人 7.7%	415人 100%

资料来源：作者自行整理所得。

以五分量表计，武汉市受访者对政府部门人员服务态度的满意度得分为2.937，对政府部门服务人员专业性的满意度得分为3.21，对政府部门服务流程的满意度得分为2.921，对弱势群体服务的满意度得分为3.255，对政府部门服务人员办事效率的满意度得分为2.708，对政府部门处理群众投诉的满意度得分为2.887，对政府部门环境设施便利性的满意度得分为3.184。武汉市受访者对政府优质便民服务满意度较低，对政府优质便民服务整体满意度的平均得分为3.02。

3. 武汉市受访者对政府信息服务满意度较低

如表8-3所示，在武汉市的415位受访者中，对政府网站便利性表示满意的受访者为140人，占比33.7%；表示不满意的87人，占比21%。对政府网站信息完整性表示满意的134人，占比32.3%，表示不满意的98人，占比23.6%。对政府网站信息丰富度表示满意的139人，占比33.5%；表示不满意的102人，占比24.5%。对政府网站信息的准确性和更新及时性表示满意的129人，占比31.1%；表示不满意的107人，占比25.8%。对政府网站回应性表示十分满意的为109人，占比26.2%；表示不满意的125人，占比30.1%。对政府网站在线申办服务表示满意的153人，占比36.9%；表示不满意的96人，占比23.1%。

表8-3　　　　　　武汉市受访者对信息服务的满意度

	十分不同意	不太同意	一般	比较同意	十分同意	合计
我十分满意政府网站的便利性	17人 4.1%	70人 16.9%	188人 45.3%	98人 23.6%	42人 10.1%	415人 100%
我十分满意政府网站信息的完整性	18人 4.3%	80人 19.3%	183人 44.1%	105人 25.3%	29人 7%	415人 100%
我十分满意政府网站信息的丰富度	18人 4.3%	84人 20.2%	174人 41.9%	106人 25.5%	33人 8%	415人 100%
我十分满意政府网站信息的准确性、信息更新的及时性	22人 5.3%	85人 20.5%	179人 43.1%	94人 22.7%	35人 8.4%	415人 100%
我十分满意政府网站对我的需求或意见的回应	29人 7%	96人 23.1%	181人 43.6%	81人 19.5%	28人 6.7%	415人 100%

续表

	十分不同意	不太同意	一般	比较同意	十分同意	合计
我十分满意政府网站提供的网上办理服务	15 人 3.6%	81 人 19.5%	166 人 40%	112 人 27%	41 人 9.9%	415 人 100%

资料来源：作者自行整理所得。

以五分量表计，武汉市受访者对政府网站便利性的满意度得分为 3.188，对政府网站信息完整性的满意度得分为 3.113，对政府网站信息丰富度的满意度得分为 3.125，对政府网站信息准确性、信息更新及时性的满意度得分为 3.084，对政府网站回应性的满意度得分为 2.959，对政府网站在线申办服务的满意度得分为 3.2。武汉市受访者对政府信息服务满意度较低，对政府信息服务满意度整体评价的平均得分为 3.112。

4. 武汉市受访者对政府创新便民服务的满意度较低

如表 8-4 所示，在武汉市的 415 位受访者中，对政府网站便民实效表示满意的 183 人，占比 44.1%；表示不满意的 76 人，占比 18.4%。对政府网站使用经历感到满意的 184 人，占比 44.3%；感到不满意的 58 人，占比 14%。

表 8-4　　　　　　　武汉市受访者对创新便民服务的满意度

	十分不同意	不太同意	一般	比较同意	十分同意	合计
我十分满意推行政府网站所带来的便民实效	16 人 3.9%	60 人 14.5%	156 人 37.6%	126 人 30.4%	57 人 13.7%	415 人 100%
我对使用政府网站的经历感到满意	17 人 4.1%	41 人 9.9%	173 人 41.7%	140 人 33.7%	44 人 10.6%	415 人 100%

资料来源：作者自行整理所得。

以五分量表计，武汉市受访者对政府网站所带来的便民实效性满意度的得分为 3.357，对政府网站使用经历的满意度得分为 3.369。武汉市受访者对政府创新便民服务的满意度较低，对政府创新便民服务满意度整体评价的平均得分为 3.363。

综上所述，武汉市受访者对政府服务表现与服务形象的满意度较低，对政府服务表现与服务形象整体评价的平均得分为 3.2。仅有 35.2% 的受访者对政府的服务质量感到满意，仅有46%的受访者对政府在服务创新与便民方面所作的努力感到满意，29.1%的受访者对政府危机处理的能力感到满意。

武汉市受访者对政府优质便民服务满意度较低，对政府优质便民服务整体满意度的平均得分为3.020。仅有26.8%的受访者对政府部门人员的服务态度感到满意，38%的受访者对政府部门人员的专业性感到满意，25%的受访者对政府部门的服务流程感到满意，42.2%的受访者对政府部门对弱势群体的服务表示满意，23.1%的受访者对政府部门服务人员办事效率感到满意，25.3%的受访者对政府部门处理群众投诉的方式感到满意，37.3%的受访者对政府部门环境设施的便利性感到满意。

武汉市受访者对政府信息服务满意度较低，对政府信息服务满意度整体评价的平均得分为3.112。有33.7%的受访者对政府网站的便利性表示满意，32.3%的受访者对政府网站信息的完整度表示满意，33.5%的受访者对政府网站的信息丰富度表示满意，31.1%的受访者对政府网站的信息准确性、更新及时性表示满意，26.2%的受访者对政府网站对公民需求或意见的回应性表示满意，36.9%的受访者对政府网站提供的网上办理服务表示满意。

武汉市受访者对政府创新便民服务的满意度较低，对政府创新便民服务满意度整体评价的平均得分为3.363。44.1%的受访者对政府网站便民实效表示满意，44.3%的受访者对政府网站使用经历感到满意。

第 九 章

长沙市综合配套改革中的
公共服务创新

　　作为湖南省的省会城市和长株潭城市群的核心城市，长沙市自 2007 年长株潭城市群获批成为"全国资源节约型和环境友好型社会"建设综合配套改革试验区以来，围绕"资源节约"、"环境友好"两大主题，积极开展各种体制机制创新，全面推进公共服务综合配套改革，有效发挥了引领示范的作用。本章从大部制改革与跨部门协同、整体性预算体系、政府购买服务、全过程优质监管体系、整体性伦理规范与廉政建设、电子治理等方面系统剖析长沙市政府推进公共服务改革与创新的主要进展，从强制性政策工具、自愿性政策工具和混合性政策工具三个维度系统剖析长沙市政府推进公共服务改革与创新的政策工具，通过整体性公共服务满意度调查对长沙市公共服务改革与创新的成效进行了初步评价。

第一节　长沙市公共服务改革与创新的主要进展

一　整合优化，推进以大部制为核心的政府机构改革

　　2008—2015 年，长沙市根据中央部署和自身情况，在 2008 年和 2013 年中央政府机构改革的基础上，以大部制为核心，连续展开了两轮政府机构改革。

　　2010 年 7 月 17 日，长沙市专门组织召开政府机构改革动员大会，制定了《中共长沙市委长沙市人民政府关于印发〈长沙市人民政府机构改革方案的实

施意见〉的通知》，要求"充分发挥'两型社会'建设综合配套改革试验区先行先试作用，以政府职能转变为核心，进一步理顺职责关系，优化组织结构，提高行政效能，建设人民满意政府"，由此拉开长沙市新一轮政府机构改革的帷幕。随后，长沙市有关区县也制定了如《长沙市岳麓区人民政府机构改革方案的实施意见》等相应改革方案。从 2011 年 3 月的《长沙市人民政府研究室主要职责内设机构和人员编制规定》，到 2011 年 5 月的《长沙市人民政府办公厅主要职责内设机构和人员编制规定》，再到 2012 年的《长沙市文化市场综合执法局主要职责内设机构和人员编制规定》，长沙市的政府部门整合和人员调整从 2010 年延续到了 2012 年。根据"转变职能、优化结构、完善管理、严控编制"的要求，长沙市政府机构改革突出了大部制探索，强调内部职能整合。最终设置了政府工作部门 39 个（市监察局不占限额），直属特设机构 1 个，部门管理机构 2 个，派出机构 3 个，直属事业单位 10 个。

2014 年 5 月 30 日，中共湖南省委和湖南省人民政府联合印发了《湖南省人民政府职能转变和机构改革方案的实施意见》。2015 年 3 月，《长沙市人民政府职能转变和机构改革方案的实施意见》出台，要求从加快政府职能转变、深化政府机构改革、严格控制机构编制等三个方面全面启动和推进政府职能转变和机构改革，包括组建和重组部门 3 个，设置工作部门 40 个（含直属特设机构 1 个）。改革仍然强调"以职能转变为核心"，要求"在简政放权上更进一步，在审批环节上再造流程，在优化组织结构上见到实效"，以转变政府职能推进国家治理体系和治理能力现代化，发挥市场的决定性作用，不断改善政府管理和公共服务。为保障机构改革顺利进行，长沙市纪委、市监察局联合发布了《关于严肃政府机构改革纪律的通知》，提出了"不准借机构改革之机违规进人，违规突击提拔、调整、调动干部或超职数配备干部"等"八不准"。

二　协调统筹，完善以领导小组为主体的跨部门协同

作为大部制改革的重要补充，领导小组或专项小组等各种协同机制在长沙市整体性服务型政府建设以及公共服务综合配套改革中得到了普遍应用，其应用领域、生成机理、组织架构和工作机制等呈现出以下特征。

虽然"领导小组"是长沙市公共服务综合配套改革中的主要部门协同机制，但部门联动、联席会议等其他跨部门协同机制也多有应用。比如，长沙市

人民政府《关于加强土壤污染防治工作的意见》明确要求建立土壤污染防治的部门联动监管机制；《关于进一步加快学前教育发展的补充意见》则要求健全学前教育联席会议制度。领导小组机制与联席会议机制也常被同时运用，如《关于加强和改进流浪未成年人救助保护工作的意见》一方面设立了流浪未成年人救助保护工作协调领导小组，另一方面也要求建立由市、区县（市）民政局牵头的部门联席会议制度，及时解决出现的各类问题。

以领导小组为主的跨部门协同机制主要应用于一些重要重大改革、改革试验试点示范，以及需要多部门协调配合才能完成的联合行动中。比如，针对两型建设、公立医院改革等重大改革，以及推动养老服务业发展、推进创业富民活动等重要改革方案，长沙市都成立了专门的领导小组；在文明城市建设、文化服务示范区建设、流动人口公共服务均等化试点、城中村改造试点等工作中，领导小组也起到了重要的指导、协调作用；在征地拆迁、跨流域治理、专项整治等工作中，各类领导小组的设立是保证多部门联合行动的前提条件。

从设立依据来看，长沙市的领导小组等跨部门协同机制的设立与调整主要有三种形式：以市政府名义专门发文"通知"设立或调整某些领导小组；据不完全统计，为促进基本公共服务改革发展，仅2008—2010年，长沙市就累积发布了十余份有关领导小组的成立和调整的专门文件；在市府、市府办发布的各类"意见"、"方案"、"预案"中具体规定领导小组的成员组成、工作方式，以及各职能部门的职责分工与协同配合机制；由多部门联合发布通知通告，对协调统筹与部门协同方式进行部署。如，民政局、教育局、财政局、人力资源和社会保障局、住房城乡建设委员会、住房保障局、市卫生局等多部门联合印发《长沙市贯彻落实〈社会救助暂行办法〉的实施意见》，要求建立"一门受理、协同办理"机制，多部门联合参与社会救助。

三　提质增效，实施全口径和全过程预算管理

近年来，长沙市对各公共服务领域财政资金的监督管理，经历了从财政支出绩效评价到全过程绩效预算管理，再到全口径预算衔接的转变过程，全口径预算和全过程绩效预算管理体系逐步建立。

1. 2008—2012年，财政支出绩效评价的经验积累和体系建设阶段

长沙市的财政支出绩效评价一般以预算年度为周期，对跨年度的重大

（重点）项目则根据项目或支出完成情况实施阶段性评价。根据《长沙市财政公共项目支出绩效评价实施细则》（长政发〔2009〕43号），长沙市决定对年度预算安排金额在50万元（含50万元）以上的财政公共项目支出，按照实施单位自评、主管部门专项评价及综合评价机构绩效评价相结合的方式进行绩效评价。此后，长沙市每年都会布置、开展财政支出项目的评价工作，以及评价结果的公开、应用工作。望城区、开福区等各区县的财政支出绩效评价也有序铺开，并且"对资金量较大、社会关注度高、受益对象明确、与部门职能关系密切的区本级预算安排的重点项目支出或民生方面支出"实施重点评价。随着长沙财政局绩效评价处的成立，长沙市的财政支出绩效评价工作得到持续推进，覆盖面越来越广，指标体系越来越完善，评价结果应用方式也越来越多样化。

2. 2012—2014年，全过程绩效预算管理的引入、推广阶段

2012年，湖南省人民政府发布《关于全面推进预算绩效管理的意见》，要求全省建立较为完善的预算绩效管理运行机制，并优先选择重大民生支出和社会公益性较强的项目进行预算绩效管理。自此，长沙市在继续推进原有的财政支出绩效评价工作的同时，逐步引入公共项目预算绩效目标设置、绩效预算管理中介库、资金运行跟踪监控、预算绩效管理工作考核、评价结果通报应用等机制，将预算绩效管理贯穿预算编制、运行、监督的全过程。到2014年，长沙市的预算绩效管理制度建设日渐完善，评价范围不断扩大，对全市2013年度实施的65个项目（含整体评价）实施了重点绩效评价，评价范围覆盖市本级和各区、县（市）"三农"、教育、医疗卫生、社会保障、节能环保、工业、科技、商贸等重点支出领域和民生领域。全过程绩效预算管理在助推长沙市经济转型发展、保障和改善民生、推进两型社会建设等方面发挥了积极作用。

3. 2014年至今，绩效预算管理信息化与全口径预算体系衔接阶段

全口径预算管理融合了全面性、一致性等经典预算原则和强调去碎片化的整体性治理理念，是建立服务型政府和现代预算制度的必经之路。2014年新《预算法》的出台极大地改变了我国政府预算的改革方向和管理格局，确立了以一般公共预算、国有资本经营预算、社会保险基金预算、政府性基金预算等为主要内容的全口径预算体系。相应地，长沙市政府工作报告将"加强政府债务管理、建立全口径预算管理制度"作为2015年度的重点改革领域之一。为此，长沙市财政局联合广东瑞联科技有限公司开发了预算管

理信息系统，以提高长沙市的预算绩效管理信息化水平，更好地服务于全口径预算体系建设和全面预算绩效管理工作。市财政局绩效管理处组织召开了预算绩效管理信息系统应用培训会，并在全市范围内选定6家单位进行预算绩效管理信息系统应用试点。长沙市市人大常委会也举行了新预算法专题学习培训，学习如何加强对政府全口径预算决算的审查和监督，以法制思维引领和深化现代财政改革。2015年，湖南省全面推进预算绩效管理改革，要求包括长沙市在内的各地市的预算绩效管理系统有效衔接全口径预算体系，将一般公共预算和国有资本经营预算安排的全部财政性资金都纳入预算绩效评价、管理范围，并且积极公布绩效评价结果，及时反馈整改，根据绩效评价结果对预算安排进行动态调整。

四　清理规范，推进事业单位分类改革路径

1. 建立健全事业单位改革工作机制

2011年，长沙市召开了全市事业单位分类改革工作会议，成立了市事业单位分类改革工作领导小组，并要求各区县（市）及市直机关事业单位主要领导或分管领导作为分类工作的总责任人，建立健全相关工作机制，不断修改完善事业单位改革方案。雨花区、岳麓区、长沙县等区县也按照中央、省、市关于分类推进事业单位改革的部署和要求，于2013年分别召开了分类推进事业单位改革工作会议，制定了《中共长沙市雨花区委长沙市雨花区人民政府关于分类推进事业单位改革的实施意见》、《中共长沙市岳麓区委岳麓区人民政府关于分类推进事业单位改革工作实施意见》等改革文件，成立了以区县主要领导为组长的分类推进事业单位改革工作领导小组，不断加强工作机制建设，完善配套政策。

2. 试点事业单位岗位设置管理制度

长沙市于2011年8月组织召开事业单位岗位设置管理工作动员大会，出台《长沙市事业单位岗位设置管理实施意见（试行）》，进一步促进事业单位人员聘用制度和分配制度改革。按文件规定，长沙市各事业单位将设立管理、专业技术、工勤技能三类岗位，实行按需设岗、竞聘上岗、以岗定薪、合同管理。第一批列入实施范围的事业单位有229家，其余事业单位也要分批实施岗位设置管理制度。2012年，湖南省启动新一轮事业单位聘用改革，要求逐步

实现公开招聘制度在包括长沙市在内的全省各级各类事业单位（除参照公务员法管理的事业单位外）的全覆盖。

3. 清理规范全市事业单位

全面清理规范事业单位是科学划分事业单位类别的重要步骤。2012 年 1 月，长沙市机构编制委员会发出《关于开展事业单位清理规范工作的通知》，决定对全市各级党委、政府直属和部门所属事业单位，各级人大、政协、法院、检察院、群众团体机关及其他组织所属事业单位的机构和人员编制进行清理规范。具体包括：对机构设置和实际运行存在突出问题的事业单位分别予以撤销或整合；在规范机构设置的基础上对事业单位编制使用情况进行清理；而且原则上不再新设事业单位，不再新增事业编制。清理规范工作完成后，由市编办会同有关部门对清理规范工作进行检查验收和总结。市直机关各部门（直属事业单位）必须向市编办提交本部门（单位）所属事业单位的清理规范意见，对所属事业单位机构的编制现状、存在问题，机构设置和人员编制等方面的清理规范意见，以及其他需要的问题进行说明。

4. 分类推进事业单位改革

长沙市的事业单位分类改革遵循"分类指导、分业推进、分级组织、分步实施"的基本方针。长沙市及各区县在清理规范基础上，按照社会功能，将现有事业单位划分为承担行政职能、从事生产经营活动和从事公益服务三个类别。从事公益服务的事业单位又可再根据职责任务、服务对象和资源配置方式等情况细分为公益一类和公益二类。对从事公益服务的事业单位，继续将其保留在事业单位序列、强化其公益属性。在长沙市事业单位分类改革工作领导小组的统筹规划，以及市编办等有关部门、单位的协调配合之下，长沙市于 2012 年完成了事业单位的清理规范；2013 年在全市及各区县范围内全面实施事业单位分类改革，年底基本完成分类工作；2015 年，承担行政职能事业单位和从事生产经营活动事业单位的改革有序推进，公益服务事业单位改革启动。

五　政社合作，加大政府购买公共服务力度

长沙市对政府购买服务的探索始于文化和社区卫生服务领域。2014 年出台的《长沙市政府购买公共服务暂行办法》等政策文件详细规定了长沙市政

府购买公共服务的主体范围、承接资质、购买内容与方式、组织保障和项目评估等内容。

第一，政府购买服务的实施主体是长沙市各级行政机关和参照公务员法管理、具有行政管理职能的事业单位，以及纳入行政编制管理且经费由财政负担的群团组织。在随后公布的《长沙市政府购买公共服务项目指导性目录（第一批）》中，购买公共服务的实施主体有体育、民政、教育、规划、国土资源、发改、财政、审计、住建、城管、法制、司法等数个部门。2014 年 12 月，开福区司法局向长沙市开福区德馨社会工作服务中心购买了社会矫正服务，具有行政管理职能的开福区司法局就是政府购买服务的购买主体。

第二，政府购买服务的承接主体方面，积极培育、扶持社会组织，为其成立成长营造良好的制度空间，是长沙市推进政府购买服务的重要内容。长沙市《政府购买公共服务暂行办法》将承接主体的范围扩大为：依法在民政部门登记成立或经国务院批准免予登记的社会组织，以及依法在工商行政管理部门登记注册的企业或在其他行业主管部门登记成立的机构等社会力量，也包括承担有公共服务职能的公益性事业单位。然而，在实际操作中，并不是所有社会组织都具有承接政府购买服务的资质，获得 3A 以上评估等级的社会组织通常会优先获得政府的青睐。长沙钟博士心理咨询中心、长沙红光保安服务有限公司、长沙市德馨社工服务中心、广州大同社工服务中心、长沙市暖心社区综合服务中心、长沙政和社工发展中心、长沙市培源社工服务中心、长沙市怡欣心理服务中心等社会组织和企事业机构都曾承接长沙市及各区县的政府购买服务项目。

第三，在政府购买服务的领域和内容方面，2014 年，长沙市《政府购买公共服务暂行办法》规定，政府购买公共服务的范围为"适合采取市场化方式提供、社会力量能够承担的公共服务"，主要包括保障政府部门自身正常运转需要的公共服务，政府部门为履行宏观调控、市场监督等职能需要的公共服务，为增加国民福利、受益对象特定，政府向社会公众提供的公共服务等三大类。《长沙市政府购买公共服务项目指导性目录（第一批）》则详细规定了覆盖公共卫生、公共教育、文化体育、社会福利、社会事务、法律、城市维护管理、经济服务等多个公共服务领域的 43 个项目的具体项目内容、实施主体和注意事项。在这些政策文件的指导下，长沙市及各区县陆续购买了学生暑期游泳服务、校园安保服务、社区矫正项目、公共文化服务、法律援助、社工服务等多个项目，还专门发文购买商品住房用于保障性住房。

第四，加强政府购买服务的方式方法方面的工作。理论上，政府购买服务可以有独立性服务购买与依赖性服务购买，竞争性购买与非竞争性购买等多种方式（王名、乐园，2008）。《长沙市政府购买公共服务暂行办法》规定可以根据购买内容的市场发育程度、服务供给特点等因素，在公开招标、邀请招标、竞争性谈判、询价、单一来源方式、委托、承包等方式中灵活选择购买方式。在实践中，长沙市多数以定点采购的方法来购买公共服务。如，定点采购失业、就业和劳动技能培训服务、法律援助案件办理、非诉法律服务事项、律师值班等服务。但是，以公开招投标、竞争性磋商等方式购买公共服务的案例日益增多。如，开福区司法局通过公开招投标与长沙市德馨社会工作服务中心签订专业社工服务购买协议。2015 年，长沙县民政局的"为老社会工作服务"、"青少年成长服务"、"社工服务互动平台建设"等项目也都是通过竞争性磋商方式采购的。

第五，组织保障和项目监管评估方面，长沙市要求建立政府领导，财政牵头，机构编制、民政、工商部门和行业主管部门协同，职能部门履职，监督部门保障的政府购买工作机制。根据实际需求拟定、完善购买公共服务目录，提前确定购买公共服务计划，并组织社会力量积极参与承接购买服务项目。同时，财政、监察、审计部门也应加强对政府购买公共服务的日常监督管理、绩效评价和信息公开，严禁层层转包、豪华购买、暗箱操作等违法违规行为。

六　简政放权，深化行政审批改革和全过程监管

1. 持续深化行政审批改革

近年来，长沙市多次以政府令的形式启动行政审批改革，完善商事登记制度，构建全过程监管体系，简政放权，激发市场、社会和基层活力。

2009 年年底，长沙市发布《关于公布取消、调整和保留的市级行政许可项目目录的决定》，决定取消行政许可项目18 项，调整31 项，保留168 项。

从 2013 年开始，国务院频繁发文，取消和下放多项行政审批事项。长沙市也于 2013 年发布《关于公布取消、调整、保留的市本级非许可行政审批项目目录的决定》和《关于进一步深化行政审批制度改革提高行政效能的实施意见》，"取消37 项非许可行政审批事项，调整191 项非许可行政审批事项，

保留229项非许可行政审批事项"，加快简政放权，持续深化行政审批制度改革。其间，为了保障改革的顺利进行，长沙市监察局还专门印发了《关于对落实市委市政府〈关于进一步深化行政审批制度改革提高行政效能的实施意见〉开展专项效能监察的工作方案》的通知，深入开展改革效能监察。

2014年，根据《关于公布市本级行政审批项目的决定》（政府令第127号）以及《长沙市人民政府关于取消和下放部分行政审批项目的通知》，长沙市决定继续取消行政审批项目64项，下放行政审批项目33项，涉及教育、交通、水利、林业、建设等各个领域。清理后，长沙市市本级实施的行政审批项目共计219项，含长沙市市本级179项和垂直管理单位行政审批项目40项。2014年年初，长沙市开始商事制度改革，将前置审批由361项减少为19项，且变"先证后照"为"先照后证"，减少前置审批，降低创业门槛，激发市场主体活力。2015年，长沙市计划继续深化行政审批制度改革和商事制度改革，对行政审批实行全程电子监控，以建设领域为重点推行并联审批，提高行政审批效率。

2. 组织制定各项权力清单

权力清单制度能够明确政府权力的自身属性、运行轨迹和边界特征，能够有效规范和监督权力并避免不当权力的发生（谢建平，2014）。在前期行政审批项目清理的基础上，长沙市开启了行政审批权力清单的梳理与行政审批流程的重构工作，以进一步明确各行政审批项目的实施条件、审批程序和时限要求。2014年10月，长沙市政务服务中心牵头组织开展市行政审批项目流程清单规范优化工作。经市行政审批改革领导小组联席会议审议等程序，制定《长沙市行政审批项目流程清单（征求意见稿）》并进行公示。到2014年年底，《长沙市政府部门权力清单》、《长沙市行政审批项目流程清单》及《长沙市行政审批事项目录管理暂行办法》陆续在政府网站上公布。其中，《长沙市政府部门权力清单》清单包括行政审批项目219项、行政职权3393项。《长沙市行政审批项目流程清单》在审批程序、申请材料、承诺期限、申请地点等16个方面对行政审批事项的办理进行了规范。《长沙市行政审批事项目录管理暂行办法》规定除法律法规新增的和国务院、省政府下放的行政审批事项外，原则上不得新增。至此，"两清单一办法"的政府部门权力清单体系基本成型，权力清单电子监察以及"责任清单"、"监管清单"、"负面清单"的组织工作也在进行当中。

3. 重点加强民生领域的全过程监管

从 2007 年到 2015 年，长沙市政府以环境保护、食品药品、安全生产、社保医保、重大项目建设等领域为重点，通过减少事前审批、强化事中事后监管等举措，不断优化监管机制、提高监管效率。比如，在节能环保方面，长沙市就湘江跨域治理和辖区内环境污染整治建立了一整套协同监管机制；在食品药品安全监管方面，长沙市围绕"食品安全城市"建设，集中整治食品药品的生产经营秩序，对种养、加工、流通、物价、消费等全过程进行监管。在政府投资建设方面，长沙市也要求建立从项目立项、预算控制、招投标管理到投资审计的全过程监管链条，严格开展全程监管。从 2013 年开始，长沙市进一步提出加强城乡医保衔接、资金监管和社会组织扶持监管，并且结合全过程预算绩效管理和全口径预算管理，不断加强公共服务和公共财政资金项目的跨部门监管。2014 年，长沙市配合商事登记制度改革，研究制定与商事制度改革相配套的后续监管制度，出台了各种许可审批后续监管实施细则。2015 年，长沙市在行政审批改革、权力清单建设和商事登记制度改革的基础上，继续精简后续审批事项，加快构建统一高效的监督信息平台，强化审批效能监察和后续监管，不断拓宽和加大公共财政、政府投资和资源资产的全过程监管范围和力度。

七　反腐倡廉，加强政府作风和公共服务伦理建设

服务型政府建设需要一个廉洁的行政环境和服务氛围。"十二五"期间，长沙市加大工作作风改进力度、有序开展巡视巡查、不断强化干部监督，旨在通过各种反腐倡廉举措和工作作风建设，改善民生，促进社会公正，保障经济活力。

首先，改进工作作风。建设"文明城市"、"廉洁长沙"是长沙市"十二五"期间的重要任务。在中共中央政治局的八项规定和湖南省委的约法九章的基础上，长沙市市委出台了《关于改进工作作风密切联系群众的规定》，就改进调查研究、精简会议文件、规范新闻报道、厉行勤俭节约、控制外出考察、提高办事效率等内容提出了明确要求。中共长沙市纪委和长沙市监察局联合印发的《长沙市违反改进工作作风有关规定责任追究办法》和《关于加强作风建设监督检查的实施办法》明确了违法违纪的责任追究和加强作风建设

监督检查的有关细节。2015 年 7 月,《长沙市查处发生在群众身边四风和腐败问题专项工作方案》要求进一步加大对基层违法违纪、侵犯群众权益等突出问题的查处力度,尤其是涉及征地拆迁、医疗教育、救助救灾、就业创业、住房保障等民生和公共服务领域。

其次,加强干部监管和问责。《长沙市领导干部经济责任问责暂行办法》规定了领导干部将被问责的 43 种情形,以及责令做出书面检查、诫勉谈话、通报批评、责令公开道歉、停职检查、引咎辞职、责令辞职、免职等八种经济责任问责方式。此外,还通过设立廉政账户、对领导干部和机关工作人员"有错无为"、"不在状态"实施问责,重点预防和惩治工程建设领域的腐败,规范相关单位及个人的行政行为。

再次,开展巡查巡视。2013 年,长沙市出台了《中共长沙市委巡查工作办法(试行)》,成立了市委巡查工作领导小组,组建了市委巡查工作领导小组办公室及六个市委巡查组,并于 2014 年 1 月进驻市人社局、市国土局、湘江枢纽、雨花工业园、轨道公司、明德中学等六家单位,全面启动首轮巡查。2015 年 2 月,长沙市巡查组在为期两个月的集中巡查中采取了听取汇报、列席有关会议、召开座谈会、进行个别谈话、调阅复制有关资料、受理来信来电来访、明察暗访等多种方式,全面了解被巡查单位的廉政勤政和作风建设情况。同时,长沙市还积极配合湖南省委巡视组的工作,对省委巡视组反馈的意见,逐一落实整改,严格监督问责。

八　创新治理,加强电子政务平台建设与互动

1. 推进电子政务平台建设,加强信息整合与公开

大部制政务信息资源整合与共享依赖于电子政务平台的建设。2007 年年底,长沙市专门发文,要求进一步做好市政府门户网站内容的保障工作,按《市政府部门网站信息公开目录(第一批公布)》等文件要求,加大政务信息发布力度,提高网站服务水平,为公众参与互动交流创造条件。随后的《政府信息公开工作制度》则对政府信息发布协调、审查、依申请公开、责任追究等工作做出了具体规定。为了避免政府网站的分散建设和重复投资,《关于认真落实湖南省人民政府办公厅关于加强政府系统网站管理整合网站资源的通知》决定对政府网站建设情况进行调查摸底,统一域名管理,加大网站资源

整理力度。2011 年《关于转发〈湖南省人民政府办公厅关于进一步加强政府网站管理工作的通知〉的通知》督促各市直部门尽快建立政府网站，及时更新网站信息内容，完善网站民生领域办事服务事项内容。《关于做好市政府门户网站内容保障和日常信息维护工作的通知》也要求在建立健全政府网站平台的基础上，重点加大社会关注的"部门信息公开目录"、"公共服务"、"八大重点领域"三大栏目的建设力度，做好教育服务、社保服务、就业服务、医疗服务、住房服务、交通服务、婚育收养、公用事业、证件办理、企业开办、经营纳税、资质认定等相关内容的补充和完善。2015 年 8 月，中共长沙市委办公厅、长沙市人民政府办公厅联合印发《关于加快推进电子政务发展的实施意见》，明确规定了各职能部门在完善"云计算"电子政务基础平台、推进电子政务网络体系建设和惠民服务应用等改革任务方面的分工，要求建立与时代发展、社会需求和政府履职相适应的电子政务体系。

2. 鼓励基于电子信息化平台的公民参与和公共服务，回应社会关切

电子政务不仅有助于提高政府效率和效能，还开辟了政府部门与社会互动的新渠道，成为公共服务与行政管理创新不可或缺的推动力（孙宇，2008；杨雅芬、李广建，2014）。长沙市人民政府办公厅发布的《关于做好政府门户网站在线访谈和民意调查有关工作的通知》、《关于征集 2015 年市政府门户网站在线访谈和民意调查主题的通知》、《关于进一步做好市长信箱信件办理工作的通知》等一系列文件体现了长沙市政府对于通过电子信息化平台与公众开展互动工作的重视。其中，"市长信箱"是长沙市政民沟通的重要桥梁，在线访谈和民意调查也往往"以促进政务公开、加大政策解读、回应社会关切、加强舆论引导、构建和谐社会为主线"。

借助城市管理、医疗卫生、社会保障等领域的电子信息化平台，长沙市致力于更高效便捷地提供各种公共服务。2009 年年初，长沙正式启用数字化城管系统，相继开通了 12319 投诉热线和 106291000 城管短信投诉平台，并设立了城管效能网络平台。2015 年，基于数字化城管系统的"市民通"手机 APP 面世，市民可以通过该 APP 随时将身边发现的占道停车等城市管理问题上传到城管监督指挥中心。2014 年 7 月，12345 市民服务热线社会求助平台基本建成，共将 108 个单位纳入了平台网络，所有成员单位的相关信息按机构职能、政策法规、行政审批、行政执法、公共服务及民生类咨询常见问题六个大类全部纳入信息库，以便于回应群众诉求。从 2010 年至今，长沙市不断完善区域

卫生信息化平台，建立了长沙市疾控、电子健康档案、双向转诊远程医疗、药物管理等多个子系统。2011 年，在中南大学湘雅医院、湖南省儿童医院等单位试点电子病历制度。2012 年，在各区县全面推行居民电子健康档案管理系统，推行数字化网络医疗服务。2013 年，长沙市湘雅医院发放可全国通用的"居民健康卡"，整合各种健康信息，具备预约挂号、费用缴纳、票据打印、健康管理、账户管理、医保对接六大核心功能。2014 年《长沙市公立医院改革指导意见》明确要求"推进区域统一预约挂号平台建设，实行预约诊疗，改善就医环境，优化服务流程"，到 2015 年，长沙共有 14 家医院接入了就医160 互联网医疗服务平台，可以提供电话、网络、微信以及手机 APP 等多种预约挂号方法。2015 年，长沙市社保卡进入集中发放期，该卡整合了各项社会保险信息，融合了电子凭证、信息记录、自助查询、就医结算、缴费和待遇领取、金融支付等多项功能，未来还有可能整合民政、卫生、公积金及其他信息。

3. 加强电子政务绩效评估，创新评估方式

电子政务绩效评估大多分为以咨询公司、高等院校、研究机构和国际组织等社会第三方机构所开展的政府外评估，以及由政府自身开展的政府内评估两种（丁雅敏、孙荣，2008）。从长沙市的实际情况来看，其电子政务绩效评估逐渐从政府内评估转向政府评估与公众评议和第三方评估相结合。

2007 年，《关于进一步做好市政府门户网站内容保障工作的通知》要求"加强对各区、县（市）政府、市直机关各单位内容保障工作绩效的考核评估，定期通报考核评估结果"。此后，长沙市政府每年组织开展政府绩效评估，并对评估结果加以通报和表彰，以充分发挥政府网站在深化政府信息公开、及时回应社会关切、正确引导网络舆论、创新改进政务服务中的作用。到2012 年，长沙市的政府网站绩效评估体系设计有了很大改进。根据《2012 年长沙市政府网站绩效评估工作实施方案》，长沙市将各区县（市）政府门户网站的信息公开、教育、医疗、住房、就业、社保、证件办理、企业开办、城市管理、公众参与、对门户网站支持度等内容作为重点评价对象，并且引入了第三方专业评估，增加了公众评议环节。长沙市 2014 年政府网站绩效评估从信息公开、网上办事、政民服务、对市政府门户网站支持度、运行监测、网站管理六个维度进行，浏阳市在 9 县市中排名第一。2015 年，全国政府网站普查工作的开展进一步推动了长沙市政府网站建设与管理。

4. 完善电子政务信息监管体系，确保安全运行

在公共行政领域广泛引入电子政务可能存在信息安全隐患，政府网站的安全有序运行是长沙市以电子政务推动公共服务改革的基本保障。为此，长沙市发布了《政府信息公开工作制度》、《关于做好市政府门户网站内容保障和日常信息维护工作的通知》、《关于认真落实湖南省人民政府办公厅关于加强政府系统网站管理整合网站资源的通知》等文件，不断建立健全市政府门户网站管理制度，对政府门户网站的组织管理、网站内容和形式、网站日常管理和运行维护、信息采集发布、安全保障措施等实施细则进行规范，确保市政府门户网站的正常运行。《关于加快推进电子政务发展的实施意见》进一步要求，"采用整体安全策略，从硬件设备、应用系统、管理制度等方面进行全方位安全设计，确保电子政务网络和信息安全"。

九 统筹城乡，推动基本公共服务均等化

1. 基本公共服务整体规划方面

2011 年的《中华人民共和国国民经济和社会发展第十二个五年规划纲要》、2012 年的《国务院关于印发国家基本公共服务体系"十二五"规划的通知》、2013 年的《湖南省人民政府办公厅关于落实〈国家基本公共服务体系"十二五"规划〉的实施意见》，以及 2010 年的《长沙市资源节约型和环境友好型社会建设综合配套改革试验实施方案》与 2011 年发布的《长沙市国民经济和社会发展第十二个五年（2011—2015 年）规划纲要》等文件为长沙市加强公共服务综合配套改革，推动基本公共服务均等化提供了整体规划和行动指南。

2. 两型节能环保方面

首先，长沙市"十二五"期间就大气污染防治、水污染防治、土壤污染防治以及生活垃圾处理等各类环保事宜出台了各种政策，开展了大量活动。《长沙市环境保护三年行动计划（2011—2014 年)》量化了长沙市 2011—2014 年的环境质量目标、环境建设目标、环保能力建设目标，要求不断提升城市环境质量，推进宜居城市建设，巩固农村环境整治成果，统筹城乡一体化建设。《关于〈长沙市环境保护中长期规划（2015—2030 年)〉的批复》进一步明确提出了长沙市 2015—2030 年的环境治理目标。

其次，长沙市成立了各种节能环保工作领导小组，发布了《关于开展全民节约用电、创造文明生活活动的通告》和《长沙市深入开展全民节能行动实施方案》，出台了《长沙市节约能源办法》和《长沙市公共机构节能管理办法》、《长沙市绿色建筑项目管理规定》等管理办法，推动全社会节约能源，加强绿色建筑节能示范应用，规范加强节能监督管理。

3. 基本公共教育方面

为提高学前教育普及水平，长沙市制定了《关于进一步加快学前教育发展的若干意见》，在幼儿园安全管理、农村幼儿园办园标准，以及民办幼儿园评估标准等方面也做出了详细规定。尽管取得了一定改革成效，但学前教育仍是长沙市教育体系中的薄弱环节。因此，长沙市再次出台《关于进一步加快学前教育发展的补充意见》和《长沙市普惠性民办幼儿园评估标准》，提出了长沙市学前教育发展的新目标，要求加快普惠性学前教育工程建设。

提高农村义务教育水平、促进城乡义务教育均衡发展是长沙市"十二五"期间的工作重点。2008—2015年，长沙市每年发文要求加强义务教育阶段适龄儿童、少年的入学管理工作，依法保障义务教育阶段适龄儿童少年入学。《关于进一步加快农村义务教育发展的若干意见》和《长沙市全面改善义务教育薄弱学校基本办学条件项目规划（2014—2018年)》要求"从2014年开始，用五年时间对全市234所薄弱的义务教育学校进行提质改造，使全市每一所农村义务教育学校都符合国家办学标准，到2015年实现区县（市）域内义务教育发展基本均衡，2020年实现市域内义务教育发展基本均衡，率先全省实现城乡教育一体化"。此外，《长沙市进城务工人员随迁子女平等接受义务教育工作措施》、《长沙市实行政府资助普通高中家庭经济困难学生实施办法》等文件也为保障农民工子女的受教育权利、加强农民工学校的教育教学管理提供了政策依据，为经济困难家庭等特殊群体提供了各种扶持。

通过《关于进一步加强教育督导工作的意见》、《"十二五"中小学教师培训工作实施意见》、《关于促进民办教育发展的若干意见》、《长沙市教育国际交流与合作管理办法》等改革意见和管理办法，长沙市不断完善教育督导工作制度，加强教师培训和管理，引导民办教育发展，积极推动教育交流合作。

4. 劳动就业服务方面

为统筹做好高校毕业生、退役军人、农村富余劳动力、失地农民和城镇就业困难人员等不同群体的就业工作，"十二五"期间，长沙市在《长沙市退役士兵职业教育和技能培训办法》、《关于进一步加大按比例安排残疾人就业工作力度的通知》等一系列政策的支持下积极开展了各类劳动技能培训和就业服务活动。为了推动充分就业，营造良好的就业环境，长沙市还针对用人单位出台了一些社保优惠、资金补贴和金融服务政策。

创业是民生之本、发展之基。2008—2015 年，长沙市在《关于建设教育强市推动创业富民的决定》、《长沙市推进创业富民工作五年发展规划（2011—2015 年）》等政策文件的规划指导下，成立了推进创业富民工作领导小组，制定了多个配套实施方案，推动创业富民工程的顺利开展。而《关于鼓励和扶持大学生自主创业的政策意见》、《长沙市促进妇女创业就业小额担保贷款实施办法》、《关于对被征地农民创业对象发放一次性创业补贴的通知》等文件也为大学生创业、留学人员创业、妇女创业以及被征地农民创业等提供了大量优惠措施。

基于建筑企业近年的劳资关系状况，长沙市于 2011 年重新公布了《长沙市建筑企业劳动保险基金管理办法》，以"加强建筑企业劳动保险基金的管理，维护建筑业企业及其从业人员的合法权益"。2012—2015 年，长沙市对于严重违反人力资源和劳动保障法律、法规和规章的用人（用工）单位及其违法行为，依法实施社会公布；对"各类用人单位，重点是招用农民工较多的建筑、制造、采矿、餐饮等劳动密集型企业"的"遵守劳动用工和社会保险法律法规情况"进行不定期专项检查。

5. 基本医疗卫生和人口计生方面

2008—2015 年，从学生近视眼防控，血吸虫、疟疾、鼠疫防治，到基层医疗卫生机构综合改革与公立医院整体改革，长沙市都制定了相应的规划指导和改革意见。2011 年的《关于深化医药卫生体制改革的实施意见》要求"以破除以药补医机制为关键环节，统筹推进管理体制、补偿机制、人事分配、价格机制、法人治理、医保支付制度、采购机制、监管机制等综合改革，完善公立医院服务体系，加快推进医疗卫生城乡一体化"。2015 年的《关于建立疾病应急救助制度的实施意见》进一步为健全多层次医疗保障体系、解决少数需要急救但身份不明确、无能力支付医疗费用患者的医疗急救问题提供了明确的政策和资金保障。

为完善城乡居民基本医疗保障体系，长沙市政府制定了《长沙市职工基本医疗保险办法》、《长沙市城乡居民基本医疗保险办法》和《关于进一步提高全市城乡居民医疗保险对象重大疾病医疗救治保障水平的通知》，对城乡居民的基本医疗保障与重大疾病医疗救治保障的费用征缴、医保待遇，以及基保基金的监督管理等内容做出了详细规定。就"困难企业职工"、"驻长高校大学生"、"80 岁以上参保老人"以及"领取失业保险金人员"、"离退休干部"的特殊群体的医疗保障问题，长沙市也出台了一系列的规范性文件。

自 2011 年纳入全国首批社会管理创新综合试点范围之后，长沙市先后印发了《长沙市创新流动人口服务管理体制、推进流动人口计划生育基本公共服务均等化试点工作方案》、《关于推进全市流动人口计划生育基本公共服务均等化工作的实施意见》等重要文件，不断加强工作机制建设，完善基计生层服务体系，推进流动人口服务管理体制创新和流动人口基本公共服务均等化。除《长沙市计划生育奖励扶助办法》等普惠性政策外，长沙市还出台了《关于深入推进计划生育特殊困难家庭扶助关怀工作的实施意见》等专门针对特殊人群的计生奖励扶助措施。经过几年的试点试行，长沙市建立了从市到社区（村）四级流动人口服务管理机构和协管员队伍，构建了"市统筹、区为主、街负责、到社区"的工作机制，积极探索构建"5＋10"流动人口均等化服务模式。截至 2014 年，长沙市的人口计生工作综合考评连续 7 年位居湖南省第一，为"全省人口计生工作模范市"。

6. 基本社会保障方面

以农民工、城镇个体工商户、灵活就业人员和非公有制经济组织、困难企业为重点，进一步扩大社会保障覆盖范围，逐步提高城乡居民社会保险的待遇水平。比如，养老保险方面：在 2010 年《长沙市城乡居民基本养老保险办法》和《长沙市城乡居民基本养老保险办法实施细则》的基础上，长沙市于 2014 年重新修订了《长沙市城乡居民基本养老保险办法》，建立起基础养老金正常增长机制，逐步提高城乡居民基本养老保险基础养老金待遇水平。在《长沙市被征地农民就业培训和社会保障办法》的基础上，调整出台了《关于完善被征地农民社会保障办法有关问题的通知》，推进长沙市城乡社会保障的统筹发展。再如，养老服务：长沙市早在 2009 年就已发文，大力推进多层次、多样化的城乡社会化居家养老服务体系建设。2014 年，长沙市成为全国养老服务业综合改革试点之一，《关于加快发展养老服务业的实施意见》要求到 2017 年年底，各街道至少建成一家日间照料中心或小型养老机构。到 2020

年，全面建成以居家为基础、以社区为依托、以结构为支撑、以社会为主体的、设施齐备、功能完善、规模适度、布局合理、覆盖城乡的养老服务体系。工伤保险方面：为规范工伤保险医疗管理，保障工伤人员合法权益，合理使用工伤保险基金，长沙市基于《工伤保险条例》等有关政策规定，于2012年出台了《长沙市工伤保险医疗管理办法》，并在《关于工伤认定和事故调查有关问题的通知（试行）》以及《关于工伤认定若干问题的规定》中对工伤事故的认定和调查做出了详细说明。

　　加强低保与扶贫、最低工资、失业保险和新农保政策的衔接平衡，建立留守儿童、孤寡老人、流浪儿童等困难群体救助制度。在《农村居民最低生活保障制度实施办法》、《长沙市城市居民最低生活保障办法》和《长沙市低收入家庭认定办法（试行）》的基础上，于2015年重新制定了《长沙市居民最低生活保障试点试行办法》。凡持有长沙市户籍的居民，其共同生活的家庭成员人均月收入低于户籍所在地低保标准且家庭财产和实际生活水平符合规定的，都可申请享受低保待遇。《关于建立健全城乡社会救助体系的通知》则要求进一步规范社会救助管理，建立健全覆盖城乡、以城乡低保为基础，以医疗、教育、住房、公用事业、就业、法律等专项救助为辅助，以其他救济和社会帮扶为补充，与长沙市经济社会发展水平相适应的社会救助制度体系和支撑体系，不断提高社会救助水平。2014年，为贯彻落实中央精神，长沙市印发了《长沙市贯彻落实〈社会救助暂行办法〉的实施意见》，要求"统筹城乡发展，完善社会救助制度体系"，并由社会救助体系建设工作领导小组牵头制定了一系列救助办法、实施意见和工作通知，对长沙市城乡困难居民的临时救助、孤儿和流浪未成年人的救助保障、流浪乞讨人员的救助等工作做出了具体要求和详细部署。

　　2010年，长沙市新成立了残疾人社会保障体系和服务体系建设领导小组，《长沙市实施〈湖南省残疾人扶助办法〉细则》、《关于加快推进残疾人事业发展的实施意见》、《长沙市残疾人事业"十二五"发展规划》等政策陆续发布，旨在为长沙市的残疾人事业做出整体规划部署，为残障人士提供适合其特殊需求的基本公共服务，为其生活和发展提供相对稳定的制度性保障。在残障人士的出行、康复、就业就学和社保缴纳等方面，长沙市也出台了专门的优惠政策。

　　2008年以来，长沙市陆续发布了数个应急预案，包括供电事故类、气象灾害防御类、防汛类、防震减灾类、轨道交通运营事故类、地质灾害类等，为应对各种突发事故和自然灾害、完善灾后救济救助提供了参考依据，一定程度上提升了长沙市的灾害应急处置与紧急救助能力。

7. 基本住房保障方面

为了促进房地产业健康发展，推进长沙市两型住宅产业化，2008 年至 2015 年，长沙市人民政府先后发布了《关于促进我市房地产业健康发展的若干意见》、《关于加快推进两型住宅产业化的意见》等规范性文件。长沙市的公积金政策也几经调整，以适应房地产市场变化以及政府政策布局。

2008 年 7 月，长沙市政府制定了《关于印发〈长沙市经济适用住房货币补贴实施方案〉和〈长沙市城市廉租住房保障实施方案〉的通知》，以解决长沙市城区低收入家庭的住房困难，加快推进经济适用住房市场化运作进程。2015 年 3 月，《关于推进长沙市公共租赁住房和廉租住房并轨运行的实施意见》决定"将历年通过新建、改建、收购、租赁等方式筹集的廉租住房统一并入公共租赁住房房源（统称为公共租赁住房），按照公共租赁住房有关规定进行统一管理"。

城中村是长沙市安居工程和棚户区改造中的重点改造对象，在《长沙市人民政府关于推进城中村改造试点工作的意见》的基础上，2014 年年底，长沙市政府又提出《关于加快推进城中村改造工作的意见》，计划用 5 年左右的时间全面完成长沙市城中村改造。

8. 公共文化体育方面

2006 年，长沙市四县（市）被确定为全国文化信息资源"共享工程"建设试点县。2009 年，长沙市推出了"建设人民满意城市"的实施计划。2001 年到 2011 年，长沙市持续争取创建"全国文明城市"。2011 年，长沙市成为全国首批"国家公共文化服务体系示范区"创建城市，并于 2013 年顺利通过国家公共文化服务体系示范区验收，市、县（区）、乡镇（街道）、（社区）四级公共文化设施网络体系基本建成，初步形成了"设施网络化、供给多元化、城乡一体化、服务普惠化、活动品牌化、机制长效化"的公共文化服务"长沙模式"。2014 年，长沙成功入选全国十个公共文化服务标准化试点城市之一。其间，长沙市积极引导城乡文化一体化，加快农村文化建设，服务农民。推动建成了五批近百个示范性乡镇（街道）综合文化站，"农家书屋"、"送戏下乡"、"送电影下乡"等文化服务活动也有计划、有目标地开展，改善了农村地区的文化生活状况。

在《长沙市历史文化名城保护条例》、《长沙市历史街巷保护管理办法》的基础上，长沙市又发布了《关于捐赠非物质文化遗产保护项目实物的通知》、《长沙市太平老街历史文化街区建筑外立面装饰管理办法》、《长沙市不可移动文物安全管理办法》、《长沙市古籍普查和保护工作实施方案》等有针对性的文物古籍保护政策。为促进长沙市博物馆事业发展，规范民办博物馆管理工作，长沙市发布了《长沙市民办博物馆管理办法（试行）》和《长沙市民办博物馆专项资金使用管理办法（试行）》，设立民办博物馆事业发展年度专项资金，"支持兴办民办博物馆，鼓励个人、法人或其他组织设立具有门类特点、行业特性、地域文化特色的民办博物馆，优先发展抢救濒危文化遗产、填补门类空白的民办博物馆"。

为了促进市民健身活动的开展，保障市民参加体育健身活动的权益，长沙市自 2000 年起起草《长沙市市民健身条例》。到 2012 年，《长沙市全民健身办法》终于出台。办法中特别强调了农村体育事业发展事宜，要求"市、区县（市）人民政府统筹城乡全民健身事业发展，积极扶持农村体育，鼓励村民委员会和个人组织开展适合农民参加的全民健身活动"。在此基础上，《长沙市体育"十二五"发展规划》、《长沙建设国际体育文化名城的规划》、《长沙市体育旅游发展规划（2013—2020 年）》、《长沙市体育产业中长期发展规划（2015—2025 年）》、《建设现代体育公共服务体系三年行动计划（2015—2017 年）》陆续发布，提出了长沙市体育事业发展的各阶段目标，也为长沙市体育产业、体育旅游和体育文化的发展指明了方向和重点。

十　示范联动，构建一体化的绿色公共服务体系

近年来，长沙市在两型社会建设过程中，持续开展两型示范创建活动，加强绿色公共服务机构建设，推动公共服务资源的联动共享，不断加大绿色财政支持力度。

1. 创建两型示范单位

两型示范创建工作是推进长沙市两型社会建设的重要载体，自获批"两型社会"试验区以来，长沙市设立了两型示范创建奖励基金，每年发布《两型社会建设示范单位创建工作方案》，并制定了《长沙市两型示范学校建设标

准（试行）》和《长沙市"两型"示范学校验收认定工作安排》配套文件，不断完善建设标准，规范评选流程。长沙市的两型社会示范创建范围包括两型园区、企业、学校、机关、城镇（街道）、村庄、农民专业合作社、社区、门店（市场）、景区、园林、家庭等12类两型示范单位（家庭），每年由市两型办统筹组织评选，经单位申报、部门推荐、联合会审，报市政府同意后再专门发文进行公示。

到2014年年底，长沙共有300余家单位（家庭）获批市级两型创建示范单位（家庭）或两型创建工作先进单位（家庭），还有90家单位获评省级两型创建项目。在2015年3月的《2014年度长沙市两型标杆单位两型创建示范单位和两型创建单位公示》中，又拟确定望城区金山桥街道桐林坳社区等11个单位为2014年度长沙市两型标杆单位，岳麓区莲花镇东塘村等77个单位（家庭）为2014年度长沙市两型创建示范单位（家庭），长沙市实验中学等78个单位为长沙市两型创建单位，两型示范队伍不断扩大。

2. 推动公共服务资源共享

作为长株潭改革试验区中的核心城市，长沙市在建设两型示范单位的基础上，积极配合并参与长株潭地区的基本公共服务资源共享。

首先，交通通信一体化。探索具有长株潭城市群特色的城乡一体、区域协调、内外平衡、节约集约、和谐发展的人本化基础设施建设模式，是长株潭两型社会建设的重要内容。2009年《"3＋5"城市群综合交通体系中长期发展规划》要求率先构建现代化的综合基础设施体系，加快综合立体交通建设，打造长株潭三市半小时通勤圈（湖南省长株潭两型办，2011）。2009年6月，长株潭三市实施电话升位并网，统一区号0731，在全国率先实现通信一体化。2010年6月，长株潭城市群作为唯一的城市群入选全国首批12个三网融合试点地区。同年7月，《长株潭城市群面向三网融合的光电网络总体技术方案》论证会在长沙市召开，电信网、广播电视网、互联网的三网融合与信息一体化稳步推进（湖南省长株潭两型办，2011）。至2010年8月，长株高速建成通车，以武广高铁、沪昆公铁，"3＋5"城市群城际铁路为重点的现代化综合立体交通体系建设加速。2014年，长沙市地铁线路2号线投入运营，长株潭三市公交一体化总体规划进入评审阶段，城际交通选择日益丰富。

其次，就业一体化。随着长株潭三地在经济、交通、信息产业方面的快速融合，2010年3月，长沙市天心区、株洲市云龙示范区、湘潭市岳塘区的劳动部门联合组织召开了"长株潭就业一体招聘会",正式签订了"长株潭就业一体化合作协议",决定实行劳务用工"信息互享、技能互培、权益互维"的常态合作机制,打造"20分钟就业圈"。在"2015长沙市春风行动启动仪式暨长株潭就业一体化专场招聘会"上,三市劳动部门现场提供人力资源和社会保障、就业创业政策、劳动维权等咨询服务,接受职业技能、创业培训报名。长株潭就业一体化的不断推进有助于加强城乡就业统筹,提高就业创业服务工作的便民性和有效性。

再次,民生服务一体化。长沙市配合落实湖南省政府湘江保护治理"一号重点工程"部署,加强湘江长沙段和浏阳河、捞刀河、靳江河、沩水河环境综合整治;长株潭三市实施"网上户口迁移",迁移人员可在迁入地实现"一站式"办结迁移手续;鼓励、支持辖区内高校通过有偿或免费等多种方式与周边社区共享体育场馆资源(张湘萍、胡劲松,2009)。整合医疗卫生资源,建立健全基于两型社会的区域卫生信息化平台,统一全省预约挂号平台;开发基于卫生信息化平台的疾控、电子健康档案、药物管理、决策应急和医疗研究等多个子系统,推动资源共享和部门协同;建设"15分钟医疗圈"及双向转诊制度,联合血液、疾控、卫生监督、紧急救援等多个部门成立公共卫生中心,协调处理突发公共卫生事件。2015年5月,湖南省政府印发《长株潭城市群区域规划(2008—2020)》(2014年调整版),再次强调"加强长株潭三市的功能协作互补和设施共建共享,引导优质公共资源在更大范围进行疏解",实现长沙等城市群核心区域在户籍制度、历史文化资源、教育、医疗等公共服务方面的一体化融合。

最后,长沙市也积极参与推动金融服务和电子政务等其他公共服务资源的联动共享。从2010年10月1日起,长株潭三市银行业金融机构对区域内的非跨行个人存取款业务一律按照同城业务处理,不再收取异地业务手续费;力推政府信息平台一体化,实施长株潭三市电子政务系统互联互通,整合三市广电资源(张旌、王晓红,2010)。

3. 加大绿色财政支持力度

绿色发展已经成为中国发展的战略选择,绿色财政作为绿色发展的直接政策工具,是指通过财政收支的杠杆作用促进绿色发展(胡鞍钢、周绍杰,2014)。长沙市采取了一系列的财税优惠和奖惩、补贴措施,以加大环境污染防治力度,鼓励绿色节能应用。近年来,长沙市陆续实行了塑料购物袋有偿使用制，实施了阶梯水价、电价、气价、生态补偿和排污权交易，规范征收城镇生活垃圾处理费，加大绿色信贷、绿色采购支持力度，设立专项资金，补贴绿色消费、绿色生产、绿色建筑和绿色服务，广泛开展节能减排财政政策综合示范，等等。比如，为加大长沙市境内河流水环境质量的保护力度，长沙市专门制定了《长沙市境内河流生态补偿办法（试行）》，试行上游对下游超标排放处罚和下游水质优于目标值时补偿上游的双向担责机制。

第二节　长沙市公共服务改革与创新的政策工具

政策工具是联结政策目标和政策执行的重要环节，政策工具的选择对于公共政策目标的达成有着重要影响。对于公共服务综合配套改革而言同样如此。如果改革中的政策工具选择与应用得当，不仅能减少相关政策执行的难度，还能有效地解决政策问题，进而达成预期的政策目标。基于政府介入公共品与公共服务供给的程度不同，政策工具可分为自愿性、强制性和混合性三类。在长沙市公共服务综合配套改革过程中，这三类政策工具在各阶段、各公共服务领域的应用特征各不相同。

首先，在三类政策工具中以强制性和混合性政策工具应用最多，尤其是规划、补贴和标准设置等工具，自愿性政策工具相对较少，但社会和市场力量在教育、卫生、养老、文体等公共服务领域的应用已有明显的增加趋势。

其次，在长沙市各公共服务领域中，节能环保领域更加强调规划、规制和检查惩罚等强制性工具；公共教育领域相对均匀，命令、规制、补贴、奖励、示范宣传、社会参与等政策工具都有采用；劳动就业领域以教育培训、补贴优惠、奖励号召等混合性工具为主，但劳动仲裁强调强制；医疗卫生和人口计生领域的政策工具丰富多样化，机构改革和制度建设革新是重点；基本社会保障领域中政府补贴、补助是主流政策工具，但社会和市场力量也被逐渐引入；房地产调控、保障性住房供给、公积金管理和旧房改造等住房保障领域中的政策工具各有侧重，房地产调控偏向税率利率和市场工具，保障性住房注重直接提供、补贴和监督；公积金管理侧重规则制定和标准调整，棚户区、城中村以及危旧住房改造是计划规制与补贴安置、示范试点工具相结合；文体领域的规制性色彩不浓，多示范象征、宣传号召、补贴补助等信息型和诱导性工具。

一 公共教育改革与创新的政策工具

近年来，长沙市采用了许多权威性和规制性政策工具来推动城乡基础教育的一体化发展。大量指导意见类政策为长沙市的教育信息化、校园改造、师资培训做出了整体规划和布局，也为新时期的学前教育、民办教育、农村义务教育的开展给出了方向引导和政策支持。《长沙市普通中学学生学籍管理办法》、《长沙市中小学市级骨干教师管理办法》等管理办法也具有鲜明的强制性特征。

长沙市公共教育改革与创新也比较注重运用宣传、示范、奖励、补助、政府采购等混合性政策工具。《长沙市两型示范学校建设标准（试行）》对两型示范学校的建设标准做出了详细规定，并采取多种方式对入选的示范学校进行宣传鼓励。《关于对我市残疾学生和贫困残疾人家庭子女就学给予补助的通知》为残疾人、贫困残疾人家庭子女提供 1000 元/年的就学补贴。《关于 2010 至 2013 年长沙市中小学课桌椅、教学定点采购的有关事项的通知》和《关于规范 2011—2013 年长沙市普通中小学教辅材料和中等职业学校教材采购定点有关事项的通知》则规定以公开招标方式采购教辅教材和课桌椅等教学用品。此外，《关于进一步加快学前教育发展的若干意见》和《关于促进民办教育发展的若干意见》坚持办学主体多元化原则，鼓励社会力量多形式办学。

二 劳动就业服务改革与创新的政策工具

尽管就业创业领域多补贴、引导性政策工具，但劳动关系协调仲裁领域却多使用规制制定、检查监督、强制保险和处罚等强制性工具。长沙市要求用人单位依法按时建立社会保险关系，及时足额征缴社会保险费。劳保部门重点对招用农民工较多的建筑、制造、采矿、餐饮等劳动密集型企业关于遵守劳动用工和社会保险等法律法规情况进行不定期专项检查。违反人力资源和劳动保障法律法规和规章的用人（用工）单位也将按照《长沙市用人（用工）单位重大人力资源和社会保障违法行为社会公布规定》依法向社会公布。

在劳动就业领域，对于农民工、高校学生、退伍士兵、残疾人等特殊群体以及失业人员等就业困难群体，长沙市通过《长沙市就业困难人员就业援助实施办法》、《关于进一步完善促进就业小额担保贷款相关政策的通知》、《长沙市退役士兵职业教育和技能培训办法》等政策提供了许多的就业补贴、就业援助、社保补贴、贷款优惠和教育培训。鼓励号召、示范宣传等信息和劝诫工具，与财政补贴、奖励、税收优惠、政府贷款、流程简化等诱导型工具经常被联合使用，以引导、支持大众创业活动，优化创业环境。

劳动就业领域，《长沙市就业困难人员就业援助实施办法》鼓励和支持社会力量参与就业援助，《关于大力推动创业富民加快建设创业之都的若干意见》也鼓励各类人群根据市场需求和转型要求积极开展创业活动，培育更多优秀的市场主体，不断优化市场环境。

三 社会保险改革与创新的政策工具

建立兜底的社会保险和福利救济网是政府的基本职责。基本社会保障领域中的强制性工具除了《长沙市残疾人事业"十二五"发展规划》之类大量规划意见等命令性和权威性工具之外，还有《长沙市城乡居民基本养老保险办法》等事关社会保险体系建设、规则制定和标准设定的规制性工具。

基本社会保障领域的混合性工具以政府补贴为主。医疗、养老、工伤失业、低保、救助救济、残疾人服务、征地补偿等各领域的管理办法和实施方案中都有明确规定具体的补贴标准、补贴方法以及奖惩机制。如《关于进一步加强孤儿保障工作的实施意见》实施城乡一体的孤儿保障标准，对于福利机构集中供养的孤儿按每人每月1000元、散居孤儿供养按每人每月600元的供养标准提供基本的财政保障。

基本社会保障领域，家庭、社区、自愿性组织等社会参与和市场力量等自愿性工具在养老服务、抗震救灾、残疾人扶助等领域多有采用，又以养老服务领域的自愿性工具应用相对较多。《关于推进城乡社区居家养老服务工作的实施意见》和《关于加快发展养老服务业的实施意见》注重引导、鼓励各类所有制投资主体进入养老服务领域，积极倡导和动员社会各界为老年人提供无偿的公益性服务。

四　医疗卫生改革与创新的政策工具

医疗卫生和人口计生领域的政策工具丰富且多样化，在《关于深化医药卫生体制改革的实施意见》、《长沙市公立医院改革指导意见》、《关于建立疾病应急救助制度的实施意见》等意见，以及《长沙市城乡居民基本医疗保险办法》、《长沙市基本医疗保险监督管理试行办法》等办法中，命令性和权威性工具中的机构设置和机构改革类工具，以及规制性工具中的体系建设、规则设立和监督检查类工具屡被采用。

财政补贴等混合性工具在长沙市的医药卫生服务领域得到了普遍应用。长沙市的城乡居民基本医疗保险实行个人缴费与政府补贴相结合，城乡居民基本医疗保险费按每人每年 240 元的标准筹集，其中个人缴纳 40 元，财政补助 200 元；对长沙全市乡村医生所进行的为期两周的业务培训按照实际培训人数和 200 元/人的补贴标准进行财政补贴。但在食品、餐饮安全卫生的监督检查过程中也有联合运用信息公开和财政奖励等工具。比如，长沙市政府对于移送司法机关追究刑事责任的重大食品安全违法案件的举报，给予 1 万元奖励。对于情节特别严重的重大食品安全违法案件的举报，给予 3 万元奖励。

医疗卫生领域，发挥市场机制作用，引入社会力量参与，促进医疗卫生服务体系的多元化是长沙市医疗卫生体制改革的主要目标之一。《关于进一步鼓励和引导社会资本举办医疗机构的实施意见》明确要求发挥市场机制作用，积极扶植社会力量参与，完善多元办医格局，促进有序竞争。《关于进一步加强全市住宅小区计划生育综合治理工作的若干意见》强调引导社区力量参与计划生育和流动人口服务管理工作。

五　住房保障改革与创新的政策工具

住房保障领域中的廉租房、公租房和经济适用房等保障性住房采用直接提供、政府购买、规则设定和调整、监督检查等强制性工具，而棚户区、城中村以及危旧住房改造也会采取制订计划、设立规制和标准等强制性工具。政策试验试点工具也被采用，根据《关于推进城中村改造试点工作的意见》，长沙市自 2010 年开始城中村改造试点，到 2014 年时再次提出《关于加快推进城中村改造工作的意见》。

基本住房保障领域的混合性工具发挥了重要的辅助性功能，尤其是促进了补贴奖励、税费优惠和流程简化。比如，《关于促进房地产市场平稳健康发展的通知》决定"简化二手房交易手续，实行一站式服务"，并且对购买绿色建筑、产业化住宅、全装修新建普通商品住宅的消费者实行财政补贴；两型住宅产业化项目可"两型住宅产业化项目可参照重点工程报建流程纳入行政审批绿色通道"，示范项目还可获得财政奖励。各种保障性安居工程均可享受政府提供的财政资金补助及税费减免政策。

住房保障领域，《关于加快推进两型住宅产业化的意见》要求坚持以市场为导向，以企业为主体，引导两型住宅产业化有序发展。《关于加快发展公共租赁住房的工作意见》坚持政府引导、市场运作原则，引导、支持和吸引社会资本投资、建设和运营公共租赁住房。《关于全面加快棚户区改造工作的意见》鼓励和引导社会资本和社会力量通过直接投资、间接投资、参股、项目合作、委托代建等多种方式参与棚户区改造。

六 公共文化改革与创新的政策工具

文化体育领域政策工具的规制性色彩不强，强制性工具中有很大部分是《长沙市体育"十二五"发展规划》、《关于加快发展体育产业的实施意见》、《长沙市文物事业十一五发展规划及 2020 年远景规划》等各类规划计划、实施意见等命令权威性工具以及《长沙市历史街巷保护管理办法》、《长沙市文化广电新闻出版局"五清查一打击"专项行动工作方案》等法规法令、规制制定、检查监督等规制性工具。

文化体育领域，示范、补贴、宣传等信息型和诱导性工具被频繁使用。根据《长沙市第五批 20 个示范性乡镇（街道）综合文化站建设实施方案》，"十二五"期间，每个示范性综合文化站建设项目经验收合格后可以获得 12 万元的专项补助。《长沙市民办博物馆管理办法（试行）》和《长沙市民办博物馆专项资金使用管理办法（试行）》支持兴办民办博物馆，设立了民办博物馆专项补助资金，并在给予民办博物馆立项、审批手续优待的基础上有条件地减免城市基础设施配套费、土地使用税、房产税、企业所得税等税费。《长沙市全民健身办法》号召全民健身，并将每年的 8 月定为长沙市的全民健身月，具有典型的象征意义。

文化体育领域，社会投资、市场运作被积极引入。《长沙市民办博物馆管理办法（试行）》和《长沙市民办博物馆专项资金使用管理办法（试行）》以财政专项补贴的形式支持社会力量参与兴办民办博物馆。《长沙市创建国家公共文化服务体系示范区工作规划》要求建立公共文化协调联创机制，引导社会力量参与文化建设。《长沙市第五批 20 个示范性乡镇（街道）综合文化站建设实施方案》和《关于捐赠非物质文化遗产保护项目实物的通知》也鼓励社会力量资助文化站建设，主动捐赠非物质文化遗传。体育产业的发展也坚持政府推动与市场运作相结合的原则，鼓励社会资本投资体育服务，积极培育体育多元化市场。

七　环境保护改革与创新的政策工具

近年来，长沙市在环境保护改革与创新过程中，强制性工具中的规划计划、机构设置和检查监督以及混合性工具中的示范、鼓励和财政补贴的应用相对较多。《长沙市资源节约型和环境友好型社会建设综合配套改革试验实施方案》、《长沙市环境保护三年行动计划（2012—2014）》等文件的出台有助于完善顶层制度设计和制度安排，加强产业规划与目标引导。《长沙市深入开展全民节能行动实施方案》等实施方案则进一步将节能环保工作的目标步骤、分工合作、组织保障、资金保障和考核监督等内容细化并落到了具体责任部门。

补贴、示范、信息公开等混合性政策工具多与强制性工具联合实施。例如，《长沙市节能专项资金管理办法》等管理办法不仅就节能和再生能源的管理实施与考核激励做出了具体规定，在执行过程中也同时采用了政府补贴奖励、示范等多种混合性政策工具。而《关于开展城市社区环境综合整治的通告》、《关于开展全民节约用电、创造文明生活活动的通告》等通告则体现了检查监督、考核处罚等规制性工具和信息公布、劝诫、鼓励号召等混合性工具的联合运用。

长沙市环境保护改革与创新的自愿性政策工具多伴随强制性和混合性工具应用。比如，《关于加快林下经济发展的实施意见》和《关于加快节能服务产业发展的实施意见》都要求以市场需求为导向，充分发挥市场配置资源的基础性作用。

第三节　长沙市整体性公共服务满意度

一　样本统计描述

1. 户籍类型、性别与年龄

长沙市 335 位受访者中，本市户籍 175 人，占比 52.3%；非本市户籍 160 人，占比 47.7%。男性 168 人，占比 50.1%；女性 167 人，占比 49.9%。20 岁以下的 13 人，占比 3.9%；20—29 岁的 186 人，占比 55.5%；30—39 岁的 101 人，占比 30.1%；40—49 岁的 22 人，占比 6.6%；50—59 岁的 10 人，占比 3.0%；60 岁以上的 3 人，占比 0.9%。

2. 职业类型

长沙市 335 位受访者中，政府公务员 29 人，占比 8.7%；事业单位工作者 52 人，占比 15.5%；企业/公司工作者 117 人，占比 34.9%；商业服务人员 12 人，占比 3.6%；个体经营人员 35 人，占比 10.4%；待业下岗人员 3 人，占比 0.9%；离退休人员 4 人，占比 1.2%；在校学生 45 人，占比 13.4%；其他从业人员 38 人，占比 11.3%。

3. 受教育程度

长沙市 335 位受访者中，小学以下学历 2 人，占比 0.6%；初中学历 16 人，占比 4.8%；高中、中专 43 人，占比 12.8%；大专 73 人，占比 21.8%；本科 154 人，占比 46%；研究生及以上学历 47 人，占比 14%。

4. 月收入情况

长沙市 335 位受访者中，月收入超过 20000 元的 7 人，占比 2.1%；15001—20000 元的 7 人，占比 2.1%；10001—15000 元的 16 人，占比 4.8%；8001—10000 元的 26 人，占比 7.8%；5001—8000 元的 44 人，占比 13.1%；3001—5000 元的 91 人，占比 27.2%；1001—3000 元的 82 人，占比 24.5%；1000 元以下的 2 人，占比 0.6%；无固定收入的 60 人，占比 17.9%。

5. 平均每天使用网络时间

长沙市 335 位受访者当中，平均每天使用互联网 2 小时以下的 53 人，占比 15.8%；2—4 小时的 129 人，占比 38.5%；5—7 小时的 94 人，占比 28.1%；8 小时及以上的 59 人，占比 17.6%。

6. 接触网络时间

长沙市 335 位受访者当中，接触网络时间在 1 年以下的 5 人，占比 1.5%；1—5 年的 58 人，占比 17.3%；6—10 年的 137 人，占比 40.9%；10 年及以上的 135 人，占比 40.3%。

7. 政府接触经验

长沙市 335 位受访者中，曾亲自申请或接受过户籍身份服务的 107 人，占比 31.9%；曾亲自申请或接受过证照申领服务的 104 人，占比 31.0%；曾亲自申请或接受过公用事业服务的 100 人，占比 29.9%；曾亲自申请或接受过医药卫生服务的 100 人，占比 29.9%；曾亲自申请或接受过社会保障服务的 99 人，占比 29.6%；曾亲自申请或接受过教育文化服务的 76 人，占比 22.7%；曾亲自申请或接受过婚育服务的 43 人，占比 12.8%；曾亲自申请或接受过劳动就业服务的 33 人，占比 9.9%；曾亲自申请或接受过住房保障服务的 62 人，占比 18.5%；曾亲自申请或接受过基本社会服务的 19 人，占比 5.7%；曾亲自申请或接受过申报纳税服务的 40 人，占比 11.9%；曾亲自申请或接受过法律服务的 24 人，占比 7.2%；曾亲自申请或接受过交通运输与观光旅游服务的 59 人，占比 17.6%；曾亲自申请或接受过民族宗教服务的 5 人，占比 1.5%。

二　整体性公共服务满意度

1. 长沙市受访者对政府的服务表现与服务形象的满意度较低

如表 9 - 1 所示，在长沙市的 335 位受访者中，对政府服务质量满意的 103 人，占比 30.8%；不满意的 87 人，占比 26%。对当地政府在服务创新与便民方面所作的努力满意的 120 人，占比 35.8%；不满意的 64 人，占比 19.1%。对政府危机处理能力满意的 95 人，占比 28.4%；不满意的 100 人，占比 29.9%。

表9－1　　　　　长沙市受访者对政府服务表现与服务形象的满意度

	十分不满意	不太满意	一般	比较满意	十分满意	合计
整体而言，您满不满意政府服务的质量？	23 人 6.9%	64 人 19.1%	145 人 43.3%	89 人 26.6%	14 人 4.2%	335 人 100%
整体而言，您满不满意政府在服务创新与便民（如电子政府、网上缴税等）方面所作的努力？	20 人 6%	44 人 13.1%	151 人 45.1%	101 人 30.1%	19 人 5.7%	335 人 100%
整体而言，您满不满意政府危机处理的能力？	23 人 6.9%	77 人 23%	140 人 41.8%	82 人 24.5%	13 人 3.9%	335 人 100%

资料来源：作者自行整理所得。

以五分量表计，长沙市受访者对政府服务质量的满意度得分为 3.021，对政府服务创新能力的满意度得分为 3.164，对政府危机处理能力的满意度得分为 2.955。长沙市受访者对政府的服务表现与服务形象的满意度较低，对政府的服务表现与服务形象整体满意度的平均得分为 3.047。

2. 长沙市受访者对政府的优质便民服务满意度偏低

如表9－2所示，在长沙市的335位受访者中，对政府部门人员服务态度满意的90人，占比26.9%；不满意的112人，占比33.5%。对政府部门服务人员专业性满意的112人，占比33.5%；不满意的89人，占比26.6%。对政府部门服务流程满意的90人，占比26.9%；对政府部门服务流程不满的128人，占比38.2%。对政府部门对老、弱、病、残、孕、婴、幼等特殊群体提供的服务满意的121人，占比36.2%；不满意的93人，占比27.8%。对政府部门服务人员办事效率满意的69人，占比20.6%；不满意的156人，占比46.5%。对政府部门处理群众投诉的方式满意的69人，占比20.6%；不满意的136人，占比40.6%。对政府部门环境设施便利性满意的123人，占比36.8%；不满意的69人，占比20.6%。

表9-2 长沙市受访者对优质便民服务的满意度

	十分不满意	不太满意	一般	比较满意	十分满意	合计
您满不满意政府部门服务人员的服务态度?	33 人 9.9%	79 人 23.6%	133 人 39.7%	72 人 21.5%	18 人 5.4%	335 人 100%
您满不满意政府部门服务人员的专业性?	20 人 6%	69 人 20.6%	134 人 40%	92 人 27.5%	20 人 6%	335 人 100%
您满不满意政府部门的服务流程?	37 人 11%	91 人 27.2%	117 人 34.9%	75 人 22.4%	15 人 4.5%	335 人 100%
您满不满意政府部门对老、弱、病、残、孕、婴、幼等特殊群体提供的服务?	17 人 5.1%	76 人 22.7%	121 人 36.1%	94 人 28.1%	27 人 8.1%	335 人 100%
您满不满意政府部门服务人员处理事情的速度?	48 人 14.3%	108 人 32.2%	110 人 32.8%	54 人 16.1%	15 人 4.5%	335 人 100%
您满不满意政府部门处理群众投诉的方式?	40 人 11.9%	96 人 28.7%	130 人 38.8%	54 人 16.1%	15 人 4.5%	335 人 100%
您满不满意政府部门的环境设施的便利性?	19 人 5.7%	50 人 14.9%	143 人 42.7%	98 人 29.3%	25 人 7.5%	335 人 100%

资料来源：作者自行整理所得。

以五分量表计，长沙市受访者对政府部门人员服务态度的满意度得分为2.89，对政府部门服务人员专业性的满意度得分为3.069，对政府部门服务流程的满意度得分为2.821，对弱势群体服务的满意度得分为3.113，对政府部门服务人员办事效率的满意度得分为2.642，对政府部门处理群众投诉的满意度得分为2.725，对政府部门环境设施便利性的满意度得分为3.179。长沙市受访者对政府的优质便民服务满意度偏低，对政府优质便民服务整体满意度的平均得分为2.92。

3. 长沙市受访者对于信息服务的满意度较低

如表9-3所示，在长沙市的335位受访者中，对政府网站便利性满意的受访者为110人，占比32.8%；不满意的78人，占比23.3%。对政府网站信息完整性满意的112人，占比33.4%；不满意的83人，占比24.8%。对政府网站信息丰富度满意的 114 人，占比 34%；不满意的 90 人，占比 26.9%。对政府网站信息的准确性和更新及时性满意的 119 人，占比 35.5%；不满意的 93 人，占比 27.8%。对政府网站回应性十分满意的 94 人，占比 28.1%；不满意的 113 人，占比 33.8%。对政府网站在线申办服务满意的 141 人，占比 42.1%；不满意的 76 人，占比 22.7%。

表 9 - 3　　　　　　　　　长沙市受访者对信息服务的满意度

	完全不同意	不太同意	一般	比较同意	完全同意	合计
我十分满意政府网站的便利性	14 人 4.2%	64 人 19.1%	147 人 43.9%	71 人 21.2%	39 人 11.6%	335 人 100%
我十分满意政府网站信息的完整性	17 人 5.1%	66 人 19.7%	140 人 41.8%	74 人 22.1%	38 人 11.3%	335 人 100%
我十分满意政府网站信息的丰富度	19 人 5.7%	71 人 21.2%	131 人 39.1%	79 人 23.6%	35 人 10.4%	335 人 100%
我十分满意政府网站信息的准确性、信息更新的及时性	16 人 4.8%	77 人 23%	123 人 36.7%	85 人 25.4%	34 人 10.1%	335 人 100%
我十分满意政府网站对我的需求或意见的回应	28 人 8.4%	85 人 25.4%	128 人 38.2%	64 人 19.1%	30 人 9%	335 人 100%
我十分满意政府网站提供的网上办理服务	17 人 5.1%	59 人 17.6%	118 人 35.2%	100 人 29.9%	41 人 12.2%	335 人 100%

资料来源：作者自行整理所得。

以五分量表计，长沙市受访者对政府网站便利性的满意度得分为 3.17，对政府网站信息完整性的满意度得分为 3.149，对政府网站信息丰富度的满意度得分为 3.119，对政府网站信息准确性、信息更新及时性的满意度得分为 3.131，对政府网站回应性的满意度得分为 2.949，对政府网站在线申办服务的满意度得分为 3.266。长沙市受访者对于信息服务的满意度较低，对信息服务整体满意度的平均得分为 3.131。

4. 长沙市受访者对政府网站的创新便民服务满意度较低

如表 9 - 4 所示，在长沙市的 335 位受访者中，对政府网站便民实效满意的 154 人，占比 45.9%；不满意的 68 人，占比 20.3%。对政府网站使用经历感到满意的 142 人，占比 42.4%；不满意的 58 人，占比 17.3%。

表 9 - 4　　　　　　　　　长沙市受访者对创新便民服务的满意度

	完全不同意	不太同意	一般	比较同意	完全同意	合计
我十分满意推行政府网站所带来的便民实效	14 人 4.2%	54 人 16.1%	113 人 33.7%	101 人 30.1%	53 人 15.8%	335 人 100%
我对使用政府网站的经历感到满意	14 人 4.2%	44 人 13.1%	135 人 40.3%	100 人 29.9%	42 人 12.5%	335 人 100%

资料来源：作者自行整理所得。

以五分量表计，长沙市受访者对政府网站所带来的便民实效性的满意度得分为 3.373，对政府网站使用经历的满意度得分为 3.334。长沙市受访者对政府网站的创新便民服务满意度较低，对创新便民服务整体满意度的平均得分为 3.354。

综上所述，长沙市受访者对政府的服务表现与服务形象的满意度较低，对政府的服务表现与服务形象整体满意度的平均得分为 3.047。仅有 30.8% 的受访者对政府的服务质量感到满意。35.8% 的受访者对政府在服务创新与便民方面所作的努力感到满意，28.4% 的受访者对政府危机处理的能力感到满意。

长沙市受访者对政府的优质便民服务满意度偏低，对政府优质便民服务整体满意度的平均得分为 2.92。仅有 26.9% 的受访者对政府部门人员的服务态度感到满意，33.5% 的受访者对政府部门人员的专业性感到满意，26.9% 的受访者对政府部门的服务流程感到满意，36.1% 的受访者对政府部门对弱势群体的服务表示满意，20.6% 的受访者对政府部门服务人员办事效率感到满意，20.6% 的受访者对政府部门处理群众投诉的方式感到满意，36.8% 的受访者对政府部门环境设施的便利性感到满意。

长沙市受访者对于信息服务的满意度较低，对信息服务整体满意度的平均得分为 3.131。有 32.8% 的受访者对政府网站的便利性表示满意，33.4% 的受访者对政府网站信息的完整度表示满意，34% 的受访者对政府网站的信息丰富度表示满意，35.5% 的受访者对政府网站的信息准确性、更新及时性表示满意，28.1% 的受访者对政府网站对公民需求或意见的回应性表示满意，42.1% 的受访者对政府网站提供的网上办理服务表示满意。

　　长沙市受访者对政府网站的创新便民服务满意度较低，对创新便民服务整体满意度的平均得分为 3.354。45.9% 的受访者对政府网站所带来的便民实效性感到满意，42.4% 的受访者对政府网站的使用经历感到满意。

第 十 章

沈阳市综合配套改革中的
公共服务创新

2010 年国务院批准设立沈阳经济区为国家新型工业化综合配套改革试验区，要求沈阳经济区以深化改革开放为动力，通过体制机制创新，推进重点领域和关键环节的改革，以点带面推进东北地区等老工业基地全面振兴，为我国经济长期平稳较快发展和社会和谐提供经验与示范。本章从大部制改革与跨部门协同、整体性预算体系、政府购买服务、全过程优质监管体系、整体性伦理规范与廉政建设、电子治理等方面系统剖析沈阳市政府推进公共服务改革与创新的主要进展，从强制性政策工具、自愿性政策工具和混合性政策工具三个维度系统剖析沈阳市政府推进公共服务改革与创新的政策工具，通过整体性公共服务满意度调查对沈阳市公共服务改革与创新的成效进行了初步评价。

第一节 沈阳市公共服务改革与创新的主要进展

一 相继实施两轮政府机构改革

2009 年，《沈阳市人民政府机构改革方案》获批实施，沈阳市以"大部制"改革为核心，展开了政府机构改革。此次改革专注三项任务：转变政府职能、优化组织结构、搞好"三定"工作（《沈阳日报》，2009）。改革完成后，市政府设置工作部门 42 个，另设置管理机构（规格为副局级）2 个。与此同时，各区县及各部门也制定了相应的改革方案。从 2009 年到 2010 年，沈阳市相继出台了《沈阳市体育局主要职责内设机构和人员编制规定》、《沈阳市人民政府外事办公室主要职责内设机构和人员编制规定》、《沈阳市人民政府法制办公室主要职责内设机构和人员编制规定》、《沈阳市统计局主要职责内设机构和人员编制规定》、《沈阳市物价局主要职责内设机构和人员编制规定》、《沈阳市人民政府金融工作办公室主要职责内设机构和人员编制规定》等一系列配套政策安排。

2014 年，沈阳市以"大部制"改革为核心，再次展开了政府机构改革，将沈阳市卫生局、沈阳市计生委组建为市卫生和计划生育委员会，将市工商、质监和食品药品监管体制由市级以下垂直管理调整为市和区、县（市）政府分级管理，对市发改委、经信委、农委、粮食局、中小企业局、外经贸局、物价局、畜牧兽医局进行了撤并重组。经过此轮改革，市政府工作机构由 44 个缩减为 40 个。

沈阳市这两次政府机构改革都是以转变政府职能为核心，侧重向市场放权，完善监管且更注重民生。将一些辅助性、技术性、服务性事务交给事业单位和市场中介组织，将企业能做的事交给企业决策，将基层能处理的问题划归给基层处理，政府自身则加速向服务型政府转变（《沈阳日报》，2009）。

二　积极推进各领域跨部门协同

沈阳市的跨部门协同侧重于结构性协同机制，即侧重协同的组织载体是为实现跨部门协同而设计的结构性安排，如领导小组、部际联席会议、中心政策小组、专项任务小组等。其中，领导小组是以权威为依托的等级制纵向协同模式的代表，部际联席会议是横向协同模式的代表，而中心政策小组、专项任务小组则是以项目为中心成立的条块间纵横向混合的协同模式。

在公共教育服务领域，既有纵向模式的工作领导小组，也有横向模式的部际联席会议。2012 年，《沈阳市教育事业发展"十二五"规划》中要求成立沈阳市教育体制改革工作领导小组，分管副市长为组长，统一领导全市教育体制改革工作，研究决定教育体制改革重大事项，督促、检查各项改革试点任务的落实。2013 年，《沈阳市人民政府关于加快发展现代职业教育的若干意见》提出，成立职业教育工作领导小组，分管副市长任组长，市教育、人力资源社会保障、财政、发展改革等相关部门负责同志为成员，定期研究解决全市职业教育发展中的重大问题。2013 年,《沈阳市中小学开展国学教育实施方案》提出,成立国学教育领导小组,教育局局长任组长,领导小组下设办公室,办公室设在德育处。各区、县(市)教育局也要成立领导小组,指定专门机构、专门人员负责,把国学教育作为一项长期的工作任务来抓。2013 年,《沈阳市人民政府关于进一步加快学前教育发展的实施意见》提出建立学前教育联席会议制度,坚持实行政府统一领导、教育部门主管、各有关部门分工负责的工作机制,建立区县(市)、街(镇)协作共管机制,协调解决学前教育改革和发展的热点、难点问题,形成推动学前教育发展的合力。2014 年,《沈阳市人民政府办公厅关于深化改革加快推进教育现代化的实施意见》提出建立深化教育改革推进教育现代化工作联席会议制度,按照系统设计、整体推进、重点突破、试点先行的工作路径,研究解决实际问题,并建立以奖代补投入机制,支持各地区教育现代化建设。

在劳动就业服务领域,有纵向协同模式的工作领导小组,也有"牵头机构"的横向协同组织模式。2013 年,《沈阳市全民创业援助行动三年计划实施方案》提出成立沈阳市就业(创业)与社会保障工作领导小组,负责"三年计划"的组织实施,以及有关目标任务的分解、落实工作。2014 年,《关于进一步促进我市高校毕业生就业创业的通知》提出,由沈阳市人力资源和社会保障局牵头,经信委、民政局、财政局、国资委、国税分局、地税分局配合推动沈阳市高校毕业生就业创业工作。2015 年,《沈阳市大学生创业引领计划》规定成立大学生创业引领计划工作领导小组,统一规划本地区创业引领计划,并组织实施。2015 年,《沈阳市人民政府关于进一步做好新形势下就业创业工作的实施意见》提出,主要由发改委、人力资源和社会保障局牵头做战略规划,人力资源和社会保障局、财政局、教育局、宣传部等负责组织实施具体任务,部际间实行联合办公,结合本市实际,共同应对当前经济形势,切实做好稳定就业和促进就业创业工作。

医疗卫生领域与劳动就业服务领域相似,横向协同都以"牵头机构"为代表。2009 年发布《沈阳市 2009—2011 年医药卫生体制改革实施方案》,沈阳市成立深化医药卫生体制改革领导小组,统筹组织医药卫生体制改革工作,要加强医药卫生体制改革的组织和协调工作,加强调查研究,及时出台配套文件,解决改革推进的各种问题。2010 年发布《沈阳市基层医疗卫生体制综合改革实施方案(试行)》,成立市医改革领导小组,抓紧制定改革方案,统筹工作安排，确保改革工作平稳、顺利实施。2012 年发布《沈阳市"十二五"期间深化医药卫生体制改革规划暨实施方案》，由市卫生局、发展改革委、财政局、人力资源和社会保障局、物价局负责、国资委、食品药品监管局等共同负责，切实保障医药卫生体制改革组织到位，基本医疗卫生服务能力显著提升。

在社会保障服务领域，2011 年《开展新型农村和城镇居民社会养老保险工作的实施方案》获批实施，沈阳市新型农村和城镇居民社会养老保险试点工作领导小组成立，负责制定相关政策并督促检查政策落实情况，协调解决工作中出现的问题。在领导小组的下属机构中，市人力资源和社会保障部门是新农保和城保工作的核心业务部门，也是主管部门，负责具体组织实施工作；市养老和工伤保险局势是协同部门，负责相关业务的办理工作。

在环境保护领域，根据节能减排工作需要，沈阳市成立节能减排领导小组，协同各区、县政府部门和直属机构，加强对全市节约能源、减少污染物排放工作的领导，加快推进相关工作。

在住房保障领域，为加强保障性安居工程建设工作的组织领导，2011 年成立沈阳市保障性安居工程领导小组，由市长任小组组长，主要职责是制定全市住房保障工作的中长期发展规划，拟订住房保障年度计划并组织实施，逐步解决沈阳市低收入家庭的住房困难问题。

三　全面改善政府财政预算管理

沈阳市在财税制度改革的实践中，主要从以下三点着手：一是从预算绩效目标管理、绩效运行监控、绩效目标评价、绩效评价结果反馈和运用四个方面着手，逐步构建了事前审核、事中监控、事后检查相结合的"大监督"格局（周菲，2014）；二是将公共财政、政府性基金、国有资本经营、社会保障等内容全部纳入预算决算草案，实现全口径预算；三是加大对公共事业服务的财政投入，形成公益主导、服务为先的财政管理制度。

1. "大监督"格局

在事前监督方面，沈阳市相继发布《关于加强预算绩效管理的指导意见》、《市级财政预算绩效管理暂行办法》、《沈阳市 2015 年市本级部门预算审核说明及标准》等绩效管理文件，文件要求市直部门在编制预算时，要根据编制预算的总体要求和部门目标编制预算绩效计划说明书，报送支出绩效目标。绩效目标审核合格的，方可进入下一步预算编审流程。

在事中监控方面，以边检查、边整改为原则，以防控资金风险为目标，逐步推进事中监督。在《关于加强预算绩效管理的指导意见》中指出，各级财政部门、预算单位和项目主管部门要建立绩效运行跟踪监控机制，定期采集绩效运行信息并汇总分析，对绩效目标运行情况进行跟踪管理和督促检查，确保绩效目标的顺利实现。跟踪监控中发现绩效运行目标与预期绩效目标发生偏离时，要及时采取措施予以纠正。

在事后监督方面，以支出绩效评价为核心，以预算执行检查为主线，重点对财税政策执行情况和专项资金管理情况进行检查，确保财政支出预算发挥效应。从 2010 年至今，沈阳市发布了《市级部门财政支出绩效评价工作规程》、《关于加强乡镇财政资金监管工作的实施意见》、《沈阳市工业节能专项资金使用管理办法》、《沈阳市服务业发展专项资金管理暂行办法》、《沈阳市专利技术补助资金管理暂行办法》等一系列文件，综合各文件内容，沈阳市的财政预算资金事后监督主要有四个步骤：首先，要求项目实施单位进行自我评价，将实际绩效与目标绩效进行对比，对于没有达到绩效目标的须进行解释说明。其次，预算单位和项目主管部门对项目实施单位预算执行情况组织开展绩效评价，并向财政部门报送绩效评价报告。再次，财政部门会同审计部门对报送的绩效评价报告进行审核，并提出改进的意见和建议。最后，将绩效评价结果报送同级政府，以此为行政问责和安排以后年度预算的重要依据，同时将部分关注程度高、影响力大的项目支出绩效向社会公开，接受人大监督。

2. 全口径预算

2013 年，沈阳市发布《市人大常委会关于加强全口径预算决算审查监督工作的若干意见》，明确提出要将政府所有收支纳入预算管理。2014 年沈阳市在《2014 年预算执行情况和 2015 年预算草案的报告》中，按照新《预算法》的要求，对一般公共预算、政府性基金预算、国有资本经营预算和社会保险基金预算进行了统筹安排。除此之外，沈阳市政府还发布了《沈阳市市本级行政事业单位国有资产收益管理暂行办法》、《沈阳市财政专项资金股权投资管理办法（试行）》等一系列文件，增强了对全口径预算的后续管理，实现了与"大监督"格局的有效衔接。

3. "公益主导、服务为先"的财政管理

为了建设服务型政府，突出政府的公益性，沈阳市加大了对公共事业服务的预算投入和管理，以强有力的投入机制来保障公共事业的发展。

在公共教育方面，沈阳市要求各区、县（市）应保障义务教育学校公用经费投入，保证义务教育生均公用经费达到规定标准，有条件的区、县（市），可根据实际需求，适当提高生均公用经费标准。在国家、省出台普通高中和职业教育生均公用经费标准后，结合沈阳市实际，适时确定普通高中财政预算内生均公用经费标准，逐步实现职业教育按专业制定生均公用经费拨款标准。另外，沈阳市还要求将学前教育管理经费纳入财政预算，积极探索建立学前教育政府投入、社会举办者投入、家庭合理负担投入的机制。

在劳动就业保障方面，沈阳市以税费减免和资金扶持为手段，对创业者给予了极大力度的财政补助。《沈阳市全民创业援助行动三年计划实施方案》规定，税务、工商等部门要落实好税费减免政策，财政部门要积极支持三年计划实施工作，县以上财政部门要把创业服务工作经费纳入年度预算，并及时拨付，为三年计划实施提供资金保障；市财政部门要根据广大创业者资金需求，建立健全小额担保贷款基金的持续补充机制，逐步扩大小额担保贷款基金规模和贷款发放规模，加大资金投入，逐步扩大各类创业基金规模。

在公共卫生医疗方面，以补偿机制改革和财政直接补助为手段，巩固和提高了基本医疗保障水平，完善了城乡医疗救助制度。在《沈阳市基层医疗卫生体制综合改革实施方案（试行）》中，对政府举办的基层医疗卫生机构，政府负责保障按国家规定核定的基本建设、设备购置、人员经费和其承担的公共卫生服务的业务经费，确保其正常运行。其中基本建设和设备购置等发展建设支出，由各地区根据基层医疗卫生机构发展建设规划统筹安排；人员经费和业务经费等运行成本通过服务收费和政府补助补偿，政府补助按照"核定任务、核定收支、绩效考核补助"的办法核定。对于非政府举办的医疗卫生机构如承担基层医疗卫生服务任务，政府对其实行基本药物制度、开展基本公共卫生服务给予合理补偿。政府对一体化管理的行政村卫生室给予适当补助。

在社会保险服务方面，政府主要以加大财政投入来提高居民的社会保障水平。在医疗保险方面，《沈阳市"十二五"期间深化医药卫生体制改革规划暨实施方案》要求到2015年城镇居民医保和新农合政府补助标准提高到每人每年360元以上，个人缴费水平相应提高。取消救助起付线，提高救助封顶线，将救助对象政策范围内住院自负医疗费用救助比例提高到70%以上，加大对重特大疾病的救助力度，对无负担能力的病人产生的急救医疗费用通过医疗救助基金、政府补助等渠道解决。在养老保险方面，提高新农保和城居保基础养老金标准，自2012年7月1日起新农保基础养老金由原来每人每月55元调整为每人每月70元，城居保基础养老金由原来每人每月55元调整为每人每月90元。

在环境保护方面，主要以财政补贴来激励企业进行新能源产业和技术的开发，淘汰落后产能。通过贷款贴息、投资补贴和奖励等方式，强化财政资金的引导作用，重点支持符合国家产业政策，形成一批具有一定投资规模的资源节约和循环经济发展类项目及企业。

在住房保障方面，一方面通过直接补助改善居民住房环境，比如在《沈阳市经济适用住房货币补贴办法》中规定，对于90平方米以下经济适用房，货币补贴标准为10万元/户。另一方面通过改造资金的落实来推进农房危房改造，比如在《沈阳市2014年农村危房改造工作实施方案》中，明确要求县、区加强农村危房改造补助资金的使用监管，实行专项管理、专账核算、专款专用，严禁挤占、截留和挪用。区、县财政要确保将一定的农村危房改造日常工作经费纳入财政预算，主要用于农村危房改造的规划设计、管理、信息统计、会议、培训、资料档案和检查验收等。

四 分类推进事业单位体制机制改革

沈阳市从分类推进改革、单位机构编制管理、创新管理机制三个方面对事业单位进行改革，逐步建立起现代事业单位管理体制和运行机制，促进社会公共服务事业更好更快发展。

1. 分类推进改革

2015年，沈阳市下发《关于分类推进事业单位改革的实施意见》，按照社会功能把现有事业单位划分为承担行政职能、从事生产经营活动和从事公益服务三个类别。从事公益类的事业单位继续保留，但是要革新其管理制度，资金管理和预算制度、社会保险制度、人事制度等也逐步跟进。

2. 单位机构编制管理

一是建立和实行事业单位机构编制宏观管理制度，加强对事业单位机构编制的总量控制，确保事业单位"只减不增"。二是加强事业单位机构编制法制化建设，规范事业单位行为，严格事业单位机构编制审批制度，各类事业单位的机构设置、人员编制事宜，均按照分级管理的原则和权限，由各级机构编制部门审批。事业单位实行岗位设置管理制度，既是推进事业单位分类改革的需要，也是深化事业单位人事制度改革的需要，更是事业单位工作人员收入分配制度改革的紧迫要求。早在 2003 年，为了全面推进农村税费改革，沈阳市就下发了《沈阳市乡镇事业单位机构改革和人员定岗分流实施意见》，明确表示要理顺事业单位管理体制、减少财政供养人员。2011 年，《沈阳市事业单位岗位设置管理实施办法》获批实施，该办法从岗位类别、岗位等级、岗位要求条件、岗位聘用合同和待遇等方面对单位机构编制管理进行了详细说明。三是工资及社会保险待遇。在工资方面，沈阳市事业单位则按照《辽宁省事业单位工作人员收入分配制度改革实施意见》实行岗位绩效工资制度。

3. 创新管理机制

建立新型的事业单位法人治理结构，对财政全额拨款的事业单位，实行理事会领导下的执行人日常负责制度。建立科学的绩效评估制度并建立竞争性的劳动人事制度，全面实行管理者聘任制和全体职员竞争上岗、优胜劣汰的制度。同时，实行区别于政府部门的薪酬制度和奖励制度，建立有效的激励和约束制度（辽宁省编委办，2013）。

五 加强政府购买服务与政社合作

加强政社合作，鼓励社会组织参与到公共服务的生产和供给，是提高服务质量和效率的有效途径。沈阳市通过培育社会组织、规范公共服务购买机制、扩大公共服务购买领域加强了政社合作。

1. 社会组织培育

沈阳市对于社会组织的培育主要从创新培育和保障机制、加强政府管理和市场监督两方面展开。

针对沈阳市以前社会组织扶持力度不够、培育机制不灵活的局面，沈阳市从以下几方面加强了保障机制和培育机制的建设：创新社会组织的党建管理机制，建立社会组织党工委，发挥党对社会组织的引导作用；成立由政府分管领导牵头、相关部门参与的领导小组，形成了各司其职、高效严密的工作体系；加大了对社会组织的财政投入力度，坚持把社会组织工作经费列入年度预算，由政府设立专项资金用于支持社会组织开展社会公益和服务项目；建立社会组织孵化基地，对处于初创期和成长期的社会组织提供支持；规范社会组织的内部管理制度，采用分类评估的方式建立健全社会组织的评估制度（林正阳，2014）。

针对沈阳市以前"重登记、轻管理"的管理局面，沈阳市建立了综合监管体系，实行"登记、年检、评估、执法、短信平台"五位一体的监管手段。此外，沈阳市还加强了信息化建设，打造沈阳社会组织公共服务与管理平台，在建立"三个中心"（数据中心、管理中心、服务中心）的基础上，加强信息披露制度建设，形成公开透明、多元化监督的市场监管体系（刘祥，2013）。

2. 规范公共服务购买机制

2011 年，沈阳市相继发布了《沈阳市政府采购项目履约验收程序规范》、《政府采购货物和服务招标投标管理办法》、《政府采购信息公告管理办法》、《政府采购代理机构资格认定办法》、《沈阳市政府采购协议供货创新新模式》、《沈阳市政府采购中心政府采购业务工作流程》等多项采购政策，建立了较为规范的政府采购政策体系，规范了政府采购市场秩序，以此为指导，沈阳市在多个领域开始实行政府购买服务。

2015 年，《沈阳市开展政府向社会力量购买服务工作的实施方案》颁布实施，进一步明确了购买程序，提出要加强政府购买服务的绩效管理评价工作，建立健全由购买主体、服务对象及第三方组成的综合性评审机制，对政府购买公共服务项目实施全过程的绩效目标进行管理。

3. 扩大政府购买服务领域

综合配套改革实施后，沈阳市创新公共服务购买方式，规范公共服务购买工作流程，在劳动就业、公共教育、居家养老、医疗卫生等公共服务领域加大了公共服务政府购买力度。

在劳动就业方面，《沈阳市全民创业援助行动三年计划实施方案》指出，条件成熟的创业园区和创业孵化基地可引入各类社会中介服务机构，向创业者提供融资、法律、财会、招聘、认证、信息等方面的专业服务。在《沈阳市大学生创业引领计划》中，鼓励有条件的高校、教育培训机构、创业服务企业、行业协会、群团组织等征集适合大学生的创业培训项目，经过评审认定后可纳入本地区创业培训计划；对按要求开展培训的，按规定给予创业培训补贴。

在公共教育领域，《沈阳市中小学校长教师培训"十二五"规划》中指出，要推进"公开竞标，购买服务"的运行方式，将培训项目由直接委托，逐步转到公开竞标后再委托。重点项目应向社会公开招标，依据竞标结果，购买相关培训机构的专项培训服务。

在居家养老服务方面，根据《关于深入推进居家养老服务工作的通知》、《关于新增居家养老服务公益性岗位人员及建设示范性日间照料站的通知》等一系列相关文件，沈阳市结合自身实际，进行了积极有益的探索。首先，确定购买方式。购买方式是政府直接给居家养老服务公益性岗位人员财政补贴，每位公益性岗位工作人员有专门账号，市民政局根据社区考核结果，直接为公益性岗位人员发放工资，每月一发。其次，明确服务对象和服务内容。服务对象为社区内60周岁以上、享受最低生活保障、生活不能自理的空巢老年人，服务内容包括生活照料、康复护理和精神慰藉。再次，明确资金来源。由各级财政资金、福彩公益金、省引导资金及社会捐助等构成。最后，评估购买服务。根据辽宁省《关于开展居家养老服务评估工作的通知》，对居家养老服务对象、服务需求、服务绩效等方面进行评估。

在医疗卫生方面，《沈阳市2009—2011年医药卫生体制改革实施方案》指出，鼓励社会资本参与公立医疗机构改革，兴办医疗机构。社会资本举办的非营利性医院在服务准入、医保定点、科研立项和继续教育等方面，与公立医院享受同等待遇。2010年《沈阳市基层医疗卫生机构运行补偿机制的指导意见（试行）》出台。这项指导意见指出，政府要为社区卫生服务提供资金来源，政府要同社会、个人共同承担基本医疗付费的费用。社会基本医疗的总原则是，通过采取政府购买和直接资助扶持等方式加大对基础医疗的投入，推进城市基本医疗服务的发展。

在环境保护领域，《沈阳市"十二五"节能减排综合性工作方案》要求推行污染治理设施建设运行特许经营，实行环保设施运营资质许可制度，推进环保设施的专业化、社会化运营服务，完善市场准入机制，规范市场行为，为企业创造公平竞争的市场环境。

在公共文化与体育方面，《沈阳市公共体育设施条例》鼓励企业、事业单位、社会团体和个人投资兴建或者捐赠公共体育设施。对于捐赠人可以按照税法有关规定享受优惠；对于捐赠的公共体育设施，可以留名纪念；对于单独捐赠的公共体育设施或者主要由捐赠人投资兴建的公共体育设施，可以提出公共体育设施的名称，依法报请批准。

六　协调深化行政审批与监管体制改革

简政放权和市场监管与政府职能转变密切相关，是推动行政管理体制改革、加强市场经济体制建设、保证经济社会协调发展的重要抓手。沈阳市以行政审批制度改革、权力清单建设和监管体系建设为突破口，实现了自身的准确定位，提高了政府行政执行力，改变了政府对公民、企业和社会过多干预的情况，激发了社会和市场的自我调节机制。

1. 行政审批制度改革

沈阳市在最近一轮行政审批改革制度中，紧紧围绕行政体制改革的核心，加大行政审批制度改革：凡是公民、企业和社会组织能够自我决定的事，一律取消行政审批；凡是直接面向基层的、由基层管理更加方便快捷的经济社会事项，一律下放给地方基层管理。

沈阳市大规模清理行政审批事项可以追溯至 2002 年。2009 年以后，沈阳市继续加大行政审批改革力度。2010 年，沈阳市政府依据辽宁省委《关于加强行政权力运行制度建设的意见》继续削减行政审批事项。截至 2011 年年底，沈阳市市级审批项目被削减到 110 项，与国内的各直辖市、副省级市相比，是具有审批项目最少的城市。全市保留的行政审批项目即办件比率达到了 90% 以上，承诺办理事项的平均审批时限不到 5 个工作日；全市 39 个具有行政审批职能的政府部门全部成立了审批办，建立起权责统一的审批管理体制，与此同时，建立起 1 个市行政审批服务中心、8 个区服务中心、3 个享有市级审批权限的开发区服务中心、4 个县级服务中心，行政审批服务中心覆盖率达到了 93.75%（王妍，2012）。

2014 年，沈阳市下发《沈阳市人民政府转变职能简政放权实施意见》，要求切实做好市政府取消和下放行政职权项目的落实和衔接工作，加强后续监管，避免出现监管真空。《沈阳市人民政府办公厅关于印发转变职能简政放权任务分工表的通知》将 2014—2017 年的主要任务、任务牵头单位、任务参加单位、任务完成时限做了说明。《沈阳市人民政府关于取消和下放一批行政职权项目的决定》（沈政发〔2014〕2 号）以转变政府职能为核心，对公共服务各领域进行了简政放权。此次简政放权共取消和下放行政职权项目共 225 项，其中，取消 75 项，下放 122 项，其他 28 项。

2015 年，为了巩固行政改革成果，加快法治政府建设，沈阳市人民政府下发《关于深入推进依法行政加快建设法治政府的意见》和《沈阳市人民政府关于取消和下放一批行政审批项目的决定》，共取消行政审批项目 48 项，下放 10 项，前置改后置等改变管理方式 22 项。

2. 权力清单建设

权力清单制度能够明确政府权力的自身属性、运行轨迹和边界特征，能够有效规范和监督权力并避免不当权力的发生（谢建平，2014）。2015 年，《沈阳市人民政府关于深入推进依法行政加快建设法治政府的意见》指出，由编委办牵头，推行政府责任清单制度，建立政府权力清单。2015 年 6 月，沈阳市下发《关于进一步推进简政放权加快建立权力清单制度工作方案》和《市政府工作部门权力清单工作指南》，进一步明确了权力清单建设的总体目标、主要任务和责任分工，并对梳理标准和拟保留项目进行了说明。2015 年 9 月份，沈阳市下发《沈阳市人民政府关于公布市直部门权责清单的通知》，经全面清理，全市 43 个部门（单位）保留行政职权 2265 项。其中，行政许可 322 项、行政处罚 1114 项、行政强制 89 项、行政征收 25 项、行政给付 22 项、行政检查 187 项、行政确认 82 项、行政奖励 3 项、行政裁决 6 项、其他行政权力 415 项，并通过政府门户网站向社会公布。

从行政职权项目取消和下放到权力清单建设，沈阳市政府的行政审批制度建设从重取消下放数量向提高含金量过渡，实现了"给群众端菜"向"让群众点菜"的转变（中国沈阳政府网，2015）。通过此轮改革，沈阳市政府进一步提高了政府服务效率，整合了部门权力，促使沈阳市政府由部门间条块分割向无缝隙服务转变，为进一步推动新型工业化建设、提振东北老工业基地提供了有力支持。

3. 市场监管体系建设

首先，依托大部制改革成立了市场监督管理局，实现了市场监督业务的合并。2014 年 10 月 28 日，沈阳市沈北新区市场监督管理局正式成立，这是沈阳区域的第一个新组建的市场监督管理局，整合了本行政区域内工商、食品药品、质监的管理职能和机构，实现了工商、食药、质监业务"三合一"。次年 7 月，沈北新区进一步将安全生产监督管理局并入其中，组建市场和安全生产监督管理局，实现了"四局合一"的深度融合。

其次，推动市场监管由事前监管向事中事后监管转变。沈阳市按照分类监管的原则，加强了对获批市场主体的后续监管，通过巡查、强制检验、监督抽查、年审、执法检查和回访等措施，对市场主体进行动态监管。

再次，加强信用管理体系建设。为了从源头加强市场秩序管理，提高市场治理水平，沈阳市通过信用信息征集、信用等级评价、信用档案中心与数据库建立、诚信活动开展等多种形式的信用服务。2014 年 8 月，市文明办联合市法院、市建委、市环保局、市食药监局首次以"红黑榜"的方式集中通报诚信企业和失信企业（自然人），并对失信人和企业采取了严厉的惩罚措施。

最后，建立智慧市场监管系统。2015 年，沈阳市在《智慧沈阳建设实施方案（2015—2017 年）》中指出，利用信息技术手段，建立灵敏高效的市场监管体系，提高政府对市场变化的反应能力和监管效能。要通过企业信息公示平台建设，规范市场经营行为；要通过对质量检测、电梯等特种设备监管等领域实施数字化信息采集，实现智能化监管；同时，要加强各部门间的协作和联合执法能力，实现监督多元化、监管即时化、处置公开化，推动市场监管工作更加高效、阳光、公正、公平。

七　系统推进公共服务伦理规范建设

沈阳市为了进一步促进社会公正，提高公众对于政府的信任，从绩效考核、问责机制、廉政教育、监察工作方式创新四个方面加强党风廉政建设。

2012 年，沈阳市印发《2012 年度考核工作实施方案》，考核内容包括德、能、勤、绩、廉 5 个方面，重点是工作实绩。考核结果，公务员分为优秀、称职、基本称职和不称职 4 个等次，机关工勤人员和事业单位人员分为优秀、合格、基本合格和不合格 4 个等次。公务员年度考核的结果作为调整公务员职务、级别、工资及奖励、培训、辞退的依据。2014 年，沈阳市研究制定并组织实施了《沈阳市公务员考核实施细则》。2015 年，沈阳市采取"周记实、季评鉴"的方式进行公务员平时考核，对于平时考核结果表现较好的公务员，可以在晋升职务、轮岗交流、编制岗位调整、休假疗养等方面优先考虑。

近年来，沈阳市强调主体责任、监督责任"两个责任"落实到位，2011年市监察局连续发布《行政机关公务员处分条例》、《关于违反信访工作纪律处分暂行规定》、《中国共产党党员领导干部廉洁从政若干准则实施办法》三个文件。2014 年 7 月，沈阳出台了《关于落实党风廉政建设党委主体责任和纪委监督责任及责任追究的实施意见》，厘清了党委和纪委各自的具体责任；明确了党委和纪委主要负责人、班子成员的责任；对责任追究也进行层层传导、落实到位。2015 年，为了响应市政府号召，沈阳市法院党组相继制定出台了《落实党风廉政建设责任制实施意见》、《落实党风廉政建设主体责任工作计划》。

几年来，沈阳市人大、市政府、市政协党组把主体责任推进会上的相关要求纳入理论中心组学习计划，通过个人自学、班子成员集中学习、召开专题民主生活会等形式认真学习，强化党组成员的政治意识、责任意识、担当意识、法治意识和创新意识。市纪委、市委宣传部协调沈阳日报和沈阳广播电视台，安排重要版面和重要时段，合计刊发了近 130 余篇稿件，加大落实"两个责任"的宣传报道力度（沈阳日报，2015）。

近年来，沈阳市各级政府在公共服务的建设过程中，创新了工作方式，加强了日常巡视制度，从党内、党外、社会多个渠道构筑监督平台。例如，东陵区（浑南新区）党风廉政建设巡视工作从 2012 年年初实施，以自上而下监督为主导，以自下而上监督为基础，以监督预防为重点，组建了由区纪委设立并向区纪委负责的巡视组，对区内领导机关和领导干部实施监督检查。巡视组除了对监督事项进行抽查外，还调阅、复制有关文件、档案、会议记录等资料。巡视组还在各单位设置了举报信箱和公开电话，不定期走访调研，与领导班子成员谈话，与一般干部和群众座谈，收集群众意见、建议，倾听群众诉求、呼声，对发现的党员干部违纪违法线索，交由区纪委立案调查（高华山等，2014）。

八　逐步提升电子化治理水平

1. 加强基础设施建设，推进业务协同

推进政府业务协同办理，关键是要对电子政务的基础设施进行完善，具体包括内外网建设、内外网对接、政务云建设以及移动平台拓展。2010 年，沈阳市下发《中共沈阳市委办公厅、沈阳市人民政府办公厅关于加快全市电子政务网络建设的通知》，文件明确了电子政务外网及电子政务内网的建设标准和规范。2011 年，《市委办公厅、市政府办公厅关于启用沈阳市党政内网邮箱系统的通知》要求以政务云平台中的政务邮箱和全市政务协同办公系统为基础规范全市内网办公文件。2013 年，沈阳市连续下发《沈阳市信息化工作领导小组办公室关于做好全市电子政务外网接入工作的通知》和《市经济和信息化委员会、市财政局关于沈阳市电子政务外网统一互联网出口有关事项的通知》两个文件，强制要求各部门接入电子政务外网，并且划定了统一互联网出口的时间和标准。2015 年，在《沈阳市人民政府办公厅关于合力推进电子政务协调快速发展的实施意见》中，还要求融合移动、联通和电信三大运营商移动网络，兼容 4G 通信技术，进一步拓展和完善政务移动办公平台的接入能力和安全保障机制，确保各部门移动终端能够无障碍接入和使用电子政务移动平台，满足政务部门移动办公、移动执法、移动服务的需要。

2. 拓展网上并联审批，实施全程监督

政务服务中心是集行政审批、行政效能监察、公共资源交易和社会公共服务功能于一体的综合性服务平台。借助此平台，沈阳市已经初步建立起全市统一公用、覆盖所有行政部门、延伸至街道乡镇的行政事项并联审批系统。对企业注册、投资项目跨部门审批、民生公共服务等流程进行了梳理和优化，实现了流程引导、提前介入和信息共享等服务功能，简化了审批手续、缩短了审批时限，提高了审批效率。在《沈阳市人民政府办公厅关于合力推进电子政务协调快速发展的实施意见》中，沈阳市政府提出，利用 2 年左右的时间，整合为市民服务的信息资源和服务渠道，建设全市统一的政务服务、民生服务和市民交流互动的信息服务平台，向市民提供全方位、多层次的信息服务，满足市民获取政务和公共事业等方面信息服务的需求。

3. 构建阳光透明服务政府，注重对公众的网络回应

2015 年，沈阳市下发《沈阳市人民政府办公厅关于加强政府网站内容建设管理的实施意见》，指出要把握新形势下政务工作信息化、网络化的新趋势。通过信息内容保障协调机制、信息内容保障机制、信息发布联动机制加强政府网站信息内容建设管理，推动沈阳市政府向透明型、阳光型服务政府转变。《沈阳市人民政府办公厅关于合力推进电子政务协调快速发展的实施意见》则更为具体地指出要通过拓展电子政务移动平台服务范围、加强基础数据库建设、完善政务信息资源目录体系和交换平台等措施进一步提高政府的信息资源共享水平和信息公开披露力度。电子化治理强调政民互动，而政府网站则是依靠信息技术搭建的政府与公众交流的"直通车"。2015 年，沈阳市下发

《沈阳市人民政府办公厅关于建立"网络回应人"制度的通知》，建立了《沈阳市政府系统"网络回应人"工作制度（试行）》，文件指出，要指定专人担任网络回应人，依托民心网、省政府门户网站"省长信箱"、人民网地方领导留言板、市政府门户网站"市长信箱"、96123市民服务热线、政务微博等政民互动栏目开展网络回应工作，并且要求各部门、各地区明确1名领导分管网络回应工作，分管领导、责任人名单及联系方式报送市政府办公厅备案。

4. 突出公共服务领域，加强公共服务信息平台建设

公共服务是电子化治理的落脚点。沈阳市加强了再促进就业、普及优质教育和医疗资源、推进住房和救助信息系统等方面的建设，进一步突出了电子化治理向公共服务的倾斜。

在公共教育服务领域，建立起覆盖行政管理政府部门和基础、职业、高等三级教育机构的综合信息系统，形成集管理、资源共享、教育监管于一体的服务平台；完善教育资源库建设，实现了教学资源的共享和互动教学的交流；加强数字校园建设，建立起完善的在线报名、网上考试和评价机制，提高向社会的开放程度。

在劳动保障就业服务领域，沈阳市人力资源和社会保障局建立了就业和人才服务网络平台，平台统一发布就业信息，为就业、创业人员提供培训指导，平台还对灵活就业保险补贴、人事档案服务、自主创业小额担保贷款、创业孵化企业扶持等热点服务项目进行了详细指导和说明。

在住房保障服务领域，沈阳市通过与住建部联网，继续推进城镇个人住房信息系统建设，建立了全市统一的保障性住房信息管理系统，从而可以在全市进行住房监测分析、住房公积金监管和住房保障监管。

在基本医疗卫生服务领域，沈阳市建立市级卫生信息数据库、突发公共卫生事件预警和应急信息系统等信息平台；建设社区医药卫生服务网络体系，实现社区预防、保健、医疗、康复、健康教育及计划生育技术指导等"六位一体"功能；为了更好地为居民个人提供定制化医疗卫生服务，沈阳市市级医院还推行了"居民健康卡"，在健康卡里，有居民健康信息和以往就诊记录，患者到医院看病，医生通过其健康卡就知道病史，不仅能更准确地判断病情，还能节约就诊时间。

在社会救助服务领域，沈阳市以统一的网络平台为基础，整合各部门的信息资源，建设统一的救助业务管理、业务查询与统计分析系统，对养老保险、

医疗保险、工伤保险、失业保险、生育保险等公共服务进行政策信息发布和事项办理。

九 持续推进基本公共服务均等化

基本公共服务是与民生直接相关的公共服务，通常包括公共教育、劳动与就业、社会保障服务、医疗卫生服务、住房保障、公共文化体育等多个方面。沈阳市在统筹城乡发展，推动基本公共服务均等化方面进行了积极实践，初步构建了覆盖城乡、普惠社会各阶层、涵盖多个领域的基本公共服务体系。

在公共教育领域，《沈阳市学前教育三年行动计划（2013—2015年）》指出，力争在2013年至2015年基本形成覆盖城乡、布局合理、灵活多样的学前教育公共服务体系。在《落实治理义务教育阶段择校乱收费八条措施工作方案》中，市教育局提出了缩小乃至消除区（县）域内义务教育学校之间的办学差距，促进区（县）域内义务教育均衡发展的教育举措。在《沈阳市推进义务教育高水平均衡发展的若干措施》中，明确提出要加大对农村骨干教师和薄弱学科教师的培训力度，在沈北新区、浑南新区设立现代学校制度试验区等举措。《沈阳市人民政府关于进一步加快学前教育发展的实施意见》指出，要加强城区和农村幼儿园的建设，发展公办普惠性幼儿园，保障特殊群体接受学前教育。

在劳动就业服务领域，根据《沈阳市就业登记和失业登记管理暂行办法》和《关于就业困难人员认定办法的通知》，沈阳市发布了《关于我市就业困难人员认定审核事宜的函》，明确了业务流程，提出要加强对本地区就业困难人员认定工作的业务指导，及时将持证的就业困难人员享受的就业扶持政策情况在《就业失业登记证》上记载，并录入沈阳市就业困难人员管理数据库中，实行动态管理。

在医疗卫生领域，《沈阳市2009—2011年医药卫生体制改革实施方案》《沈阳市"十二五"期间深化医药卫生体制改革规划暨实施方案》和《沈阳市基层医疗卫生体制综合改革实施方案（试行）》都强调基层卫生机构的建设和完善，强调加快基本公共服务的均等化。《沈阳市基层医疗卫生体制综合改革实施方案（试行）》指出，到2010年，实现每个县（市）至少有1所县级医院达到国家二级甲等医院标准，有1—3所标准化中心乡镇卫生院。到2011

年，实现每个行政村有 1 所村卫生室达到建设标准。

在社会保障服务领域，《关于新型农村合作医疗转城镇基本医疗保险关系接续问题的通知》在一定程度上缓解了农民工进城无医疗保险的立法窘境，促进了医疗卫生保险的均等化。在居民养老保险方面，沈阳市政府陆续出台了《开展新型农村和城镇居民社会养老保险工作的实施方案》和《沈阳市人民政府关于建立统一的城乡居民基本养老保险制度的实施意见》，完善基础养老金和个人账户养老金相结合的待遇支付政策。此外，沈阳市政府还通过《关于调整城乡居民最低生活保障标准和农村五保供养标准的通知》调整了城乡低保标准，农村五保供养标准，城乡低保边缘标准。

在住房保障服务领域，《沈阳市廉租住房保障实施细则》明确表示为城市低收入住房困难家庭解决住房问题，《关于加强沈阳市经济适用住房货币补贴资金管理的通知》、《沈阳市经济适用住房货币补贴办法》都是运用财政资金，来补贴住房困难用户的资金需求。为切实解决城镇中等偏下收入住房困难家庭、新就业普通高校毕业生和外来务工人员住房困难问题，沈阳市政府下发《关于租赁社会房源实施公租房保障有关问题的通知》，明确了准入条件、过程管理和退出机制。

第二节　沈阳市公共服务改革与创新的政策工具

一　公共教育改革与创新的政策工具

在基本公共教育领域，沈阳市主要采取了命令和权威性工具以及规制。命令和权威性工具主要是指《沈阳市中长期教育改革和发展规划纲要》和《沈阳市教育事业发展"十二五"规划》两个文件，其中《沈阳市中长期教育改革和发展规划纲要》，从宏观层面规划了沈阳市 2010 年至 2020 年教育事业的整体发展方向。《沈阳市教育事业发展"十二五"规划》在《沈阳市中长期教育改革和发展规划纲要》的基础上对沈阳市教育事业近五年的发展目标进一步细化。基于这两个纲领性文件，沈阳市政府又出台了一系列具体的文件，对各层次的教育发展目标进一步拓展细化。除了命令和权威性工具，沈阳市在公共教育服务领域主要以规制为主。针对学前教育，沈阳市政府自 2009 年来分别出台了《沈阳市学前教育管理规定》、《沈阳市学前教育管理规定实施细则（暂行）》、《沈阳市学前教育条例》，《沈阳市幼儿园审批办法》等一系列规制性政策和直接管理政策，逐步完善了学前教育学校在建设、审批、收费、补贴、教师管理等方面的管理细则，构成了学前教育管理的法规体系。

在义务教育方面，沈阳市全面规范义务教育学校补课收费等行为，解决择校乱收费、违规补课等突出问题。为此，沈阳市政府先后出台了《关于禁止义务教育学校违规补课的通知》、《落实治理义务教育阶段择校乱收费八条措施工作方案》、《关于进一步做好中小学在职教师有偿补课综合治理的通知》等规制性政策，其中《落实治理义务教育阶段择校乱收费八条措施工作方案》就解决择校问题提出了缩小乃至消除区（县）域内义务教育学校之间的办学差距，促进区（县）域内义务教育均衡发展，成立治理义务教育阶段择校乱收费工作领导小组，建立健全教育收费公示、举报和核查处理制度，向社会宣传《沈阳市义务教育条例》和义务教育招生政策等举措。

在基本公共教育领域，沈阳市政府应用混合性工具较多，并且主要以信息劝诫为主。义务教育是沈阳市政府应用混合性政策工具最多的领域。2010 年以来沈阳市政府分别出台了《关于做好全市中小学"班班通"管理与应用工作的通知》、《沈阳市中小学数字校园建设工作方案》、《关于开展平安校园绿色校园数字校园和人文校园建设的意见》，强调提升校园信息化水平，加强校园信息化设施建设、教师信息化能力建设以及学生网络学习能力建设。2011年沈阳市政府出台了《沈阳市推进义务教育高水平均衡发展的若干措施》，提出制定本地区义务教育高水平均衡发展规划，成立学校标准化建设领导小组，鼓励和支持优质学校以兼并、办分校或委托管理等方式实现优质教育资源的有序扩张，加大对农村骨干教师和薄弱学科教师的培训力度，在沈北新区、浑南新区设立现代学校制度试验区等举措。2013 年，沈阳市政府分别出台了《关于进一步加强中小学科技教育工作的意见》与《关于进一步加强中小学环境教育工作的通知》，要求重点加强对中小学生科技创新能力和实践能力的培养，以及环境保护意识。为了全面提升沈阳市中小学管理能力，逐步实现教育现代化，沈阳市在 2014 年分别出台了《关于加快推进现代学校制度建设的实施意见》与《沈阳市加快推进教育现代化工作方案》。在职业教育方面，2013年，沈阳市连续出台《沈阳市教育局关于加强中等职业学校教学常规管理的指导意见》、《沈阳市人民政府关于加快发展现代职业教育的若干意见》和

《沈阳市职业教育校企合作促进办法》，这些文件从改进办学体制和办学质量出发，加大了职业教育的发展力度，提高了职业教育的办学能力。此外，政府还通过契约的方式向社会购买服务，沈阳市出台的《沈阳市中小学校长教师培训"十二五"规划》，明确提出要推进"公开竞标，购买服务"的运行方式，将培训项目由直接委托，逐步转到公开竞标后再委托。重点项目应向社会公开招标，依据竞标结果，购买相关培训机构的专项培训服务。

在基本公共教育领域，沈阳市的自愿性工具出现频次不高，主要以市场和市场自由化为主。在《沈阳市中长期教育改革和发展规划纲要》、《沈阳市民办普通高中、中等职业学校学籍管理实施细则（试行）》等一系列相关文件中，鼓励社会力量投资办学，实现教育的多元化发展。通过引入社会力量办学，落实民办学校办学自主权，完善民办学校招生政策，保障民办学校教师、学生合法权益，支持做强30所民办学历教育学校、100所民办非学历教育机构，争办5所省级示范高中、2所国家级重点中等职业学校。

二 劳动就业服务改革与创新的政策工具

在劳动就业服务领域，沈阳市在强制性政策工具运用方面主要分为两类，一是规制，二是直接供给。在规制方面，沈阳市政府出台了《关于就业困难人员认定办法的通知》、《关于开展就业培训机构资质认定工作的通知》，进一步明确和规范了就业扶助对象与培训机构的资质认定办法，完善了就业服务的管理体制。在直接供给方面，沈阳市政府在2013年的《沈阳市全民创业援助行动三年计划实施方案》和2015年的《沈阳市大学生创业引领计划》中，明确提出了直接提供创业资金支持、直接提供创业经营场地、直接提供创业项目援助。

在劳动就业服务领域，几乎在沈阳市所有的劳动就业政策中，都会涉及职业技能培训，这种信息引导和补贴相结合的方式十分适合我国发展。此外，单纯的补贴类政策工具也在劳动就业领域运用较多，例如，《沈阳市全民创业援助行动三年计划实施方案》、《沈阳市大学生创业引领计划》都不约而同地提到了税费减免和多渠道资金支持。

在劳动就业服务领域，沈阳市主要运用了自愿性组织和自愿性服务以及市场和市场自由化两类政策工具。2014年沈阳市政府出台《关于发展家庭服务

业的实施意见》，全面规划了家庭服务业发展。具体来说，沈阳市政府希冀从
"加强就业服务、职业技能培训和人才培养、规范家庭服务业市场秩序、维护
家庭服务业从业人员合法权益、加强对发展家庭服务业工作的组织领导等"
几个方面加大对服务业的支持，但政府在这项工作中只起引导和规划作用，具
体的事情交由市场来做。《沈阳市全民创业援助行动三年计划实施方案》指
出，条件成熟的创业园区和创业孵化基地可引入各类社会中介服务机构，向创
业者提供融资、法律、财会、招聘、认证、信息等方面专业服务。《沈阳市大
学生创业引领计划》鼓励有条件的高校、教育培训机构、创业服务企业、行
业协会、群团组织等征集适合大学生的创业培训项目，经过评审认定后可纳入
本地区创业培训计划；对按要求开展培训的，按规定给予创业培训补贴。

三　社会保险改革与创新的政策工具

在社会保险服务领域，沈阳市政府利用规制工具对医疗保险补助范围进行
了调整和划定，如沈阳市陆续出台了《关于将城镇居民生育医疗费纳入居民
基本医疗统筹等有关问题的通知》、《关于完善城镇居民基本医疗保险有关政
策的通知》、《关于退休人员大额保险个人缴费部分从其医疗保险个人账户中
扣缴的通知》、《关于灵活就业人员参加城镇职工基本医疗保险缴费基数暂不
调整的通知》和《关于新型农村合作医疗转城镇基本医疗保险关系接续问题
的通知》。除此之外，沈阳市政府通过规制工具对新增参保病种做了解释和通
告，例如，沈阳市政府陆续出台了《关于新增和调整门诊规定病种等有关问
题的通知》、《关于将白血病等六种疾病试行在在校学生及其他未成年人中建
立大病保险的通知》和《关于调整城镇居民基本医疗保险规定病种有关问题
的通知》。

为了实现基本公共服务的均等化，统筹城乡居民养老保险的实施。沈阳市
政府主要利用规制类政策工具，陆续出台了《开展新型农村和城镇居民社会
养老保险工作的实施方案》和《沈阳市人民政府关于建立统一的城乡居民基
本养老保险制度的实施意见》，持社会统筹与个人账户相结合的制度模式，拓
宽个人缴费、集体补助、政府补贴相结合的资金筹集渠道，强化长缴多得、多
缴多得的激励机制，建立基础养老金正常调整机制，完善基础养老金和个人账
户养老金相结合的待遇支付政策。此外，沈阳市政府还通过《关于调整城乡

居民最低生活保障标准和农村五保供养标准的通知》调整了城乡低保标准、农村五保供养标准、城乡低保边缘标准。

在社会保险服务领域，沈阳市政府主要是以财政转移支付手段对相关参保人员进行补贴。例如在医疗保险领域，《关于进一步提高城镇居民基本医疗保险政府补助标准的通知》规定 2014 年参加居民基本医疗保险政府补助标准由每人每年 280 元调整为每人每年 320 元，同时，个人缴费标准平均提高 10 元（低于国家规定标准）。《关于调整我市城镇职工基本医疗保险统筹基金最高支付限额的通知》将城镇职工基本医疗保险统筹基金最高支付限额由原来的 5.5 万元提高到 10 万元。社会养老保险与医疗保险采取了同样的政策工具手段，《关于完善新型农村和城镇居民社会养老保险相关政策的通知》规定从 2012 年 7 月 1 日起提高新农保和城居保基础养老金标准：新农保基础养老金由原来的每人每月 55 元调整为每人每月 70 元；城居保基础养老金由原来的每人每月 55 元调整为每人每月 90 元。《关于提高企业已退休参战（参试）退役人员生活补助标准的通知》规定从 2013 年 10 月 1 日起，对企业已退休参战（参试）退役人员提高生活补助标准，每人每月提高生活补助 35 元，达到每人每月 320 元。

四　医疗卫生改革与创新的政策工具

在医疗卫生服务领域，沈阳市政府在其顶层设计中依然惯运用命令与权威型工具，2009 年《沈阳市 2009—2011 年医药卫生体制改革实施方案》提出"完善基本医疗保障制度、初步建立国家基本药物制度、加快基本公共卫生服务均等化、推进公立医院改革试点"，指明了沈阳市医药卫生体制改革的方向。2010 年沈阳市政府进一步出台《沈阳市基层医疗卫生体制综合改革实施方案（试行）》，要求"推进基层医疗卫生管理体制改革、人事制度改革、分配制度改革以及政府补偿机制改革"。2012 年，《沈阳市"十二五"期间深化医药卫生体制改革规划暨实施方案》进一步要求"加快健全基本医疗保障体系、巩固完善国家基本药物制度和基层医疗卫生机构运行新机制"。依据沈阳市医疗卫生服务的总体规划，相关政策得到了补充，规制和直接提供类强制政策工具在此得到了体现。其中规制主要有体系建设和调整、机构设置、设定和调整标准、监督、处罚、考核、建立和调整规则。例如，《沈阳市基层医疗卫生体制综合改革实施方案（试行）》明确了沈阳市基层医疗卫生机构的设置和编制，明确了沈阳市基层医疗卫生体制综合改革富余人员的安置办法，《沈阳市基层医疗机构建立国家基本药物制度实施方案（试行）》明确了基本医疗和新农合药品报销目录，明确了基本公共服务项目的补助标准和考核方法。直接提供类政策工具主要聚焦于医疗卫生公共财政支出，以及医疗卫生服务的直接生产和管理，例如，《沈阳市"十二五"期间深化医药卫生体制改革规划暨实施方案》为了建成覆盖城乡的基层医疗卫生服务体系，要在 2020 年前完成 5 所县级医院、15 个社区卫生服务中心、44 所乡镇卫生院、150 所村卫生室的改造建设。要积极推进公立医院改革，建立公立医院公益性质，落实政府办医责任，进一步明确政府举办公立医院的目的和应履行的职责，扭转公立医院的逐利行为，控制医疗费用增长。

在医疗卫生服务领域，混合性政策工具是沈阳市应用较多的混合性政策工具，主要用于基层医疗卫生机构管理体制改革、公立医院管理改革、医药管理改革等方面。其方式既有契约，也有信息规劝和财政补贴。契约方式主要是政府通过向社会和企业购买服务的方式为居民提供医疗卫生服务，在《沈阳市"十二五"期间深化医药卫生体制改革规划暨实施方案》中，沈阳市政府明确提出以政府购买医疗保障服务的方式，委托具有资质的商业保险机构经办各类医疗保障管理服务。财政补贴是沈阳市政府支持基层医疗机构发展的主要手段，《沈阳市基层医疗卫生体制综合改革实施方案（试行）》指出，非政府举办的医疗卫生机构如承担基层医疗卫生服务任务，政府对其实行基本药物制度、开展基本公共卫生服务给予合理补偿，政府对一体化管理的行政村卫生室给予适当补助。在《沈阳市基层医疗机构建立国家基本药物制度实施方案（试行）》中指出，政府根据基层医疗卫生机构承担区域内基本公共卫生服务人口数量和重大公共卫生服务工作量，给予公共卫生服务经费补助。国家、省、市安排专项补助，区、县（市）按规定足额安排配套资金，2010 年，各级财政按户籍人口 15 元/人标准安排基本公共卫生服务经费预算，2011 年以后视财力情况适当提高标准。信息劝诫主要侧重于医疗卫生服务体制、方式和能力的改革，例如《沈阳市"十二五"期间深化医药卫生体制改革规划暨实施方案》建议加强基层医疗卫生人员专项集中培训，提高基层医疗卫生机构服务能力，推动服务重心下沉；建立健全分级诊疗、双向转诊制度，积极推进基层首诊负责制试点，加快推进基层医疗卫生机构信息化，试点建立涵盖基本药物使用、居民健康档案、诊疗规范、绩效考核等功能的基层医疗卫生管理信息系统，到 2015 年，实现基层医疗卫生机构信息系统全域覆盖。

在医疗卫生服务领域，适度开放医疗卫生市场，引导社会资本进入医疗卫生领域，鼓励医疗卫生市场的自由化，强调市场力量对于医疗卫生资源的配置，是沈阳市自愿性政策工具的显著特点。例如《沈阳市 2009—2011 年医药卫生体制改革实施方案》指出，"鼓励社会资本参与公立医疗机构改革，兴办医疗机构。社会资本举办的非营利性医院在服务准入、医保定点、科研立项和继续教育等方面，与公立医院享受同等待遇"。《沈阳市公立医院改革（2012—2015 年）试点实施方案》也指出，按照上下联动、内增活力、外加推力的原则，有序推进公立医院改革，鼓励社会资本对部分公立医院进行多种形式的公益性投入，以合资合作方式参与改制的不得改变非营利性质。

五　住房保障改革与创新的政策工具

近年来，沈阳市在住房保障服务领域主要运用了规制和直接提供两种强制性工具。其中规制主要是对住房资源分配及管理做出说明。2008 年《沈阳市廉租住房实物配租实施细则》和 2012 年《沈阳市公共租赁住房配租管理实施细则》都对申请对象的资质、配租标准、审批程序、退出条件及相关义务做出了说明。为了解决保障住房需求与保障住房供给不匹配的问题，沈阳市政府变相通过政府购买的方式直接提供房源，2011 年《关于租赁社会房源实施公租房保障有关问题的通知》指出，住房保障管理部门租赁社会房源，作为公共租赁住房配租给保障对象，保障对象在缴纳住房保障管理部门与产权人约定的市场租金后，按规定享受公共租赁住房租金优惠。直接提供主要体现在房源供给方面，2013 年《沈阳市限价商品住房管理暂行规定（试行）》指出，政府采取招标、拍卖、挂牌方式出让商品住房用地给开发商，开发商按照政府限定的住房户型、套型面积和销售价格，将商品房定向销售给实施城区改造及城市房屋征收中的原房屋权利人。

在住房保障服务领域，沈阳市主要运用了信息倡导和补贴两类混合性政策工具。通过《关于公布沈阳市 2010 年度廉租住房保障相关标准的通知》和《关于公布沈阳市 2010 年度廉租住房货币补贴地区补贴系数的通知》两个文件实现了政府信息对于公众的及时公开，对住房保障领域工作和研究的推进起到了重要作用。补贴是沈阳市整个城市住房保障体系的主要政策工具，《关于加强沈阳市经济适用住房货币补贴资金管理的通知》、《沈阳市经济适用住房货币补贴办法》都是运用财政资金来补贴住房困难用户的资金需求。《沈阳市2014年农村危房改造工作实施方案》和《于公布沈阳市2010年度廉租住房货币补贴地区补贴系数的通知》则更为微观地给出了住房补贴的系数和标准。

在住房保障服务领域，沈阳市运用的自愿性工具较为单一，主要为市场。《沈阳市企事业单位自建公共租赁住房意见》鼓励沈阳企事业单位利用自有土地、自有资金建设公共租赁住房（含职工公寓、集体宿舍），解决本企事业单位员工符合保障条件的员工住房问题。《沈阳市限价商品住房管理暂行规定（试行）》则指出通过社会资本的引进，以政府主导、市场运作为手段，变相地通过直接提供的方式解决了保障住房的房源问题。

六　公共文化改革与创新的政策工具

近年来，沈阳市政府在文物保护、文化事业发展项目管理、基层公共文化服务等方面广泛使用规制工具。为了保护沈阳市的非物质文化遗产及相关历史文物，市政府广泛使用规制来推进工作的进展。自2009年起，沈阳市政府连续出台了《市文广局关于申报第六批市级非物质文化遗产代表性项目名录的通知》、《市文广局关于张氏帅府博物馆引进〈南京云锦特别展〉的批复》、《沈阳市非物质文化遗产代表性项目管理办法》、《市文广局关于公布沈阳市首批非物质文化遗产传习基地的通知》、《关于开展沈阳市第六批市级非物质文化遗产代表性项目保护单位认定》等规制政策，加强了非物质文化遗产的保护和管理工作。

沈阳市政府在公共体育方面主要采取了直接提供和规制政策工具。2013年，沈阳市出台了《沈阳市公共体育设施条例》，明确将公共体育设施建设纳入国民经济和社会发展计划，加大对城市社区和农村地区等基层公共体育设施建设的投入，形成布局合理、互为补充、功能完善、覆盖面广、普惠性强的公共体育设施网络。《沈阳市公共体育设施条例》还对公共体育设施的开放时间、管理部门职责和管理办法等作了详细界定。《沈阳市全民健身工程管理规定》指出，各级人民政府或体育行政部门要投入资金，购置体育健身器材，捐赠给社区、乡镇，广场、公园等公共场所和机关、企事业单位等受赠单位，旨在开展全民健身活动的公益性体育设施。《沈阳市体育市场管理规定》则对体育场所经营者的可为和不可为做了详细规定，并给出了奖惩措施。

在公共文化体育服务领域，财政补贴是推动公共文化体育服务发展的主要政策工具。《沈阳市公共体育设施条例》指出，体育彩票公益金应当按照国家规定的比例用于公共体育设施，专款专用。条例中还规定公共体育设施的建设、维修、管理资金，应当列入本级人民政府基本建设投资计划和财政预算，并随着国民经济的发展和财政收入的增长逐步增加。此外，通过信息与倡导，可以实现政府与社会的良好沟通，避免信息不对称，也可以将公众引入公共服务中。《沈阳市公共体育设施条例》指出，市体育主管部门应当通过新闻媒体或者其他方式，定期向公众公布本市行政区域内公共体育设施的名录。沈阳市文广局《关于沈阳市第八届优秀报刊单项评选的通报》的内容显示，此次活动得到了各报刊社的积极响应和广泛参与，共上报参选作品 240 余件，经评选委员会客观公正的评选，共评出一等奖 66 个、二等奖 66 个。

在公共文化体育服务领域，沈阳市积极引入市场、社区和自愿性组织，希冀构建多元化供给的文化体育服务。2013 年，《沈阳市公共体育设施条例》鼓励企业、事业单位、社会团体和个人投资兴建或者捐赠公共体育设施。2014 年，《市文广局关于落实开展"全民读书节"和"全民读书月"有关活动的通知》和《市文广局关于开展"中国梦·我的梦"沈阳市社区书屋读书活动的通知》中明确表示，要将读书活动与农家书屋、社区书屋建设管理工作紧密结合起来，充分发挥书屋的使用效能。

七 环境保护改革与创新的政策工具

在环境保护服务领域，沈阳综合运用了命令和权威性工具以及规制。命令和权威性工具主要是指《沈阳市"十二五"节能减排综合性工作方案》，在方案中列出了节能目标，到 2015 年，公共机构人均能耗和单位建筑面积能耗要比 2010 年分别下降 15% 和 12% 以上，新购公务用车中节能和新能源汽车的比例力争达到 50% 以上。在此基础上，要求各地区强化节能减排目标责任，完善目标责任考核办法，建立新开工项目管理部门联动机制和项目审批问责制，严格控制高耗能、高排放和产能过剩行业新上项目，进一步提高行业准入门槛，强化节能、环保、土地、安全等指标约束，依法严格节能评估审查、环境影响评价、建设用地审查和贷款审批。依据方案，沈阳市连续出台了《沈阳市水污染防治条例（2010 年修正本）》、《沈阳市大气污染防治条例》、《沈阳市环境噪声污染防治条例》等多项规制政策，明确了污染排放的标准和限量，制定了相关的监督管理办法。

在环境保护服务领域，沈阳市使用的混合性政策工具主要是信息和倡导、补贴。其中在信息和倡导中，一方面通过舆论宣传和呼吁等手段，增强公众的参与意识，提高公众的参与积极性；另一方面通过劝诫和示范等手段加强引导，督促相关产业和企业进行技术改造，完成产业转型升级。例如《沈阳市"十二五"节能减排综合性工作方案》要求通过加强节能减排宣传教育、深入开展节能减排全民行动和政府机关带头节能减排来提高全社会节能减排意识，通过加快节能减排共性和关键技术研发、加大节能减排技术产业化示范、加强与国外（国际组织、外国政府、跨国企业、国外科研机构）在节能环保领域的交流与合作来推广高效节能减排技术的应用。混合性工具中的补贴主要是指财政类补贴，通过经济上的激励扶持新能源产业和技术的开发，淘汰落后产能。例如《沈阳市"十二五"节能减排综合性工作方案》指出各地区政府要加大对节能减排的投入，发挥财政资金的引导和杠杆作用，推进和支持节能减排、可再生能源开发、淘汰落后产能、污染治理等重点工程和节能环保技术、产品、设备的研发推广。通过贷款贴息、投资补贴和奖励等方式，重点支持符合国家产业政策，节能减排效果、示范和带头作用明显，企业综合实力较强，具有一定投资规模的资源节约和循环经济发展类项目及企业，强化财政资金的引导作用。

在环境保护服务领域，沈阳市主要使用了市场这一自愿性政策工具，希望通过市场化机制的完善，以经济利益为激励手段，控制污染物的排放。例如《沈阳市"十二五"节能减排综合性工作方案》中对排污权和碳排放权的交易试点做了规定，文件中指出要完善主要污染物排污权有偿使用和交易试点，建立健全排污权交易市场，开展化学需氧量等国家"十二五"重点减排指标排污权交易和碳排放权交易研究，建立自愿减排机制，推进碳排放权交易市场建设。

第三节　沈阳市整体性公共服务满意度

一　样本统计描述

1. 户籍类型、性别与年龄

沈阳市 425 位受访者中，本市户籍 344 人，占比 81%；非本市户籍 81 人，占比 19%。男性 213 人，占比 50.1%；女性 212 人，占比 49.9%。20 岁以下的 9 人，占比 2.1%；20—29 岁的 132 人，占比 31.1%；30—39 岁的 146 人，占比 34.4%；40—49 岁的 62 人，占比 14.6%；50—59 岁的 48 人，占比 11.3%；60 岁以上的 28 人，占比 6.6%。

2. 职业类型

沈阳市 425 位受访者中，政府公务员 97 人，占比 22.8%；事业单位工作者 59 人，占比 13.9%；企业/公司工作者 101 人，占比 23.8%；商业服务人员 10 人，占比 2.4%；个体经营人员 40 人，占比 9.4%；待业下岗人员 3 人，占比 0.7%；离退休人员 43 人，占比 10.1%；在校学生 37 人，占比 8.7%；其他从业人员 35 人，占比 8.2%。

3. 受教育程度

沈阳市 425 位受访者中，小学以下学历 6 人，占比 1.4%；初中学历 30 人，占比 7.1%；高中、中专 49 人，占比 11.5%；大专 71 人，占比 16.7%；本科 200 人，占比 47.1%；研究生及以上学历 69 人，占比 16.2%。

4. 月收入情况

沈阳市 425 位受访者中，月收入 8001—10000 元的 13 人，占比 3.1%；5001—8000 元的 50 人，占比 11.8%；3001—5000 元的 162 人，占比 38.1%；1001—3000 元的 150 人，占比 35.3%；1000 元以下的 10 人，占比 2.4%；无固定收入的 40 人，占比 9.4%。

5. 平均每天使用网络时间

沈阳市 425 位受访者当中，平均每天使用互联网 2 小时以下的 90 人，占比 21.2%；2—4 小时的 168 人，占比 39.5%；5—7 小时的 115 人，占比 27.1%；8 小时及以上的 52 人，占比 12.2%。

6. 接触网络时间

沈阳市 425 位受访者当中，接触网络时间 1 年以下的 18 人，占比 4.2%；1—5 年的 102 人，占比 24%；6—10 年的受访者 128 人，占比 30.1%；10 年及以上的 177 人，占比 41.6%。

7. 政府接触经验

过去一年，沈阳市 425 位受访者中，曾亲自申请或接受过婚育服务的 43 人，占 10.1%；曾亲自申请或接受过医药卫生服务的 142 人，占 33.4%；曾亲自申请或接受过社会保障服务的 143 人，占比 33.6%；曾亲自申请或接受过劳动就业服务的 38 人，占比 8.9%；曾亲自申请或接受过教育文化服务的 104 人，占比 24.5%；曾亲自申请或接受过户籍身份服务的 89 人，占比 20.9%；曾亲自申请或接受过住房保障服务的 42 人，占比 9.9%；曾亲自申请或接受过基本社会服务的 53 人占比 12.5%；曾亲自申请或接受过证照申领服务的 75 人，占比 17.6%；曾亲自申请或接受过公用事业服务的 159 人，占比 37.4%；曾亲自申请或接受过申报纳税服务的 25 人，占比 25%；曾亲自申请或接受过法律服务的 32 人，占比 7.5%；曾亲自申请或接受过交通运输与观光旅游服务的 84 人，占比 19.8%。

二 整体性公共服务满意度

1. 沈阳市受访者对政府的服务表现与服务形象的满意度较低

如表 10-1 所示，在沈阳市 425 位受访者中，对政府服务质量表示满意的 183 人，占比 43%。其中，对政府服务质量表示比较满意的 140 人，占比 32.9%；十分满意的 43 人，占比 10.1%。不满意的 70 人，占比 16.5%，其中，不太满意的 36 人，占比 8.5%；十分不满意的 34 人，占比 8%。对政府在服务创新与便民方面所作的努力表示满意的 239 人，占比 56.3%。其中，比较满意的 166 人，占比 39.1%；十分满意的为 73 人，占比 17.2%。不满意的 72 人，占比 16.9%。其中，不太满意的 57 人，占比 13.4%；十分不满意的 15 人，占比 3.5%。对政府危机处理能力表示满意的 160 人，占比 37.7%。其中，比较满意的 110 人，占比 25.9%；十分满意的 50 人，占比 11.8%；不满意的 93 人，占比 21.9%。其中，不太满意的 64 人，占比 15.1%；十分不满意的 29 人，占比 6.8%。

表 10 - 1　　　　　　　　　沈阳受访者对政府服务表现与服务形象满意度

	十分不满意	不太满意	一般	比较满意	十分满意	合计
整体而言，您满不满意政府服务的质量？	34 人 8%	36 人 8.5%	172 人 40.5%	140 人 32.9%	43 人 10.1%	425 人 100%
整体而言，您满不满意政府在服务创新与便民（如电子政务、网上缴税等）方面所作的努力？	15 人 3.5%	57 人 13.4%	114 人 26.8%	166 人 39.1%	73 人 17.2%	425 人 100%
整体而言，您满不满意政府危机处理的能力？	29 人 6.8%	64 人 15.1%	172 人 40.5%	110 人 25.9%	50 人 11.8%	425 人 100%

资料来源：作者自行整理所得。

以五分量表计，沈阳市受访者对政府服务质量的满意度得分为 3.287，对政府服务创新能力的满意度得分为 3.529，对政府危机处理能力的满意度得分为 3.207。沈阳市受访者对政府的服务表现与服务形象的满意度较低，对政府的服务表现与服务形象整体满意度的平均得分为 3.341。

2. 沈阳市受访者对政府的优质便民服务满意度较低

如表 10 - 2 所示，对政府部门人员服务态度满意的 165 人，占比 38.9%；不满意的 107 人，占比 25.2%。对政府部门服务人员专业性满意的 184 人，占比 43.3%；不满意的 99 人，占比 23.3%。对政府部门服务流程满意的 126 人，占比 29.6%；不满意的 105 人，占比 24.7%。对政府部门为老、弱、病、残、孕、婴、幼等特殊群体提供服务满意的 204 人，占比 48%；不满意的 104 人，占比 24.5%。对政府部门服务人员办事效率满意的 133 人，占比 31.3%；不满意的 156 人，占比 36.7%。对政府部门处理群众投诉方式满意的 149 人，占比 35%；不满意的 138 人，占比 32.4%。对政府部门环境设施便利性满意的 168 人，占比 39.5%；不满意的 91 人，占比 21.4%。

表 10 – 2 沈阳受访者对优质便民服务满意度

	十分不满意	不太满意	一般	比较满意	十分满意	合计
您满不满意政府部门服务人员的服务态度?	33 人 7.8%	74 人 17.4%	153 人 36%	118 人 27.8%	47 人 11.1%	425 人 100%
您满不满意政府部门服务人员的专业性?	30 人 7.1%	69 人 16.2%	142 人 33.4%	133 人 31.3%	51 人 12%	425 人 100%
您满不满意政府部门的服务流程?	32 人 7.5%	73 人 17.2%	194 人 45.6%	88 人 20.7%	38 人 8.9%	425 人 100%
您满不满意政府部门对老、弱、病、残、孕、婴、幼等特殊群体提供的服务?	25 人 5.9%	79 人 18.6%	117 人 27.5%	132 人 31.1%	72 人 16.9%	425 人 100%
您满不满意政府部门服务人员处理事情的速度?	59 人 13.9%	97 人 22.8%	136 人 32%	104 人 24.5%	29 人 6.8%	425 人 100%
您满不满意政府部门处理群众投诉的方式?	38 人 8.9%	100 人 23.5%	138 人 32.5%	117 人 27.5%	32 人 7.5%	425 人 100%
您满不满意政府部门的环境设施的便利性?	36 人 8.5%	55 人 12.9%	166 人 39.1%	128 人 30.1%	40 人 9.4%	425 人 100%

资料来源:作者自行整理所得。

　　以五分量表计,沈阳市受访者对政府部门人员服务态度的满意度得分为 3.169,对政府部门服务人员专业性的满意度得分为 3.249,对政府部门服务流程的满意度得分为 3.064,对政府部门针对弱势群体服务的满意度得分为 3.346,对政府部门服务人员办事效率的满意度得分为 2.875,对政府部门处理群众投诉的满意度得分为 3.012,对政府部门环境设施便利性的满意度得分为 3.191。沈阳市受访者对政府的优质便民服务满意度较低,对政府优质便民服务整体满意度的平均得分为 3.129。

　　3. 沈阳市受访者对于信息服务的满意度较低

　　如表 10 – 3 所示,在沈阳市的 425 位受访者中,对政府网站的便利性满意的 165 人,占比 38.8%;不满意的 103 人,占比 24.3%。对政府网站信息的完整性满意的 170 人,占比 40%;不满意的 107 人,占比 25.2%。对政府网站信息的丰富度满意的 171 人,占比 40.2%;不满意的 93 人,占比 21.8%。

对政府网站信息的准确性、信息更新的及时性满意的 171 人，占比 40.2%；不满意的 89 人，占比 21%。对政府网站对其需求或意见的回应满意的 154 人，占比 36.3%；不满意的 104 人，占比 24.5%。对政府网站提供的网上办理服务满意的 169 人，占比 39.7%；不满意的 84 人，占比 19.8%。

表 10 - 3　　　　　　　　沈阳受访者对信息服务的满意度

	完全不同意	不太同意	一般	比较同意	完全同意	合计
我十分满意政府网站的便利性	42 人 9.9%	61 人 14.4%	157 人 36.9%	107 人 25.2%	58 人 13.6%	425 人 100%
我十分满意政府网站信息的完整性	43 10.1%	64 15.1%	148 34.8%	108 25.4%	62 14.6%	425 100%
我十分满意政府网站信息的丰富度	41 人 9.6%	52 人 12.2%	161 人 37.9%	119 人 28%	52 人 12.2%	425 人 100%
我十分满意政府网站信息的准确性、信息更新的及时性	42 人 9.9%	47 人 11.1%	165 人 38.8%	120 人 28.2%	51 人 12%	425 人 100%
我十分满意政府网站对我的需求或意见的回应	39 人 9.2%	65 人 15.3%	167 人 39.3%	98 人 23.1%	56 人 13.2%	425 人 100%
我十分满意政府网站提供的网上办理服务	34 人 8%	50 人 11.8%	172 人 40.5%	106 人 24.9%	63 人 14.8%	425 人 100%

资料来源：作者自行整理所得。

以五分量表计，沈阳市受访者对政府网站便利性的满意度得分为 3.184，对政府网站信息完整性的满意度得分为 3.193，对政府网站信息丰富度的满意度得分为 3.209，对政府网站信息准确性、信息更新及时性的满意度得分为 3.214，对政府网站回应性的满意度得分为 3.158，对政府网站在线申办服务的满意度得分为 3.438。沈阳市受访者对于信息服务的满意度较低，对信息服务整体满意度的平均得分为 3.233。

4. 沈阳市受访者对政府网站的创新便民服务满意度较低

如表 10 - 4 所示，在沈阳市的 425 位受访者中，对推行政府网站所带来的便民实效满意的 211 人，占比 49.6%；不满意的 61 人，占比 14.3%。对使用政府网站的经历感到满意的 203 人，占比 47.8%；不满意的 60 人，占比 14.1%。

表 10-4　　　　　　　　沈阳受访者对创新便民服务的满意度

	完全不同意	不太同意	一般	比较同意	完全同意	合计
我十分满意推行政府网站所带来的便民实效	32 人	29 人	153 人	111 人	100 人	425 人
	7.5%	6.8%	36%	26.1%	23.5%	100%
我对使用政府网站的经历感到满意	28 人	32 人	162 人	132 人	71 人	425 人
	6.6%	7.5%	38.1%	31.1%	16.7%	100%

资料来源：作者自行整理所得。

以五分量表计，沈阳市受访者对政府网站所带来的便民实效性的满意度得分为 3.513，对政府网站使用经历的满意度得分为 3.438。沈阳市受访者对政府网站的创新便民服务满意度较低，对创新便民服务整体满意度的平均得分为 3.476。

综上所述，沈阳市受访者对政府的服务表现与服务形象的满意度较低，对政府的服务表现与服务形象整体满意度的平均得分为 3.341。在服务表现方面，仅有 43% 的受访者对政府的服务质量感到满意。在服务形象方面，仅有 56.3% 的受访者对政府在服务创新与便民方面所做的努力感到满意，37.7% 的受访者对政府危机处理的能力感到满意。

沈阳市受访者对政府的优质便民服务满意度较低，对政府优质便民服务整体满意度的平均得分为 3.129。仅有 38.9% 的受访者对政府部门人员的服务态度感到满意，43.3% 的受访者对政府部门人员的专业性感到满意，29.6% 的受访者对政府部门的服务流程感到满意，48% 的受访者对政府部门对弱势群体的服务表示满意，31.3% 的受访者对政府部门服务人员办事效率感到满意，35% 的受访者对政府部门处理群众投诉的方式感到满意，39.5% 的受访者对政府部门环境设施的便利性感到满意。

沈阳市受访者对信息服务的满意度较低，对信息服务整体满意度的平均得分为 3.233。沈阳市受访者对政府网站的创新便民服务满意度较低，对创新便民服务整体满意度的平均得分为 3.476。49.6% 的受访者对政府网站所带来的便民实效性感到满意，47.8% 的受访者对政府网站的使用经历感到满意。

第十一章

结论与建议

第一节 研究结论

一 公共服务改革与创新的总体态势与成效

1. 浦东新区公共服务改革与创新总体态势与成效

自 2005 年综合配套改革试点以来，浦东新区着力突破政府管理体制、经济运行方式、城乡二元经济与社会结构等深层次体制性障碍，全方位推进和深化改革，不断完善政策体系，加大基本公共服务的财政投入力度，推动基本公共服务均等化，初步形成了一个涵盖基本公共教育、劳动就业服务、社会保险、基本社会服务、基本医疗卫生、人口计生服务、基本住房保障、公共文化体育、环境保护和残疾人基本公共服务等多个领域的基本公共服务体系。在综合配套改革过程中，浦东新区基本公共服务均等化和公共服务水平的提高是伴随着一系列配套改革而展开的。

在大部制改革方面，浦东新区积极推进建立和完善决策、执行、监督相协调的机制。对执行类行政事务机构，试点推行执行局模式。创新行政管理体制，加快构建公共服务型政府。加强顶层设计，进一步完善开发区管理体制，探索完善大市镇（新镇）管理体制，不断优化管理层级和幅度，整合行政资源，实现行政管理扁平高效。

在跨部门合作方面，成立了综合配套改革试点工作领导小组，建立市区联动机制，领导小组办公室派驻浦东，在一线加强改革方案的研究、协调、推进和落实工作。在公共服务的具体领域，成立了多个领导小组，以加强各部门的协同，切实推动了各项公共服务改革进程，提升了公共服务的整体性。

在整体性财政建设方面，浦东新区取得成效主要表现在：创新街镇财力保障机制、推行全口径预算、加强财政支出绩效评价工作，重视评估结果的运用。财政和主管部门根据绩效评价中发现的问题，及时提出改进和加强项目预算管理的意见，并督促有关部门落实。

在政府购买公共服务方面，浦东新区制定了培育社会组织发展的相关政策，通过政府购买公共服务、政社合作等方式，推动形成公共服务的多元供给格局。通过改革创新培育了社会组织，完善购买制度建设，明确了政府购买服务的组织保障、购买主体、承接主体、购买内容、预算管理、绩效管理和监督管理。在具体的基本公共服务领域，浦东新区也不断完善了政府购买公共服务的制度，取得了显著的成效。

在行政审批与监管体制改革方面，浦东新区通过改革行政审批制度，制定了权力清单和责任清单，推进了权力公开透明运作，并推广自贸区经验加强了事中事后监管。行政审批改革后，审批效率大大提高。浦东新区成为上海市行政审批事项和行政收费最少、审批效率和审批透明度最高的地区，在企业市场准入等重点审批领域始终保持制度创新和流程优化的全国领先地位。在对事前审批制度进行改革的同时，浦东还探索了事中、事后监管制度。特别是上海自贸区探索构建了以政府职能转变为核心的事中、事后监管六项基本制度。

在公共服务伦理建设方面，浦东新区重视制度建设，推动政府信息公开、行政效能建设和政风行风建设。先后制定了多项政策措施，通过制度建设提升公共服务伦理；深化了政府信息公开机制的改革，构建了包括窗口综合服务工作机制、信息材料内部流转机制、信息更新同步机制、操作流程公开机制和政民互动的公众议政机制在内的政府信息公开"一体化"服务机制运作框架。

在公共服务电子化建设方面，浦东新区持续推动电子政务建设，并在具体的公共服务领域借助信息技术的手段提高服务效率。建设多个部门，一个政府的电子政府，逐步提升信息化基础设施的支撑力，拓展信息化应用。在教育、劳动就业、医疗卫生、公共文化和残疾人基本公共服务等公共服务领域，浦东新区都借助信息化技术提升服务效率。

在公共服务均等化方面，浦东新区积极推进基本公共教育均衡发展，进一步加强合作办学，加快推进城郊之间、学校之间的均衡发展；加快农村卫生事业发展，逐步消除城乡卫生二元结构，提高农民健康水平，逐步实现医疗卫生均等化。在推进公共文化服务均等化方面，浦东建立了文化设施向新兴城区、大型居住区、商贸聚集区适度倾斜的引导机制。同时，浦东还实施了文化服务全员均享工程，推进公共文化服务均等化。

总体而言，浦东新区自综合配套改革试点开始以来在基本公共服务各领域改革过程中，对强制性政策工具运用得最多，其次是混合性工具，对自愿性工具运用得较少。当然，在不同的基本公共服务中，各种政策工具的运用又有所不同。从基本公共服务各个领域的政策工具运用情况来看，浦东新区在基本公共教育、劳动就业服务、基本社会服务、基本医疗卫生和计划生育、公共文化体育领域综合运用了自愿性、强制性和混合性三类工具，在社会保险、基本住房保障、环境保护和残疾人基本公共服务领域采取了强制性工具和混合性工具相结合的做法。

2. 滨海新区公共服务改革与创新总体态势与成效

滨海新区在公共服务体制改革和公共服务型政府建设过程中，经历了多年的探索与发展，在机构改革、跨部门协同、监管体制改革、电子化治理、廉政建设、财政预算管理、基本公共服务均等化、政府购买公共服务等方面取得了突出进展。

在政府机构改革方面，滨海新区逐步建立起大部制的政府组织架构，空间一体化的格局基本形成。2009 年，滨海新区管理体制改革对原有的行政机构及其政府职能进行了整合，从而完成了从空间到功能的整合。2013 年，新一轮的大部制改革通过经济职能整合成立了 9 个功能区党组、管委会，形成了"新区的事在新区办"的运行机制和"行政区统领、功能区支撑、街镇整合提升"的管理体制架构，有力地推动了公共服务型政府建设。滨海新区通过政府机构改革，优化了行政审批制度，机构人员得到有效精减，行政审批事项大幅减少，行政事业收费明显减少，行政审批效率显著提高，服务质量水平明显提升。

在跨部门协同方面，滨海新区依靠领导小组机制实现功能整合，逐步探索出一条适合新区特点的跨部门协同结构与运行机制。在滨海新区公共服务机制体制创新过程中，领导小组（或称指挥部）的形式被广泛采用。2010 年至2014 年，滨海新区人民政府及其内设机构在公共服务创新过程中先后组建了大约 30 个领导小组，涉及公共教育、社会救助、劳动就业、人口和计划生育、环境保护等多个领域。领导小组工作机制是保障滨海新区顺利度过行政体制转轨期的重要保障，为塘沽、汉沽和大港区的顺利过渡转型提供了组织保障，且领导小组具有良好的适应性，能够适应滨海新区公共服务的进一步创新性发展。

在财政预算管理方面，滨海新区政府针对建设工程项目集中、资金投入多与廉政风险大等特点，着眼于顶层制度设计，在逐步推进全口径预算管理体系改革的同时，积极规范财政管理，不断推进财政资金从预算、拨付、使用到转化四阶段的公开公正、高效运转，逐步形成了预算"三集中一监督"制度。滨海新区还积极推进预算绩效管理，建立了绩效评价结果公开和反馈应用机制，同时，进一步完善部门预算、国库集中支付、政府采购和投资评审制度，从而进一步降低了财政风险。此外，滨海新区还比较注重推进政府购买服务方面的预算管理工作，通过健全购买服务预算管理体系和强化购买服务预算执行监控，不断推动政府采购管理的规范化、合理化。

在政府购买服务方面，近年来，滨海新区政府不断加快对政府购买服务的实践步伐，已在社区文化、居家养老、社区服务、教育服务、医疗卫生、法律服务领域开展了内容丰富、层次多样、各具特色的购买公共服务实践活动。但是，目前滨海新区政府购买服务工作还处于初始阶段，制度设计及实际操作都不是十分成熟，在政府购买服务的领域、范围、数量、方式，以及社会力量本身承接服务的能力等方面，与先进地区相比存在着明显差距。

在监管体制改革方面，自滨海新区行政审批局成立以来，滨海新区的行政审批事项不断减少，政府权力基本项基本得到明确。滨海新区行政审批局通过建立对应职能、即时推送、短信提醒、定期公告的行政审批办理信息及结果推送制度，对应所有的监管部门设立18类监管单元，确定125个接收用户，开通即时提醒功能，将办结审批事项的审批档案信息按单元对应发送至相应监管部门，促成监管部门同步建立监管档案。此外，滨海新区利用"制度＋科技"的监管手段全程实现阳光操作，通过信用信息服务体系建设加强社会信用管理，弥补政府事前监管的不足，促进了交易主体信用情况的公开透明，整合了各管理部门信用管理标准，规范了后继监管制度，逐步实现了信息共享和联动管理（赵力、马坤，2015）。

在廉政建设方面，滨海新区将反腐倡廉建设贯穿于经济建设、政治建设、文化建设、社会建设各个领域，立足执行层面，通盘考虑，协调推进，在反腐倡廉机制建设、政务环境改善以及运用反腐倡廉机制保障公共服务创新方面得了明显成效。一方面，滨海新区以行政审批制度改革为契机，不断开展反腐机制创新，运用权力清单廓清了政府权力的边界，同时，按照审批流程标准化减少了政府自由的裁量权。另一方面，滨海新区反腐倡廉机制的有效开展为各项公共服务创新提供了重要的组织保障与人力资源保障，公众对反腐成效满意度不断提高。此外，为了推进反腐倡廉建设，滨海区政府采取了多种方式加强廉政教育，比如举办"预防国企领域职务犯罪警示教育巡回展览"、开展"廉政主题教育活动会议"等。

在电子治理方面，滨海新区作为天津市电子政务的先行试验区，已经基本建立了统一的电子政务网络，政务系统内部通过信息共享平台、电子化会议平台的建设，已经实现办公系统的电子化运作。在公共发展领域，公共服务的网络化与公共服务供给的网络评价、监测已经基本实现，信息化与公共服务创新已基本实现融合。

在基本公共服务均等化方面，滨海新区按照国家整体目标规划，积极探索与经济发展相配套的基本公共服务体系建设，不断推动区域基本公共服务均等化发展，在推动流动人口基本公共服务均等化和农村公共服务均等化方面取得了明显成效。同城待遇是滨海新区流动人口公共服务均等化的重要原则，同时也是滨海新区流动人口公共服务均等化的重要目标。为实现对流动人口公共服务方面的同城待遇，滨海新区借助信息化手段，建立流动人口信息库，掌握流动人口公共服务需求，然后在教育、医疗、社会保障、保障性住房、劳工关系等领域进行有针对性的政策创新。

总体而言，在各项公共服务创新过程中，滨海新区政府应用的政策工具以强制性政策工具和混合性政策工具为主，对自愿性政策工具应用较少。强制性政策工具中对"建立和调整规则"、"设定和调整标准"、"机构设置"、"政府能力建设"等政策工具的应用明显多于其他类型政策工具。混合性工具的采用更多的是为达成政策目标提供相关激励措施和保障，自愿性政策工具应用非常少，其应用主要存在于两个层次，一是高层次规划文件中，以原则性规定、口号目标等形式，表明滨海新区在开放卫生医疗服务市场方面的倾向性；二是在基层政策实践和工作汇报中，作为基层政策和管理创新而存在。

3. 深圳公共服务改革与创新总体态势与成效

深圳市公共服务改革与发展十分重视设计与过程的整体性、系统性与协调性。在机构改革、跨部门协同、政府购买公共服务、监管体制改革、电子化治理、廉政建设、财政预算管理、基本公共服务均等化、事业单位改革和公共服务体系现代化等方面，取得了突出进展。

在政府机构改革方面，深圳市取得的最突出的成效是初步建立起大部制的政府组织架构。2009年深圳市启动的大部制改革，不但是深圳市经济特区成立以来，力度最大、影响最深的机构改革，也是我国地方公共服务型政府建设的重要探索。经过2009年的机构调整以及后续改革，深圳市初步建立起"行政权三分"的大部制组织架构，将政府职能部门设置"委"、"办"、"局"三个层次。通过大部制改革，构建起"大经济、大社会、大文化"的管理格局，有力地推动了公共服务型政府建设。

在事业单位改革方面，深圳市通过分类改革，加强事业单位管理体制机制创新，探索出了一条具有深圳特色的事业单位改革之路。在分类改革上，深圳市建立规范化的分类改革标准，同时完善人员安置、社会保险转接、人员聘任等配套措施。在体制机制创新上，深圳市事业单位职员全面实行聘任制，积极探索法定机构运作模式，开展管办分离的公立医院改革。深圳市事业单位改革不但推动了政府职能转变，促进了公共服务型政府建设，也为其他地方事业单位改革提供了成功的实践经验。此外，深圳市在全国率先建立部门公共服务白皮书制度，以加强公共服务建设。

在跨部门协同方面，深圳市政府设计了适合深圳公共服务发展的跨部门协同结构与机制。深圳市在校园安全、医药卫生体制改革、劳动就业、人口和计划生育、住房保障、廉政建设等公共服务领域，设立了多个由市级领导直接管理的领导小组，有效保障了公共服务的生产和供给效率和质量。深圳市在具体的公共服务改革过程中，还十分重视协调机制的运用，主要是联席会议和临时性协调机制。

在财政预算管理方面，深圳市率先建立了全口径预算和决算体制。2014年首次实现全口径预算审查，全口径预算决算草案包括公共财政、政府性基金、国有资本经营、社会保障等内容。同时，规范支出管理，加强绩效管理，通过制定《深圳市市级部门项目支出管理暂行办法》（2012）和《深圳市预算绩效管理暂行办法》（2014），初步建立起"目标导向原则和全过程原则"的绩效预算管理模式。

在政府向社会购买公共服务方面，深圳市的相关实践探索较早。目前深圳市在政府向社会购买公共服务方面，已经建立了相对完善的制度框架，在公共教育、就业服务、残疾人基本公共服务、群众性体育、基本社会服务等方面，都积极向社会组织购买相关公共服务。深圳市为推动政府购买公共服务规范化、制度化，建立了较为系统的政策体系。特别是 2014 年建立起"1 + 2"的政府购买公共服务的基本框架，即"实施意见 + 正负面清单"，有力地推动了政府购买公共服务的制度化、规范化建设。

在监管体制改革方面，深圳市取得的最突出的进展是推动商事登记制度改革，探索建立全过程监管体系。深圳市作为较早开展商事登记制度改革的地方政府，在促进政府职能转变、推动行政审批优化、进一步发挥市场在经济要素配置中的基础性作用等方面发挥了重大促进作用。优化和精简行政审批改革的同时，深圳市特别注重加强事中事后监管，初步建立起全过程监管体系。深圳市还借助大部制改革，打造整体性的监管格局，提高监管权力性和监管服务的整体性，初步建立"大市场、大监管"的格局。

在廉政建设方面，以建设"廉洁城市"为目标，为公共服务改革发展营造良好的环境。目前，深圳市廉政建设取得阶段性成效，基本建立起惩治和预防腐败体系，完善了反腐倡廉法治建设。深圳市还积极探索廉政监管局，整合优化廉政监督资源，在廉政建设方面取得了重大进展。

在电子化治理方面，深圳市政府目前已经成为地方政府电子政务的典范。深圳市作为全国电子政务试点城市，充分利用现代信息技术，加快电子政务建设，以作为公共服务型政府的技术支撑。深圳市电子政务建设以阳光政府为目标，构建了"1 + 4"的电子政务总体框架，即电子政务公共平台和电子政务公共服务体系、政务信息资源体系、网络与信息安全保障体系、电子政务管理体系。树立了大电子政务观念，整合电子化治理资源，建立了整体性的电子公共服务平台，形成覆盖民生的电子公共服务体系，充分发挥了信息化对保障和改善民生的支撑和引领作用。

在基本公共服务均等化方面，深圳市着力统筹重要人群和特区内外一体化。近年来，深圳市政府以保障和改善民生为重点，加大财政投入，加快推动基本公共服务均等化。2010 年，深圳市将原特区关于基本公共服务的相关政策，扩大到宝安和龙岗两区，同时采取一体化的公共财政管理，目前已经初步完成了原特区内外的公共服务一体化进程。2012 年，国家确定的"十二五"期间免费义务教育、基本药物制度、就业援助等涉及深圳市的 65 项地方基本公共服务项目全部落实（彭鸿林、曾坚朋、周洁，2014）。

深圳市政府在公共服务体制机制改革过程中的政策工具选择上，倾向于优选强制性政策工具，特别是直接规制的方式，而对于混合型政策工具与自愿性政策工具的使用频率相对较小。深圳市政府在公共服务改革发展过程中，使用频率最高的是强制性政策工具。强制性政策工具是通过法律法规、行政命令等强制性方式，促使政策对象改变政策行为，具有效率高、政策结果确定性高等优点。深圳市主要使用的强制性政策工具的类型有法令、规制、建立标准、建立规则、直接供给等方式。

4. 成都公共服务改革与创新总体态势与成效

经历了多年的探索与发展，成都市在机构改革、跨部门协同、监管体制改革、电子化治理、廉政建设、财政预算管理、城乡统筹、事业单位改革等方面取得了突出进展。

在机构改革方面，成都实施了大部门管理体制，促进公共管理和公共服务向农村延伸。各区（市）县成立城乡一体化领导小组，下设领导小组办公室，服务城乡一体化工作的日常工作。成都先后对规划、农业、水务、财政、交通、园林和林业等 30 个部门的行政管理体制进行改革调整，初步形成了统筹城乡发展的管理体制。实施规范化服务型政府建设，便民和社会服务中心一直延伸到每个乡镇、村（社区），构建了城乡一体的管理体制。

在事业单位改革方面，成都坚持区分功能、创新管理。从严审批公益一类事业单位机构编制，对面向社会提供公益服务的公共图书馆、博物馆、文化馆、科技馆等，从严核定编制。同时，区别管理公益二类事业单位机构编制，对主要为机关行使职能提供支持保障的公益二类事业单位，继续实行审批制管理，对面向社会提供公益服务的科研院所、高等院校、公立医院等，探索实行备案制管理。

在财政预算管理上，成都着力深化财政管理体制改革，调整完善市与区（市）县财政收入分享体制，构建了全口径预算管理体系，强化"四本预算"编制；探索建立跨年度预算平衡机制，全面推进预算稳定调节基金管理制度；建立了专项资金管理制度体系，全面清理整合现有市级专项资金，提高资金绩效；研究制定政府性债务管理暂行办法，探索编制政府综合财务报告。

成都市将政府购买社会组织公共服务的具体机制和实践与城乡统筹的实践结合起来，融农村医疗救助、就业、社会保障、社会组织承接公共服务于一体。

在行政审批和监管方面，着力转变政府职能，大力精简行政审批，全面推行了并联审批和集中服务，对所有行政审批事项流程进行再造，推动以部门为中心的政务服务流程向以企业和公众为中心的流程转变，在行政审批制度改革领域取得了实质性的突破。

在廉政建设方面，成都市高度重视领导干部作风建设，注重在推进城乡一体化的生动实践中选拔使用、锻炼培养干部。

在电子治理方面，作为西南地区的科技、商贸、金融中心及历史文化名城，成都市近年来大力推动智慧城市建设，先后入选了住建部、科技部、发改委等颁布的智慧城市及信息惠民试点名单。成都在全国率先建立了首个实体政务服务中心与虚拟网上办事系统相结合的"电子政务"系统。通过网上政务大厅，整合了市、区（市）县、乡镇（街道）、村（社区）四级政务服务网络资源，大力推进行政审批和服务事项网上办理，提供网上申请、预约、咨询、审核、查询等在线服务。

成都是我国最早开始探索城乡一体化发展的城市之一。近年来，成都市以加强各领域的顶层设计、促进公共服务优质均衡发展、深化公共服务领域改革和完善公共服务管理体系为主要方向，在教育、就业与社会保障等基本的公共服务领域出台了系列举措并取得明显成效。

整体看来，成都市公共服务改革与创新的政策工具选择呈现出如下特征：在自愿性工具中，市场、市场自由化运用较多，家庭与社区运用较少；在强制性政策工具中建立和调整规制、体系建设和调整、设定和调整标准、法规、公共财政支出、指导指示等工具运用较多，公共企业、直接生产等工具运用较少；在混合型政策工具中，舆论宣传、鼓励号召、补贴、税收优惠、政府贷款等工具运用较多，产权拍卖、征税和用户收费、诱因型政策工具类型运用较少。

5. 重庆公共服务改革与创新总体态势与成效

自获批全国统筹城乡综合配套改革试验区以来，重庆市委、市政府按照国家批准的总体方案要求，认真组织实施改革试验，围绕城乡经济社会协调发展、劳务经济健康发展、土地流转和集约利用三条主线，全面推进重要领域和关键环节的改革。

在机构改革方面，以统筹城乡发展为导向，积极推进市、区县、乡镇小同层级政府大部制改革。重庆的探索实践表明，统筹城乡发展与大部制改革之间可以形成有效互动，统筹城乡发展为大部制改革的深化提供了新的目标和动力，而大部制改革的推进反过来又促进了城乡统筹发展。重庆大部制改革的基本思路是在体现中央的总体部署和总体要求的基础上，明确自身发展特点和态势，找准定位，从而做到结合本地实际实施改革。

在财政预算管理上，党的十八届三中全会以后，重庆财政系统按照财政部和市委、市政府工作部署，积极谋划财税改革，形成了财税体制改革和财政支持重大领域改革的具体思路、方法步骤和任务分工。

重庆市将政府购买服务作为重庆市加速政府职能转变、推进事业单位改革的重点配套改革来督办落实。重庆市重点在教育、卫生、科技、文化等领域探索符合市情的法人治理结构建设模式。

行政审批制度改革"牵一发而动全身"，是一项"自我革命"式的改革。重庆政府遵循"少审批、善监管、重服务"的工作思路，着力推进行政管理创新，改善政务环境，加快法治政府、服务政府、责任政府和廉洁政府建设。

在廉政建设方面，重庆坚持全程、全面、全员、全息"四个监督"一起抓，教育、监督、查处、制度"四个手段"一起上，从做细"三项工作"与强化"三项监督"两个方面开展了领导干部的监督工作；重庆还制定了《重庆市党员干部政治纪律"八严禁"》、《重庆市党员干部生活作风"十二不准"》等文件。

在电子治理方面，充分发挥信息化在促进经济、政治、文化、社会、生态文明等领域发展的重要支撑作用，大力推进电子政务发展，全面提升重庆全市电子政务应用水平，提升政务部门履行职责能力和水平，深化行政管理体制改革和建设人民满意的服务型政府。

在城乡统筹方面，重庆选择了以点带面有序推进区县改革试验，挑选1区2县开展试点以及50个有条件的村率先探索。根据难度大小，在不同年份有重点地启动专项制度变革，进行各个突破，譬如医疗、养老社保制度、土地制度、户籍制度等，使之层层递进、环环相扣、相互推动。由点及面，由局部到整体，渐进式地深化改革，初步形成了统筹城乡综合配套改革在全局有序展开的良好局面。

重庆市在近年来的基本公共服务各领域改革过程中，强制性政策工具使用的比例较大，混合性工具和自愿性工具的运用相对较少。在强制性工具中，又以规制以及命令和权威性工具为主。在混合型工具中，补贴以及信息和劝诫工具的运用较为常见。自愿性工具虽然在总体上较少运用,但社会力量和市场力量在公共教育、医疗卫生、基本社会服务等公共服务领域的应用已经有了初步的尝试。从基本公共服务各个领域的政策工具运用情况来看,重庆市近年来在公共教育、社会救济、医疗卫生服务领域综合运用了自愿性、强制性和混合型三类工具,在住房保障、劳动就业、文化体育以及环境保护服务领域使用了强制性工具和混合性工具相结合的做法。

6. 武汉公共服务改革与创新总体态势与成效

在机构改革方面,武汉市经过 2009 年和 2015 年的两轮改革。改革调整后,市政府机构设置总体保持稳定,共设有市政府工作部门 40 个、派出机构 6 个、驻外办事处 3 个、其他行政机构 1 个、直属事业单位 10 个。尤其是在第二轮机构改革中,武汉市更为重视政府职能转变,提高对公共服务供给的重视。在区级政府层面,武汉吴家山经济技术开发区与东西湖区,通过体制和机制的创新,实现"区区合一"的"大区制"改革。在事业单位改革方面,武汉市集中清理事业单位机构编制,规范事业单位工作制度,制定事业单位改革计划,推进事业单位体制创新,积极推行公立医院改革。

在跨部门协同方面,武汉市通过领导小组的方式,近年来出台数十份政策文件,在基本公共服务包括公共教育、社会救助、养老服务、环境保护等领域成立领导小组。这些领导小组包括以市政府名义专门发文"通知"设立或调整、在市府或市府办发布的各类"方案"、"预案"中具体规定,以及多部门联合发布通知通告部署三种具体类型,并且在相应的政策文件中对各部门职责分工都有明确规定。这一类以领导小组为特征的跨部门协作往往面临部门之间的信息鸿沟,协同动力的缺乏、过高的运作成本和较难的操作办法等问题,实际的协同依然需要克服以上问题才能有效进行。

在财政预算管理上,武汉市实施绩效目标管理、绩效运行监控、绩效评价和评价结果应用等四项工程。在财政资金公开化的基础上,武汉市较多将财政预算投入与人民群众利益密切相关的教育、医疗卫生、社会保障和就业、住房保障、环境保护等基本公共服务领域,尤其是增大了绿色财政支出的比重。

在政府购买服务方面,武汉市在政府购买服务的内容、方式和绩效评估等方面加以改革创新,一定程度上推进了政府和社会关系的良性互动。总的来看,武汉市向社会组织购买公共服务还处于摸索阶段。

在行政监管方面,武汉市加大简政放权力度,市级行政审批事项由 2011

年的 748 项削减至 2015 年的 240 项，并实现了 55 个市直部门共 4530 项职权事项在"武汉市市级行政权力和政务服务事项清单公布专栏"中供市民查阅，推进权力清单、责任清单和程序清单制度的建构。同时，武汉市还推动建立起权责一致的环境监管体系，充分发挥市环境保护委员会的职能，由市环委会负责统筹协调全市环境保护工作，建立并落实督察工作制度。

在电子治理方面，武汉市目前已基本建成了在技术上较为成熟的统一的电子政务网络。在养老服务、医疗卫生、社会救助等基本公共服务领域，武汉市也通过信息化手段更为高效地实现公共管理和公共服务。

在廉政建设方面，2011 年武汉市开始推行治庸问责行动计划。同时，武汉市通过出台政策改进公务员工作作风和推进以功绩制为核心的考评机制，重塑公务员伦理形象。

在基本公共服务均等化上，武汉市在规划文件指导下，在基本公共服务包括公共教育、社会保障、住房保障、医疗卫生、环境保护在内的各领域出台了一系列相关政策，有效地推动了以上基本公共服务的均等化发展进程。在基本公共服务资源整合共享联动上，武汉市与武汉城市圈其他城市在公共教育、医疗卫生、人力资源和社会保障、文化服务等领域建立起圈域一体、城乡交流的合作体制。

在绿色公共服务体系上，武汉市将"绿色"概念贯穿实施于整个基本公共服务体系供给全过程，着力推进绿色公共服务机构、绿色学校、政府绿色采购、绿色公共交通建设等方面的建设。

总体而言，武汉市在近年来的基本公共服务各领域改革过程中，所运用的政策工具大多数为强制性工具，混合性工具和自愿性工具运用相对较少。在强制性工具中，又以规制以及命令和权威性工具为主。在混合型工具中，补贴以及信息和劝诫工具的运用较为常见。自愿性工具虽然在总体上较少运用，但社会力量和市场力量在公共教育、医疗卫生、基本社会服务等公共服务领域的应用已经有了初步的尝试。从基本公共服务各个领域的政策工具运用情况来看，武汉市近年来在公共教育、社会救济、医疗卫生服务领域综合运用了自愿性、强制性和混合型三类工具，在住房保障、劳动就业、文化体育以及环境保护服务领域使用了强制性工具和混合性工具相结合的做法。而在社会保险服务领域，则全部使用了强制性的政策工具。

7. 长沙公共服务改革与创新总体态势与成效

长沙市以大部制为核心的两轮政府机构改革有助于推动化解政府机构重叠、职责交叉、政出多门和有责无权或有权无责的矛盾，减少跨部门之间的沟通和协调成本。各种形式的领导工作小组、部门联席会议、部门联动机制等跨部门协同机制在长沙市公共服务均等化改革、政府机构改革、事业单位改革、行政审批改革等中得到了普遍应用。

事业单位分类改革是政府机构改革的重要配套改革机制，长沙市在清理规范事业单位的基础上，将事业单位分为承担行政职能、从事生产经营活动和从事公益服务三类，在全市范围内分类别、分阶段地推进事业单位分类改革，积极探索事业单位分类管理体制机制。

在整体性财政方面，随着"两型社会"建设和公共服务综合配套改革的持续推进，长沙市也持续开展财政支出绩效评价，积极推广全过程绩效预算管理，及时衔接全口径预算体系，探索编制社会保障预算，加大绿色公共服务体系建设和城乡基本公共服务均等化的财税支持力度，着力提高财政资金的使用绩效。

在政府购买公共服务方面，长沙市还积极引入、扶持社会力量和市场力量，广泛开展多元合作，加大政府购买服务和政府采购引导力度，不断创新公共服务和社会管理方式，提高公共服务质量和供给效率。

在政府机构改革和事业单位改革的过程中，长沙市多次组织清理行政审批项目，加强政府部门权力清单、监管清单和负面清单制度体系建设，不断完善事前事中事后的全过程监管体系，以简政放权，提高行政效率，激发市场、社会和基层活力。

依法廉洁行政是长沙市"两型社会"建设和公共服务均等化等各项综合配套改革顺利推进的基本前提和重要保障。"十二五"期间，长沙市积极开展反腐倡廉活动，组织多轮巡视巡查，重点查处征地拆迁、医疗教育、救助救灾、就业创业、住房保障等民生和公共服务领域的违纪违规行为，政府工作作风和服务态度明显改善。

电子政务在推动政府改革和公共服务创新中也发挥着重要功能。借由各种电子政务平台，长沙市不断加强信息整合与共享，广泛开展公共信息服务、公共事务服务和公共参与服务。

在公共服务均等化方面，长沙市以统筹城乡基本公共服务为重点，以两型示范单位创建为抓手，加大基本公共服务政策扶持力度和财政投入力度，推动区域公共服务资源联动共享和基本公共服务均等化。

长沙市公共服务改革与创新在三类政策工具中以强制型和混合型政策工具应用最多，尤其是规划、补贴和标准设置等。自愿型政策工具的运用相对较少，但社会和市场力量在教育、卫生、养老、文体等公共服务领域的应用已有明显的增加趋势。在长沙市各公共服务领域中，节能环保领域更加强调规划、规制和检查惩罚等强制性工具；公共教育领域相对均匀，命令、规制、补贴、奖励、示范宣传、社会参与等政策工具都有采用；劳动就业领域以教育培训、补贴优惠、奖励号召等混合型工具为主，但劳动仲裁强调强制；医疗卫生和人口计生领域的政策工具丰富多样化，机构改革和制度建设革新是重点；基本社会保障领域中政府补贴、补助是主流政策工具，但社会和市场力量也被逐渐引入；房地产调控、保障性住房供给、公积金管理和旧房改造等住房保障领域中的政策工具各有侧重，房地产调控偏向税率利率和市场工具，保障性住房注重直接提供、补贴和监督；公积金管理侧重规则制定和标准调整，棚户区、城中村以及危旧住房改造是计划规制与补贴安置、示范试点工具相结合；文体领域的规制性色彩不浓，多示范象征、宣传号召、补贴补助等信息型和诱导性工具。

8. 沈阳公共服务改革与创新总体态势与成效

沈阳市按照加快建立健全符合国情、覆盖城乡、可持续的基本公共服务体系的要求，以促进基本公共服务均等化为重点，在大部制改革、跨部门合作、行政审批制度、公共服务伦理建设、财政预算与资金管理、政社合作、事业单位、电子化治理等方面进行了积极的改革与尝试，取得了明显成效。

沈阳市以大部制改革为核心，展开了政府机构改革。在跨部门协同方面，沈阳市政府以跨部门合作为焦点聚焦部门内部间的运行机制问题。沈阳市的跨部门协同侧重于结构性协同机制，即侧重协同的组织载体，是为实现跨部门协同而设计的结构性安排。工作领导小组是纵向跨部门合作模式的代表，是沈阳市应用最多的跨部门合作形式，在公共教育服务、劳动就业服务、社会保障服务、环境保护、住房保障等领域均有应用。

沈阳市政府以分类推进为主线，以单位机构编制管理、管理机制创新为侧翼支撑，对事业单位进行改革，逐步建立起现代事业单位管理体制和运行机制。

　　近年来，沈阳市政府以服务型政府为建设目标，建立了"大监督"格局的财政预算管理体系，实现了公共财政、政府基金、国有资本、社会保障的全口径预算，加大了公共服务的财政倾斜力度，有力促进了沈阳市公共服务水平和质量的提升。

　　向社会组织购买公共服务是提高服务质量和效率的重要途径。近年来，沈阳市政府制定了若干政府采购政策，逐步建立起较为规范的政府采购市场秩序。以此为基础，在多个领域开始进行政府购买服务。居家养老服务是沈阳市比较具有特色的政府购买服务，沈阳市政府通过确定购买方式、明确服务对象和内容、明确资金来源、评估购买服务四项工作建立起较为完善的政府购买养老服务管理体系。

　　在监管改革方面，沈阳市以行政审批事项清理为着力点，加大简政放权的力度，提高了行政办事效率，尤其是对公共服务领域的行政审批改革，与沈阳市综合配套改革紧密结合在一起，进一步提升了公共服务供给的质量和效率。沈阳市还通过权力清单的建设进一步明确政府权力属性和边界，优化政府服务职能，让群众监督政府，避免不当权力的发生。

　　沈阳市政府从绩效考核、问责机制、廉政教育、监察工作方式创新四个方面加强公共服务伦理规范与廉政建设。

　　电子化治理是实现社会共治、改革行政管理模式、加快政府职能转变的重要举措。通过有效的电子治理，沈阳市将分布于不同时空的治理主体和治理事项集中于电子网络，大大缩短了治理的时间和空间，节省了治理的精力和资源，实现了全社会治理的有效"降维"。

　　基本公共服务均等化是缩小城乡差距，普惠社会各阶层的重要手段。在公共教育领域，沈阳市政府以均衡区（县）域内义务教育发展为主要目标，通过农村骨干教师培训、现代学校制度试验区等举措缩小乃至消除区（县）域内义务教育学校之间的办学差距。在医疗卫生领域，沈阳市特别注重基层卫生机构的建设完善，通过县级医院、中心乡镇卫生院、村卫生室的建设，逐步形成全覆盖的医疗卫生服务机构布局。在住房保障服务领域，沈阳市政府一方面通过廉租房条例、经济适用房补贴办法等为城市低收入住房困难家庭、新就业普通高校毕业生和外来务工人员解决了住房困难；另一方面通过危房改造等举措为农村居民改善了居住环境，缩小了城乡差距。此外，沈阳市政府还在劳动与就业、社会保障服务公共文化体育等多个领域进行了积极实践，均取得了良好的成效。

总体来看,沈阳市公共服务改革与创新在三类政策工具的应用上以强制性政策工具应用最多,混合性和自愿性政策工具使用相对较少。

二 整体性公共服务满意度调查的基本结论

1. 八个城市(区)受访者对政府的服务表现与服务形象的满意度较低

在八个城市(区)3120 位受访者中,对政府服务质量表示满意的1186人,占比38%;不满的614人,占比19.7%(见表11-1)。以五分量表计,八个城市(区)受访者对政府服务质量满意度评价的平均得分为3.199。受访者评价值由高到低依次为滨海新区(3.341)、沈阳(3.287)、浦东新区(3.245)、成都(3.193)、重庆(3.192)、武汉(3.176)、深圳(3.142)、长沙(3.021)。方差分析结果表明,不同城市(区)受访者在对政府服务质量的评价方面差异非常显著。多重比较检验分析结果显示,滨海新区与长沙受访者对政府服务质量的评价上存在显著差异,前后两者均差为0.32。

表 11 −1 八个城市(区)对政府服务形象与服务表现满意度

	十分不满意	不太满意	一般	比较满意	十分满意	合计
整体而言,您满不满意政府服务的质量?	184 人 5.9%	430 人 13.8%	1320 人 42.3%	954 人 30.6%	232 人 7.4%	3120 人 100%
整体而言,您满不满意政府在服务创新与便民(如电子政府、网上缴税等)方面所作的努力?	110 人 3.5%	392 人 12.6%	1123 人 36.0%	1159 人 37.1%	336 人 10.8%	3120 人 100%
整体而言,您满不满意政府危机处理的能力?	185 人 5.9%	547 人 17.5%	1286 人 41.2%	860 人 27.6%	242 人 7.8%	3120 人 100%

资料来源:作者自行整理所得。

在八个城市(区)3120 位受访者中,对政府在服务创新与便民(如电子政府、网上缴税等)方面所作的努力,表示满意的1495人,占比47.9%;不满意的502人,占比16.1%(见表11-1)。以五分量表计,八个城市(区)受访者对政府服务创新能力的满意度评价的平均得分为3.391。受访者评价值由高到低依次为沈阳（3.529）、滨海新区（3.522）、重庆（3.423）、浦东新区（3.404）、成都（3.389）、武汉（3.352）、深圳（3.333）、长沙（3.164）。方差分析结果表明，不同城市（区）受访者在对政府服务创新能力的评价方面差异极其显著。多重比较检验分析结果显示，滨海新区、沈阳与长沙受访者对政府服务创新与便民服务的评价上存在显著差异，前后两者均差分别为0.358、0.266。

在八个城市（区）3120位受访者中，对政府危机处理的能力，表示满意有1102人，占比35.4%；不满意的732人，占比23.4%（见表11-1）。以五分量表计，八个城市（区）受访者对政府危机处理能力满意度评价的平均得分为3.137。受访者评价值由高到低依次为重庆（3.280）、滨海新区（3.233）、浦东新区（3.218）、沈阳（3.207）、成都（3.183）、武汉（3.072）、深圳（2.957）、长沙（2.955）。方差分析结果表明，不同城市（区）受访者在对政府危机处理能力的评价方面差异极其显著。多重比较检验分析结果显示，滨海新区、浦东新区、重庆与深圳受访者对政府危机处理能力的评价上存在显著差异，前后两者均差分别为0.275、0.26、0.322；重庆与深圳受访者对政府危机处理能力的评价上也存在显著差异，前后两者均差为0.324。

2. 八个城市（区）受访者对政府的便民服务满意度较低

在八个城市（区）3120位受访者中，对政府部门人员服务态度的表示满意的有1075人，占比34.5%；不满意的有866人，占比27.8%（见表11-2）。以五分量表计，八个城市（区）受访者对政府部门服务态度满意度评价的平均得分为3.079。受访者评价值由高到低依次为滨海新区（3.236）、重庆（3.212）、浦东新区（3.189）、沈阳（3.169）、成都（3.113）、武汉（2.937）、深圳（2.910）、长沙（2.890）。方差分析结果表明，不同城市（区）受访者在对政府部门人员服务态度的评价方面差异极其显著。多重比较检验分析结果表明，重庆与深圳、武汉、长沙受访者对政府部门人员服务态度的评价上存在显著差异，前后两者均差分别为0.301、0.274、0.322；浦东新区与深圳、长沙受访者对政府部门人员服务态度的评价上也存在显著差异，前后两者均差分别为0.278、0.299；浦东新区与深圳、长沙受访者对政府部门人员服务态度的评价上也存在显著差异，前后两者均差分别为0.325、0.298、0.346。

表 11-2　　　　　　　　八个城市（区）受访者对优质便民服务满意度

	十分不满意	不太满意	一般	比较满意	十分满意	合计
您满不满意政府部门服务人员的服务态度？	231 人 7.4%	635 人 20.4%	1179 人 37.8%	807 人 25.9%	268 人 8.6%	3120 人 100%
您满不满意政府部门服务人员的专业性？	153 人 4.9%	469 人 15.0%	1253 人 40.2%	950 人 30.4%	295 人 9.5%	3120 人 100%
您满不满意政府部门的服务流程？	226 人 7.2%	674 人 21.6%	1226 人 39.3%	750 人 24.0%	244 人 7.8%	3120 人 100%
您满不满意政府部门对老、弱、病、残、孕、婴、幼等特殊群体提供的服务？	150 人 4.8%	490 人 15.7%	1046 人 33.5%	1028 人 32.9%	406 人 13.0%	3120 人 100%
您满不满意政府部门服务人员处理事情的速度？	344 人 11.0%	829 人 26.6%	1077 人 34.5%	679 人 21.8%	191 人 6.1%	3120 人 100%
您满不满意政府部门处理群众投诉的方式？	278 人 8.9%	749 人 24.0%	1234 人 39.6%	666 人 21.3%	193 人 6.2%	3120 人 100%
您满不满意政府部门的环境设施的便利性？	143 人 4.6%	409 人 13.1%	1208 人 38.7%	1011 人 32.4%	349 人 11.2%	3120 人 100%

资料来源：作者自行整理所得。

在八个城市（区）3120 位受访者中，对政府部门服务人员专业性表示满意的 1245 人，占比 39.9%；不满意的 622 人，占比 19.9%（见表 11-2）。以五分量表计，八个城市（区）受访者对政府部门服务专业性满意度评价的平均得分为 3.245。受访者评价值由高到低依次为重庆（3.406）、浦东新区（3.402）、滨海新区（3.392）、沈阳（3.249）、武汉（3.210）、成都（3.178）、深圳（3.083）、长沙（3.069）。方差分析结果表明，不同城市（区）受访者在对政府部门服务人员专业性的评价方面差异极其显著。多重比较检验分析结果表明，重庆与深圳、长沙受访者对政府部门人员服务态度的评价上存在显著差异，前后两者均差分别为 0.323、0.337；浦东新区与深圳、长沙受访者对政府部门人员服务态度的评价存在显著差异，前后两者均差分别为 0.318、0.332；滨海新区与深圳、长沙受访者对政府部门人员服务态度的评价存在显著差异，前后两者均差分别为0.308、0.323。

在八个城市（区）3120位受访者中，对政府部门服务流程表示满意的有994人，占比31.8%；不满意的900人，占比28.8%（见表11-2）。以五分量表计，八个城市（区）受访者对政府部门服务流程满意度评价的平均得分为3.036。受访者评价值由高到低依次为重庆（3.263）、滨海新区（3.233）、浦东新区（3.136）、沈阳（3.064）、成都（3.053）、武汉（2.921）、深圳（2.832）、长沙（2.821）。方差分析结果表明，不同城市（区）受访者在对政府部门服务流程的评价方面差异极其显著。多重比较检验分析结果显示，重庆与深圳、武汉、长沙受访者对政府部门服务流程的评价上存在显著差异，前后两者均差分别为0.431、0.342、0.442；浦东新区与深圳、长沙受访者对政府部门服务流程的评价上也存在显著差异，前后两者均差分别为0.304、0.314；滨海新区与深圳、武汉、长沙对政府部门服务流程的评价上也存在显著差异，前后两者均差分别为0.401、0.312、0.411。

在八个城市（区）3120位受访者中，对政府部门对老、弱、病、残、孕、婴、幼等特殊群体提供服务满意的1434人，占比45.9%，不满意的640人，占比20.5%（见表11-2）。以五分量表计，八个城市（区）受访者对弱势群体服务满意度评价的平均得分为3.337。受访者评价值由高到低依次为重庆（3.572）、浦东新区（3.436）、滨海新区（3.401）、沈阳（3.346）、成都（3.381）、武汉（3.255）、深圳（3.184）、长沙（3.113）。方差分析结果表明，不同城市（区）受访者在政府部门对弱势群体服务满意度的评价方面差异极其显著。多重比较检验分析结果表明，重庆与深圳、武汉、长沙受访者在政府部门对老、弱、病、残、孕、婴、幼等特殊群体提供服务的评价上存在显著差异，前后两者均差分别为0.387、0.316、0.458；浦东新区与长沙受访者在政府部门对老、弱、病、残、孕、婴、幼等特殊群体提供服务的评价上存在显著差异，前后两者均差分别为0.322。

在八个城市（区）3120位受访者中，对政府部门服务人员办事效率的满意的870人，占比27.9%；不满意的1173人，占比37.6%（见表11-2）。以五分量表计，八个城市（区）受访者对政府部门服务人员办事效率满意度评价的平均得分为2.854。受访者评价值由高到低依次为重庆（3.129）、滨海新区（3.010）、浦东新区（2.987）、沈阳（2.875）、成都（2.835）、武汉（2.708）、深圳（2.670）、长沙（2.642）。方差分析结果表明，不同城市

（区）受访者在对政府部门服务人员办事效率的评价方面差异极其显著。多重比较检验分析结果表明，重庆与深圳、武汉、长沙、成都受访者对政府部门服务人员办事效率的评价上存在显著差异，前后两者均差分别为 0.46、0.42、0.487、0.294；浦东新区与深圳、长沙受访者对政府部门服务人员办事效率的评价上存在显著差异，前后两者均差分别为 0.317、0.345；滨海新区与深圳、武汉、长沙受访者对政府部门服务人员办事效率的评价上存在显著差异，前后两者均差分别为 0.34、0.302、0.368。

在八个城市（区）3120 位受访者中，对政府部门处理群众投诉的方式满意的 859 人，占比 27.5%，不满意的 1027 人，占比 32.9%（见表 11-2）。以五分量表计，八个城市（区）受访者对政府部门处理群众投诉的方式满意度评价的平均得分为 2.919。受访者评价值由高到低依次为重庆（3.197）、沈阳（3.012）、浦东新区（3.003）、滨海新区（2.981）、成都（2.902）、武汉（2.887）、长沙（2.725）、深圳（2.649）。方差分析结果表明，不同城市（区）受访者在对政府部门处理群众投诉的评价方面差异极其显著。多重比较检验分析结果表明，重庆与深圳、武汉、长沙、成都受访者对政府部门对政府部门处理群众投诉的评价上存在显著差异，前后两者均差分别为 0.547、0.31、0.471、0.295；浦东新区、滨海新区与深圳受访者对政府部门处理群众投诉的评价上存在显著差异，前后两者均差分别为 0.353、0.331。

在八个城市（区）3120 位受访者中，对政府部门环境设施便利性，表示满意的 1360 人，占比 43.6%；不满意的 552 人，占比 17.7%（见表 11-2）。以五分量表计，八个城市（区）受访者对政府部门环境设施便利性满意度评价的平均得分为 3.331。受访者评价值由高到低依次为重庆（3.528）、滨海新区（3.510）、浦东新区（3.508）、成都（3.326）、武汉（3.224）、沈阳（3.190）、深圳（3.184）、长沙（3.179）。方差分析结果表明，不同城市（区）受访者在对政府部门环境设施便利性的评价方面差异极其显著。多重比较检验分析结果表明，重庆与深圳、武汉、长沙、沈阳受访者在对政府部门处理群众投诉的评价上存在显著差异，前后两者均差分别为 0.344、0.304、0.349、0.337；浦东新区与深圳、武汉、长沙、沈阳受访者在对政府部门处理群众投诉的评价上存在显著差异，前后两者均差分别为 0.324、0.284、0.329、0.317；滨海新区与深圳、武汉、长沙、沈阳受访者在对政府部门处理群众投诉的评价上存在显著差异，前后两者均差分别为 0.325、0.285、0.33、0.319。

3. 八个城市（区）受访者信息服务满意度较低

在八个城市（区）3120 位受访者中，对政府网站的便利性表示满意的 1260 人，占比 40.4%；不满意的 616 人，占比 19.7%（见表 11-3）。以五分量表计，八个城市（区）受访者对政府网站便利性评价的平均得分为 3.286。受访者评价值由高到低依次为滨海新区（3.382）、浦东新区（3.378）、重庆（3.504）、成都（3.331）、武汉（3.188）、沈阳（3.184）、深圳（3.175）、长沙（3.170）。方差分析结果表明，不同城市（区）受访者在对政府网站便利性的评价方面差异极其显著。多重比较检验分析结果表明，重庆与深圳、武汉、长沙、沈阳受访者在对政府网站便利性的评价上存在显著差异，前后两者均差分别为 0.358、0.316、0.333、0.32。

表 11-3　　　　　　　　八个城市（区）受访者对信息服务满意度

	完全不同意	不太同意	一般	比较同意	完全同意	合计
我十分满意政府网站的便利性	145 人 4.6%	471 人 15.1%	1244 人 39.9%	867 人 27.8%	393 人 12.6%	3120 人 100%
我十分满意政府网站信息的完整性	149 人 4.7%	507 人 16.3%	1239 人 39.7%	859 人 27.5%	366 人 11.7%	3120 人 100%
我十分满意政府网站信息的丰富度	153 人 4.9%	492 人 15.8%	1263 人 40.5%	866 人 27.8%	346 人 11.1%	3120 人 100%
我十分满意政府网站信息的准确性、信息更新的及时性	149 人 4.8%	516 人 16.5%	1237 人 39.6%	846 人 27.1%	372 人 11.9%	3120 人 100%
我十分满意政府网站对我的需求或意见的回应	207 人 6.6%	590 人 18.9%	1281 人 41.1%	719 人 23.0%	323 人 10.4%	3120 人 100%
我十分满意政府网站提供的网上办理服务	128 人 4.1%	446 人 14.3%	1191 人 38.2%	918 人 29.4%	437 人 14.0%	3120 人 100%

资料来源：作者自行整理所得。

在八个城市（区）3120 位受访者中，对政府网站信息完整性表示满意的 1225 人，占比 39.2%；不满意的 656 人，占比 21%（见表 11-3）。以五分量表计，八个城市（区）受访者对政府网站信息完整性满意度评价的平均得分为 3.252。受访者评价值由高到低依次为重庆（3.511）、浦东新区（3.370）、滨海新区（3.373）、成都（3.256）、沈阳（3.193）、长沙（3.149）、武汉（3.113）、深圳（3.085）。方差分析结果表明，不同城市（区）受访者在对政府网站信息完整性的评价方面差异极其显著。多重比较检验分析结果表明，重庆与深圳、武汉、长沙、沈阳受访者在对政府网站信息完整性的评价上存在显著差异，前后两者均差分别为 0.426、0.397、0.362、0.318；浦东新区、滨海新区与深圳受访者在对政府网站信息完整性的评价上存在显著差异，前后两者均差分别为 0.284、0.287。

在八个城市（区）3120 位受访者中，对政府网站信息丰富度表示满意的 1212 人，占比 38.9%；不满意的 645 人，占比 20.7%（见表 11 - 3）。以五分量表计，八个城市（区）受访者对政府网站信息丰富度满意度评价的平均得分为 3.244。受访者评价值由高到低依次为重庆（3.513）、滨海新区（3.395）、浦东新区（3.356）、成都（3.226）、沈阳（3.209）、武汉（3.125）、长沙（3.119）、深圳（3.045）在八个城市（区）中得分最低。方差分析结果表明，不同城市（区）受访者在对政府网站信息丰富度的评价方面差异极其显著。多重比较检验分析结果表明，重庆与深圳、武汉、长沙、成都、沈阳受访者在对政府网站信息丰富度的评价上存在显著差异，前后两者均差分别为 0.468、0.488、0.393、0.288、0.304；滨海新区、浦东新区与受访者在对政府网站信息丰富度的评价上也存在显著差异，前后两者均差分别为 0.350、0.311。

在八个城市（区）3120 位受访者中，对政府网站信息准确性、信息更新及时性表示满意的 1218 人，占比 39%；不满意的 665 人，占比 21.3%（见表 11 - 3）。以五分量表计，八个城市（区）受访者对政府网站信息准确性与信息更新及时性意度评价的平均得分为 3.249。受访者评价值由高到低依次为重庆（3.489）、滨海新区（3.452）、浦东新区（3.367）、成都（3.251）、沈阳（3.214）、长沙（3.131）、武汉（3.084）、深圳（3.056）。方差分析结果表明，受访者在对政府网站信息准确性、信息更新及时性的评价方面差异极其显著。多重比较检验分析结果表明，重庆与深圳、武汉、长沙、沈阳受访者在对政府网站信息准确性、信息更新及时性的评价上存在显著差异，前后两者均差分别为 0.433、0.405、0.358、0.275；滨海新区与深圳、武汉、长沙受访者在对政府网站信息准确性、信息更新及时性的评价上也存在着显著差异，前后两者均差分别为 0.396、0.368、0.321；浦东新区与深圳、武汉受访者在对政府网站信息准确性、信息更新及时性的评价上也存在着显著差异，前后两者均差分别为0.311、0.283。

在八个城市（区）3120位受访者中，对政府网站回应性表示满意的1042人，占比33.4%；不满意的797人，占比25.5%（见表11－3）。以五分量表计，八个城市（区）受访者对政府网站回应性评价的平均得分为3.116。受访者评价值由高到低依次为重庆（3.453）、浦东新区（3.197）、滨海新区（3.188）、沈阳（3.158）、成都（3.115）、武汉（2.959）、长沙（2.949）、深圳（2.917）。方差分析结果表明，受访者在对政府网站回应性的评价方面差异极其显著。多重比较检验分析结果表明，重庆与深圳、武汉、长沙、成都、沈阳受访者在对政府网站回应性的评价上存在显著差异，前后两者均差分别为0.536、0.494、0.503、0.337、0.295；浦东新区与深圳受访者在对政府网站回应性的评价上存在显著差异，前后两者均差为0.28。

在八个城市（区）3120位受访者中，对政府网站提供的网上办理服务表示满意的1355人，占比43.4%；不满意的574人，占比18.4%（见表11－3）。以五分量表计，八个城市（区）受访者对政府网站提供的网上办理服务评价的平均得分为3.349。受访者评价值由高到低依次为重庆（3.540）、滨海新区（3.487）、浦东新区（3.447）、成都（3.328）、深圳（3.292）、沈阳（3.268）、长沙（3.266）、武汉（3.200）。方差分析结果表明，受访者在对政府网站在线申办服务的评价方面差异极其显著。多重比较检验分析结果表明，重庆与武汉、沈阳受访者在对政府网站在线申办服务的评价上存在显著差异，前后两者均差分别为0.340、0.272；滨海新区与武汉受访者在对政府网站在线申办服务的评价上存在显著差异，前后两者均差分别为0.287。

4. 八个城市（区）受访者对政府网站的创新便民服务满意度不高

在八个城市（区）3120位受访者中，对推行政府网站所带来的便民实效表示满意的1535人，占比49.2%；不满意的481人，占比15.4%（见表11－4）。以五分量表计，八个城市（区）受访者对政府网站所带来的便民实效评价的平均得分为3.473。受访者评价值由高到低依次为重庆（3.603）、滨海新区（3.596）、浦东新区（3.513）、沈阳（3.513）、成都（3.491）、长沙（3.373）、深圳（3.362）、武汉（3.357）。方差分析结果表明，受访者在政府网站便民实效性的评价方面差异非常显著。值得注意的是，虽然在整体上八个城市（区）受访者的评价值存在着显著性差异，但是多重比较结果表明，任意两个地区之间的受访者在对政府网站便民实效性的评价上并不存在显著性差异。

表 11 – 4　　　八个城市（区）受访者对政府网站创新便民满意度

	完全不同意	不太同意	一般	比较同意	完全同意	合计
我十分满意推行政府网站所带来的便民实效	128 人 4.1%	353 人 11.3%	1104 人 35.4%	985 人 31.6%	550 人 17.6%	3120 人 100%
我对使用政府网站的经历感到满意	108 人 3.5%	295 人 9.5%	1256 人 40.3%	1022 人 32.8%	439 人 14.1%	3120 人 100%

资料来源：作者自行整理所得。

在八个城市（区）3120 位受访者中，对政府网站使用经历表示满意的1461 人，占比 46.9%；不满意的 403 人，占比 13.0%（见表 11 – 4）。以五分量表计，八个城市（区）受访者对政府网站使用经历满意度评价的平均得分为 3.445。受访者评价值由高到低依次为滨海新区（3.592）、重庆（3.567）、浦东新区（3.527）、沈阳（3.438）、成都（3.394）、武汉（3.369）、深圳（3.369）、长沙（3.334）。方差分析结果表明，受访者在政府网站使用经历的评价上差异非常显著。值得注意的是，虽然在整体上八个城市（区）受访者的评价值存在着显著性差异，但是多重比较结果表明，任意两个地区之间的受访者在对政府网站使用经历的评价上并不存在显著性差异。

第二节　对策建议

一　大部制改革与跨部门协同的战略对策

地方政府大部制改革是地方政府建设服务型政府的重要举措。大部制改革是一项系统工作，需要整体性、系统性的推进。为此，各地在以大部制改革推动公共服务综合配套改革的过程中，需要从以下几个方面加以继续深化改革。

1. 制定系统性的大部制改革规划

地方政府在推行大部制改革过程中，要以建立现代服务型政府为导向，制定系统的大部制改革规划，提高改革的整体性与协调性，科学有效实施部门精简与重组改革，特别是注重上下级部门之间的职能衔接与工作配合。要在实施市级（滨海新区、浦东新区为区级）职能部门整合的同时，合理规划区县职能部门（滨海新区、浦东新区为街道）改革，虽然不必完全上下对齐，但在职能规划上一定合理布局，理顺部门层级关系，避免权力交叉，多头管理等问题。同时，借助大部制改革的契机，充分理顺部门职能边界和权责边界，形成各司其职、通力合作的大民政、大文化、大社会、大社保、大监管、大环保的整体性服务型政府。各综改区要结合地方实际，注重消除改革过程中的部门利益的阻碍，合理分流原有的工作人员，顺利推进各项改革规则落到实处。

2. 完善机构设置和职能划分

尽管跨部门协同关注的是部际之间的合作问题，但是管理体制上的弊病才是跨部门协同和行政协调困难的根本性原因。完善机构设置和清晰界定部门职能，能够为跨部门协同提供体制性基础。一方面，健全跨部门协同机制要按照精简、统一、效能的原则，继续精简、合并横向职能重叠或相近的部门和机构，尽量减少权力交叉和重叠。通过减少协同部门的数量，减少跨部门协同的阻力，提高协调合作的效率。另一方面，要进一步厘清各部门的职责权限，明确权责关系，合理界定各部门的职能范围和边界。通过改革使部门职能清晰、责任明确，为跨部门协同解决目标和责任模糊问题提供基础。减少部门的数量可以增加跨部门工作之间的协调性，机构改革过程中要注意不同部门之间的工作流程兼容性和业务上的对接性。

3. 破除部门本位

破除部门本位，协调部门利益冲突，确立部门之间的合作关系，是建设整体性服务型政府跨部门协同的关键举措。破除部门本位，形成跨部门协同的合力的一个有效性的措施是，建立跨部门协同的共同领导和监督机制，督促各部门从实现战略目标的全局出发，将各部门的核心使命和工作任务统一到整体性服务型政府的目标中。因此，无论采用何种形式的跨部门协同机制，必须明确牵头部门和领导者，领导者可以由涉及协调议题的核心部门领导担任，可以由共同的上级领导担任。可以在恰当的领域里，探索决策职能和执行职能适度分离的改革，整体性的战略决策由各部门共同决定，或由综合性的跨部门机构，如议事协调机构来完成，各执行部门在规定的运作框架内，履行各自的职责，规避部门利益直接发生冲突。此外，建设整体性的预算模式，将趋于冲突性分散化的部门利益整合起来，对于破除部门利益，推进跨部门协同，也具有重要的意义。

4. 建立健全部门间与部门内部协调机制

大部制改革并不能完全消除部门之间协调不力的问题，同时由于部门规模更大，部门内部协调问题也会更加突出，因此要建立健全与大部制相适应的部门协调机制。要在部门精简重组的基础上，建立新的大部制协调沟通平台，树立整体性的管理理念，及时沟通，加强协调，通力合作，实现大部门体制的整体性效能。此外，也要加强部门内部的协同工作，在横向的内设机构协同中，充分利用好纵向行政权威的监督管理功能，提高部门内部协调的效率与效益。建立起部门之间与部门内部的信息共享机制，充分利用信息化手段，打破信息孤岛，整合信息资源，提升部门之间与部门内部协同沟通效率。

5. 完善相关配套改革措施

各综改区的大部制改革成效，并不完全取决于简单的部门合并与重组，更重要的是相关配套改革措施的完善程度。部门精简合并完成之后，要进一步理论大部门之间的职责权限以及部门内部门之间的职责分工，建立与部门结构相匹配的权力结构。创新管理工具，建立与大部门管理相适应的政策工具体系，更新管理方式和方法，提高管理和服务的整体性。完善部门监督机制和问责机制，特别是要针对部门机构庞大、权力相对集中、职责复杂多样的新形势，强化外部监督与内部监督相结合。建立利益引导和人员分流机制，对于可能阻碍大部制改革的部门利益和个人利益，要积极加以引导，并适当给予合理的补偿，尽量减少大部制改革的各种阻力和不良影响。

6. 建立新的绩效管理和考核机制

各综改区在大部制改革过程中要建立新的绩效管理和考核机制。一旦大部制结构建立起来，就要依靠完善的绩效管理和考核体系来引导部门管理，提高日常运作管理的整体性、协同性。各综改区应因地制宜地开发绩效管理工具，科学设定绩效考核指标体系，同时坚持注重提升管理和服务整体性的原则。加强大部门的效能建设，逐步构建与绩效管理相配套的统计、财务、政务公开、绩效评估、行政问责和奖惩等制度，建立开放性的绩效评估资源配置机制，通过绩效信息的有效流转和运用，推动地方政府管理和服务创新，实现政府绩效管理的长效化、常态化。

二　整体性财政与预算体系建设的战略对策

预算不仅是一个技术问题，更是一个政治问题。政府预算改革往往牵一发而动全身，整体性财政预算体系的构建更是强调部门间权力、利益和责任关系的协调整合。为了更好地探索全面深化改革，提高整体性服务型政府治理能力，各改革试验区可以在前期改革试验的基础上，进一步明确改革目标，引入多元合作与竞争，沿法治轨道推进全过程绩效预算管理、全口径预算编制、中长期财政预算规划，理顺各种财政权责关系，加强人大预算监督，扩大预算信息公开等改革举措。

1. 调整预算结构，引导财政资源向公共服务的薄弱环节倾斜

经济新常态和政府职能转型对政府的财政预算资金分配提出了新的要求。首先，鉴于各改革试验区的基本公共服务过程中还存在着地区之间、城乡之间以及不同群体之间的不均衡等情况，政府财政也应该适度向公共服务基础相对薄弱的地区或领域倾斜。其次，结合政府职能转变和大部制改革，进一步理顺财政部门和其他职能部门之间的财政关系，增加跨部门财政协作。同时，借助各种财政预算工具，培育、扶持社会组织参与政府购买服务，科学组织 PPP项目实施，通过政社合作来提高公共服务效率。最后，加强财政信息化平台建设，整合财政预算资源和信息，及时了解、回应财政需求，调整预算分配结构，提高预算资源的整体分配效率和运行效率。

2. 清理财政收支，加大全口径预算体系建设和统筹力度

首先，加快改革政府会计核算体系和综合财务报告制度，明确四本预算的收支范围，建立定位清晰、分工明确的政府预算体系（贾康，2014）。其次，对尚未纳入预算管理的国有企业和政府性基金、预算外财政专户和地方性债务等内容，加强清理和甄别工作，分门别类地纳入全口径预算管理。再次，加强法制建设，明确立法机关、政府机关、审计部门等各类实体的职能分工与角色定位，规范全口径预算的协调管理和统筹利用。具体包括：及时清理过期的基金项目，适时调整国有资本收益上缴比例和支出流向，完善社会基金预算监管的制度设计，增强基金运行的安全性和可持续性。最后，加强政府间和部门间协同合作，在各改革试验区有计划、分步骤地开展与全口径预算体系建设与管理相关的知识培训、技术指导、经验交流，逐步将中央和地方各层面的全部政

府收支都纳入统一规范的全口径预算管理。

3. 提高资金绩效，深化全过程绩效预算结果的运用和监督管理

全过程预算管理要求综合协调政府、社会、人大、审议等各方力量在预算目标设置与草案编制、人大预算审议和批准、资金拨付与运行、支出绩效评价与结果应用，支出审计与会计决算等环节的角色定位和功能发挥。比如，在预算编制环节，以财政部门为核心，统筹协调各部门利益。结合五年发展计划、中期财政规划和公共服务重点，推进项目库建设与滚动运行。在人大预算审批环节，在全口径预算的基础上继续细化预算审查监督内容、扩大预算否决权的实施范围，继续加强人大预算监督流程改进和制度建设，落实人大的预算监督权力，保障人大预算审查结果的强制力，增强其预算监督和问责能力（林慕华、马骏，2012）。在资金拨付和运行环节，严格遵守国家集中支付制度和政府采购制度要求，合理安排财政支出进度，加强支付流程跟踪问责，避免财政资金闲置、浪费和突击花钱等问题。支出绩效考评环节的重点在于提高绩效评价的科学性，增强绩效评价结果的可信度和约束力，避免评价流于形式。在决算和审计环节，建立基于权责发生制的政府综合财务报告和政府会计标准体系，提高政府审计的独立性和有效性，探索政府财务审计与支出绩效评价的有效结合。最后，在改进会计审计体系的基础上，加强制度支持和舆论引导，扩大政府信息公开与公民参与范围，增强预算沟通与问责（牛美丽，2014）。

4. 编制中期规划，提高财政资金分配的战略性与可持续性

中期预算在世界各地的实施效果参差不齐，改革难度较大，需要从政治支持、部门协调、预测技术、数据基础、组织实施等方面加以保障。比如，在政治方面，中期财政规划的贯彻落实不仅需要行政部门可靠的支出承诺，更需要强力、持续的政治支持（马骏，2015）。同时，应该加强制度建设，增强周期内的预算控制，避免支出部门利用这一改革机会扩张或推迟支出（王雍君，2015）。不然难以实现联结政策与资金，适时调整支出优先排序的目标，也无法对部门支出总额和进度形成有效的约束。在组织方面，加强部门分工合作并引入专家力量，以财政部门和发改委为主要责任单位或构建专门的预测和综合规划部门，提高中期财政规划的制定能力。在技术和数据方面，中期滚动预算实施的有效性依赖于对未来中期财政信息预测的可靠性和准确度（宁旭初、朱翠林，2015）。因此，应引入严格、准确的会计核算，尤其是债务核算，在此基础上探索建立可靠的中期收支预测模型，并针对宏观经济发展形势做乐

观、消极、温和等多种预测方案。最后，中期财政规划宜根据各地的实际情况分类、分段引入。比如，先进行中期财政规划，再过渡到中期预算规划和中期项目规划；先部分中央部门实行，再进行经验总结与技术培训，逐步扩散到其他部门和各级地方政府；或是先一般公共预算和社保预算，再到其他预算（广西财经学院课题组，2015）；先常规类、政策类项目，再一次性支出项目（梁春鼎，2015）；等等。

三　政府向社会组织购买服务的战略对策

1. 加大财政支持力度，提高社会组织项目经费

能否提供足够的项目经费是决定社会组织是否愿意参与服务供给的决定性条件，这就首先要求政府部门能够精确计算服务成本并编制项目经费预算。除此之外，税收优惠政策和资金支持，帮助拓宽社会组织融资渠道的政策，鼓励企业的资助和社会的募捐也能够帮助解决社会组织的财务困难。

2. 增强政府引导，加大社会组织培育和扶持力度

我国社会组织主要来源于个人发起、政府有关部门发起以及从政府部门分离出来的社会组织。前者可能会存在缺乏专业人才和管理经验的问题，而后者官僚色彩可能相对较浓，缺乏竞争性意识和创新精神。因此，为了提高社会组织的能力和专业化水平，一方面可以着重发展部分优秀和具有潜力的社会组织，提供资金和税收的优惠政策，特别是建立人才激励机制，引进专业化人才；另一方面培育社会组织的竞争意识和竞争优势，建立良好的市场竞争环境，为政府购买公共服务提供更多选择。

3. 健全政府信用监督机制，完善信息公开制度

信息公开不仅是社会对政府行为进行监督，也是政府对承包人项目完成情况进行跟踪考察。尽管《政府公开条例》明确了政府购买的信息披露制度，但在采购过程中，还应建立更为日常化的信息公开和投诉处理制度，如通过政府网站、政府公报或者媒体宣传频繁地更新政府采购信息，真正建立起阳光采购、信用采购。

4. 增强合同管理效能，提升社会组织参与公共服务的意愿

合同管理能力和行政效率的高低也会影响社会组织参与公共服务供给的意愿和满意度。在合同管理方面，要提高引进社会资源的规划能力，提高对外包

服务的调研和评估能力，完善合同监督和绩效评估机制，建立起媒体和公民共同参与的监督机制；在行政工作流程方面，要简化报表流程和核销负担，提升合同服务人员的沟通能力和专业素养。

5. 加速政府职能转变，让渡公共服务权力空间

在政府购买服务的执行过程中，权大责小的状况仍普遍存在，政府不愿放权而事后又将责任全部推给社会组织的情况并不少见，这样会导致参与供给的社会组织愈来愈少。要改变这种局面，政府必须重视职能转变，要将市场该管的事情放给市场，不要随意进行行政干涉，要适应自身角色的转变，更多地以监管者的身份促进公共服务市场的发育，加强对政府购买服务的政策引导和制度保障。

四 全过程优质监管体系建设的战略对策

建设整体性政府下的全过程优质监管体系应该明确监管改革的方向，建立与全过程优质监管体系目标相适应的运作体制和工作机制，塑造权责明确、独立专业、透明合法、综合有效的监管治理格局，提供一个成熟稳定、公平公正、法治保障，有效维护市场秩序和切实保障公共利益的监管框架。

1. 创新监管理念，优化监管职能

转变政府职能，推进监管改革，必须创新监管理念，指导监管改革实践。重新界定政府监管的内容和方式，完善监管模式，同时要优化和加强政府监管职能，适度放松经济性领域的监管特别是准入制度，加大涉及人民群众利益的重大社会领域的监管力度。

创新监管理念，核心是处理好政府与市场的关系，明确政府和市场的角色定位，深化政府职能转变，既"放"到位又"管"到位。优化政府监管职能，必须坚定政府介入市场干预的理念，加大政府监管的力度和效度，提升监管质量。创新监管理念，还要放弃"重准入、轻监管"、"以审批代监管"的错误理念，要树立"宽进严管"、"以管促放"的监管新思路，优化事前审批服务，强化事中事后监管。优化和加强政府监管职能，进一步厘清政府和市场的边界，按照充分发挥市场在资源配置中的决定性作用和政府在监管中发挥主导性作用的基本要求，放松经济性监管，加强社会性监管。适当放松经济性监管，尤其是以行政审批为主要手段的进入性监管。制定市场准入负面清单，凡清单

之外的行业、领域、业务，政府不得限制进入。着力加强社会性监管，要在涉及广大人民群众利益的食品药品安全、生态环境、安全生产、网络信息等领域加大监管力度。

2. 优化监管工作机制，构建有效的合作方式

优质高效的监管体系，要有相应的工作机制作为支撑，特别是构建起监管机构之间高效的合作机制。深化监管体制改革，建立优质高效的监管体系，至少应该努力建立和优化以下工作机制，即稳定的日常工作机制、信息共享和交流机制、协同合作机制和监管问责机制。

加强组织领导和任务分工，要建立健全市场监管体系建设的领导和协调机制，明确各部门任务分工。完善日常监管执行机制，切实做到监管不缺位，属于政府职责范围内的一定要管好；监管不越位，不该政府管的一定不要管。强化依据标准加强监管，确保市场秩序平稳有序运行。要建立和完善信息共享平台，实现各监管部门之间的监管执法信息的交流和共享，防止出现"信息孤岛"，实现信息资源开放共享、互联互通，以提高监管效能。构建监管信息披露机制，建设监管信息发布平台，及时向社会发布重大监管信息，实现政府行政信息公开、透明，保证行政问责的真实性、可靠性，从而实现监管的透明性、有效性。建立协同合作机制，理顺市场监管体制，解决多头执法重复执法的问题。建立对监管机构和工作人员的问责机制，依法追究造成重大监管问题的相关监管机构及其人员的法律责任，力保监管责任落到实处，规范监管执法行为，从而提高监管的权威性和有效性。

3. 创新监管工具和方法，打造全过程的监管体系

创新监管工具、手段和方法，是推进监管创新，提升监管的能力的根本。创新监管方法，提升监管能力，要大胆开拓，积极借鉴和优化使用新型高效的监管工具；要努力创新，着力打造优质的事前审批服务、完善的事中监管机制和严格的事后惩戒机制相结合的全过程监管模式。

积极学习和借鉴发达市场经济国家优秀的工具和方法，丰富监管手段，优化政策工具箱。同时，也要结合监管改革实际，积极推广和使用科技手段加强监管，创新适合本地监管实际的工具和方法，尤其是信息化管理手段、物联网产品追溯体系、风险预警与管理机制。构建全过程监管体系，着力提升监管能力。在加强重点领域审批监管的同时，大力放宽准入审批，加大事中监管力度和事后惩戒力度。为此，必须明确监管理念，打造优质的准入和退出审批服

务，放宽准入门槛，进一步推进简政放权。加强事中监管，对生产经营和销售行为进行有效的动态监督，形成无所不在的监管压力。加大事后惩戒力度，依法对违法经营行为进行查处，大幅提高违法失信的成本，建立违法失信"黑名单"，提高监管惩戒的震慑力。

4. 加强监管法治保障，构建严格的执法体系

坚持以法律法规为基础的监管体制，积极培育法治导向的监管风格。建立法治保障，一方面要重视和加强监管相关法律法规建设，确保有法可依；另一方面，要构建严格的执法体系，将相关法律法规落到实处。

加强法律法规建设，确保监管有法可依。重视监管法律、法规的制定和完善，在市场准入、反垄断、安全生产、产品质量、生态环境、保护消费者权益等方面制定相应的法律、法规，努力完整的监管法律体系。通过完善市场监管法律法规，确保市场规范运作，公平竞争，消费者利益得到充分保护。建构严格的执法体系，以法治思维方式改革和完善监管执法行为。切实做到有法必依、执法必严、违法必究，保障有效监管，营造良好的市场秩序。加强监管机构之间的沟通，避免执法重复或执法盲点的出现，提高整体监管效能。改革监管执法体制，将过去分散的执法权力相应集中，形成统一的市场监管执法主体（戈世平，2003）。严格按照法律程序实施有效的监管，保证市场的公开、公平、公正。加大监管执法力度，制定出严厉的罚则，并坚决予以贯彻实施。提高行政执法与刑事司法衔接性，对违法者形成行之有效的强力威慑。

5. 加强监管队伍建设，完善监管资源配置

优质高效的监管体制，必须有高素质的监管人才队伍作为保障，同时也要配置必要的资源，包括财政资金、监管基础设施等。因此，深化监管体制改革，推进监管创新，还要从加强监管队伍建设和完善资源资源配置入手。加强执法队伍建设，不断提高监管工作人员基本素养和专业技能，提高执法人员执行能力和执行水平。加强对执法人员的专业培训和业务考核，打造一支专业技能优良、综合素养较高的监管队伍。加强政府的财政投入，要着重从财力和物力等方面优化监管基础设施建设。加强监管物质基础设施建设，引进国际先进的监管设备和监管工具，提升监管效率和监管能力，为全过程优质监管提供必要的技术支撑。

五　公共服务伦理规范与廉政体系建设的战略对策

1. 强化对公共服务核心价值的教育培训

在政治领导者对公共服务核心价值予以大力承诺和支持的情况下，进一步通过有效的配套教育培训措施将核心价值真正内化于公务员的观念与行为。将已有核心价值规范纳入有关机构对公共服务伦理培训的相关课程中，使公务员对公共服务伦理的岗前培训和在职学习都固定成为长期有效的机制。

2. 完善公共服务伦理行为规范的法律框架

制定公共服务伦理的专门法律，对公共服务伦理建设的总体要求、基本原则和具体措施作出明确规定，纳入包括财产申报、兼职、离职后利益回避、检举、滥用职权和礼品收受等各类公职人员常见行为的规范内容。规范对象范围应包括全体党政干部，尤其是要将基层乡镇干部也纳入规范对象范围之中。

制定其他配套性的公共服务伦理规范。在一些利益冲突尤为严重或和腐败行为密切相关的领域，如财产申报和收取贿赂等，制定专门法律进行规范；出台必要的行政性规范对伦理法制体系进行补充；将重复规定某一问题、缺少必要内容的行政性规范及时清理，保证整个公共服务伦理法制框架的统一性。

3. 优化公共服务伦理行为规范的内容

尽快对公共服务伦理行为规范的内容进行完善，提升公共服务伦理规范在实践中的可操作性。建议从以下方面完善公共服务伦理行为规范的内容。

第一是逐步扩大财产申报的主体范围。可从通过地方试点的办法对县处级副职以下的官员要求财产申报，稳步推进，最终将国家全体公职人员都纳入财产申报的主体范围之中。

第二是将债券和债务信息加入财产申报的范围。债券和债务有可能成为隐性的贪污表现，在发达国家债务和债券信息一般都在财产申报的范围之列。应尽快将对债券和债务的申报加入规范内容之中，填补现有规范的缺陷。

第三是对离职后的财产申报事件做出明确的量化规定。可规定离职后三十日内就前次申报后至离职生效日之间的财产提出申报，在离职三年到五年内定期对相关人员的财产进行核查。

第四是对兼职的相关事项进行明确的说明。需要明确说明的内容包括：公务员在何种情况下允许机关外兼职，应兼职所不应获取的报酬具体包括哪些种类，以及对公务员不当的政府内兼职行为应当做出何种程度的惩处。

第五是扩展对收受礼品规范中对礼品外延的界定。除礼物、礼金、礼券和其他象征性低价收款的物品，还应包括娱乐、旅游、公款接待等消费形式。防止他人通过钻制度漏洞变相实施送礼行为。

第六是对较长时期内的礼品限额做出量的规定。建议规定在半年或一年内所合法接受礼品的最高数额。

第七是对离职后所禁止从事工作的事项做出更具体的说明。明确离职后可以从事和永远不可以从事的工作类型，以及受到限制的时长。规定离职人员三年到五年内不得从事任何可能导致利益冲突的工作或对其施加影响力，给予离职人员充足的时间淡化其政治身份。

第八是明确规定对检举人实施保护的组织。可以规定由公共服务伦理规范的专门管理机构主要负责对检举人的保护，该机构负责联系公检法三方部门对检举人的保护进行协助和配合，明确各方所应承担的职责。

第九是扩充收取贿赂规范中的对贿赂外延的界定。将信息贿赂、性贿赂等新出现的贿赂形式加入规范内容。

4. 健全公共服务伦理行为规范的问责机制

在法律层面上公开、明确和清晰的规定公共服务伦理行为规范的监督和问责标准，对如何监督、违法后如何惩罚都明确规定；明确公共服务伦理行为规范的监督和问责机制的主体，构建一个整体性的协同一致的监督和问责体系。

5. 通过制度和观念的支持发挥社会力量对公务员的监督作用

以政府信息的公开透明为基础，为媒体和公民对公务员行为进行监督提供更便利的制度条件。增强全社会法制观念，逐步摆脱人情社会的思考与行事逻辑，培育社会成员对不遵纪不守法现象的零容忍风气。

6. 设立公共服务伦理规范的专门负责与执行机构

在集中设计公共服务伦理规范负责与执行机构的情况下，确保该机构具有独立性，不受其他任何机构和个人的影响和干预，并承担公共服务伦理规范在教育培训和监督问责方面的职能。该机构至少享有调查权，即有权对任何人员的任何伦理失范行为开展调查，以及求得协助的权力，即有权要求任何机构、任何人员协助调查。

7. 人力资源管理与公共服务伦理法制建设相结合

将人力资源管理中录用、薪酬、考核等多个方面的机制加入维持和提高公务员伦理行为的内容。在选人、用人的时候，将公务员的公共服务伦理情况作为一项重要内容加以考察，将公务员的公共服务伦理表现，尤其是工作绩效作为其任职、升降、奖惩的必要条件，在组织文化上形成追求公共服务核心价值的良好风气。

六　电子化公共服务体系建设的战略对策

1. 大力发展电子政务，以满足公众对于电子公共服务的需求

将公共服务电子化上升为战略目标，提供更多的在线公共服务，呼应中央提出的"互联网＋"，同时也符合公众的生活方式以及与政府的接触方式。电子政务的规划和内容建设必须以公民本位和社会本位为导向，广泛征集社会各界的意见，以公众的基本公共服务需求为出发点，加快发展电子政府基础设施，实现公众对电子治理的全程参与，建设电子化的整体性服务型政府。

2. 深化公共服务体制机制改革，着力提升公共服务质量

深化公共服务体制机制改革，要不断改进服务流程，提高公共服务效率和质量，提升办事效率，改善服务态度，切实消除"脸难看、事难办"的服务形象。以公众的公共服务满意度为改善民生的晴雨表，明确公共服务的基本制度安排，包括责任主体、服务范围、服务内容、服务标准、资源配置、运行管理和绩效评价等内容。通过网络化行政组织，实现跨部门协同的资源的虚拟整合与集成、信息的共享与反馈，为电子化公共服务发展提供组织保障；解决传统政务与网络服务的结合问题。要将可以上网的传统政务公共服务上线，并完善网上申报和服务功能，提高电子政务覆盖的广度和深度；增加电子政务办公的协同性，实现从简单应用到复杂应用的转变。无论是内部部门之间还是和外部网站之间，要加强联系，建立一站式服务，便于公众用户使用，减少重复性操作。

3. 加强电子政务建设，提升政务网站质量

电子化公共服务的质量与满意度的改善，需要有强大的信息技术的支持。政务网站是政府向公众提供电子化政务的窗口，因此必须加强政府网站建设。这主要包括提升信息安全性、提高隐私安全保障、改进政务网站系统品质、提供丰富及时的政务信息、改善网上办事流程等。加强电子政务也需要高层管理者的重视和支持，要由分管领导主抓，建立统一的管理体系，形成一系列科学

的、规范的管理规章制度，促使电子政务朝制度化、规范化、科学化发展。建立一套行以提升政府网站质量为导向的电子政务绩效管理系统，对实施电子政务的有关部门和工作人员实行全面评估，根据评估结果对相关部门和工作人员进行公平奖惩，从而提升工作质量和政务网站质量。

4. 以提升公众满意度为中心，增强政府网站参与性、回应性与互动性

电子化公共服务质量的提升要以公众满意度为核心。而公众的参与、政府的及时回应以及与政府与公众之间的良性积极互动，对于政府及时获取公众的公共服务需求，完善公共服务质量标准，优化公共服务资源配置，提升公众公共服务满意度具有关键性的影响。因此，要提升公众对电子化公共服务的满意度，必须进一步提高公众的电子化参与程度，提升政府网站的回应性与互动性。这要求培育公众电子化参与素养，提高其参与需求和积极性，同时要拓宽电子化参与渠道，引导公民广泛使用、积极参与。要建立制度化常态化的政府网站回应机制和互动机制，把改善回应性和互动性作为提升政府网站质量和电子化公共服务满意度的主要任务，建立起相关领导的责任追究机制。加强与政府网站回应性和互动性工作相关人员的业务培训工作，提升其综合素养和专业技能，同时建立相关的绩效考核和奖惩机制。

七 政策工具选择与优化的战略对策

1. 加大强制性工具的执行力度

强制性政策工具是以国家权威为基础推行，因此强制性政策工具的执行直接关系着基本公共服务的法律法规体系完善效果，覆盖城乡的基本公共服务体系构建成效，以及公民的基本权利的保障力度。除必要的行政命令和规则调整外，可以考虑出台更多具有更高效力的法律法规。增加强制性的直接提供政策工具的使用，比如在医疗卫生领域，对于严重危害人民健康的一些疾病，可以通过政府直接为患病者提供公共卫生服务，由此将显著提高医疗卫生服务水平。

2. 加强对混合型工具和自愿性工具的使用

在学前教育、就业培训等公共服务领域，应当注重对混合型工具和自愿性工具的运用，例如政府在就业信息发布、促进就业培训等方面通过使用补贴、鼓励号召、信息公开、指导咨询等工具促进就业服务的社会化，使公民能够更

便利地接受就业培训、及时有效地获得就业信息。加强混合型和自愿性工具使用对推进公共服务供给的社会化发展、构建多层次、多元化的公共服务供给体系、补充政府在公共服务供给的不足有重要的作用。

3. 培育各领域社会组织的发展

社会组织的全面发展壮大是自愿性政策工具和混合型政策工具得以有效使用的土壤，培育非政府组织、慈善组织的等自愿性组织的发展能够补充政府供给公共服务的不足、减轻政府财政支出的压力、丰富基本公共服务的供给内容，为公民提供更多元的公共服务选择，促进多层次公共服务供给体系的发展。

4. 重视对政策工具运用的后续评估

适时对政策工具的使用成效进行评估有助于优化政策制定中工具的选择，确保政策措施落到实处，从而更好地实现政策目标，提升政府治理能力。

参考文献

Bouget D. & Prouteau L. (2002), "National and Supranational Government-NGO Relations: Anti-discrimination Policy Formation in the European Union", *Public Administration and Development*, 22 (1): 31 – 37.

Bowman J. S., Knox C. C. (2008), Ethics in Government: No Matter How Long and Dark the Night, *Public Administration Review*, 68 (4).

Bryson, J. M. et al. (2006), "The Design and Implementation of Cross - Sector Collaborations: Propositions from the Literature," *Public Administration Review*, 66 (s1), 44 – 55.

Cadotte E, Woodruf R. B. (1987), "Jenking R L. Expectation and Norms in Models of Consumer Satisfaction," *Journal of Marketing Research*, 24: 305 – 314.

Caiden. Naomi (1981), Public Budgeting Amidst Uncertainty and Instability, Public Budgeting and Finance, 1 (1): 6 – 19.

Churchill G. A. (1982), "Surprenant C. An Investigation into the Determinants of Customer Satisfaction", *Journal of Marketing Research*, 18 (4): 241 – 254.

Coglianese, C. (2009), "The Transparency President? The Obama Administration and Open Government," *Governance*, 22 (4), 529 – 544.

Coston, J. M. (1998), *A Model and Typology of Government-NGO Relationships*, 27 (3): 358 – 382.

DiMaio, A. (2009). Government 2. 0: A gartner definition. July, 1.

Doern, G. B. & Phidd, R. W. (1983), *Canadian Public Policy: Ideas, Structure, Process*, Toronto: Methuen.

Dunleavy, P., Margetts, H., Bastow, S., & Tinkler, J. (2006), *Digital era* governance: *IT Corporations*, *the State*, *and E-government*, Oxford University Press.

Eggers, W. D. (2007), Government 2. 0: Using Technology to Improve Education, Cut Red Tape Reduce Gridlock, and Enhance Democracy, Rowman & Littlefield.

Elmore, R. F. (1987), "Instruments and Strategy in Public Policy," *Policy Studies Review*, 1: 174 – 186.

Hood, C. (1991), A Public Management for All Seasons? Public Administration, 69 (1): 3 – 19.

Hood, C. C. (1986), The Tools of Government, Chatham: Chatham House Publishers.

Howlett, M. & Ramesh, M. (2003), *Studying Public Policy: Policy Cycles and Policy Subsystems*, Oxford: Oxford University Press.

Jeremy F. Plant (2001), Code of Ethics, in Terry L. Cooper (eds.), *Handbook of Administrative Ethics*, New York: Marcel Dekker, Inc.

Kernaghan, K. (1993), Partnership and Public Administration: Conceptual and Practical Considerations, *Canadian Public Administration*, 36 (1): 57 – 76.

Kraak, A. (2011), Horizontal Coordination, Government Performance and National Planning: The Possibilities and Limits of the South African State, Politikon, 38 (3): 343 – 365.

Kramer, R. M. & Lorentzen, H. & Pasquinelli, S. & Melief, W. B. (1993), Privatization in Four European Countries: Comparative Studies in Government-Third Sector Relationships, New York: M. E. Sharp.

Kuhnle, S. & Selle, P. (1992a), Government and Voluntary Organizations: A relational Perspective, Brookfiele, VT: Avebury.

Kuhnle, S. & Selle, P. (1992b), The Historical Precedent for Government Nonprofit Cooperation in Nonprofit Cooperation in Norway, in Kramer, R. M. (eds.), Government and the Third Sector, Jossey-Bass Inc Pub.

Linder, H. S. & Peters, B. G. (1989), Instruments of Government: Perceptions and Contexts, *Journal of Public Policy*, 9 (1): 35 – 38.

Management Advisory Committee (2004), Connecting Government: Whole of Government Responses to Australia's Priority Challenges.

McDonnell, L. M. et al. (1987), Getting the Job Done: Alternative Policy Instrument, *Educational Evaluation and Policy Analysis*, 9 (2): 133 – 152.

Najam, A. (2000), The Four-Cs of Third Sector-Government Relations: Cooperation, Confrontation, Complementarity, and Co-optation, *Nonprofit Management and Leadership*, 10 (4): 375 – 396.

Gilman S. C. (2005), Ethics Codes and Codes of Conduct as Tools for Promoting an Ethical and Professional Public Service: Comparative Successes and Lessons, Washington DC.

Haque, A. (2004), Ethics and Administrative Discretion in a Unified Administration: A Burkean Perspective, *Administration and Society*, 35 (6): 701 – 716.

Harrison, T. M. et al. (2011), Open government and e-government: Democratic Challenges a Public Value Perspective, Paper Presented at the Proceedings of the 12th Annual International Digital Government Research Conference: Digital Government.

OECD (1996), *Ethics in the Public Service: Current Issues and Practice*, Paris: OECD.

OECD (2000), *Trust in Government: Ethics Measures in OECD Countries*, OECD Publishing.

Dunleavy, P. (2006), Digital Era Governance: IT Corporations, the State, and E-Government, Oxford: Oxford University Press.

Perri 6 (1997), Holistic government. London: Demos.

Perri 6 (2004), Joined-Up Government in the Western World in Comparative Perspective: A Preliminary Literature Review and Exploration, *Journal of Public Administration Research and Theory: J-PART*, 103 – 138.

Peters, B. G. (2002), *The Tools of Government: A Guide to the New Governance*, New York: Oxford University Press.

Pope, J. (2000), *Confronting Corruption: The Elements of a National Integrity System*, Berlin: Transparency International.

Salamon, L. M. (1995), *Partners in Public Service: Government-nonprofit Relations in the Modern Welfare State*, JHU Press.

Savas, E. S. (2000), *Privatization and Public Private Partnerships*, New York: Chatham House.

Schneider, A. et al. (1990), Behavioral Assumptions of Policy Tools, *The Journal of Politics*, 52 (2): 510 – 529.

Schneider, A. & Ingram, H. (1990), Behavioral Assumptions of Policy Tools, *The Journal of Politics*, 52 (2): 510 – 529.

Snavely, K. & Desai, U. (2000), Mapping Local Government-Nongovernmental Organization Interactions: A Conceptual Framework, *Journal of Public Administration Research and Theory*, 11 (2): 245 – 263.

Stevulak, C., & Brown, M. P. (2011), Activating Public Sector Ethics in Transitional Societies, Public Integrity, 13 (2): 97 – 112.

Teegen, H., Don, J. P. & Vachani, S. (2004), The Importance of Nongovernmental Organizations (NGOs) in Global Governance and Value Creation: an International Business Research Agenda, Journal of International Business Studies, 35 (6): 463 – 483.

Tse, D. A. & Wilton, P. C. (2001), Models of Consumer Satisfaction Formation: An Extension, *Journal of Marketing Research*, 38 (5): 262 – 268.

Van Wart, M. (1998), *Changing Public Sector Values*, New York: Garland.

Vaughn, R. G. (1979), Conflict-of-Interest Regulation in the Federal Executive Branch, Lexington, Mass.: Lexington Books.

Wolch, J. R. (1990), *The Shadow State: Government and Voluntary Sector in Transition*, New York: The Foundation Center.

Wolman, H. & Larry, L. (1984), Concepts of Public-Private Cooperation, In Farr, C. A. (eds). Shaping the Local Economic: Current Perspectives on Economic Development, Washington, D. C.: International City Management Association.

Young, D. R. (2000), Alternative Models of Government-Nonprofit Sector Relations: Theoretical and International Perspectives, *Noprofit and Voluntary Sector Quartely*, 29 (1): 149 – 172.

Westbrook R. A. & Reilly, M. D. (1983), Value-percept Disparity: An Alternative to the Disconfirmation of Expectation there of Consumer Satisfaction, Advances in Consumer Research，10：256－261.

包国宪、刘红芹：《政府购买居家养老服务的绩效评价研究》，《广东社会科学》2012 年第 2 期。

蔡岚：《空气污染整体治理：英国借鉴及实践》，《华中师范大学学报》（人文社会科学版）2014 年第 2 期。

蔡宁、田雪莹：《国外非营利组织理论的研究进展》，《重庆大学学报》（社会科学版）2007 年第 2 期。

曹礼和、桂美荣：《顾客满意的服务质量管理探讨》，《现代商贸工业》2008 年第 10 期。

曹堂哲：《政府跨域治理的缘起、系统属性和协同评价》，《经济社会体制比较》2013 年第 5 期。

曹宇明：《政府功能的协调与整合：行政垄断改革必由之路》，《广西民族大学学报》（哲学社会科学版）2011 年第 3 期。

常敏、朱明芬：《政府购买公共服务的机制比较及其优化研究——以长三角城市居家养老服务为例》，《上海行政学院学报》2013 年第 6 期。

陈碧红：《领导干部决策失误将终身问责》，《四川日报》2015 年 3 月 27 日。

陈斌、楚俊峰、陈福集：《基于直觉模糊多属性决策的政府购买公共就业服务供应商选择研究》，《中国管理科学》2012 年第 S2 期。

陈刚、张浒：《食品安全中政府监管职能及其整体性治理——基于整体政府理论视角》，《云南财经大学学报》2012 年第 5 期。

陈家喜、刘王裔：《综合配套改革试验区的大部制改革：模式与趋势——深圳、浦东、滨海的比较研究》，《深圳大学学报》2013 年第 3 期。

陈建国：《在与非营利组织互动合作中转变政府职能——〈公共服务中的伙伴〉述评》，《中国非营利评论》2014 年第 1 期。

陈美：《电子治理环境下政府信息资源共享路径研究》，《图书情报工作》2013 年第 3 期。

陈美：《面向整体政府的政府信息管理研究——以澳大利亚为例》，《中国行政管理》2014 年第 3 期。

陈奇星：《绩效预算改革的"浦东模式"：特点、成效与启示》，《中国行政管理》2010 年第 8 期。

陈奇星：《综合配套改革中服务型政府的构建——以浦东为例》，人民出版社

2012 年版。

陈秋政、江明修、陈定铭：《台湾公共服务满意度指标建立之研究与反思》，《公共管理与政策评论》2013 年第 1 期。

陈思奇、李智：《完善公共财政体制　发挥公共财政职能》，《中国机构改革与管理》2015 年第 1 期。

陈天祥：《政府机构改革的价值逻辑——兼论大部制机构改革》，《中山大学学报》（社会科学版）2012 年第 2 期。

陈天祥、李倩婷：《从行政审批制度改革变迁透视中国政府职能转变——基于 1999—2014 年的数据分析》，《中山大学学报》（社会科学版）2015 年第 2 期。

陈西艳、杨晓帆：《积极推动"新区的事新区办"》，《滨海时报》2011 年 3 月 4 日。

陈祥荣：《电子政务与电子治理》，《成都行政学院学报》2005 年第 5 期。

陈效民：《走向优质均衡的本土创新——上海市学校委托管理及其评估研究》，上海教育出版社 2014 年版。

陈雪平、胡刚：《从深圳模式看我国电子政务的发展》，《交通科技与经济》2007 年第 6 期。

成都市编办：《成都深化行政审批制度改革的实践探索》，《中国机构改革与管理》2014 年第 10 期。

成仁：《成都积极稳妥推进事业单位岗位设置管理》，《中国人事报》2009 年 7 月 24 日。

崔光胜、陈培浩：《地方政府购买社会组织服务的新探索——以成都市的经验为例》，《党政干部论坛》2014 年第 7 期。

崔健、杨珊：《前海合作区借鉴境外法定机构管理模式研究》，《中国机构改革与管理》2011 年第 4 期。

邓金霞：《地方政府购买公共服务"纵向一体化"倾向的逻辑——权力关系的视角》，《行政论坛》2012 年第 5 期。

邓学琳：《整体政府与我国行政服务中心建设研究——以广东省中山市为例》，《财经问题研究》2010 年第 8 期。

邓勇：《重庆：行政审批"瘦身"打造"效能政府"》，《中国财经报》2012 年 9 月 4 日。

邓勇：《重庆推出"财政版"改革方案》，中国财经报网：http：//www.
　　cfen. com. cn/web/meyw/2014 – 06/05/content_ 1090796. htm。

丁雅敏、孙荣：《电子政务绩效评估：经验与途径》，《行政论坛》2008 年第
　　6 期。

董瑞华、曾耀：《推进浦东新区政府绩效预算改革的实践与思考》，《"建设服
　　务型政府的理论与实践"研讨会暨中国行政管理学会 2008 年年会论文集》，
　　云南昆明，2008 年。

樊丽萍：《支持浦东综合配套改革显成效》，《文汇报》2008 年 9 月 18 日。

冯欣欣：《政府购买公共体育服务的模式研究》，《体育与科学》2014 年第
　　9 期。

冯秀成：《深圳探路商事制度改革》，《决策》2013 年第 6 期。

福金、华金辉：《加强事中事后监管　推进政府管理转型》，《中国机构改革与
　　管理》2014 年第 12 期。

傅小随、胡冰：《深圳基本公共服务均等化研究》，海天出版社 2014 年版。

傅雨飞：《整体政府实践与大部门制改革：契合及差异的比较》，《当代世界与
　　社会主义》2013 年第 3 期。

高海虹：《政府向社会力量购买公共服务的合同制治理研究》，《社会经纬》
　　2014 年第 9 期。

高洪贵：《农民工教育培训的困境及其超越——以政府购买公共服务理论为视
　　角》，《现代远距离教育》2014 年第 2 期。

高华山等：《基层巡视工作的有益探索——沈阳市东陵区（浑南新区）党风廉
　　政建设巡视工作调研》，《共产党员》2014 年第 7 期。

戈世平：《转变政府职能，加强市场监管》，《华东经济管理》2003 年第 1 期。

顾江霞、罗观翠：《试论政府购买社会服务项目的责信机制——基于 H 市政府
　　购买社会服务项目实践的经验》，《华东理工大学学报》（社会科学版）2010
　　年第 4 期。

顾杰：《"区区合一"：具有地方特色的大部制改革——武汉市东西湖区大部制
　　改革及启示》，《中国行政管理》2014 年第 9 期。

广西财经学院课题组：《广西实行中期财政规划问题研究》，《经济研究参考》
　　2015 年第 29 期。

郭佩霞：《政府购买 NGO 扶贫服务的障碍及其解决——兼论公共服务采购的

限度与取向》，《贵州社会科学》2012 年第 8 期。

韩春梅、李侠：《跨界治理视阈下的区域警务合作机制》，《中国人民公安大学
　学报》（社会科学版）2012 年第 2 期。

何彬：《成都市加快推进事业单位分类改革》，中国机构编制网：http：//
　www. scopsr. gov. cn/rdzt/sydwggzl/sydwggdxjy/201508/t20150820＿280287.
　html。

何瑞文：《论包容性政府的理性建构》，《行政论坛》2014 年第 6 期。

侯贵光、吴舜泽、孙宁：《城镇化视角下环境基本公共服务均等化发展方向》，
　《环境保护》2013 年第 16 期。

胡鞍钢、周绍杰：《绿色发展：功能界定、机制分析与发展战略》，《中国人
　口、资源与环境》2014 年第 1 期。

胡朝阳：《政府购买服务的法律调整体系探析——以代理理论与双阶理论为分
　析视角》，《学海》2014 年第 4 期。

胡佳：《迈向整体性治理：政府改革的整体性策略及在中国的适用性》，《南京
　社会科学》2010 年第 5 期。

胡琴：《从提供公共服务到创造公共价值：行政审批的电子治理视角》，《河北
　青年管理干部学院学报》2012 年第 2 期。

胡天辉：《重庆从严加强领导干部日常管理监督》，《中国组织人事报》2014
　年 8 月 27 日。

湖南省长株潭两型办：《湖南两型社会建设的发展模式》，湖南人民出版社
　2011 年版。

湖南省长株潭两型办：《湖南两型社会建设的认识与实践》，湖南人民出版社
　2011 年版。

黄爱学：《我国商事登记制度的改革、创新与发展——评深圳和珠海商事登记
　立法》，《法治研究》2013 年第 11 期。

黄春蕾/刘君：《绩效视角下政府购买社会工作服务模式的优化：济南市的经
　验》，《中国行政管理》2013 年第 8 期。

黄莉培：《整体政府理论对我国环境的启示——基于英美德三国环境治理模
　式》，《中国青年政治学院学报》2012 年第 5 期。

黄燃：《教育改革终揭幕》，《21 世纪经济报道》2008 年 9 月 12 日。

黄树贤：《积极推进廉洁城市建设——关于深圳市的调研报告》，《求是》2012

年第 2 期。

黄志亮、刘昌用：《户籍制度改革的重庆模式探索》，《国家行政学院学报》2011 年第 2 期。

吉鹏、李放：《政府购买居家养老服务的绩效评价：实践探索与指标体系建构》，《理论与改革》2013 年第 3 期。

籍吉生：《国家审计推进全口径预算管理制度的路径探析》，《审计研究》2013 年第 5 期。

季明、周蕊：《1 + 1 + 1 如何大于 3》，《国际商报》2014 年 8 月 19 日。

贾凯：《新改革 多亮点——〈深圳经济特区政府采购条例〉正式实施》，《中国政府采购》2012 年第 3 期。

贾康：《走向"现代国家治理"的财税配套改革——从〈决定〉到改革元年基本思路解读（下）》，《财会研究》2014 年第 10 期。

江捍平：《深圳市公立医院法人治理结构改革探索》，《卫生经济研究》2010 年第 2 期。

蒋虹丽等：《我国药品监管体系存在的问题及其对策》，《中国卫生经济》2009 年第 8 期。

蒋辉：《集中连片特困区跨域公共事务治理模式研究——以武陵山区为例》，《甘肃社会科学》2012 年第 5 期。

蒋君芳：《成都行政审批首提"全生命周期服务"》，《四川日报》2014 年 7 月 31 日。

蒋敏娟：《西方协作型预算对我国整体性治理的启示》，《学习与实践》2015 年第 6 期。

金朝晖：《政务微平台这样"玩"才接地气》，《小康》2014 年第 15 期。

孔繁玲：《构建电子治理运行机制探析》，《学习与探索》2006 年第 6 期。

库珀：《行政伦理学应关注的四个重大问题》，《国家行政学院学报》2005 年第 3 期。

邝兵：《关于深圳市市场监管体制改革的思考》，《中国工商管理研究》2010 年第 7 期。

赖其军、郇昌店、肖林鹏、李宗浩、杨晓晨：《从政府投入到政府购买公共体育服务供给创新研究》，《体育文化导刊》2010 年第 10 期。

李凤芹、张秀生：《社区养老中政府购买医疗卫生服务的成本测算方法与应用》，《财政研究》2014 年第 7 期。

李广斌、王勇：《长江三角洲跨域治理的路径及其深化》，《经济问题探索》
　2009 年第 5 期。

李海平：《政府购买公共服务法律规制的问题与对策——以深圳市政府购买社
　工服务为例》，《国家行政学院学报》2011 年第 5 期。

李乐：《浦东新区"大部制"行政管理体制改革的回顾与思考》，《"中国特色
　社会主义行政管理体制"研讨会暨中国行政管理学会第 20 届年会论文集》，
　北京，2010 年。

李山：《政府购买公共文化服务的现实困境与改革路径》，《湘潭大学学报》
　（哲学社会科学版）2014 年第 5 期。

李涛、余世琳：《均衡城乡资源凸显统筹特色——对重庆基础教育统筹发展的
　思考》，《教育发展研究》2007 年第 10 期。

李晓萌：《武汉绩效考核更重创新绿色发展》，《长江日报》2014 年 2 月 27 日。

李幸：《打造阳光政务平台》，《重庆日报》2013 年 11 月 15 日。

李燕：《统筹城乡的"成都实践"——聚焦成都统筹城乡综合配套改革的 9 个
　先行先试》，《中华建设》2009 年第 6 期。

李燕：《财政可持续发展与透明视角下的中期预算探究》，《中国行政管理》
　2012 年第 9 期。

李耀华：《预决算监督探索路上的"三个率先"》，《人民代表报》2015 年 1 月
　24 日。

李友根：《重庆农村社会保障制度探析》，《重庆交通大学学报》（社会科学
　版）2009 年第 3 期。

李志：《国外电子治理反腐探究及中国相应的反腐环境构建》，《云南师范大学
　学报》（哲学社会科学版）2013 年第 3 期。

梁春鼎：《基于中期财政规划视角的滚动项目库分类管理研究——以某县级地
　方政府的实践为案例》，《经济研究参考》2015 年第 34 期。

梁宣健：《着眼顶层设计规范财政管理》，《中国财经报》2013 年 12 月 21 日。

梁莹：《寻求社会资本与协商民主的良性互动》，《浙江社会科学》2005 年第
　6 期。

廖雪梅：《重庆市财政确定 2015 年财税改革 20 项硬任务》，《重庆日报》2015
　年 4 月 30 日。

林慕华、马骏：《中国地方人民代表大会预算监督研究》，《中国社会科学》2012 年第 6 期。

林毅夫、庄巨忠、汤敏：《以共享式增长促进社会和谐》，《中国投资》2009 年第 1 期。

林正阳：《沈阳市铁西区：激发活力　营造氛围　推动社会组织创新发展》，《中国社会组织》2014 年第 24 期。

刘邦凡：《全球电子治理纵览》，《电子政务》2005 年第 15 期。

刘邦凡、罗白玲：《试论政府电子治理》，《电子政务》2005 年第 12 期。

刘邦凡、覃思思：《论电子治理下的政府管理转变与创新》，《电子政务》2007 年第 1 期。

刘凡：《以科学发展观为指导　在广告监管工作中努力做到"四个统一"》，《工商行政管理》2007 年第 9 期。

刘俊月、邓集文：《西方整体政府的构建路径及其借鉴》，《行政论坛》2011 年第 2 期。

刘锟：《智慧健康让"病人不动、医生移动"》，《解放日报》2015 年 5 月 31 日。

刘丽娜、皇甫屹：《滨海新区推进流动人口基本公共服务均等化》，《中国人口报》2011 年 12 月 26 日。

刘鹏：《走向优质监管的起步——2007 年我国药监改革实践的几点思考》，《中国处方药》2008 年第 1 期。

刘鹏：《转型中的监管型国家建设》，中国社会科学出版社 2011 年版。

刘伟：《电子治理：协商民主视野下电子政务发展演进的新路向》，《广西社会科学》2007 年第 9 期。

刘伟：《我国电子政务绩效评估方案的综合研究》，《中国行政管理》2013 年第 2 期。

刘文藻：《"@成都服务"获"最具潜力电子政务奖"》，《四川日报》2014 年 11 月 12 日。

刘文藻：《成都出台多项举措深化行政审批制度改革》，《四川日报》2014 年 11 月 5 日。

刘祥：《沈阳市社会组织登记管理与体制探析》，《中国社会组织》2013 年第 4 期。

刘筱红、张琳：《连片特困地区扶贫中的跨域治理路径研究》，《中州学刊》
　　2013 年第 4 期。

刘振国、廖明、王一鸣：《关于成都市政府向社会组织购买服务工作调研报
　　告》，《社团管理研究》2012 年第 10 期。

柳岳龙：《上海浦东：NPI 助力社会公益组织发展》，《中国社会报》2009 年 2
　　月 19 日。

龙生平：《我国电力行业整体性监管：分析与举措》，《求索》2011 年第 1 期。

卢丽涛：《前海廉政监督局昨成立全国首建统一廉政监督体制》，《第一财经日
　　报》2013 年 5 月 31 日。

陆春萍：《我国政府购买公共服务的制度化进程分析》，《华东理工大学学报》
　　（社会科学版）2010 年第 4 期。

鹿斌、周定财：《国内协同治理问题研究述评与展望》，《行政论坛》2014 年
　　第 1 期。

路熙娜：《天津市滨海新区 2013 年全面推广家庭医生制度》，《滨海时报》
　　2013 年 1 月 12 日。

罗越：《深圳首个区级基本公共服务均等化规划出台》，《中国改革报》，ht-
　　tp：//www. cnki. net/KCMS/detail/detail. aspx？FileName ＝ CGGB20150814
　　0032&DbName ＝ CCNDTEMP。

骆正清、苏成伟：《政府购买共性技术研发机构服务选择方法研究》，《科技进
　　步与对策》2013 年第 14 期。

马奔：《危机管理中跨界治理的检视与改革之道：以汶川大地震为例》，《清华
　　大学学报》（哲学社会科学版）2009 年第 3 期。

马敬仁：《深圳：攻坚行政体制改革》，《中国报道》2010 年第 9 期。

马敬仁：《还企业以自由——〈深圳经济特区商事登记若干规定〉的启示》，
　　《中国经济报告》2013 年第 6 期。

马骏：《中国公共预算面临的最大挑战：财政可持续》，《国家行政学院学报》
　　2013 年第 5 期。

马骏、侯一麟：《中国省级预算中的非正式制度：一个交易费用理论框架》，
　　《经济研究》2004 年第 10 期。

马培贵：《法定机构试点为事业单位改革探路》，《深圳特区报》，http：//
　　www. cnki. net/KCMS/detail/detail. aspx？FileName ＝ SZTQ20140730T03

1&DbName = CCND2014。

马学广等：《从行政分权到跨域治理：我国地方政府治理方式变革研究》，《地理与地理信息科学》2008 年第 1 期。

马玉洁、陶传进：《社会选择视野下政府购买社会组织服务研究》，《中国行政管理》2014 年第 3 期。

迈克尔·豪利特、拉米什·M.：《公共政策研究：政策循环与政策子系统》，生活·读书·新知三联书店 2006 年版。

南岭、金传：《论社会事业发展机制的重建——以深圳事业单位改革为例》2010 年第 11 期。

南剑飞、熊志坚、张鹏、赵丽丽：《试论顾客满意度的内涵、特征、功能及度量》，《世界标准化与质量管理》2003 年第 9 期。

宁旭初、朱翠林：《国内外中期财政规划实践的启示》，《经济研究参考》2015 年第 29 期。

牛美丽：《政府预算信息公开的国际经验》，《中国行政管理》2014 年第 7 期。

彭浩：《借鉴发达国家经验　推进政府购买公共服务》，《财政研究》2010 年第 7 期。

彭鸿林、曾坚朋、周洁：《推进深圳基本公共服务中长期规划研究》，社会科学文献出版社 2014 年版。

彭森、杨雄、徐麟：《中国改革试验·上海浦东新区卷》，国家行政学院出版社 2010 年版。

蒲文中：《创新模式，提升效能，激发公共文化发展活力》，《中国文化报》2015 年 7 月 10 日。

钱海燕、沈飞：《地方政府购买服务的财政支出效率评价——以合肥市政府购买居家养老服务为例》，《财政研究》2014 年第 3 期。

钱振伟、王翔、张艳：《新型农村社会养老保险经办服务体系研究：基于政府购买服务理论视角》，《农业经济问题》2011 年第 2 期。

乔家华：《改革创新：深圳财政发展的不竭动力》，《预算管理与会计》2010 年第 10 期。

任鸣：《健全跨界治理机制共筑旅游合作基石》，《旅游学刊》2007 年第 12 期。

萨拉蒙：《公共服务中的伙伴关系：现代福利国家中政府与非营利组织的关

系》，商务印书馆 2008 年版。

萨瓦斯、E.S.：《民营化与公司部门的伙伴关系》，中国人民大学出版社 2002 年版。

上官莉娜：《整体治理视野下的法国市镇联合体》，《江汉论坛》2012 年第 7 期。

深圳市财政局：《完善公共财政制度 均衡基本公共服务》，《预算管理与会计》2009 年第 6 期。

盛佃清：《试论全过程监管中的质量诚信体系建设》，《中国质量技术监督》2008 年第 6 期。

施能杰：《公共服务伦理的理论架构与规范作法》，《政治科学论丛》2004 年第 20 期。

史达：《电子治理的概念解析及基本框架研究》，《电子政务》2011 年第 10 期。

宋功德：《从事业单位到法定机构》，《行政管理改革》2010 年第 8 期。

宋国恺：《政府购买服务：一项社会治理机制创新》，《北京工业大学学报》（社会科学版）2013 年第 6 期。

宋香丽：《网络舆情视角下的政府电子治理》，《山西师大学报》（社会科学版）2012 年第 5 期。

宋迎法、尹红：《电子治理风险研究——基于 PEST 分析模型》，《前沿》2010 年第 11 期。

宋志：《沈阳市政府购买居家养老服务研究》，东北大学硕士学位论文，2012 年。

苏军：《浦东新区"政府购买"抬高公共教育底座》，《文汇报》2009 年 4 月 20 日。

苏明、贾西津、孙洁、韩俊魁：《中国政府购买公共服务研究》，《财政研究》2010 年第 1 期。

孙福金：《深圳市大市场监管体制的探索与实践》，《中国机构改革与管理》2011 年第 2 期。

孙福金、华金辉：《加强事中事后监管 推进政府管理转型》，《中国机构改革与管理》2014 第 12 期。

孙浩亮等：《长吉图区域旅游合作制度基础：跨界治理理论与欧盟旅游一体化经验》，《特区经济》2011 年第 8 期。

孙继伟:《努力走在现代公共文化服务体系建设的前沿》,《中国文化报》2015
年2月4日。

孙迎春:《澳大利亚整体政府改革与跨部门协同机制》,《中国行政管理》2013
年第11期。

孙友祥:《区域公共服务均等化的跨界治理研究——基于武汉城市圈基本公共
服务的实证分析》,《国家行政学院学报》2011年第1期。

孙友祥、安家骏:《跨界治理视角下武汉城市圈区域合作制度的构建》,《中国
行政管理》2008年第8期。

孙宇:《电子政务建设与行政管理创新互动关系探析》,《中国行政管理》2008
年第9期。

邰鹏峰:《政府购买公共服务的评估困境破解——基于内地评估实践的研究》,
《学习与实践》2013年第8期。

唐咏:《从社会福利社会化视角思考政府购买社工服务的行为》,《甘肃社会科
学》2010年第3期。

陶希东:《跨界治理:中国社会公共治理的战略选择》,《学术月刊》2011年
第8期。

汪玉凯:《西方公共管理社会化给我们的启示》,《陕西行政学院学报》1999
年第3期。

王春婷:《政府购买公共服务研究综述》,《社会主义研究》2012年第2期。

王佃利、史越:《跨域治理理论在中国区域管理中的应用——以山东半岛城市
群发展为例》,《东岳论丛》2013年第10期。

王浩林、孟萍:《政府购买公共服务的选择:非营利组织或企业》,《经济研究
参考》2012年第22期。

王红梅:《地方政府的电子治理创新》,《社会科学家》2014年第7期。

王华:《治理中的伙伴关系:政府与非政府组织间的合作》,《云南社会科学》
2003年第3期。

王健生:《重庆基本医疗保障制度实现全覆盖》,《中国改革报》2010年2月
23日。

王洁:《从"划桨者"到"掌舵人"开拓政府采购公共服务的深圳路径》,
《中国政府采购》2015年第2期。

王金根:《政府购买公共就业服务:深圳的选择与构想》,《特区实践与理论》

2015 年第 1 期。

王京东：《打破分散监管模式 探索集中监管新格局——深圳市食品安全监管体制机制创新的实践与思考》，《中国机构改革与管理》2013 年第 4 期。

王伶雅：《成都首份"负面清单"正式发布》，《成都日报》2014 年 7 月 18 日。

王眉灵：《成都呈现从严治党新常态》，《成都日报》2014 年 12 月 30 日。

王名、乐园：《中国民间组织参与公共服务购买的模式分析》，《中共浙江省委党校学报》2008 年第 4 期。

王浦劬等：《政府向社会组织购买公共服务研究——中国与全球经验分析》，北京大学出版社 2010 年版。

王浦劬、杨凤春：《电子治理：电子政务发展的新趋向》，《中国行政管理》2005 年第 1 期。

王清、琚泽钦：《政府购买公共服务创新研究——以广东深圳西乡购买公共服务为例》，《科学决策》2010 年第 4 期。

王荣海：《武汉政府机构改革减 10 个部门》，《楚天都市报》2015 年 1 月 24 日。

王旭嘉、梁栋：《基于系统动力学的政府购买养老服务过程管理仿真研究》，《新疆大学学报》（哲学·人文社会科学版）2014 年第 4 期。

王益民：《2014 中国城市电子政务发展水平调查报告》，《电子政务》2014 年第 12 期。

王雍君：《朝向中期框架的全球预算改革：近期发展与借鉴》，《中央财经大学学报》2010 年第 7 期。

王雍君：《中期基础预算改革：我国应汲取的经验与教训》，《地方财政研究》2015 年第 3 期。

王志彦：《"微博广场"打造身边"议事厅"》，《解放日报》2011 年 12 月 23 日。

王志彦：《浦东新区机关"瘦身健体"百日报告》，《解放日报》2014 年 8 月 18 日。

魏红英：《深圳大部制改革与地方政府体制创新》，《特区实践与理论》2011 年第 5 期。

文政：《从罗湖区的实践看政府如何购买公共服务》，《中国财政》2008 年第

5 期。

吴海燕、陈天祥：《掌舵与划桨分开？——基于深圳市大部制改革的分析》，《党政研究》2014 年第 4 期。

吴瑞坚：《智慧城市建设与政府治理结构性转型——整体政府的视角》，《探求》2012 年第 5 期。

吴玉霞：《公共服务链：一个政府购买服务的分析框架》，《经济社会体制比较》2014 年第 5 期。

向春玲：《建立城乡一体的医疗保障体系——重庆市城乡一体医疗保障制度建设调查》，《中共中央党校学报》2009 年第 2 期。

向良云：《电子治理的主体选择：网络治理结构》，《云南行政学院学报》2007 年第 5 期。

项显生：《政府购买公共服务管理机构的设置问题研究》，《中共福建省委党校学报》2012 年第 3 期。

项显生：《略论我国政府购买服务承接机制》，《河南社会科学》2014 年第 10 期。

项显生：《我国政府购买公共服务监督机制研究》，《福建论坛》2014 年第 1 期。

肖瑶、黄江松：《整体型政府：西方公共管理改革的新目标》，《北京行政学院学报》2009 年第 5 期。

谢建平：《权力清单制度：国家治理体系和治理能力现代化的制度性回应》，《华东师范大学学报》2014 年第 6 期。

谢蕾：《西方非营利组织理论研究的新进展》，《国家行政学院学报》2002 年第 1 期。

谢群慧：《综改改变浦东》，《浦东开发》2011 年第 4 期。

新华网：《深圳将加快电子政务建设　全力构建阳光政府》，《电子政务》2008 年第 9 期。

徐家良、赵挺：《政府购买公共服务评估机制研究》，《政治学研究》2013 年第 5 期。

徐晓林、朱国伟：《智慧政务：信息社会电子治理的生活化路径》，《自然辩证法通讯》2012 年第 5 期。

徐选国、杨君、徐永祥：《政府购买公共服务的理论谱系及其超越——以新制度主义为分析视角》，《学习与实践》2014 年第 10 期。

徐逸伦：《地方政府建设公共服务体系路径研究》，中共上海市委党校硕士学位论文，2011 年。

许小玲：《政府购买服务：现状、问题与前景——基于内地社会组织的实证研究》，《思想战线》2012 年第 2 期。

严立冬等：《绿色财政政策与生态资源可持续利用》，《财政研究》2009 年第 12 期。

颜海娜：《我国食品安全监管体制改革——基于整体政府理论的分析》，《学术研究》2010 年第 5 期。

杨安华：《政府购买服务还是回购服务？——基于 2000 年以来欧美国家政府回购公共服务的考察》，《公共管理学报》2014 年第 3 期。

杨宝：《政府购买公共服务模式的比较及解释——一项制度转型研究》，《中国行政管理》2011 年第 3 期。

杨华：《从"廉政文化"到"廉洁城市"》，《特区实践与理论》2013 年第 1 期。

杨联民、李刚：《上海自贸区扩区后管理体制框架出台》，《中华工商时报》2015 年 4 月 28 日。

杨秋霞、张业清：《地方政府购买服务构成要素优化体系研究》，《思想战线》2011 年第 2 期。

杨雅芬、李广建：《电子政务采纳研究述评：基于公民视角》，《中国图书馆学报》2014 年第 1 期。

姚静：《从电子政务到电子治理》，《重庆邮电学院学报》（社会科学版）2006 年第 2 期。

姚宁宁：《长株潭区域医疗信息平台建设研究》，中南大学硕士学位论文，2013 年。

叶托：《超越民营化：多元视角下的政府购买公共服务》，《中国行政管理》2004 年第 4 期。

叶战备、向良云：《电子治理：电子政府发展的必然选择》，《探索》2007 年第 3 期。

易志坚、汪晓琳、王丛虎：《政府购买公共服务的几个基本概念界定》，《中国政府采购》2014 年第 4 期。

尤金·巴达赫：《跨部门合作：管理"巧匠"的理论与实践》，北京大学出版社 2011 年版。

于政华：《上海市浦东新区街道公共财政保障机制研究》，《经济研究参考》2014 年第 15 期。

余敏江：《后现代语境中的政策话语民主》，《理论探讨》2008 年第 6 期。

余敏江、孔祥利：《知识型政府的建设要件分析》，《图书情报知识》2006 年第 7 期。

袁维勤：《公法、私法区分与政府购买公共服务三维关系的法律性质研究》，《法律科学》（西北政法大学学报）2012 年第 4 期。

袁作新：《改革商事登记制度再现特区经济优势——深圳市开展商事登记制度改革探索》，《中国工商管理研究》2013 年第 1 期。

岳经纶、谢菲：《政府向社会组织购买社会服务研究》，《广东社会科学》2013 年第 6 期。

詹国彬：《需求方缺陷、供给方缺陷与精明买家——政府购买公共服务的困境与破解之道》，《经济社会体制比较》2013 年第 5 期。

张成福等：《跨域治理：模式、机制与困境》，《中国行政管理》2012 年第 3 期。

张海、范斌：《政府购买社会组织公共服务方式的影响因素与优化路径》，《探索》2013 年第 5 期。

张旌、王晓红：《融城：催生湖南经济"超级航母"》，《中国经济时报》，http://www.cnki.net/KCMS/detail/detail.aspx? FileName = JJSB201012150062 & DbName = CCND2010。

张汝立、陈书洁：《西方发达国家政府购买社会公共服务的经验和教训》，《中国行政管理》2010 年第 11 期。

张锐昕、陈曦：《加强电子政务研究与实践，推进服务型政府建设与发展——全国"电子政务与服务型政府建设"学术研讨会综述》，《电子政务》2012 年第 10 期。

张世贤：《服务型政府的建设——和谐社会的观点》，两岸四地"服务型政府与和谐社会"学术研讨会，北京，2005 年。

张湘萍、胡劲松：《依托长株潭"两型社会"加快湖南文献信息资源共建共享》，《图书馆理论与实践》2009 年第 6 期。

张彧希：《简政放权"一站式"办结将成常态》，《四川日报》2014 年 5 月 12 日。

赵环、严骏夫、徐选国：《政府购买社会服务的逻辑起点与第三方评估机制创新》，《华东理工大学学报》（社会科学版）2014 年第 3 期。

赵力、马坤：《实现权力运行监督规范化制度化》，《滨海时报》2015 年 5 月 22 日。

赵颖慧：《长沙公布 2015 年政府集中采购目录及限额标准》，《潇湘晨报》2015 年 3 月 4 日。

曾凡军：《从竞争治理迈向整体治理》，《学术论坛》2009 年第 9 期。

曾凡军、定明捷：《迈向整体性治理的我国公共服务型财政研究》，《经济研究参考》2010 年第 65 期。

曾凡军、刘璐：《预算体制碎片化与整体性治理研究》，《经济研究参考》2013 年第 29 期。

曾凡军、欧阳昌永：《基于整体性治理的我国政府预算研究》，《经济研究参考》2010 年第 53 期。

曾凡军、韦彬：《后公共治理理论：作为一种新趋向的整体性治理》，《天津行政学院学报》2010 年第 2 期。

曾润喜、崔薇、曾忠平：《我国电子政务的研究主题及其发展——基于 2001—2009 年 CSSCI 期刊论文的分析》，《图书情报工作》2011 年第 1 期。

郑石明：《整体政府理论对我国政府大部制改革的启示》，《湖南师范大学社会科学报》2012 年第 5 期。

郑卫东：《城市社区建设中的政府购买公共服务研究——以上海市为例》，《云南财经大学学报》2011 年第 1 期。

政府购买社会公共服务研究课题组、张汝立：《社会本位：政府购买社会公共服务的转型及其障碍》，《社会与公益》2012 年第 8 期。

钟哲：《地方政府治理现代化：产生缘由、内涵特征与实现机制》，《广西社会科学》2015 年第 7 期。

周翠萍：《我国政府购买教育服务的风险分析》，《教育科学》2010 年第 5 期。

周菲：《寓监督与管理和服务之中——辽宁省沈阳市财政监督工作侧记》，《财政监督》2014 年第 7 期。

周俊：《政府购买公共服务的风险及其防范》，《中国行政管理》2010 年第

6 期。

周舜尧:《武汉 4 年治庸问责 5499 人》,《长江商报》2015 年 4 月 7 日。

周志忍、蒋敏娟:《整体政府下的政策协同:理论与发达国家的当代实践》,《国家行政学院学报》2010 年第 6 期。

周志忍、蒋敏娟:《中国政府跨部门协同机制探析——一个叙事与诊断框架》,《公共行政评论》2013 年第 1 期。

朱春奎、李燕:《政府 2.0、开放式政府与服务型政府建设》,《上海行政学院学报》2014 年第 3 期。

朱春奎、舒皋甫、曲洁:《城镇医疗体制改革的政策工具研究》,《公共行政评论》2011 年第 2 期。

朱光磊、李利平:《回顾与建议:政府机构改革三十年》,《北京行政学院学报》2009 年第 1 期。

竺乾威:《从新公共管理到整体性治理》,《中国行政管理》2008 年第 10 期。

后　记

　　《综合配套改革中的公共服务创新》是国家社科基金重大项目"'十二五'时期八大综合配套改革试验区公共服务体制机制创新研究"的最终成果之一。该书以开展综合配套改革试点的上海浦东新区、天津滨海新区、深圳、成都、重庆、武汉、长沙、沈阳市八个城市（区）为调研对象，从大部制改革与跨部门协同、整体性预算体系、政府购买服务、全过程优质监管体系、整体性伦理规范与廉政建设、电子治理等方面系统剖析地方政府推进公共服务改革与创新的主要进展，从强制性政策工具、自愿性政策工具和混合性政策工具三个维度系统剖析地方政府推进公共服务改革与创新的政策工具，通过整体性公共服务满意度调查对公共服务改革与创新的成效进行初步评价，并在此基础上提出相应的对策建议。

　　本书是集体合作的研究成果。由竺乾威教授与朱春奎教授选定研究主题，然后集体讨论，分工合作而完成。各章的撰写人员为：第一章，竺乾威、朱春奎；第二章，朱春奎、竺乾威；第三章，罗月领、李文娟；第四章，闫章荟、郑栋；第五章，毛万磊、朱春奎；第六章，严敏、邓川子；第七章，金星、朱春奎；第八章，王昶、扶松茂；第九章，石慧、李燕；第十章，陈玉龙、诚然；第十一章，竺乾威、朱春奎。各章初稿完成后，竺乾威与朱春奎分头进行统稿，并最后统筹定稿。

　　本书在写作与研究过程中受益于上海市科技创新与公共管理研究中心、上海市行政体制改革与服务型政府建设社科创新基地的支持。在调研过程中得到了东北大学娄成武、武汉大学陈世香、深圳大学唐娟、四川大学姜晓萍、西南交通大学雷叙川、电子科技大学锁利铭、重庆市行政学院戴志颖等学界同仁的支持和帮助。在此，我们深表谢意。

竺乾威　朱春奎

复旦大学国际关系与公共事务学院

2016 年 9 月